HISTOIRE
DE
L'IMPRIMERIE

PAUL DUPONT

PARIS

CHEZ TOUS LES LIBRAIRES

Monsieur Cordier

[signature]

HISTOIRE

DE

L'IMPRIMERIE.

PARIS, IMPRIMERIE PAUL DUPONT,
RUE DE GRENELLE-SAINT-HONORÉ, 45.

HISTOIRE
DE
L'IMPRIMERIE

PAR

PAUL DUPONT

CHEVALIER DE LA LÉGION D'HONNEUR ET DE L'ORDRE DU MÉRITE DE DANEMARK,
DÉPUTÉ AU CORPS LÉGISLATIF.

TOME PREMIER.

PARIS

CHEZ TOUS LES LIBRAIRES.

MDCCCLIV.

TABLE DES MATIÈRES

TOME PREMIER.

	Pages
PRÉFACE	V
INTRODUCTION	VII

CHAPITRE PREMIER.

DES MOYENS D'EXPRIMER ET DE COMMUNIQUER SA PENSÉE AVANT ET DEPUIS L'INVENTION DE L'IMPRIMERIE.

I. Du langage primitif. — II. Écriture symbolique et hiéroglyphique. — III. Les lettres, inventées par les Phéniciens, se propagent en Europe. — IV. Différents systèmes d'écriture. — V. Ecriture abréviative ou sténographie.— VI. État de l'Europe avant l'invention de l'imprimerie. — VII. La typographie fait refleurir les sciences, la littérature et les arts. — Époque de la Renaissance. — VIII. L'histoire et l'éloge de l'imprimerie sont restés incomplets. — IX. Ses détracteurs. — X. Services qu'elle a rendus à la Société 1

CHAPITRE II.

DÉCOUVERTE DE L'IMPRIMERIE.

I. Découverte de l'imprimerie. — Ses avantages. — II. Elle est inventée à Mayence. — III. Gutenberg fait ses premiers essais à Strasbourg. — IV. Il s'associe à Mayence avec Fust et Schœffer, lequel invente les poinçons pour frapper les matrices.— V. Embarras de la société. — Gutenberg poursuit ses travaux. — VI. Honneurs qu'il reçoit dans sa patrie. — Sa mort. — Son éloge. — VII. On conteste le mérite, le lieu et l'auteur de la découverte. — VIII. Injustes prétentions de la ville de Harlem. — IX. C'est à tort que l'on attribue la découverte de l'imprimerie aux peuples de l'antiquité.— X. Moyens de reproduction connus des anciens. — XI. Manière d'imprimer chez les Chinois. — XII. Appréciation des travaux de Gutenberg et de ses associés. — XIII. L'imprimerie se répand dans les divers États. — XIV. On érige des statues à Gutenberg.. 23

Pages.

CHAPITRE III.

L'IMPRIMERIE EN FRANCE.

I. De l'esprit d'invention en France et chez les autres peuples. — II. De la littérature en France avant l'invention de l'imprimerie. — III. Des copistes. — IV. Cherté des premiers ouvrages. — V. Les premiers livres imprimés pénètrent en France. — VI. Etablissement de l'imprimerie en France. Géring ; ses associés et ses successeurs. — VII. Renseignements statistiques.................................... 65

CHAPITRE IV.

L'IMPRIMERIE SOUS L'ANCIENNE MONARCHIE.

I. Aperçu général de la situation de l'imprimerie depuis son introduction en France. — II. Ses progrès et sages règlements qui la régissent sous les divers rois : Charles VII, Louis XI, Charles VIII, Louis XII, François Ier, Henri II, Charles IX, Henri III, Henri IV, Louis XIII, Louis XIV, Louis XV, Louis XVI. — III. Les princes et les grands établissent chez eux des ateliers typographiques. — IV. Des persécutions que l'imprimerie eut à subir pendant cette première période. 109

CHAPITRE V.

L'IMPRIMERIE PENDANT LA RÉVOLUTION, SOUS LA RÉPUBLIQUE, LE CONSULAT ET L'EMPIRE.

I. Liberté absolue de l'imprimerie. — II. Abus de cette liberté. — III. Excès de la presse sous la terreur. — IV. Mesures restrictives sous le directoire. — V. Imprimeurs victimes des excès de la révolution. — VI. Principaux établissements typographiques de cette époque. — VII. Consulat. — VIII. Révolution littéraire; Châteaubriand et de la littérature du XVIIIe siècle. — IX. Ecrivains distingués pendant la révolution. — X. Inventions diverses. — XI. Actes honorables des gouvernements révolutionnaires. — XII. Empire; réorganisation de l'imprimerie. — XIII. Limitation du nombre des imprimeurs. — XIV. Législation de la presse périodique. — XV. Autres mesures préventives. — XVI. Librairie; ouvrages publiés à cette époque. — XVII. Des lettres et de l'imprimerie sous l'empire................. 217

CHAPITRE VI.

L'IMPRIMERIE SOUS LA MONARCHIE CONSTITUTIONNELLE.

I. Dispositions favorables à l'imprimerie au commencement de la Restauration. — II. La censure est établie. — III. Son abolition. Nouvelle législation.—IV. Rétablissement de la censure.— V. Charles X. La censure est levée. Présentation aux chambres de la *loi d'amour;* elle est retirée. La censure est remise en vigueur. — VI. Poursuites rigoureuses contre l'imprimerie.—VII. Ordonnances du 25 juillet 1830. Révolution. — VIII. Progrès de l'imprimerie et de la librairie sous la Restauration. — IX. Souffrances de l'imprimerie au début du règne de Louis-Philippe. — X. Liberté de la presse. Lois de septembre. — XI. Excès de la presse anarchique. Poursuites — XII. Activité de l'imprimerie. Romans-feuilletons. Contrefaçon. — XIII. Association des imprimeurs de Paris. Société fraternelle des protes. Cercle de la librairie. — XIV. Nouveaux progrès de la typographie. — XV. Encouragements aux lettres et à l'imprimerie................................. 285

CHAPITRE VII.

L'IMPRIMERIE SOUS LA RÉPUBLIQUE DE 1848.

I. Gouvernement provisoire; ses actes en ce qui concerne l'imprimerie, et leurs effets. — II. Ouvriers typographes; appui que le gouvernement provisoire, dans leur intérêt, donne à l'imprimerie.—III. Suspension de journaux; la presse sous l'administration du général Cavaignac. — IV. Election du président de la république; dégâts dans deux imprimeries de Paris; proposition pour la suppression des brevets d'imprimeur et de libraire. — V. Brevets retirés; avis officieux donnés à la presse. — VI. L'imprimerie à l'exposition de 1849 et à l'exposition universelle de 1851; progrès constatés et nouvelles découvertes. — VII. Deux décembre; régime de la presse; mesures relatives à la contrefaçon étrangère. — VIII. Rétablissement de l'empire. — IX. Renseignements statistiques........................ 351

CHAPITRE VIII.

L'IMPRIMERIE DANS LES DIVERSES CONTRÉES DE LA TERRE.

Introduction.—I. ALLEMAGNE (1450). Mayence, Bamberg, Strasbourg, Cologne, Augsbourg, Nuremberg, Leipsick.—*Hongrie* (1473), Bude.—*Bohême* (1475). Pilsen, Prague. — II. ITALIE (1465). Subiaco, Rome, Venise, Milan, Naples, Messine, Palerme, Padoue, Parme. — III. FRANCE (1470). Paris, Lyon, Toulouse, Troyes, Rouen, Tours. — IV. BELGIQUE (1472). Alost, Anvers, Louvain, Bruges, Bruxelles. — V. HOLLANDE (1472). Utrecht, Harlem, Leyde, Amsterdam. — VI. SUISSE (1472), Munster-en-Ergau, Bâle, Genève. — VII. POLOGNE (1474). Cracovie, Vilna, Lublin, Varsovie. — VIII. ÉTATS-SARDES (1474). Turin, Gênes, Chambéri, Cagliari. — IX. ESPAGNE (1474). Valence, Barcelone, Saragosse, Madrid.—X. ANGLETERRE (1474). Westminster, Oxford, Saint-Albans, Londres.— *Écosse* (1507). Edimbourg.—*Irlande* (1551). Dublin. — XI. DANEMARK (1482). Odensée, Copenhague. —

Islande (1530). Holum. — *Norvége* (1644). Christiania. — XII. Suède (1483). Stockholm, Upsal.—XIII. Portugal (1489). Lisbonne, Leyria, Braga. — XIV. Prusse (1506). Francfort-sur-l'Oder, Kœnigsberg, Berlin.—XV. Russie (1560). Moscou, Saint-Pétersbourg.— XVI. Amérique (1544). Mexico, Lima. — *États-Unis* (1639). Cambridge-en-Massachusets, Boston, Philadelphie, New-York. — XVII. Hindoustan (1563). Goa, Tranquebare, Serampour, Columbo, Calcutta, Madras, Bombay. — XVIII. Turquie (1493-1727). Thessalonique, Andrinople, Constantinople. — *Égypte* (1798 1822). Le Caire, Boulak. — XIX. Chine (1590-1776). Macao, Péking. — XX. Océanie (1818-1822). Taïti, îles Sandwich. — XXI. Grèce (1820). Chios, Cydonie, Hydra, Nauplie, Missolonghi, Athènes. — XXII. Algérie (Afrique française) (1830). Alger, Oran, Constantine.................... 401

TOME SECOND.

CHAPITRE IX.

DE LA PROFESSION D'IMPRIMEUR.

I. Causes de la prospérité de l'imprimerie à sa naissance. — II. Mérite des premiers imprimeurs. — III. Imprimeurs illustres : les Alde. — IV. Les Estienne. — V. Les Elsevier. — VI. Les Didot. — VII. Bodoni, Panckoucke, Crapelet, Renouard. — VIII. Imprimeurs hommes de lettres. — IX. Situation actuelle de l'imprimerie.................... 1

CHAPITRE X.

DES LIVRES.

I. Définition du mot livre; utilité des livres; des diverses sortes de livres. — II. Formes des anciens livres : livres écrits sur des tables de pierre, sur des lames de métal, sur des planches de bois ou d'ivoire, sur des feuilles, des écorces, des peaux, des étoffes, etc. Livres en rouleaux; livres carrés. Opistographie. Instruments pour écrire. — III. Des anciens manuscrits et des premiers livres imprimés. Ornementation des manuscrits. Livres imprimés par la xylographie ou gravure en bois. Livres imprimés par la typographie en caractères mobiles. Formes des caractères. Lettres ornées et coloriées. Du prix des livres avant et après l'invention de l'imprimerie. Imperfection des premiers livres imprimés. — IV. Dispositions diverses introduites dans les livres. Titres, épilogues, préfaces, notes, etc. Marques typographiques, registre, signatures, réclames, chiffres de foliotage et de pagination; colonnes, tables, papier, encre, format; impressions compactes, impressions à grands blancs.—V. Satinage, assemblage, etc.; brochure, cartonnage, reliure chez les anciens, au moyen âge et après l'invention de l'imprimerie. —VI. Bibliographes, bibliophiles, bibliomanes. — VII. Bibliothèques chez les anciens, au moyen âge, chez les modernes; principales bibliothèques de l'Europe; bibliothèques françaises, bibliothèques communales 107

CHAPITRE XI.

OUVRAGES PÉRIODIQUES.

I. Journaux chez les anciens. — II. Journaux chez les modernes. — III. Journalisme. — IV. Journalistes. — V. Calendriers, Almanachs, Annuaires. — VI. Censure et privilèges............................ 207

CHAPITRE XII.

LIBRAIRIE.

I. Des libraires chez les anciens. — II. Librairie en France, avant et après l'invention de l'imprimerie. — III. Libraires-éditeurs; leurs rapports avec les auteurs; rémunération des auteurs. — IV. Propriété littéraire; contrefaçon. — V. Souscriptions; prospectus. — VI. État de la librairie de nos jours. — VII. Location des livres; cabinets de lecture.—VIII. Afficheurs; colporteurs; crieurs publics. 255

CHAPITRE XIII.

DES PAPIERS.

I. Importance de l'invention du papier; des différentes sortes de papiers employées avant le papier européen.—II. Du parchemin; franchise du papier. — III. Fabrication des papiers; papiers à la forme : vergé, vélin; papiers à la mécanique; papiers de couleur; papiers peints ou de tenture; carton; carton-pierre. — IV. Des fabriques de papiers les plus renommées; commerce de la papeterie. — V. Marques du papier; papier timbré; papier-monnaie; papier de sûreté.— VI. Qualités du papier 323

CHAPITRE XIV.

MATÉRIEL ET PERSONNEL TYPOGRAPHIQUES.

I. Caractères d'imprimerie; procédés employés pour la gravure et la fonte des caractères; artistes célèbres. II. Gravure sur bois appliquée à la typographie. — III. Typographie musicale; impression topographique. — IV. Composition typographique; mise en pages. Procédés mécaniques appliqués à la composition. — V. Correction typographique.— VI. Presses, divers systèmes; tirage; photographie; télégraphie électrique. — VII. Encre; impressions en couleurs. — VIII. Stéréotypie; procédés analogues. — IX. Ouvriers typographes. 353

CHAPITRE XV.

LITHOGRAPHIE ET AUTRES ARTS GRAPHIQUES AUXILIAIRES DE LA TYPOGRAPHIE.

I. Lithographie. — II. Lytho-typographie. — III. Gravure sur pierre. — IV. Gravure sur métal. — V. Utilité de ces différents arts pour la typographie.. 443

CHAPITRE XVI.

IMPRIMERIE IMPÉRIALE.

1. Sa fondation.— II. Ses premiers directeurs. III. Ses accroissements et ses travaux sous l'ancienne monarchie. — IV. Sa transformation sous la république; elle devient imprimerie des administrations nationales. — V. Sa réorganisation sous l'empire; elle conserve son monopole.—VI. Réforme équitable sous la restauration; ordonnance de 1823 qui lui rend le monopole des impressions des ministères. — VII. L'Imprimerie impériale après la révolution de juillet; sa situation actuelle. — VIII. Plaintes des imprimeurs contre son monopole; les prix y sont plus élevés que ceux du commerce. — IX. Bénéfices; impressions gratuites. — X. Ses lenteurs, etc. — XI. Ses envahissements incessants. — XII. Ce qu'elle devrait être. — XIII. Imprimerie administrative.. 461

APPENDICE.

N° 1er. — LÉGISLATION. Analyse des principaux actes législatifs et réglementaires qui ont regi la presse depuis l'introduction de l'imprimerie en France jusqu'à l'époque actuelle...................... 521

N° 2. — BIBLIOGRAPHIE.. 537

N° 3. — TABLEAU CHRONOLOGIQUE des principaux faits qui se rattachent à l'histoire de l'imprimerie depuis son origine jusqu'à nos jours.. 557

Malgré le titre — et je n'en ai pas su trouver d'autre — donné à cet ouvrage, je n'ai pas la prétention d'avoir écrit l'*Histoire de l'Imprimerie*. C'est un travail qui reste encore à faire, et que les matériaux réunis dans ces deux volumes serviront seulement, je l'espère, à rendre plus facile.

Moi-même, je n'étais pas encore prêt pour cette publication, bien que depuis plus de vingt ans je me fusse occupé à réunir les nombreux documents nécessaires à son exécution. Mais mon père, un de ces typographes de la vieille roche, qui professent pour leur art une sorte de culte et croient qu'on ne peut jamais assez faire pour le glorifier, me pressa de livrer mes notes à l'impression. Ces instances furent pour moi un ordre qui devint plus sacré encore par la mort récente (1) de cet excellent père, mon premier maître dans notre commune profession.

Heureux, si j'ai pu répondre à sa pensée tout entière; c'est-à-dire si j'ai fait mieux connaître un art qui n'est pas assez connu, et mieux apprécier une industrie dont la pratique, pour être intelligente et digne, exige tant d'aptitude, d'instruction et de probité!

---

(1) François Dupont, né à Dijon en 1763, mort à Périgueux le 19 janvier 1853, après avoir exercé la profession d'imprimeur pendant 74 ans.

INTRODUCTION.

L'histoire de l'imprimerie peut être divisée en deux périodes bien distinctes.

Pendant trois cents ans nous voyons cette profession protégée par les plus sages règlements, entourée de considération et d'honneur ; les rois, les princes lui prodiguent les récompenses, les distinctions, l'accueillent comme une puissance nouvelle et bienfaisante qui vient arracher le monde aux ténèbres de l'ignorance ; elle est représentée par des hommes d'un véritable mérite dont les productions consciencieuses jouissent d'un succès, d'une estime justement acquis, et sont une gloire pour les lettres et pour la France.

Si des mesures coërcitives, telles que la censure, sont quelquefois prises à son égard, ces mesures, dans le fond, ne portent point atteinte au respect dont elle est entourée. Tous les préambules des édits qui la régissent, souvent même les considérants des priviléges accordés par les rois sont un hommage rendu à l'utilité, à l'importance de l'art typographique.

C'est ce que nous appelons sa période de progrès.

Au contraire, à partir de 1789, et bien qu'elle se soit signalée par les plus précieuses découvertes, elle commence à décheoir. Négligée alors, souvent persécutée, elle ne trouve plus aucun appui dans l'autorité, qui ne voit en elle que les embarras dont elle peut être la cause. Les actes qui la concernent renferment pour la plupart des dispositions hostiles; on cherche à la comprimer au lieu de la grandir, à l'affaiblir au lieu de la vivifier. Aussi ce n'est plus qu'accidentellement qu'on trouve parmi ses membres le respect de l'art, et dans ses œuvres, la perfection, qui l'avaient placée autrefois au-dessus de tous les autres arts.

Ce déplorable état de choses, disons-le hautement, n'était pas un fait propre à l'imprimerie elle-même. Elle n'avait rien négligé, au contraire, pour y échapper, tous ses pas dans la carrière avaient été autant de pas vers le progrès. La responsabilité en revient tout entière aux gouvernements qui se sont succédé depuis soixante ans.

1789 enlève à l'imprimerie sa chambre syndicale, sa paternelle et puissante organisation, lui laissant en échange une liberté illimitée qui n'a d'autre résultat que de la précipiter, en peu d'années, par l'excès même de cette liberté, dans la dégradation et l'appauvrissement.

Napoléon arrive : il sait que l'imprimerie est la première, la plus importante entre toutes les professions, celle qui peut être à la fois la plus utile et la plus dangereuse, et il s'empresse de l'arracher à l'anarchie qui la dévore ; mais bientôt il la dépouille de cette auréole littéraire qui était son plus bel ornement, et elle ne sort de ses mains que transformée en instrument politique. Au reste, Napoléon ne cache point sa pensée à cet égard. « L'imprimerie, dit-il en conseil d'État, est un arsenal qu'il importe de ne pas mettre entre les mains de tout le monde...; il s'agit d'un état qui intéresse la politique, et dès lors la politique doit en être juge. »

Des brevets sont créés, non pour la satisfaction personnelle et l'avantage exclusif des imprimeurs, mais dans un intérêt d'ordre public dont tout gouvernement est responsable : il en limite le nombre et décide que nul ne pourra être imprimeur, s'il n'a justifié de sa moralité et de sa capacité. Enfin, il ne rend pas l'imprimerie à l'Université, mais, avec ce sentiment des grandes choses qui ne l'abandonne jamais, il crée pour elle une administration distincte, appelée *Direction générale de l'imprimerie et de la librairie.*

L'état exceptionnel dans lequel on plaçait l'imprimerie était grave et l'exposait à bien des périls, mais du moins cette organisation spéciale devait en revanche lui assurer l'appui et la sollicitude paternelle de l'autorité. Aussi Napoléon promet-il que des règlements particuliers, arrêtés en conseil d'Etat, régulariseront tout ce qui concerne cette profession, c'est-à-dire les certificats de capacité, les réceptions et la police de l'imprimerie.

Malheureusement ces promesses ne purent être réalisées. Survinrent les désastres de 1814, suivis de la ruine de l'Empire, et l'imprimerie resta sans organisation. Tout ce qu'elle recueillit de ce règne éclatant, ce fut d'avoir été définitivement enlevée à l'Université, et par là d'avoir vu briser des rapports qui avaient si bien profité jusqu'alors à l'art et aux lettres.

La Restauration lui porte bientôt de nouvelles atteintes. Il est vrai que, se souvenant sans doute de tout le bien qu'avaient fait jadis à la typographie les rois ses prédécesseurs, Louis XVIII abolit d'abord le privilége exclusif dont l'imprimerie du gouverne-

ment avait joui sous l'Empire, et permet aux administrations publiques d'employer l'imprimerie particulière ; mais cet acte de bienveillance, qu'il révoqua plus tard, ne modifie en rien les rigueurs de la législation sur la presse ; une loi, déjà fort sévère, contient cette disposition draconienne incessamment suspendue, comme l'épée de Damoclès, sur la tête des imprimeurs : « Le brevet pourra être retiré à tout im-
« primeur ou libraire qui aura été convaincu, par un
« jugement, de contravention aux lois et règle-
« ments (1). »

Non-seulement l'imprimerie ne reçoit pas les règlements solennellement promis (2), mais confondue sans cesse, comme à plaisir, avec la presse politique qu'on a cherché de tout temps à réprimer, elle est livrée sans aucune garantie à l'arbitraire de l'administration ; au lieu du *certificat de capacité*, la seule barrière contre les mauvais choix, on se contente d'une simple attestation délivrée le plus souvent par complaisance, et l'on ne s'inquiète nullement si l'aspirant sait lire et écrire, s'il a le jugement droit et assez de sens moral pour reconnaître si un livre est séditieux, ou attentoire aux mœurs, ou préjudiciable à la réputation d'autrui. On ne se préoccupe pas davantage

(1) Loi du 21 octobre 1814, article 12.
(2) Ordonnance du 24 octobre 1814.

de savoir si, avec une conduite irréprochable, il a des moyens suffisants d'existence. Pour garantie qu'on est apte à exercer l'imprimerie, l'administration paraît se borner à une attestation banale de moralité délivrée par la police.

Est-il étonnant que, sous un tel régime, l'imprimerie ait déchu de son ancienne splendeur, que beaucoup de ses membres, accablés sous le poids de nombreux engagements, se soient trouvés disposés à accepter les plus mauvais et les plus dangereux écrits qui leur fussent offerts, que d'autres aient montré tant d'ignorance et d'incapacité?

Enfin, à partir de 1815, une défiance injuste poursuit l'imprimerie : la police, la censure, les tribunaux viennent alternativement entraver sa marche; et pour qu'il ne reste plus aucune incertitude sur le mauvais vouloir auquel elle est en butte, une ordonnance du 23 juillet 1823, décidant que toutes les impressions des services publics seraient exécutés par l'Imprimerie royale, lui porte le dernier coup. Louis XIV, afin d'utiliser les presses inactives, créait de grands travaux littéraires (1); Louis XVI, non moins jaloux de venir en aide à cette industrie, prêtait généreusement aux ateliers inoccupés les épargnes de sa cas-

---

(1) Collection des auteurs latins à l'usage du Dauphin.

sette (1). Loin d'imiter ces exemples, la Restauration, consacrant de nouveau le monopole attribué depuis la révolution à l'imprimerie de l'État, dépouille l'imprimerie particulière des travaux dont elle était restée en possession jusqu'en 1789, et qui seuls pouvaient la soutenir. Il n'y aurait pas assez de blâme contre un gouvernement qui, au lieu d'encourager les peintres et les statuaires, ferait exécuter des tableaux et des statues dans des ateliers créés par lui et pour lui; mais ce qu'on n'oserait faire pour des travaux de cette nature, on ne rougit nullement de l'appliquer à l'imprimerie qu'on n'aime pas et dont on veut la ruine.

Le gouvernement de Juillet ne se montre ni plus éclairé ni plus paternel. Non-seulement il ne songe point à donner à l'imprimerie les règlements promis, mais il laisse tomber en désuétude les textes de lois qui pourraient lui être favorables. Ainsi, pendant de longues années, on tolère que tout imprimeur vende son nom et cède l'usage de son brevet personnel à autant d'individus qu'il le désire. On accorde de nouveaux brevets aux petites villes qui environnent Paris; chaque faubourg, chaque barrière a bientôt son atelier

---

(1) Un cautionnement de 350 mille écus et une somme de 150 mille livres en argent furent avancés par Louis XVI à une société de librairie qui, par suite de gêne, allait laisser un grand nombre d'ouvriers imprimeurs et autres sans travaux.

d'imprimerie, contre l'esprit de la loi qui en avait fixé le nombre à quatre-vingts, et au grand préjudice des imprimeurs de Paris qui payent des frais généraux de loyers et de patente beaucoup plus considérables....

Telles sont les imprudentes mesures qui ont graduellement amené l'abaissement de l'imprimerie, et l'ont fait tomber de la position éminente où elle s'était maintenue pendant trois siècles, alors que les souverains, les grands corps de l'Etat et tous les hommes de lettres concouraient à son développement et à sa prospérité.

Il y aurait peu de chose à faire cependant pour remettre l'imprimerie en honneur; et cette tâche, aussi simple que facile, suffirait à elle seule pour illustrer un règne. Nous l'indiquerons en quelques mots :

1° Donner à l'imprimerie les règlements qui lui sont promis depuis quarante années, et qui lui assureraient une organisation et une chambre syndicale comme celle de tant d'autres professions (1).

2° Faire de l'Imprimerie nationale une école de typographie à l'instar des autres écoles du gouvernement (Ecole polytechnique, Ecole normale, Ecole des chartes, etc.) et distribuer tous les travaux de l'Etat

---

(1) Les notaires, avoués, agents de change

entre le plus grand nombre d'imprimeurs possible.

3° Obliger tout aspirant à la profession d'imprimeur d'être bachelier, d'avoir passé un certain temps à l'Ecole d'imprimerie, ou du moins lui faire subir des examens de capacité.

4° Créer pour la surveillance de l'imprimerie et de la librairie une direction spéciale qui remplacerait pour elle l'ancienne Université.

Cette organisation aurait certainement pour effet d'exciter le zèle et l'émulation parmi les imprimeurs, et elle hâterait la régénération d'un art qui a été si longtemps une des gloires de la France. Ne pouvant plus se recruter que parmi des hommes capables, l'imprimerie, même avec la liberté illimitée des brevets, exécuterait, nous en sommes assuré, beaucoup moins de mauvais livres, et réaliserait ainsi ce qu'on n'obtiendra jamais au moyen des lois les plus répressives. Ainsi donc, pour la politique comme pour l'art, il y a tout à gagner dans la réorganisation dont nous venons d'esquisser le plan.

Cette question, même au point de vue des intérêts matériels, mérite de fixer l'attention du gouvernement. Les exportations de livres s'élèvent chaque année à des sommes considérables. L'imprimerie crée annuellement une valeur de plus de 40 millions de francs. Les moyens d'existence d'une foule de travailleurs de tous rangs dans la hiérarchie sociale se rattachent à cette industrie et en dépendent : savants, hommes d'étude, artistes, écrivains, éditeurs, libraires, fabricants de papiers (1), mécaniciens, fondeurs de caractères, brocheurs, relieurs, graveurs, etc., etc., tous sollicitent l'emploi d'un capital immense et appellent le concours de milliers d'ouvriers. Une bonne organisation de l'imprimerie, en même temps qu'elle rendrait à cette profession son ancienne splendeur, sauvegarderait les intérêts de tout ce personnel.

La conduite des gouvernements envers l'imprimerie depuis cinquante ans semble témoigner qu'ils ne se sont jamais rendu compte des avantages nombreux pour la fortune publique dont ils tarissaient la source, de l'importance des capitaux qu'ils frappaient de stérilité, enfin de l'état d'appauvrissement à la fois physique et moral où ils réduisaient la France, soit en délaissant une des branches les plus fécondes et les plus brillantes de notre industrie nationale, soit en en comprimant l'essor.

Espérons que le gouvernement actuel, à qui nous devons déjà tant d'actes de justice et de réparation, étendra aussi sur l'imprimerie les bienfaits dont il a

(1) Une statistique récente constate que, en 1848 seulement, l'Angleterre comptait 780 fabriques ayant produit pour 1,300,000 liv. sterl. de papiers (32,500,000 fr.), occupant d'une manière constante 27,000 ouvriers, et payant à l'Etat une taxe annuelle de 18,806,850 fr.

été prodigue ailleurs, en régénérant un art qui est si digne de ses préoccupations généreuses, et qui exerce réellement sur le pays la plus grande comme la plus légitime influence.

Nous avons cru devoir faire précéder notre récit de ce résumé succint, et exprimer avant tout nos regrets et nos vœux comme imprimeur et comme simple particulier. Nous avons voulu ne plus y revenir dans le cours de cet ouvrage et laisser les faits parler seuls. A défaut d'autre mérite, nous serons du moins historien fidèle et impartial. On en jugera d'autant mieux que tous les actes dont nous avons à nous occuper se rattachent intimement à l'histoire générale, et que leur véracité pourra être par conséquent plus facilement contrôlée.

Paris, 1er mars 1854.

HISTOIRE
DE
L'IMPRIMERIE.

CHAPITRE PREMIER.

DES MOYENS D'EXPRIMER ET DE COMMUNIQUER SA PENSÉE AVANT
ET DEPUIS L'INVENTION DE L'IMPRIMERIE.

SOMMAIRE.

I. Du langage primitif. — II. Écriture symbolique et hiéroglyphique. — III. Les lettres, inventées par les Phéniciens, se propagent en Europe. — IV. Différents systèmes d'écriture. — V. Écriture abréviative ou sténographie. — VI. État de l'Europe avant l'invention de l'imprimerie. — VII. La typographie fait refleurir les sciences, la littérature et les arts. — Époque de la Renaissance. — VIII. L'histoire et l'éloge de l'imprimerie sont restés incomplets. — IX. Ses détracteurs. — X. Services qu'elle a rendus à la Société.

Trois phases importantes ont marqué les progrès des connaissances humaines : le *langage*, qui servit aux hommes à exprimer et à communiquer leurs pensées par l'organe de la voix ; — l'*écriture*, qui peignit la parole ; — l'*imprimerie*, qui, en multipliant le signe des pensées, les rendit elles-mêmes impérissables.

I. Dieu, qui avait fait les hommes sociables, leur inspira la première langue pour les aider à se communiquer leurs idées, leurs besoins et leurs droits réciproques, pour être le premier lien qui les rattachât les uns aux autres, et leur principal intermédiaire dans ces rapports de charité et de bienveillance dont il avait fait le fondement indispensable de la société.

Ce langage primitif, fort simple sans doute, dut consister seulement en un petit nombre de mots et d'exclamations accompagnés de gestes, d'images et d'actions. Il suffisait à la société naissante. Mais à mesure que les besoins s'accrurent, que l'activité humaine se développa, que les familles se multiplièrent, la voix prévalut sur le geste; on parla plus à la raison qu'aux yeux et au cœur, et le langage de convention fut créé.

II. Les idées s'exprimèrent d'abord par des figures symboliques : on peignit avant d'écrire. Deux mains entrelacées signifièrent la paix, des flèches représentèrent la guerre; un œil marquait la Divinité, un sceptre la royauté, et des lignes qui joignaient ces figures entre elles exprimèrent des phrases courtes. Les hiéroglyphes sont demeurés pendant des siècles la seule écriture des Égyptiens. Les Mexicains n'écrivirent jamais que par signes symboliques.

L'Écriture sainte nous fournit des exemples sans nombre de cette manière de transmettre les idées : par exemple, quand le faux prophète agite ses cornes de feu pour marquer la déroute entière des Syriens; quand Jérémie cache sa ceinture de lin dans le trou d'une pierre, près de l'Euphrate; quand il brise un vaisseau de terre à la vue du peuple; quand il se met au cou des liens et des joncs; quand Ézéchiel dessine le siége de Jérusalem sur de la brique; quand il pèse dans sa balance les cheveux de sa tête et le poil de sa barbe;

quand il emporte les meubles de sa maison ; quand il joint ensemble deux bâtons pour Juda et pour Israël. Les prophètes trouvaient dans ces allégories, parfaitement comprises, des moyens de converser avec le peuple.

III. Toutefois, ces symboles, ces signes n'étaient ni suffisamment expressifs (1), ni propres à fixer la parole et surtout à la propager. On voulut parler aux absents, se rappeler à soi-même et graver dans la mémoire des autres ce que tous avaient intérêt à ne pas oublier. On essaya de peindre les sons. De là vint l'écriture, composée de signes particuliers qu'on appela lettres et dont la réunion forma l'alphabet. Chacune de ces lettres fut destinée à marquer chacun des sons simples dont les mots sont l'assemblage, et permit ainsi de transmettre par les articulations de la voix toutes les idées de l'esprit (2).

(1) Rousseau, qui aimait les paradoxes, soutient au contraire que le langage des signes ou du geste est le plus expressif de tous : « Le lan-
« gage le plus énergique est celui où le signe a tout dit avant qu'on
« parle. Tarquin, Thrasybule, abattant les têtes des pavots, Alexandre
« appliquant son cachet sur la bouche de son favori, Diogène se prome-
« nant devant Zénon, ne parlaient-ils pas mieux qu'avec des mots ? Quel
« circuit de paroles eût aussi bien exprimé les mêmes idées ? Darius,
« engagé dans la Scythie avec son armée, reçoit de la part du roi des
« Scythes une grenouille, un oiseau, une souris et cinq flèches ; le héraut
« remet son présent en silence et part. Cette terrible harangue fut en-
« tendue, et Darius n'eut plus grande hâte que de regagner son pays
« comme il put. Substituez une lettre à ces signes, plus elle sera mena-
« çante, moins elle effrayera ; ce ne sera plus qu'une gasconnade dont
« Darius n'aurait fait que rire. » (*Discours sur l'origine des langues.*)

« En négligeant la langue des signes qui parlent à l'imagination, l'on
« a perdu le plus énergique des langages. L'impression de la parole est
« toujours faible, et l'on parle au cœur par les yeux bien plus que par
« les oreilles. » (*Émile*, liv. IV.)

(2) Platon nous montre dans le *Phèdre* le dieu Theuth, inventeur des arts, devisant et discutant avec Thamus, roi d'Egypte, sur leur utilité. Lorsqu'ils en sont à l'écriture : « Cette science, ô roi, lui dit Theuth,
« rendra les Égyptiens plus savants et soulagera leur mémoire. C'est un

L'alphabet fut sans doute imaginé par des peuples commerçants, déjà même très-policés, qui, voyageant en plusieurs pays, devaient parler plusieurs langues, et furent ainsi contraints d'inventer des caractères qui pussent être communs à tous. Les premiers hommes qui formèrent des mots en furent eux-mêmes si étonnés qu'ils attribuèrent à cette combinaison de lettres quelque chose de surnaturel.

Il serait difficile de dire d'une manière précise par quelles transformations successives l'art d'écrire a dû passer avant d'arriver au point où nous le trouvons aujourd'hui chez les nations les plus civilisées, car l'histoire ne nous apprend rien de positif à cet égard. On doit admettre cependant que les figures au moyen desquelles on exprima d'abord les idées, et qui représentaient directement les objets par la reproduction de leurs formes, se simplifièrent peu à peu, de sorte qu'elles n'eurent plus qu'un rapport très-faible avec leur conformation primitive, qu'il s'y mêla des signes de convention propres à rapprocher de plus en plus l'écriture de la langue parlée, et

« remède que j'ai trouvé contre la difficulté d'apprendre et de savoir. — Le
« roi répond · — Industrieux Theuth, tel homme est capable d'enfanter les
« arts, tel autre d'apprécier les avantages qui peuvent résulter de leur
« emploi ; et toi, père de l'écriture, par une bienveillance naturelle pour
« ton ouvrage, tu l'as vu tout autre qu'il n'est : il ne produira que l'oubli
« dans l'esprit de ceux qui apprennent, en leur faisant négliger la mé-
« moire. En effet, ils laisseront à ces caractères étrangers le soin de leur
« rappeler ce qu'ils auront confié à l'écriture, et n'en garderont eux-
« mêmes aucun souvenir. Tu n'as donc point trouvé un moyen pour la
« mémoire, mais pour la simple réminiscence, et tu n'offres à tes dis-
« ciples que le nom de la science sans la réalité ; car, lorsqu'ils auront lu
« beaucoup de choses sans maître, ils se croiront les plus nombreuses
« connaissances, tout ignorants qu'ils seront pour la plupart, et la fausse
« opinion qu'ils auront de leur science les rendra insupportables dans le
« commerce de la vie. » (*Trad. de M. Cousin.*)

Si telle était l'opinion de Platon sur l'écriture, qu'eût-il dit de l'imprimerie?

qu'enfin ces signes, consacrés par l'usage, s'appliquèrent successivement aux divers sons de la voix. L'écriture syllabique une fois créée, il ne resta plus qu'à analyser les sons du langage pour former l'alphabet. A partir de cette époque, l'écriture hiéroglyphique, qui était l'écriture universelle, fut presque partout abandonnée.

Quoique les sentiments soient encore partagés sur l'origine de l'écriture phonétique (1), c'est-à-dire celle qui représente les sons de la voix par des lettres, pour en former ensuite des mots, on l'attribue généralement aux Phéniciens (2), que les Hébreux appelaient le peuple lettré (3).

Sanchoniathon, le plus célèbre et le plus ancien historien de l'Égypte, dit positivement que l'écriture a pris naissance en Phénicie, d'où elle a été portée en Égypte par Taut, fils du roi phénicien Mizraïm, deux mille cent soixante-dix-huit ans environ avant notre ère.

C'est seulement six cents ans après, c'est-à-dire au XVIe siècle avant notre ère, que l'écriture fut importée en Grèce, par des colons égyptiens et phéniciens qui vinrent s'établir dans ce pays sous la conduite de Cadmus.

---

(1) On appelle *idéographique* l'écriture qui se compose de figures représentant les objets mêmes par la reproduction de leurs formes, et *phonographique* ou *phonétique* celle qui représente les sons formant les mots par lesquels les idées sont déjà exprimées dans la langue parlée.

(2) Les Chaldéens passent pour avoir inventé des caractères avant les Phéniciens, mais ils n'avaient pas de voyelles. C'est sur la brique qu'ils commencèrent, dit-on, à graver leurs observations et leurs lois. On sait qu'ils sont aussi les inventeurs du zodiaque.

(3)   C'est de là que nous vient cet art ingénieux
De peindre la parole et de parler aux yeux,
Qui, par les traits divers de figures tracées,
Donne de la couleur et du corps aux pensées.
(Brébeuf, trad. de *la Pharsale*.)

Les caractères grecs, d'abord parfaitement semblables aux caractères phéniciens, se sont écartés un peu avec le temps de leur figure primitive; mais ils laissent voir encore avec ceux-ci nombre de traits de ressemblance, tandis qu'ils n'en ont aucun avec les caractères égyptiens.

La connaissance de l'alphabet se répandit en Italie, environ cent cinquante ans après son introduction chez les Grecs. Les Pélasges, l'un des premiers peuples de la Grèce, portèrent, soit par la voie de la navigation, soit par les colonies qu'ils fondèrent en Italie, leurs formes d'écriture chez les Étrusques, d'où elles pénétrèrent bientôt chez les nations voisines. Ainsi, les caractères latins, que presque tous les peuples de l'Europe ont adoptés, tirent leur origine des caractères grecs; il reste même encore dans l'alphabet latin beaucoup de lettres qui sont semblables aux grecques : A, B, E, H, I, K, M, N, O, P, T, X, Y, Z. Nos lettres, par l'intermédiaire des Grecs et des Latins, nous viennent donc des Phéniciens, sauf les altérations qu'elles ont subies.

Avant le siége de Troie, l'alphabet ne se composait, dit-on, que de 16 lettres. Il en comptait 24 comme aujourd'hui lorsque les Grecs le transmirent aux Romains de qui nous le tenons immédiatement.

IV. Chez les anciens Grecs, on écrivit d'abord en *boustrophédon*, c'est-à-dire que les lignes imitèrent les *sillons tracés par un bœuf* en labourant (1). Après avoir écrit une ligne de droite à gauche, on commençait la suivante de gauche à droite, l'autre de droite à gauche, et ainsi alternativement et sans discontinuer les lignes, comme on le remarque dans les plus anciennes inscriptions grecques.

---

(1) De βοῦς, bœuf, et de ςρέφω, je tourne.

Mais plus tard les Grecs écrivirent exclusivement de gauche à droite (1).

V. Les écritures abréviatives ont une origine plus ancienne qu'on ne le suppose communément. Les Hébreux paraissent avoir fait usage d'un nombre considérable de sigles ou d'abréviations. Les Romains comprirent aussi l'utilité de ces caractères abréviatifs. Tiron, affranchi de Cicéron, et qui devint son ami, son confident, son conseil, est regardé comme le premier auteur de ces caractères que les Romains appelaient *notæ*, et par le moyen desquels on écrivait aussi vite qu'on parlait. On a donné à cet art le nom de notes tironiennes. Dom Carpentier, bénédictin, en a publié un alphabet in-f°, en 1747.

Lorsque Caton prononça dans le sénat le courageux discours où il combattit la fausse humanité de César envers les complices de Catilina, Cicéron, alors consul, eut soin de placer en divers endroits de l'assemblée des écrivains habiles en notes, *notarii*, pour copier et recueillir tout ce qui sortait de la bouche de ce grand homme. Cicéron lui-même et Sénèque après lui firent usage en écrivant de ces caractères abréviatifs (2).

---

(1) Les Chinois et les Japonais écrivent de haut en bas ; mais les Chinois vont de droite à gauche et les Japonais de gauche à droite. Les Mexicains écrivent de bas en haut. Ces trois peuples paraissent être les seuls dont l'écriture soit perpendiculaire. Dans les autres langues, l'écriture est en lignes horizontales ; mais l'hébreu, le chaldéen, le samaritain, le syrien, le turc, le persan, l'arabe, le tartare, etc., s'écrivent de droite à gauche. Le latin, l'arménien, l'éthiopien, le géorgien, le servien, le slavon et toutes les langues d'Europe s'écrivent de gauche à droite. (Peignot, *Dictionnaire de bibliologie.*)

(2) Martial, livre XIV, épigramme 208, intitulée *Notarius*, a peint cet art par ce distique énergique :

Currant verba licet, manus est velocior illis ;
Nondum lingua suum, dextra peregit opus.

(Les paroles ont beau courir, la main est plus rapide qu'elles ; la langue n'a pas achevé son travail, que la main a déjà terminé le sien.)

Depuis, les notes tironiennes reçurent en Occident une application très-étendue. On les enseignait dans les écoles publiques; on les employait pour transcrire les manuscrits : il y en a de cette espèce à la bibliothèque nationale à Paris et à la bibliothèque ambrosienne à Milan. Cet art, ayant déchu en France sur la fin du IXe siècle et en Allemagne sur la fin du Xe, altéra par des erreurs nombreuses et le plus souvent irréparables les ouvrages de l'antiquité, dont il servait à multiplier les copies. De là ces variantes infinies qu'on trouve dans les anciens manuscrits et dans les anciennes éditions; de là ces entreprises téméraires des philologues de la Renaissance pour rétablir la pureté des textes originaux; de là enfin ce doute qui s'empara de quelques savants hommes à l'égard de l'authenticité de ces mêmes textes, et qui porta entre autres le père Hardouin jusqu'à dire que l'*Énéide*, les *Odes* d'Horace, etc., ainsi que la plupart des œuvres de l'antiquité ecclésiastique, avaient été fabriquées par des moines du moyen âge!

La méthode romaine avait été précédée dans la Grèce par les sigles, *sigilla, signa;* mais les sigles n'étaient pas de la même nature que les notes tironiennes, et n'étaient pas comme elles destinés à produire une écriture aussi rapide que la parole elle-même.

Les Grecs tirèrent des Phéniciens cette sorte d'abréviation dont on aperçoit l'origine dans les chiffres attiques. Le sénat romain permit qu'on s'en servît dans les actes publics, longtemps avant l'invention des notes de Tiron. On a fait usage jusqu'au XVe siècle de cette écriture abrégée dans les affaires publiques et particulières, dans les inscriptions, les manuscrits, les lois, les harangues, les lettres. Mais la multiplicité des sigles eut les mêmes inconvénients que l'abus des notes tironiennes et jeta la confusion et l'obscurité la plus désastreuse dans les noms propres, dans le texte des actes publics, des chartes, des diplômes, des bulles, des décrets, de même que dans les monuments originaux de l'histoire, des arts, des sciences et de la littérature.

Ces procédés, comme celui que nous appelons aujourd'hui *sténographie* (1), sont sans doute très-utiles pour fixer la parole et en conserver le souvenir; mais ils ne sauraient remplacer l'écriture. L'alphabet seul peut servir à exprimer clairement et complétement la pensée. Aussi est-ce à lui que sont dues presque toutes les connaissances qui sont aujourd'hui du domaine de l'humanité. On comprend, en effet, combien d'erreurs étaient accréditées, de découvertes perdues, de chefs-d'œuvre anéantis dans les arts et dans les sciences, quand on n'avait que la tradition pour se guider et qu'on était obligé de tout confier à sa mémoire et à celle de ses descendants! L'écriture inventée, tous les fruits de l'intelligence et du travail purent être sauvés de l'oubli, mis à l'abri de la destruction, et leurs bienfaits transmis de génération en génération aux siècles futurs.

On se borna d'abord à de courtes inscriptions, à des notes simples et sans suite. On fut longtemps avant de composer des phrases, et plus longtemps encore avant d'arriver à la composition d'un livre. Ceux qui les premiers entreprirent cette tâche durent éprouver des difficultés sans nombre, à une époque surtout où chacun, étant plus occupé de sa sûreté, de ses besoins que de toute autre chose, n'avait guère le temps

---

(1) Il ne faut pas confondre la sténographie, tachéographie ou tachygraphie, écriture abréviative, avec la stéganographie ou cryptographie, écriture secrète : l'un et l'autre procédé ont été employés chez les anciens et chez les modernes. La sténographie moderne date en France de la fin du XVIIIe siècle.

de songer à user d'art en écrivant. L'art d'écrire ne peut être que l'effet de cette espèce de feu sacré dont le cœur de certains hommes est embrasé, quand ils devinent tout à la fois et créent de grandes choses. Ce feu animait la Grèce au temps d'Orphée; il animait Rome au temps d'Ennius; il suscitait tous les arts et les élevait, aux siècles de Périclès et d'Auguste, à un degré de perfection si étonnant que dix-huit cents ans écoulés depuis y ont à peine ajouté quelque chose. Malheureusement, privés qu'ils étaient de publicité, les produits de l'art d'écrire ne firent point tout le bien qu'ils auraient dû faire, et n'étendirent pas leur influence au delà des lieux où cet art avait pris naissance.

Quelle qu'ait été la multiplicité des œuvres dues aux génies de ces époques brillantes, quel qu'ait été le nombre de copies qu'on en ait fait, c'est à peine si, à travers les siècles d'ignorance et de barbarie qu'il leur a fallu traverser, elles ont pu échapper à une entière destruction. Les injures du temps, la méchanceté ou le faux zèle des hommes, l'imbécillité des princes, le fanatisme politique ou religieux ne les ont laissées venir jusqu'à nous qu'en partie et mutilées. Aucune branche de littérature n'a été épargnée, livres d'histoire, ouvrages de sciences exactes, systèmes de philosophie, traités de politique, de morale, de médecine, presque tout a péri chez les Grecs (1). Les livres des Romains ont eu le même sort; ceux des Égyptiens, des Phéniciens et de plusieurs autres nations éclairées ont été engloutis dans ce nau-

(1) On cite trois cent cinquante poëtes qui avaient composé des tragédies et des comédies, et le nombre des pièces s'élevait à plus de trois mille... Il ne reste plus en entier que sept pièces d'Eschyle, sept de Sophocle, dix-neuf d'Euripide, onze d'Aristophane, en tout quarante-quatre; il reste en outre vingt pièces de Plaute et six de Térence, qui sont des imitations de comédies grecques.

frage presque universel. C'est que l'imprimerie n'existait pas encore !

VI. Quelle était la situation de l'Europe lorsque cet art se manifesta pour la première fois aux yeux du monde étonné? Depuis cinq siècles (du xe au xve) l'Europe entière était plongée, ou peu s'en faut, dans la plus complète ignorance. Dans ces temps de barbarie universelle, il n'existait aucune science et, par suite, aucun enseignement. Reléguée dans les monastères, la science méritait à peine ce nom, puisqu'elle se composait uniquement de théologie et de quelques notions de physique et d'astronomie, faibles traditions des Arabes. On ne connaissait d'autre musique que le chant d'église, et les mathématiques étaient défigurées par ces idées de magie qui séduisent l'ignorance, toujours avide du merveilleux.

C'est au milieu de ces ténèbres, déjà illuminées toutefois par les grandes figures de Pétrarque et de Dante, que l'imprimerie, cette *seconde délivrance de l'homme*, comme l'appelle Martin Luther, apparut. Soudain, et comme par enchantement, dit Chénier, *l'esprit humain rompit les fers qui l'avaient enlacé jusqu'alors, s'élança dans la carrière et sema sa route de prodiges*.

VII. Dix ans (de 1460 à 1470) sont à peine écoulés depuis cette grande découverte, et déjà, en Allemagne et dans les Pays-Bas, à Deventer, à Utrecht, à Louvain, à Bâle, à Ulm, etc., en Hongrie à Bude, et en France à Paris, on imprime toutes sortes de livres, parmi lesquels des classiques latins, comme des traités de Cicéron, Florus, Salluste, etc. Bientôt Venise nous envoie les belles éditions latines des Alde, en caractères italiques appelés *Aldins*, et dans le format in-12 ou petit in-8°, correctes, très-bien imprimées, et dont, au témoignage de

Renouard, l'apparition fut aussi ressentie que le passage des manuscrits aux imprimés (1). Ce fut alors que disparut, pour faire place à la bonne latinité, ce jargon barbare, formé de lambeaux de la Vulgate et des écrivains ecclésiastiques, qui domine dans le latin du moyen âge, et que les prédicateurs n'avaient point encore abandonné. On fouille les cloîtres, on en exhume les manuscrits qui y étaient restés ensevelis jusqu'alors, et les manuscrits grecs ne sont pas recherchés moins avidement que les latins : eux aussi reçoivent le bienfait de l'impression et à leur tour sont multipliés à l'infini. C'est ainsi que les modèles de l'antiquité sont remis en honneur, compulsés, étudiés, commentés et traduits ; les grammairiens, les orateurs, les poëtes s'abreuvent aux sources pures des deux littératures anciennes ; les principes du goût, les secrets de la science, révélés chaque jour et soigneusement expliqués, développent la raison, la mémoire, et rendent désormais la marche de l'esprit humain incessamment progressive.

Avec ces origines merveilleuses de l'imprimerie concourut un événement qui lui donna tout à coup une impulsion extraordinaire. Au moment même où elle naissait, l'empire d'Orient s'écroulait et les Grecs du Bas-Empire, chassés par Mahomet II et refluant vers l'Italie, la France, l'Allemagne, y apportèrent avec eux les traditions des langues savantes et de la saine littérature.

Les beaux-arts eux-mêmes, restés dans une complète obscurité depuis le XIIe siècle, participèrent à cette rénovation générale. Les mœurs s'adoucirent ; l'intelligence du beau et du vrai forma le goût, éleva les esprits et leur apprit à penser juste. Tous les pays de l'Europe sentirent tour à tour le

(1) *Histoire de l'imprimerie des Alde*, p. 579, 3e édition.

souffle de l'antiquité. Mais l'Italie l'avait respiré la première, et elle eut le siècle des Médicis qui précéda de plus de deux cents ans celui de Louis XIV, lequel n'eut rien à envier cependant aux plus beaux temps de la Grèce et de Rome.

VIII. Quoique nous soyons redevables de tant de bienfaits à l'imprimerie, son histoire jusqu'à présent n'a pas été écrite d'une manière complète. On a traité séparément, dans un grand nombre d'ouvrages, les diverses parties de l'art typographique; mais personne n'a encore présenté l'ensemble des immenses services qu'il a rendus à la société, à la civilisation, à l'humanité, à la liberté des peuples.

L'éloquence, la poésie elle-même n'ont témoigné qu'une médiocre reconnaissance à l'imprimerie qui conserve et propage leurs chefs-d'œuvre. Quelques lignes d'éloge, de légers opuscules en vers (1) ont seulement été composés en son honneur.

En 1829, l'Académie française proposa l'*Invention de l'imprimerie* pour sujet du prix de poésie (2). Mais là s'est bornée sa sollicitude, et elle n'a pas cru devoir accepter plus tard l'offre d'un prix de 500 fr. faite par les ouvriers d'un des ateliers de Paris (3), afin qu'elle mît une seconde fois au concours l'éloge de l'imprimerie. On a chanté, dans des poëmes didactiques, la Peinture, l'Agriculture, l'Histoire naturelle, la Botanique, etc.; la Typographie, cet art qui a tant fait pour les autres, a été oubliée! Et pourtant, quel plus beau sujet à traiter, disait l'abbé Barthélemy (4), que

---

(1) Nous aimons à citer dans le nombre ceux de Thiboust, de Gillet, de Dondey-Dupré.
(2) Le prix fut décerné à M. Legouvé fils, et l'accessit à M. Bignan.
(3) Imprimerie administrative.
(4) *Voyage du jeune Anacharsis.*

l'influence qu'a eué l'imprimerie sur les esprits et celle qu'elle aura dans la suite!

Voltaire lui-même, dont le vaste génie a embrassé tous les sujets, n'a consacré à celui-ci, et encore indirectement, qu'un petit nombre de vers. Son *Épître au roi de Danemark* contient le passage suivant :

> De l'auguste raison les sombres ennemis
> Se plaignent quelquefois de l'inventeur utile
> Qui fondit en métal un alphabet mobile,
> L'arrangea sous la presse et sut multiplier
> Tout ce que votre esprit peut transmettre au papier.
> « Cet art, disait Boyer, a troublé les familles;
> « Il a trop raffiné les garçons et les filles. »
> Je le veux; mais aussi quels biens n'a-t-il pas faits!
> Tout peuple, excepté Rome, a senti ses bienfaits.
> Avant qu'un Allemand trouvât l'imprimerie,
> Dans quel cloaque affreux barbotait ma patrie!
> . . . .
> . . . .
> Rois! qui brisa les fers dont vous étiez chargés?
> Qui put vous affranchir de vos vieux préjugés?
> Quelle main favorable à vos grandeurs suprêmes
> A du triple bandeau vengé cent diadèmes?
> Qui, du fond de son puits, tirant la Vérité,
> A su donner une âme au public hébété?
> Les livres ont tout fait, et, quoi qu'on puisse dire,
> Rois, vous n'avez régné que lorsqu'on a su lire.
> Soyez reconnaissants, aimez les bons auteurs :
> Il ne faut pas du moins vexer vos bienfaiteurs.
> Et comptez-vous pour rien les plaisirs qu'ils vous donnent,
> Plaisirs purs que jamais les remords n'empoisonnent?
> Les pleurs de Melpomène et les ris de sa sœur
> N'ont-ils jamais guéri votre mauvaise humeur?...
> Souvent un roi s'ennuie, il se fait lire à table
> De Charle ou de Louis l'histoire véritable.

Voltaire dit encore, dans une pièce de vers intitulée *La Police* (sous Louis XV) :

> Plus loin la presse roule, et notre œil étonné
> Y voit un plomb mobile, en lettres façonné,
> Mieux que chez les Chinois, sur des feuilles légères,
> Tracer un monument d'immortels caractères.

Ce n'est guère que dans un ouvrage écrit il y a plus d'un siècle et demi par un imprimeur (1) qu'on trouve un éloge complet et bien senti de l'imprimerie. Voici en quels termes l'auteur de ce livre déduit les conséquences de l'invention de ce grand art :

« Si les ignorants regardent l'imprimerie sans l'admirer, c'est qu'ils la voient sans la connaître : les savants en ont toujours jugé tout autrement ; et ils ont estimé avec raison que, depuis près de trois siècles que cette merveille s'est fait voir dans l'Europe, l'esprit humain n'avait jamais rien inventé de plus heureux, ni de plus utile pour l'instruction des hommes.

« Cette vérité est si universellement reconnue, qu'elle n'a pas besoin de preuves : chacun sait que, sans cet art merveilleux, les études, les veilles et les travaux des grands hommes auraient été inutiles à la postérité. C'est donc à cet art divin que nous sommes uniquement redevables de la connaissance des ouvrages des anciens philosophes, des médecins, des astronomes, des historiens, des orateurs, des poëtes, des jurisconsultes, des théologiens, en un mot de tout ce qu'on

---

(1) *Histoire de l'imprimerie et de la librairie*, par Jean de la Caille, libraire, 1 vol. in-4°, M DC LXXXIX. La Caille avait été chargé par un des *premiers magistrats de France*, dit-il dans sa préface, de la recherche des priviléges, exemptions, statuts, règlements et arrêts concernant l'art de l'imprimerie.

a écrit sur tous les arts et sciences. C'est par le secours de l'imprimerie que les théologiens pénètrent les sacrés mystères de notre religion ; que les jurisconsultes enseignent ces lois admirables qui règlent la société des hommes ; que les historiographes nous fournissent des exemples à suivre, et d'autres à fuir; que les astronomes font tous les jours de si belles découvertes dans les cieux. C'est ce même art qui fournit aux médecins les moyens de conserver et de rétablir la santé du corps humain ; qui découvre aux philosophes les secrets les plus cachés de la nature ; qui donne aux géomètres les facilités de mesurer la terre, et aux arithméticiens celles de donner à chacun ce qui lui appartient. Enfin que sauraient les modernes dans toutes les sciences et dans tous les arts, si l'imprimerie ne leur représentait pas tout ce qu'ont trouvé les anciens ? »

Tout récemment, M. Ambroise Firmin Didot, l'héritier d'un des noms les plus illustres de l'imprimerie, a, plus éloquemment encore, exprimé les mêmes pensées dans un article de l'*Encyclopédie moderne*, article qui est à lui seul un traité de typographie.

« La découverte de l'imprimerie, dit M. Didot, sépare le monde ancien du monde moderne ; elle ouvre un nouvel horizon au génie de l'homme et, par son rapport intime avec les idées, semble être un nouveau sens dont nous sommes doués. Une immense différence la distingue des autres grandes découvertes de la même époque, *la poudre à canon* et *le nouveau monde* ; celle même qui nous est contemporaine, *la vapeur*, ne saurait lui être comparée. En effet, ces grandes et utiles découvertes n'ont agi que sur la partie matérielle de l'humanité.... ; tandis que l'imprimerie, qui n'a pas encore achevé sa mission d'éclairer le monde sans l'incendier, élève le niveau de l'intelligence humaine, et nous rapproche de cette souveraine intelligence que Dieu a départie à l'homme en le créant à son image. »

IX. Mais, si trop peu d'écrivains ont fait l'éloge de l'imprimerie, beaucoup l'ont attaquée et l'ont considérée comme l'art le plus dangereux qui ait été révélé aux hommes. Dans le nombre de ses détracteurs, le premier et le plus considérable est J.-J. Rousseau.

« Le paganisme, dit-il, livré à tous les égarements de la raison humaine, a-t-il laissé à la postérité rien qu'on puisse comparer aux monuments honteux que lui a préparés l'imprimerie (1) sous le règne de l'Évangile ! Les écrits impies des Leucippe et des Diagoras ont péri avec eux : on n'avait pas encore inventé l'art d'éterniser les extravagances de l'esprit humain ; mais, grâce aux caractères typographiques et à l'usage que nous en faisons, les dangereuses rêveries des Hobbes et des Spinosa resteront à jamais. Allez, écrits célèbres dont l'ignorance et la rusticité de nos pères n'auraient point été capables,

---

(1) « A considérer les désordres affreux que l'imprimerie a déjà causés en Europe, à juger de l'avenir par le progrès que le mal fait d'un jour à l'autre, on peut prévoir aisément que les souverains ne tarderont pas à se donner autant de soins pour bannir cet art terrible de leurs États, qu'ils en ont pris pour l'y introduire. Le sultan Achmet, cédant aux importunités de quelques prétendus gens de goût, avait consenti d'établir une imprimerie à Constantinople ; mais à peine la presse fut-elle en train qu'on fut contraint de la détruire et d'en jeter les instruments dans un puits. On dit que le calife Omar, consulté sur ce qu'il fallait faire de la bibliothèque d'Alexandrie, répondit en ces termes : « Si les livres de cette bibliothèque « contiennent des choses opposées à l'Alcoran, ils sont mauvais, et il faut « les brûler ; s'ils ne contiennent que la doctrine de l'Alcoran, brûlez-les « encore, ils sont superflus. » Nos savants ont cité ce raisonnement comme le comble de l'absurdité. Cependant, supposez Grégoire le Grand à la place d'Omar, et l'Évangile à la place de l'Alcoran, la bibliothèque aurait été brûlée, et ce serait peut-être le plus beau trait de la vie de l'illustre pontife. » (*Note de Rousseau.*)

accompagnez chez nos descendants ces ouvrages plus dangereux encore d'où s'exhale la corruption des mœurs de notre siècle, et portez ensemble aux siècles à venir une histoire fidèle des progrès et des avantages de nos sciences et de nos arts. S'ils vous lisent, vous ne leur laisserez aucune perplexité sur la question que nous agitons aujourd'hui ; et, à moins qu'ils ne soient plus insensés que nous, ils lèveront leurs mains au ciel et diront dans l'amertume de leur cœur : Dieu tout-puissant, toi qui tiens dans tes mains les esprits, délivre-nous des lumières et des funestes arts de nos pères, et rends-nous l'ignorance, l'innocence et la pauvreté, les seuls biens qui puissent faire notre bonheur et qui soient précieux devant toi. »

X. C'est là de l'exagération et de la passion. Sans doute, en même temps qu'elle faisait triompher de grandes vérités, l'imprimerie ouvrait une vaste carrière aux impostures. Mais quand les esprits peuvent, chaque jour et à toute heure, juger et comparer les écrits, les actes et les personnes, la lumière frappe vite les yeux, et l'on ne tarde pas à distinguer la vérité, malgré le prestige éblouissant dont s'enveloppent l'erreur et le mensonge. L'aveuglement à cet égard est naturel, quelquefois même dangereux ; mais il n'est que passager, grâce au contrôle incessant de la presse. Avec elle, en effet, il n'y a plus d'illusion durable, car elle apprécie promptement les hommes et les choses à leur juste valeur, et, mieux que la baguette de Tarquin, elle sait abaisser la tête des superbes et rendre impossible toute sorte d'oppression.

« Dans les républiques populaires, a dit une femme célèbre (1), il faut distinguer deux époques tout à fait différentes : celle qui

---

(1) Madame de Staël, *De l'influence des passions.*

a précédé l'imprimerie, et celle qui est contemporaine du plus grand développement possible de la liberté de la presse. Celle qui a précédé l'imprimerie devait être favorable à l'ascendant d'un homme sur les autres hommes. Les lumières n'étaient point disséminées ; celui qui avait reçu des talents supérieurs, une raison forte, avait de grands moyens d'agir sur la multitude. Le secret des causes n'était pas connu, l'analyse n'avait pas changé en science positive la magie de tous les effets ; enfin, l'on pouvait être étonné, et par conséquent entraîné, et des hommes croyaient qu'un d'entre eux était nécessaire à tous. De là les grands dangers que courait la liberté…. Mais lorsque la liberté de la presse et, ce qui est plus encore, la multiplicité des journaux rendent publiques chaque jour les pensées de la veille, il est presque impossible qu'il existe dans un tel pays ce qu'on appelle de la gloire : il y a de l'estime, parce que l'estime ne détruit pas l'égalité et que celui-là qui l'accorde juge au lieu de s'abandonner ; mais l'enthousiasme pour les hommes en est banni. Il y a dans tous les caractères des défauts qui jadis n'étaient découverts que par le flambeau de l'histoire ou par un très-petit nombre de philosophes contemporains que le mouvement général n'avait point enivrés. Aujourd'hui, celui qui veut se distinguer est en guerre avec l'amour-propre de tous ; on le menace du niveau à chaque pas qui l'élève, et la masse des hommes éclairés prend une sorte d'orgueil collectif, destructeur des succès individuels. »

Il en est de l'imprimerie comme de tous les instruments mis entre les mains des hommes et dont ils peuvent abuser. Le poison le plus subtil tue ou guérit, suivant la main qui le donne ; le feu réchauffe ou brûle ; l'eau, selon la mesure et le discernement avec lesquels on en fait usage, fertilise ou dévaste. Mais l'imprimerie a cela d'heureux, qu'elle est à la fois l'arme qui attaque et celle qui défend. Elle guérit les blessures qu'elle a faites aussi sûrement que la lance d'Achille, à laquelle on la compare volontiers (1). L'intelligence n'a pas d'organe plus énergique; et si l'imprimerie a causé de grands malheurs, c'est moins à elle qu'il les faut imputer qu'à l'avilissement des hommes, à leur ambition, à leur méchanceté jalouse. Si pourtant, sous prétexte du mal qu'elle peut faire, on venait à la supprimer, que de bien serait empêché ! Plus de critique, et, par suite, plus de lumière; chacun, gouvernants et gouvernés, faute d'avertissements salutaires, s'endormirait dans une quiétude trompeuse, jusqu'au jour où éclaterait un danger imprévu et peut-être irrémédiable. N'hésitons pas à le dire, aucun art, aucune institution ne pourrait réparer une telle perte !

« L'imprimerie, disait l'homme éminent à qui nous devons les projets de nos premières constitutions (2), a changé le sort de l'Europe; elle changera la face du monde. Je la considère comme une nouvelle faculté ajoutée aux plus belles facultés de l'homme; par elle, la liberté cesse d'être resserrée dans les petites agrégations républicaines : elle se répand sur les royaumes, sur les empires. L'imprimerie est pour l'immensité de l'espace ce qu'était la voix de l'orateur sur la place publique

---

(1) On a comparé aussi l'imprimerie à l'artillerie, qui remonte à la même époque; seulement, par un contraste bizarre, l'inventeur de l'artillerie fut un moine, et celui de l'imprimerie un chevalier, tous les deux allemands. « Ces deux inventions, dit Étienne Pasquier, sont en tout et « partout l'une à l'autre contraires : l'artillerie étant inventée pour la « guerre, l'imprimerie pour la paix ; celle-là faisant mourir les hommes « illustres qui vivent, et celle-ci leur redonnant la vie après qu'ils sont « morts. » — On prétend que la poudre à canon et l'imprimerie étaient connues à la Chine avant leur découverte en Europe.

(2) Sieyès, *Rapport à l'Assemblée nationale*.

d'Athènes et de Rome; par elle la pensée de l'homme de génie se porte à la fois dans tous les lieux; elle frappe, pour ainsi dire, l'oreille de l'espèce humaine entière.... »

C'est parmi les souverains que l'imprimerie a compté tout naturellement ses ennemis les plus redoutables, dès qu'elle eut cessé de s'occuper uniquement de science, pour envahir le domaine de la religion et de la politique. Dans ces derniers temps, on lui ôta jusqu'à son nom auquel on substitua celui de *Presse*, et de ce jour elle fut persécutée et poursuivie comme un instrument de révolution. N'a-t-on pas vu, au XVIIIe siècle, un des États les plus éclairés, oubliant tous les liens qui la rattachaient aux beaux-arts, la confier à la surveillance de la police (1)?

Mais rien n'a pu arrêter sa marche. Comme le soleil dont parle le poëte (2), elle a poursuivi sa carrière, se fortifiant par sa propre activité (3) et se jouant des efforts de ses persécuteurs. Elle est restée, en dépit d'eux, la première des découvertes modernes, le levier tout-puissant de l'intelligence humaine. Par elle, la société entière s'est transformée;

---

(1) Depuis 1723 jusqu'à présent, l'imprimerie et la librairie ont presque toujours fait partie des attributions de la police.

(2)   Le Nil a vu sur ses rivages
            Les noirs habitants des déserts
            Insulter, par leurs cris sauvages,
            L'astre éclatant de l'univers.
            Cris impuissants, fureurs bizarres!
            Tandis que ces monstres barbares
            Poussent d'insolentes clameurs,
            Le dieu, poursuivant sa carrière,
            Verse des torrents de lumière
            Sur ses obscurs blasphémateurs.
                  (*Le Franc de Pompignan.*)

(3) Vires acquirit eundo.

les mœurs ont été polies, les arts et les sciences réhabilités, les lois facilement promulguées et connues de tous; l'instruction a été mise à la portée de chacun; la faiblesse de la voix, la lenteur de l'écriture n'ont plus été des obstacles à la propagation des lumières; les droits de l'humanité se sont affermis, popularisés, et la civilisation s'est trouvée dès lors à l'abri de l'invasion des barbares comme des persécutions du despotisme.

CHAPITRE II.

DÉCOUVERTE DE L'IMPRIMERIE.

SOMMAIRE.

I. Découverte de l'imprimerie. — Ses avantages. — II. Elle est inventée à Mayence. — III. Gutenberg fait ses premiers essais à Strasbourg. — IV. Il s'associe à Mayence avec Fust et Schœffer, lequel invente les poinçons pour frapper les matrices. — V. Embarras de la société. — Gutenberg poursuit ses travaux. — VI. Honneurs qu'il reçoit dans sa patrie. — Sa mort. — Son éloge. — VII. On conteste le mérite, le lieu et l'auteur de la découverte. — VIII. Injustes prétentions de la ville de Harlem. — IX. C'est à tort que l'on attribue la découverte de l'imprimerie aux peuples de l'antiquité. — X. Moyens de reproduction connus des anciens. — XI. Manière d'imprimer chez les Chinois. — XII. Appréciation des travaux de Gutenberg et de ses associés. — XIII. L'imprimerie se répand dans les divers États. — XIV. On érige des statues à Gutenberg.

I. L'imprimerie, qu'on appelle généralement aujourd'hui *typographie* (1), est l'art de reproduire l'empreinte de lettres ou caractères mobiles en relief, soit sur le papier, soit sur tout autre objet destiné à la recevoir et à la multiplier. Après le moyen d'exprimer et de communiquer sa pensée,

(1) Ce nom a été rarement employé pendant le xv⁰ siècle. Bernard de Vérone s'en est servi dans la préface de son édition de *Catulle*, Venise, 1493; Erasme, dans sa lettre du 13 février 1498; mais c'est depuis la seconde moitié du xvi⁰ siècle que l'usage en est devenu fréquent.

d'abord par des figures et des signes symboliques, puis par l'écriture, rien n'était plus propre à la perpétuer qu'une opération qui la fixait et la transmettait aux siècles futurs sous une forme à la fois rapide, élégante, correcte et répétée à l'infini. Telle fut la mission de l'imprimerie.

Les autres arts qui servent à représenter nos idées périssent à la longue. Les tableaux, les statues, les édifices s'effacent, se dégradent et tombent en ruines; les chefs-d'œuvre de Michel-Ange, de Raphaël disparaîtront, comme ont disparu ceux de Phidias et d'Apelles. Il n'est pas un seul de nos manuscrits qui ne soit incessamment menacé d'une destruction irréparable par l'incendie, le pillage d'une bibliothèque, ou par ces autres catastrophes qui ont anéanti pour jamais une foule d'ouvrages de l'antiquité. Mais les écrits multipliés et toujours renouvelés (1) par l'impression, sans qu'une copie le cède à l'autre, reçoivent une sorte d'existence permanente et dureront ainsi autant que le monde. Pour qu'ils se perdissent, il ne faudrait rien moins qu'un bouleversement total de la nature.

II. C'est à Mayence que, vers le milieu du XVe siècle, on imprima pour la première fois avec des caractères mobiles.

Les cachets, les estampilles, les lettres découpées dans des lames de cuivre sont des procédés connus de l'antiquité. L'art de faire une empreinte sur un corps quelconque en le pressant par un autre a été pratiqué dans tous les siècles au moyen des *sceaux*, des *anneaux*, des *médailles*, des *monnaies* qu'on appliquait sur la cire, sur le plomb et sur

---

(1) On peut dire de l'imprimerie ce que Campano, évêque de Teramo, disait d'Ulric Han, l'un des premiers imprimeurs de Rome : « *Imprimit ille die quantum vix scribitur anno.* » (Il imprime en un jour ce qu'on écrit à peine en un an.)

l'airain. Les planches sculptées qui servent à imprimer les étoffes; la gravure en bois ou en métal, en relief ou en creux, et même l'impression tabellaire des Chinois, tout cela n'est pas l'imprimerie; autrement tous les peuples, et notamment les Orientaux, les Grecs et les Romains pourraient réclamer l'honneur de l'avoir inventée. Ces divers procédés ne doivent être considérés que comme des acheminements vers l'art typographique, la typographie véritable consistant essentiellement dans l'emploi des caractères mobiles.

Reconnaissons cependant que la *xylographie* (1), pratiquée en Europe vers la fin du xive siècle, et qui permit de publier des cartes, des images accompagnées de quelques lignes de texte, puis des pages entières et des livres, tels que le *Speculum humanæ salvationis*, l'*Ars moriendi*, et beaucoup d'autres, dont quelques-uns se conservent comme des monuments précieux, fut comme le prélude de l'imprimerie.

Celui qui conçut et réalisa le premier cette idée féconde était à coup sûr un homme de génie, et son nom, resté inconnu, eût mérité de passer à la postérité, non loin de ceux de Gutenberg, Fust et Schœffer, les premiers typographes, car cet homme les mit certainement sur la voie.

En effet, pour transformer en caractères mobiles ces caractères fixes sculptés en bois sur une planche, il ne s'agissait que de les couper, de les isoler. Il n'y avait donc qu'un pas à faire pour arriver à l'art; et cependant il s'écoula encore bien des années avant que ce pas fût franchi! Après, rien ne

---

(1) Gravure en bois. — La xylographie, pratiquée chez les Chinois dès le commencement du xe siècle de notre ère, ne l'a été en Europe que vers la fin du xive. Quelques auteurs ont prétendu qu'elle y avait été importée; mais aucune preuve authentique ne justifie cette assertion, et l'on peut croire que le premier xylographe européen fut un inventeur, plutôt qu'un imitateur des Chinois qui étaient à peine connus.

parut plus facile ; c'était l'histoire de l'œuf de Christophe Colomb : personne n'avait songé à en casser la pointe pour le faire tenir debout.

Où et par qui furent inventés les caractères mobiles?

D'après une antique tradition, adoptée par quelques auteurs, ce serait vers 1438 que Gutenberg aurait imaginé, à Strasbourg, ce procédé, et même celui de la fonte des lettres (1).

Néanmoins ce ne sont que des présomptions, des probabilités, à l'appui desquelles on ne peut d'ailleurs produire aucune impression en caractères mobiles exécutée dans cette ville; mais, à l'égard de Mayence, le fait n'est pas douteux : les preuves, les monuments authentiques abondent pour le constater.

A Mayence appartient donc la gloire d'avoir vu naître et se développer l'art typographique ; mais soit qu'on donne la priorité à cette ville, soit qu'on l'accorde à Strasbourg, c'est toujours au même homme, à Gutenberg, que l'admirable découverte est attribuée.

L'imprimeur Ulrich Zell (2), l'historien Mathias Palmieri (3), l'abbé Trithème (4), tous trois contemporains, attestent formellement que Gutenberg est le premier inventeur de l'imprimerie.

Le récit de Trithème, notamment, peut être regardé comme l'histoire la plus intéressante et la plus vraie de l'origine de l'imprimerie, car ce chroniqueur en avait appris les détails de la bouche même de Pierre Schœffer.

« A cette époque, dit-il, ce fut à Mayence, ville d'Alle-
« magne, près du Rhin, et non pas en Italie, comme quel-

---

(1) *Album typographique*, 1850.
(2) *Chronique de Cologne.*
(3) Continuation de la *Chronique* d'Eusèbe.
(4) *Annales du monastère d'Hirsauge.*

« ques-uns l'ont faussement prétendu, que fut imaginé et
« inventé par Gutenberg, citoyen de Mayence, cet art mémo-
« rable et jusqu'alors inconnu d'imprimer les livres au
« moyen de caractères en relief. Gutenberg, après avoir
« risqué pour le succès de son invention presque tous ses
« moyens d'existence, se trouvant dans le plus grand em-
« barras, manquant tantôt d'une chose, tantôt d'une autre,
« et sur le point d'abandonner par désespoir son entreprise,
« put cependant, à l'aide des conseils et de la bourse de Jean
« Fust, comme lui citoyen de Mayence, achever son œuvre.
« Ils imprimèrent d'abord un *Vocabulaire,* appelé *Catholicon,*
« en caractères écrits régulièrement sur des tables de bois
« et avec des formes composées. Mais ils ne purent se servir
« de ces formes pour imprimer d'autres livres, puisque les
« caractères ne pouvaient se détacher des planches, mais
« étaient sculptés à même, comme je l'ai dit. D'autres inven-
« tions plus ingénieuses succédèrent à ce procédé, et ils
« trouvèrent le moyen de fondre des formes de toutes les
« lettres de l'alphabet latin. A ces formes ils donnèrent le
« nom de matrices, dans lesquelles ils fondaient des carac-
« tères d'airain ou d'étain, qui avaient la dureté nécessaire
« pour supporter toute pression, lesquels caractères étaient
« auparavant gravés par eux à la main. En effet, ainsi que je
« l'ai entendu dire il y a environ trente ans à Pierre Schœf-
« fer de Gernsheim, citoyen de Mayence, qui était gendre
« du premier inventeur, ce procédé d'impression offrait de
« grandes difficultés à son début. Car, avant d'avoir achevé
« le troisième cahier de quatre feuilles de la Bible latine qu'il
« s'agissait d'imprimer, ils avaient dépensé plus de quatre
« mille florins. Mais Pierre Schœffer, alors ouvrier et ensuite
« gendre, comme nous l'avons dit, du premier inventeur

« Jean Fust, unissant l'habileté à la prudence, inventa une
« manière plus facile de fondre les caractères, et compléta
« l'art, en le portant au point où il est aujourd'hui. Tous
« trois gardèrent quelque temps secrète cette manière d'im-
« primer, jusqu'à ce qu'elle fût divulguée par leurs ouvriers,
« sans l'aide desquels ils ne pouvaient pratiquer cet art,
« d'abord à Strasbourg, et peu à peu dans les autres pays
« du monde.

« Ce que je viens de dire sur cette ingénieuse merveille
« d'imprimer est suffisant. Ses premiers inventeurs furent
« des citoyens de Mayence. Or, ces trois premiers inventeurs,
« Jean Gutenberg, Jean Fust et Pierre Opilio (Schœffer),
« gendre de ce dernier, habitaient à Mayence la maison
« connue sous le nom de *Zum-Jungen*, qui ensuite prit le
« nom d'*Imprimerie*, nom qu'elle conserve encore. »

III. Hans Gensfleisch, de Sulgeloch, dit Gutenberg (en français, Jean Chair d'Oie, dit Bonne Montagne), du nom d'un fief que possédait sa famille, qui était noble, naquit à Mayence (1), dans les premières années du xve siècle. Il quitta cette ville à l'âge de vingt ans, pour se rendre à Strasbourg, où il travailla d'abord comme lapidaire, et ensuite à

---

(1) Quoique l'immortel inventeur de l'imprimerie soit généralement connu sous le nom de *Gutenberg*, il règne sur son véritable nom une obscurité que les recherches des historiens de la typographie n'ont pas encore dissipée. Il paraît que son nom de famille était Gensfleisch et que Sulgeloch et Gutenberg était des surnoms ou des noms de fiefs. Son prénom Hans ou Henne signifie Jean en allemand ; c'était aussi le prénom de son père qui avait épousé Else de Gutenberg. Les détracteurs de Gutenberg, entre autres Mentel et Meerman, ont profité de la multiplicité de ses noms pour lui contester la gloire de son invention. — Quelques auteurs modernes disent qu'il était natif ou originaire de *Kuttenberg*, en Bohême, et que son nom de *Gutenberg* n'en est que l'altération, ce qui n'est guère probable.

la fabrication des miroirs. Il y demeurait déjà en 1424, comme le prouve une lettre datée de Strasbourg, et qu'il écrivit cette même année à sa sœur, religieuse au couvent de Sainte-Claire, à Mayence.

En 1437, une demoiselle Anne à la Porte de Fer (*Zu der Iseren Thüre*), à laquelle il avait fait une promesse de mariage, le somma de l'accomplir et le cita à cet effet devant l'officialité de Strasbourg. Gutenberg s'exécuta sans doute, car on trouve mentionnée sur le rôle des contributions une dame Anne de Gutenberg que l'on suppose assez vraisemblablement avoir été sa femme.

Doué d'un génie inventif, Gutenberg se livrait depuis plusieurs années à la recherche de nouveaux procédés dans les arts, lorsqu'il résolut d'appliquer à la reproduction des œuvres manuscrites ceux dont on se servait alors pour l'impression des images ; il fit, dans ce but, de nombreux essais qui furent longtemps infructueux. Après y avoir dépensé toute sa fortune, il songea à former une société pour cinq ans, avec André Dritzehen (1), Jean Riffe et André Héilman, tous trois bourgeois de Strasbourg, « afin de mettre en œuvre, était-il dit dans l'acte de société, plusieurs arts et secrets merveilleux qui tiennent du prodige. » Gutenberg avait alors vingt-huit ans (1437).

On ne s'exprimait pas sur la nature de ces arts ; cependant il est hors de doute qu'au nombre des secrets à réaliser se trouvait l'imprimerie, car, dans un acte dont nous allons parler, il est question d'une presse montée, de planches serrées par des vis et contenues dans cette presse, lesquelles planches pouvaient se disjoindre quand les vis étaient desserrées.

(1) Gutenberg lui apprit, dit-on, à faire des miroirs, à tailler des diamants, et Dritzehen gagna beaucoup d'argent à ces diverses entreprises.

L'invention de l'imprimerie ayant été considérée, dans ces premiers temps, comme une œuvre diabolique, les parties contractantes n'auront sans doute pas jugé convenable de s'expliquer plus catégoriquement, dans l'espoir de tirer meilleur parti d'un art pour lequel il n'y avait même pas encore de terme consacré.

La mort d'André Dritzehen, dans la maison duquel était le laboratoire commun, amena, en 1439, un procès entre les associés, dont Gutenberg était le chef, et les frères du défunt. Ce qui revenait à celui-ci d'après les clauses du contrat fut remboursé à ses frères. Gutenberg s'empressa de vendre à cet effet la rente sur le chapitre de Saint-Thomas, de laquelle il avait hérité à la mort de son oncle Loheymer.

Les dépositions des témoins entendus dans cette affaire sont extrêmement curieuses : elles semblent prouver que Gutenberg avait déjà inventé les caractères mobiles et métalliques, car il y est question de l'ordre donné par Gutenberg de *dévisser une presse* (1) *et de laisser tomber les pièces, afin que personne ne puisse comprendre ce que c'est.* De telles paroles ne s'appliqueraient-elles pas mieux à une forme en caractères mobiles qu'à une planche en caractères fixes ? D'ailleurs, ce dernier mode d'impression n'était pas un secret, puisqu'il était pratiqué depuis longtemps. Il y est aussi fait mention d'achats de *plomb et d'autres matières propres à imprimer*, ce qui paraîtrait indiquer la fabrication de caractères en métal. Enfin, un des témoins, Hans Dünn, orfévre, déclare que, depuis trois ans, il avait gagné plus de cent florins, que Gutenberg lui avait payés, pour objets fournis par lui relatifs à l'imprimerie (2). Il n'est donc guère permis

(1) C'est à lui qu'on doit également l'invention de l'encre d'imprimerie et de la presse, dont la première idée lui fut suggérée par la vue d'un pressoir.

(2) Les orfévres de cette époque étaient en même temps graveurs, et

de douter que Gutenberg n'ait fait à Strasbourg quelques essais d'impression, inconnus ou perdus aujourd'hui.

Suivant le bibliophile Jacob (*XIIe Dissertation*), Gutenberg imprima à Strasbourg plusieurs éditions du *Speculum humanæ salvationis*, vendues comme des manuscrits, et les *Miroirs* destinés aux pèlerins d'Aix-la-Chapelle, dont il est question dans le procès, désignent d'une manière ambiguë les exemplaires du *Speculum*.

Quoi qu'il en soit de ces conjectures, les premiers travaux typographiques de Gutenberg lui furent plus onéreux que profitables.

La perte de ses biens et la mort de l'homme qui avait été jusque-là le compagnon de ses travaux, découragèrent profondément Gutenberg, et le décidèrent à retourner à Mayence, sa ville natale, dans l'espérance d'y trouver, dans sa famille ou parmi les anciens compagnons de sa jeunesse, l'argent dont il avait besoin pour continuer son entreprise.

IV. Arrivé dans cette ville, vers 1448, il se mit en relation avec Jean Fust ou Faust, riche orfévre, à qui il confia le secret de sa découverte. Celui-ci l'aida de son argent et devint son associé. Ils travaillèrent ensemble à tailler les planches dont ils se servaient pour l'impression. Leurs premiers ouvrages furent la petite grammaire latine de Donat et le vocabulaire dont parle Trithème, qu'ils intitulèrent *Catholicon*, mais qu'il ne faut pas confondre avec le *Catholicon* de Jean Balbi de Gênes (*Balbus de Janua*), imprimé plus tard par Gutenberg.

---

il est présumable que c'est de ce même Hans Dünn que Gutenberg se servit pour faire sculpter ses lettres.

(1) Beaucoup d'auteurs, même contemporains, écrivent Faust; cependant les souscriptions du *Psautier* et des autres impressions primitives de Mayence portent le nom de *Fust*.

En 1450, ils faisaient encore usage simultanément de planches gravées et de lettres sculptées sur bois ou sur métal, quoique depuis longtemps ils eussent formé le projet de jeter en moule les caractères mobiles (1). Un ouvrier de Fust, nommé Schœffer (2), qui était en même temps maître d'écriture de sa fille, ayant surpris le secret des deux associés, fut, par mesure de prudence, initié à leurs travaux. Non moins inventif que Gutenberg lui-même, Schœffer ne tarda pas à résoudre les dernières dificultés qui paralysaient l'emploi rapide des caractères mobiles; il grava des poinçons, frappa

(1) La bibliothèque nationale de Paris possède deux planches xylographiques qui ont servi à l'impression d'un Donat, et que l'on présume avoir appartenu à Gutenberg et à Fust. Elles furent achetées en Allemagne par Foucault, conseiller de Louis XIV, et passèrent plus tard au duc de La Vallière, à la mort duquel la bibliothèque du roi en fit l'acquisition. Sur ces deux planches, les lettres sont sculptées en relief et à rebours. Le caractère en gothique est assez gros; quelques signes de ponctuation s'y remarquent; les abréviations y abondent.

On conserve à la même bibliothèque deux exemplaires du *Speculum humanæ salvationis*, dont une partie est imprimée en planches de bois fixes et l'autre en caractères mobiles de fonte.

(2) Schœffer (Pierre) dont le nom se trouve écrit de différentes manières : Scheffer, Schoifer, Schoyfher, Schæfer, etc., est quelquefois appelé en latin *Petrus Opilio*, c'est-à-dire *Berger*, traduction du mot allemand Schœffer. Il exerçait son talent de calligraphe à Paris en 1449. Schœpflin (*Vindic. typogr.*) cite un manuscrit de la Bible, conservé à l'université de Strasbourg et dont Schœffer avait achevé la copie, ainsi que l'atteste la souscription : « Achevé par moi, Pierre de Gernsheim, autrement de « Mayence, l'an 1449, dans la très glorieuse université de Paris. » Gernsheim était sa ville natale; mais elle dépendait de l'électorat de Mayence. On lit dans les souscriptions du *Psautier* de 1459 et du *Rationale* de Durand, même année, ces mots : *Per Petrum Schœffer de Gernsheim clericum*. Ce mot de *clericus* désigne la qualité de calligraphe ou de copiste. Schwarz (*Primaria quædam documenta de origine typographiæ*) s'est trompé en le prenant à la lettre, et en faisant deux Schœffer imprimeurs à Mayence: l'un ecclésiastique, *clericus*, l'autre laïque, *puer*, qui imprima les *Offices* de Cicéron, en 1465; mais alors Schœffer était marié à la fille de Fust, lequel, par ce motif, l'appelle son enfant, *puer meus*.

des matrices, fabriqua des moules, fondit des lettres auxquelles son talent de calligraphe lui avait permis de donner des formes plus agréables que celles qu'elles avaient eues jusqu'alors, et acheva ainsi de perfectionner l'art de l'imprimerie. Fust, pour le récompenser et se l'attacher plus intimement, lui donna sa fille Christine en mariage (1).

Ajoutons cependant que, suivant le récit de l'abbé Trithème, Gutenberg, après son association avec Fust, avait déjà trouvé, pour la fonte des caractères, un procédé que Schœffer rendit plus facile. « Ils trouvèrent, dit-il, le moyen de fondre des formes de toutes les lettres de l'alphabet latin, formes qu'ils nommaient *matrices*, dans lesquelles ils fondaient ensuite, en airain ou en étain, des caractères qu'auparavant ils sculptaient à la main....; mais Pierre Schœffer imagina un moyen plus facile de fondre les caractères. » Ce moyen était la frappe des matrices avec un poinçon (2).

La première impression en caractères mobiles sortie de

---

(1) M. Auguste Bernard, dans le prospectus d'un ouvrage sur l'origine de l'imprimerie qu'il se propose de publier, assure avoir découvert, dans un document inédit, que Schœffer était le gendre non pas de Fust, mais d'un de ses fils, nommé Conrad Hannequis, le même qui est mentionné comme associé de Schœffer dans les lettres patentes que Louis XI leur accorda, le 21 avril 1475, pour la vente de leurs livres.

(2) Fournier (*Traité sur l'origine et les progrès de l'imprimerie*) et quelques autres écrivains ont prétendu que Trithème, en parlant de matrices fondues, s'est trompé, attendu que les matrices se frappent et ne se fondent pas. M. Didot répond à cette objection en décrivant ainsi le procédé présumé de Gutenberg, dont il déclare d'ailleurs avoir fait souvent usage lui-même : « Il consiste, dit-il, à enfoncer des caractères gravés en bois dans du plomb au moment où, liquéfié par la chaleur, il est prêt à se figer. Ces matrices en plomb, ainsi obtenues, sont régularisées ensuite pour l'alignement et la hauteur comme les matrices ordinaires ; puis, au moyen du clichage à la main, on retire de la matrice une empreinte en métal, laquelle, après avoir été dégagée des bavures, est replacée dans la ma-

leurs presses, fut la *Biblia latina*, qu'ils imprimèrent de 1450 à 1455, quoiqu'elle ne porte ni date, ni désignation de lieu, ni les noms des imprimeurs (1).

Dès ce jour, et sans décider affirmativement de quelle matière et par quels procédés étaient formés les caractères mobiles, on peut dire que l'imprimerie fut réellement créée.

Néanmoins, la xylographie continua encore quelque temps à être pratiquée pour l'impression de plusieurs livres usuels, comme aujourd'hui la stéréotypie.

V. La nouvelle association que Gutenberg venait de fonder à Mayence ne réussit pas mieux que la première, et au mo-

trice en plomb que l'on adapte à un moule. Le métal en fusion versé ensuite dans ce moule, tout en formant le corps de la lettre, se soude au cliché qui en forme l'œil. On retire ainsi de la matrice en plomb une lettre aussi parfaite que celle que nous obtenons par le procédé ordinaire.

« Mais ces matrices en plomb ne peuvent produire qu'un nombre limité de clichés, c'est ce qui explique pourquoi, dans le *Psautier* de Mayence, les capitales, par exemple, sont toujours parfaitement identiques, attendu que, leur emploi n'étant pas fréquent, la même matrice pouvait, sans s'altérer, en produire le nombre nécessaire. En ayant soin de laisser refroidir de temps en temps une matrice en plomb, on peut obtenir aisément soixante à quatre-vingts lettres sans être obligé de renfoncer le poinçon en bois dans la matrice, ou de faire une nouvelle matrice avec le même poinçon de bois. Mais pour les voyelles et les lettres qui reviennent fréquemment, il fallait nécessairement multiplier les matrices. Or, chaque fois qu'on était forcé de renfoncer les poinçons en bois dans les matrices ou d'en faire de nouvelles, la forme du poinçon s'altérait par l'effet de la pression et de la chaleur, souvent même il était brûlé, pour peu qu'on l'enfonçât dans le métal trop chaud. Il fallait donc regraver souvent de nouveaux poinçons en bois : de là ces différences que l'on remarque dans les lettres dont l'usage est plus fréquent. »   (*Encyclopédie moderne.*)

(1) Appelée d'abord *Bible aux quarante-deux lignes*, elle fut ensuite désignée sous le nom de *Bible Mazarine*, parce qu'on en trouva, vers le milieu du siècle dernier, un exemplaire dans la bibliothèque du cardinal Mazarin. Les caractères sont en bois, selon les uns; en métal, sculptés ou fondus, selon les autres.

ment où les efforts des associés allaient être couronnés de succès, la question d'argent vint tout gâter.

Les dépenses considérables qu'avait occasionnées l'impression de la *Bible latine* furent le motif d'un procès entre les deux associés. Jean Fust réclamait les avances qu'il avait faites à Gutenberg, qui, ayant consumé à Strasbourg la plus grande partie de sa fortune pour ses premiers essais, se vit contraint, lorsqu'il allait en recueillir les fruits, d'abandonner à Fust son atelier typographique. C'est sans doute au juste ressentiment qu'il en éprouva qu'on dut de connaître, vers cette époque, l'existence de l'art d'imprimer les livres avec des caractères fondus isolément dans des moules ou matrices; sans cela, on aurait probablement ignoré longtemps encore les mystères de l'art typographique. Fust faisait prêter serment sur la Bible à ses ouvriers de ne point révéler les procédés qu'il employait, et, en cas d'indiscrétion de leur part, il les menaçait d'exiger le payement de billets qu'il leur avait fait souscrire; en outre, il ne leur permettait pas de sortir et les tenait, pour ainsi dire, en charte privée.

Gutenberg, dépouillé, perdant à la fois l'honneur et le profit de ses travaux, réduit pour ainsi dire à la misère, ne se laissa point abattre par ces nouveaux revers. Grâce au secours de Conrad Humery, syndic de la ville, il monta une nouvelle imprimerie.

Quoiqu'il n'ait jamais mis son nom aux ouvrages qu'il publia, on cite comme imprimés par lui une *Bible* dite aux trente-six lignes, le *Catholicon* de Jean Balbi (Mayence, 1460), *Matthæi de Cracovia Tractatus racionis et consciencie*, et quelques autres livres sans date et sans lieu d'impression (1).

(1) Fischer, *Essai sur les premiers monuments typographiques de Gutenberg*, Mayence, 1802, in-4°.

On trouve la preuve des nombreux travaux dont s'occupait Gutenberg, et dont il comptait s'occuper à l'avenir, dans un acte qu'il souscrivit avec son frère, le jour de Sainte-Marguerite (20 juillet 1459), au profit du couvent de Sainte-Claire de Mayence, où Berthe, leur sœur, était religieuse et où elle était morte.

« Nous Henne (1) Gensfleisch de Sulgeloch, et nous Friele
« Gensfleisch, tous deux frères, faisons abandon au couvent
« de Sainte-Claire, à Mayence, de tous les biens qui, par le
« fait de notre sœur Hebele (Berthe), ont passé à ce couvent,
« soit par le fait de notre père Henne Gensfleisch, soit par
« toute autre concession. Et quant *aux livres* que moi *Henne*
« susdit *ai donnés à la bibliothèque du couvent*, ils doivent
« y rester toujours et à perpétuité; et je me propose, moi,
« *Henne* susdit, de donner aussi, et sans fraude, à *l'avenir*,
« *audit couvent*, pour sa bibliothèque à l'usage des reli-
« gieuses présentes et futures, *pour leur religion et culte,*
« *soit pour la lecture ou le chant*, ou de quelle manière
« elles voudront s'en servir d'après les règles de leur ordre,
« *les livres que* moi *Henne* susdit *ai déjà imprimés à cette*
« *heure* (2) *ou que je pourrai imprimer à l'avenir*, etc. »

Cette pièce importante, rapportée par Fischer, prouve également que Gutenberg, qui s'attachait particulièrement à reproduire les livres religieux, savait imprimer le plain-chant, et qu'aucune des parties de l'art typographique n'avait échappé à son génie.

(1) *Henne* est une variante du mot *Hans*, Jean, qui était le prénom de Gutenberg.
(2) Gutenberg n'avait donc pas renoncé à l'imprimerie après la perte de son procès avec Fust, comme le dit M. Philarète Chasles. (*Atelier de Gutenberg*, dans les *Études sur le Moyen âge*, 1847, in-12.)

En 1462, Adolphe, comte de Nassau, soutenu par le pape Pie II, surprit Mayence et lui ôta ses priviléges et ses libertés. La ville fut saccagée; la guerre civile éclata.

Gutenberg se réfugia à Strasbourg, et y fit généreusement connaître ses procédés. De là, il se rendit à Harlem, en Hollande, où il fonda un établissement; mais ce dernier fait a été révoqué en doute. Quoi qu'il en soit, dès qu'il fut assuré de pouvoir vivre en paix dans sa patrie, il retourna à Mayence (en 1465), où, dit-on, il ne s'occupa plus de son imprimerie qu'il avait cédée à Conrad Humery.

VI. L'électeur de Mayence, Adolphe II, l'accueillit avec une grande faveur, prit soin de sa fortune, lui accorda une pension et le reçut au nombre des gentilshommes de sa maison (1).

Gutenberg ne jouit pas longtemps de ces avantages, et mourut dans cette ville au commencement de 1468.

Il fut inhumé dans l'église des Franciscains, où on lit cette inscription, composée par Adam Gelth :

In felicem artis impressoriæ inventorem.
D. O. M. S.
Joanni Gensfleisch,
Artis impressoriæ repertori,
De omni natione et lingua optime merito,
In nominis sui memoriam immortalem,

---

(1) La patente de cette charge est datée du 17 janvier 1465 et se trouve dans les *Scriptores rerum moguntiacarum* de C.-Chr. Joannis; le titre parle de services rendus à l'électeur et à son chapitre. Il est à remarquer que Gutenberg ne s'est jamais nommé comme imprimeur, sans doute dans la crainte de déroger. Cependant quelle est la famille, même princière, qui puisse présenter un titre de noblesse supérieur à celui d'inventeur de l'imprimerie? Dans le siècle dernier, deux imprimeurs célèbres de Vienne, MM. de Trattner et de Huzzbrock, ont pris le titre de *nobles* dans leurs éditions.

Adam Gelthus posuit.
Ossa ejus in ecclesia D. Francisci moguntina feliciter cubant (1).

Sur l'heureux inventeur de l'art d'imprimer.
Consacré à Dieu, très-bon, très-grand.
A Jean Gensfleisch,
Qui a découvert l'art d'imprimer,
Qui a bien mérité de toute nation et de toute langue.
Pour l'immortelle mémoire de son nom,
Adam Gelth a élevé ce monument.
Ses os reposent heureusement dans l'église de Saint-François, à Mayence.

VII. C'est le sort ordinaire des inventions de voir contester leur mérite; plus ce mérite est grand, plus on semble s'attacher à le diminuer, parce qu'il est dans notre nature de n'admirer que nos propres œuvres. Disons-le aussi : lorsqu'un problème est une fois résolu, les difficultés premières disparaissent à nos yeux, et c'est seulement par une sorte d'effort que nous consentons à apprécier, à sa juste valeur, une solution que nous sommes presque surpris de n'avoir pas trouvée nous-mêmes.

Non-seulement on a contesté le lieu où l'imprimerie avait commencé, mais encore le nom de l'inventeur.

Sept villes se sont disputé l'honneur d'avoir donné naissance à Homère (2); mais on en compte au moins quinze qui prétendent avoir été le berceau de la typographie ; ce sont :

---

(1) Cette épitaphe est imprimée à la fin de l'écrit intitulé : *Memoria Marsilii ab inghen*, en 1499; mais elle paraît beaucoup plus ancienne, et du temps même de la mort de Gensfleisch. (*Plan de Meerman*, traduit du latin par Goujet.)

Comme Gutenberg n'est désigné ici que sous son nom de Gensfleisch, quelques auteurs, notamment Meerman, ont soutenu, à tort, qu'il avait un frère appelé Gensfleisch ; mais l'acte que nous avons cité précédemment prouve que ce frère s'appelait Friele Gensfleisch, et non pas Jean.

(2) Smyrne, Rhodes, Colophon, Salamine, Chio, Argos, Athènes.

Mayence, Strasbourg, Harlem, Augsbourg, Bâle, Cologne, Dordrecht, Feltri, Florence, Goude, Kœnisberg, Lubeck, Nuremberg, Rome, Venise, auxquelles on ajoute encore Bologne, Schelestadt, Russembourg. Il n'y a pas lieu d'en être surpris; car, si l'admiration qu'inspire le plus grand poëte de la Grèce est légitime, on conviendra que l'invention de l'imprimerie a eu sur les destinées du monde une bien autre influence que l'*Iliade*.

Mais l'honneur de cette découverte est resté à Mayence ; les monuments de l'art, les documents de l'histoire le lui assurent à jamais. Quant aux autres villes que nous venons de nommer, si elles ont eu de bonne heure des établissements typographiques, elles le durent à l'émigration forcée des premiers ouvriers fuyant les troubles qui éclatèrent à cette époque dans Mayence.

VIII. De toutes ces villes, Harlem est celle qui a élevé les prétentions les plus orgueilleuses et les moins fondées. La seule autorité sur laquelle s'appuient ses partisans est celle d'Adrien Junius (1) qui, dans son ouvrage intitulé *Batavia*, imprimé en 1588, attribue l'invention de la typographie à Laurent Coster (2), marguillier de Harlem, vers 1430, duquel, suivant un autre auteur tout aussi véridique, Gutenberg aurait été le domestique (3).

Adrien Junius rapporte que Coster, se promenant dans un bois aux environs de la ville, s'amusa à former des lettres avec de l'écorce de hêtre, et que, les ayant imprimées l'une

---

(1) En hollandais *Jonghe*, c'est-à-dire *le jeune*.

(2) Suivant plusieurs auteurs, il s'appelait Laurent Jansson ou Janszoon, c'est-à-dire fils de Jean, et Coster, qui signifie marguillier, était un surnom.

(3) Meerman, *Origines typographicæ*.

après l'autre sur du papier, il en composa de courtes sentences pour l'instruction de ses petits-fils. Bientôt, de concert avec son gendre, il inventa une encre plus visqueuse que l'encre ordinaire ; puis, au lieu de caractères de bois, il en fabriqua de plomb, ensuite d'étain, et imprima ainsi plusieurs ouvrages. Coster ayant été obligé d'employer des ouvriers, l'un d'eux, qu'on soupçonne avoir été Jean Faust (1) ou tout autre nommé Jean, après avoir appris, sous la foi du serment, la manière d'assembler les lettres et de fondre les caractères, enleva, pendant qu'on était à la messe de minuit, tout le matériel de son maître, alla d'abord à Amsterdam, puis à Cologne et enfin à Mayence, où il établit un atelier typographique.

Voilà, en abrégé, l'histoire ou plutôt le conte de Junius, qui vivait plus d'un siècle après la prétendue invention de l'imprimerie à Harlem, invention dont aucun auteur contemporain n'a parlé.

Néanmoins, de savants Hollandais se sont efforcés, jusque dans ces derniers temps, de soutenir cette opinion ridicule ; quelques-uns, profitant de la latitude que leur laissait le nom de *Jean* donné par Junius à celui qu'il accusait d'avoir volé Coster, ont remplacé Jean Faust par Jean Gutenberg !

Non contents de proclamer Coster l'inventeur de l'imprimerie, ils lui attribuent encore l'invention de la gravure en bois, et une foule d'impressions, entre autres le *Speculum humanæ salvationis*, l'*Ars moriendi*, etc., qui ne portent ni date ni aucune autre indication, et qui lui appartiennent d'autant moins que son nom ne se trouve sur aucune liste

---

(1) Adrien Junius, par un jeu de mots puéril, lui donne l'épithète d'*infaustus* (fatal, nuisible), en opposition au nom de *Faustus*, qui signifie heureux, favorable.

d'imprimeurs ou de graveurs de cette époque (1). Et, chose singulière, depuis deux siècles on a consacré dans Harlem des monuments, des statues, des inscriptions fastueuses (2) à la mémoire de Laurent Coster, personnage dont l'existence même est très-problématique, tandis que Gutenberg, le véritable inventeur de la typographie, n'a reçu que depuis quelques années seulement les honneurs qu'il mérite à si juste titre!

Constatons encore que l'imprimerie, loin d'être originaire de cette ville, s'y établit tardivement vers 1483, et que ce fut seulement au XV⁰ siècle, c'est-à-dire cent trente ans après l'invention de l'imprimerie, que l'on commença à publier des écrits tendant à établir que c'était à Harlem que l'art typographique avait pris naissance. Certes, si cette gloire pouvait être retirée à Mayence, c'est à Strasbourg qu'il faudrait la restituer, puisque c'est là, comme il résulte des documents authentiques déjà cités, que, vers 1438, Gutenberg confectionna les premiers instruments de la typographie et peut-être même les lettres mobiles.

Et cependant, de nos jours, la fable de Junius a été renouvelée, et nous avons eu la surprise de voir, dans une publication qui a eu quelque retentissement (3), Gutenberg et

---

(1) On conserve à l'hôtel de ville de Harlem, sous une enveloppe de soie et dans un coffret d'argent, un livre intitulé *Speculum salutis*, que les Hollandais attribuent à Coster. Quelques historiens qui ont parlé de cet ouvrage disent qu'il est imprimé en *xylographie* : ce qui dénoterait tout au plus que Coster était *tailleur* (graveur) *de bois*.

(2) Cette inscription a été gravée sur la porte de la maison où habitait, dit-on, Laurent Coster: *Memoriæ sacrum. Typographia, ars artium omnium conservatrix, nunc primum inventa, circa annum* 1440.

(3) *Dictionnaire de la conversation*, 1839, article *Typographie*, signé PLON: « Arrière Faust, arrière, voleur de la gloire de votre maître! « Faites place à Coster, le véritable inventeur de la typographie! » — On lit dans le même article cette assertion non moins singulière : « Les

Fust traités de voleurs et de plagiaires. Cette odieuse accusation n'est du reste appuyée sur aucune preuve ; mais il n'en est pas moins déplorable qu'une opinion si radicalement fausse soit accréditée par un ouvrage sérieux.

Un savant (1), qui a consacré une partie de sa vie à des travaux et à des recherches sur les commencements de l'imprimerie, s'est aussi laissé entraîner par ses préventions en faveur de Harlem, préventions qu'il fonde sur le passage suivant de l'ancienne chronique de Cologne, écrite en allemand :

« Ce noble art fut inventé pour la première fois en Allemagne, à Mayence sur le Rhin, et fit grand honneur à la nation allemande. Cela arriva vers l'année 1440 ; et à dater de là jusqu'à l'année 1450, cet art et tout ce qui s'y rattache fut perfectionné. On commença à imprimer l'an 1450, qui était l'année du jubilé, et le premier livre mis sous presse fut la Bible latine, en grands caractères, tels que ceux avec lesquels on imprime maintenant les Missels. Quoique cet art ait été inventé à Mayence, ainsi que nous l'avons dit et comme on le croit généralement aujourd'hui, cependant sa première forme existait en Hollande, dans les *Donats* qu'on y imprimait antérieurement à cette époque : c'est d'eux et d'après eux que cet art prit son origine ; mais l'invention nouvelle fut bien plus importante et plus ingénieuse que la première. Le premier inventeur de la typographie fut un citoyen de Mayence, né à Strasbourg, nommé Jean Gudenburch ; il était noble. Ledit art fut transporté de Mayence à Cologne, ensuite à Strasbourg,

« Romains connaissaient les signes ou types mobiles, et dans les ruines
« d'Herculanum on a trouvé des billets d'invitation imprimés par ce pro-
« cédé. »

(1) M. Léon de Laborde, *Nouvelles recherches sur l'origine de l'imprimerie*, Paris, 1840, page 15.

puis à Venise. C'est de l'honorable maître Ulrich Zell de Hanau, imprimeur actuellement à Cologne, en l'an 1499, que je tiens le récit de l'invention et des progrès de cet art, dont l'établissement à Cologne lui est dû. Il est des insensés qui prétendent que l'impression des livres date d'une époque plus reculée ; mais cela est contraire à la vérité ; en aucun pays du monde on ne connaissait de livres imprimés alors. »

M. Léon de Laborde conclut de ce passage que la première idée est la mobilité des caractères trouvée à Harlem par Coster, et que le procédé qu'on imagina ensuite est la fonte des caractères ; mais cette conséquence ne nous paraît pas décisive, car la chronique ne parle ni de caractères mobiles, ni de Harlem, ni de Coster.

Le bibliophile Jacob (*Dissertation XII*) se borne à dire que l'impression en planches de bois fixes, gravées en relief, fut trouvée en Hollande, sans doute à Harlem (1), au commencement du XVe siècle ; que Gutenberg devina ce secret en examinant les *Donats* qu'on vendait en Hollande ; qu'il le perfectionna et l'exploita avec ses procédés, c'est-à-dire en employant des caractères mobiles en bois ou en métal.

IX. Après les attaques contre l'inventeur sont venues les disputes sur l'invention elle-même, qu'on a présentée comme la réminiscence de ce qui s'était pratiqué dans les temps anciens, ou comme un art importé de la Chine en Europe.

Des savants ont prétendu que l'imprimerie avait été connue des peuples de l'antiquité.

---

(1) Ce fait, que le bibliophile regarde comme incontestable, est encore bien controversé. Une production xylographique des plus anciennes, la *Biblia pauperum*, livre d'images accompagnées de textes explicatifs, paraît avoir été exécutée en Allemagne, car les figures représentent celles des vitraux du couvent d'Hirschau dans la Souabe.

On a cité d'abord le moyen employé par un roi de Sparte, procédé que M. Didot (1) appelle impression par la voie humide. Nous donnons ici le passage de Plutarque tel que l'a traduit notre illustre typographe qui, profondément versé dans la langue grecque, a relevé une grave erreur où sont tombés les autres traducteurs :

« Agésilas, voyant ses soldats découragés, écrivit secrètement dans le creux de sa main *et à rebours* le mot VICTOIRE, puis prenant du devin le foie de la victime, il y appliqua sa main ainsi inscrite en dessous, et la tenant appuyée le temps nécessaire, il parut plongé dans ses méditations et inquiétudes jusqu'à ce que les traits des lettres *eussent pris* (2) et *fussent typographiés* sur le foie. Alors, le montrant à ceux qui allaient livrer bataille, il leur dit que, par cette inscription, les dieux leur présageaient la victoire, qu'ils remportèrent en effet (3). »

Mais le procédé d'Agésilas n'a qu'un rapport très-éloigné avec l'art typographique !

Pomponius Lætus écrivait à Augustin Maffei, trésorier du pape Paul II, à l'occasion des mauvais livres qu'on imprimait :

« Il est une foule de gens que l'espoir d'une vaine gloire
« entraîne, aussi bien que la faculté d'imprimer des livres,
« interrompue pendant plusieurs siècles et renouvelée de-
« puis peu. »

(1) Article *Typographie*, dans l'*Encyclopédie moderne*.
(2) Μέχρι τῷ ἥπατι συναναληφθέντες ἐτυπώθησαν οἱ τῶν γραμμάτων χαρακτῆρες.
(3) Plutarq. *Apophth. Lacon.*, *Agesilas*, 77. Καὶ ἐπὶ τὴν ἀριστερὰν ὑπεστρωμένη τῇ χειρὶ νίκην προσέγραψε. Ricard, par un et même deux contre-sens, traduit : « Il écrivit sur sa main gauche le mot *victoire*. » Dans l'édition des *Œuvres morales* de Plutarque, 5 vol., 1844, on a réimprimé textuellement ces contre-sens.

Mathieu Lunensis, qui a fait un petit livre *De rerum inventoribus*, pense comme Pomponius Lætus :

« L'impression des lettres, dit-il, fut retrouvée en Allemagne après la venue de J.-C., car, bien avant l'établissement du christianisme, Saturne avait appris aux Italiens à imprimer les lettres, comme le rapporte saint Cyprien dans son livre des *Idoles*, où il dit : « Saturne enseigna le premier en Italie à « imprimer les lettres et à graver les monnaies. »

Mais il ne s'agit ici que du procédé qui consistait à écrire sur des tablettes avec de petits poinçons de fer, à graver les inscriptions qui se mettaient à l'entour et au revers des médailles ou des pièces de monnaie. Au contraire, ce qui constitue essentiellement l'art d'imprimer, c'est la mobilité des caractères. Or, c'est à Gutenberg et à Schœffer son associé que sont dues les lettres mobiles gravées en relief et jetées en fonte : admirable invention à laquelle on n'est arrivé qu'après bien des tâtonnements et des essais, au nombre desquels sont les planches en caractères fixes.

X. D'un passage de Pline l'ancien (1), il résulte que M. T. Varron employa un moyen multiplicateur pour reproduire les portraits avec légendes de sept cents personnages illustres, dans son ouvrage intitulé *Imagines* ou *Hebdomades*, parce qu'il était divisé en sept parties, ouvrage qui n'est pas parvenu jusqu'à nous. Ce moyen, que Pline n'indique pas, mais qu'il vante beaucoup, a été expliqué d'autant plus diversement par les archéologues, que le texte de Pline offre plus de variantes.

M. Deville, s'appuyant sur une lettre de Symmaque fils à son père, où, à propos des *Hebdomades*, il parle d'inscriptions gravées sur métal (*bono metallo cusa*), a pensé que

---

(1) *Hist. natur.* liv. XXXV, ch. II, des *Portraits*.

c'était là le moyen reproducteur employé par Varron. « Les portraits de Varron, dit-il, étaient gravés en relief sur une planche de métal, dans le système de notre gravure en bois, dont les traits et le dessin sont réservés en relief. Les graveurs de médailles qui existaient à Rome à l'époque où écrivait Varron pouvaient aisément réaliser son invention. Ces portraits étaient figurés au trait. On peut croire, en s'autorisant du procédé du monnayage au temps de Varron, qu'il fut appliqué à la reproduction de ces images par la percussion au marteau ou à la main. A raisonner par analogie avec les cachets antiques, la matière employée pour cette gravure devait être du bronze (1). »

M. Didot présume que le procédé de Varron était celui que pratiquent les Chinois pour reproduire les portraits et les fac-simile des écritures de leurs empereurs. « Ce procédé, fort simple, dit-il, consiste à appliquer et à coller sur une pierre polie la feuille même où sont tracés les objets qu'on veut reproduire, écriture, portraits, fleurs, etc., en ayant soin d'appliquer sur la pierre le côté écrit. Puis on frotte le papier jusqu'à ce qu'il disparaisse et ne laisse sur la pierre que les traits apparents, que l'on creuse alors au burin. Après avoir noirci d'encre la superficie de la pierre, on y applique une feuille de papier qu'on fait adhérer au moyen d'un tampon ou brosse; et lorsqu'on soulève la feuille, elle reproduit en blanc l'écriture sur le fond tout noir du papier. Quant aux *figures*, au lieu de creuser les traits, c'est, au contraire, toute la partie intérieure du visage qui n'est pas le trait qu'on enlève, en sorte que les contours de la figure, le nez, les yeux, etc.,

---

(1) *Examen d'un passage de Pline relatif à une invention de Varron*, dans le *Précis des travaux* de l'Académie de Rouen, 1847.

restent en relief, et se reproduisent en noir sur la feuille de papier, tandis que le fond du visage reste blanc (1). »

Suivant M. Léon de Laborde (2), le procédé multiplicateur de Varron était le patron découpé, dont l'usage, venu des Égyptiens qui l'employaient à tracer les dessins des caisses de momies, a été pratiqué à toutes les époques.

On se servait à Rome de ce moyen pour la décoration des appartements, comme on le fait encore à présent dans quelques provinces d'Allemagne, au lieu de papier de tenture.

C'est probablement à ce genre de décor que se rapporte le passage du *Satyricon* (ch. 2), où Pétrone signale la décadence de la peinture, depuis qu'on a trouvé une méthode expéditive de suppléer un si grand art : *Tam magnæ artis compendiariam.*

Les Romains avaient aussi l'usage de découper à jour des lettres et des pages entières pour enseigner à écrire aux enfants, en leur faisant suivre, avec un style ou poinçon, les contours du patron (3).

Au moyen âge, les empereurs d'Orient et d'Occident employaient souvent le patron découpé pour apposer sur des actes leurs seings et leurs monogrammes. On le fit servir également à dessiner et à colorier les initiales et autres ornements des manuscrits, et plus tard à la fabrication des cartes à jouer. Maintenant encore des affiches sont peintes à l'aide du patron sur les murailles.

Mais comment Pline, bien que l'emphase et les éloges hyperboliques lui fussent assez habituels, ainsi que l'a remarqué

---

(1) Article *Typographie* dans l'*Encyclopédie moderne*, tome XXVI, 1831.
(2) *Nouvelles recherches sur l'imprimerie*, 1840.
(3) Quintilien, *Institutions de l'orateur*, liv. Ier, chap. Ier.

M. Letronne (1), aurait-il pu appeler ce moyen si vulgaire une très-bonne invention, *benignissimum inventum*, un bienfait digne d'exciter l'envie des dieux, *munus diis invidiosum*?

Quoi qu'il en soit du procédé de Varron, le patron découpé a trop peu d'analogie avec l'art typographique pour en avoir inspiré l'idée, comme l'ont cru Fischer (2) et plusieurs autres historiens de l'imprimerie. L'estampille en relief s'en rapprochait davantage, surtout lorsque, au lieu de l'appliquer sur le papier ou le parchemin, on imposait le papier sur l'estampille comme sur une forme d'imprimerie. Avec quelques efforts de plus, car les anciens connaissaient aussi les procédés de la fonte des métaux, l'humanité eût peut-être été dotée quatorze siècles plus tôt de cette grande découverte, dont Cicéron, cet esprit si vaste et si complet, semble en se jouant avoir trouvé le secret. En effet, dans la réfutation qu'il fait du système d'Épicure, dont l'enseignement tendait à prouver que le monde avait été formé par le concours fortuit des atomes, il dit : « Quiconque croit cela possible, pourquoi « ne croirait-il pas que, si l'on jetait à terre quantité de ca- « ractères d'or ou de quelque matière que ce fût, qui repré- « sentassent les vingt-une lettres, ils pourraient tomber « arrangés dans un tel ordre, qu'ils formeraient lisiblement « les annales d'Ennius?... (3) »

C'était, pour ainsi dire, toucher du doigt le procédé des caractères mobiles. Aussi l'abbé d'Olivet présume-t-il que ce passage *a servi à faire inventer l'art de l'imprimerie*,

(1) *De l'invention de Varron*, dans la *Revue des Deux-Mondes*, juin 1837, et dans la *Revue d'archéologie*, juillet 1848.
(2) *Typographische*, etc. *Choses mémorables relatives à la typographie*, tome III, contenant l'*Histoire de l'art de la découpure en fer battu*.
(3) *De natura deorum*, II, 57.

lequel cependant ne l'a été que quinze cents ans plus tard. Immense intervalle qui laisse à l'inventeur toute sa gloire !

Saint Jérôme parle aussi de la mobilité des caractères dans les conseils qu'il donne à Léta sur l'éducation de sa fille :
« Mettez-lui entre les mains des lettres de buis ou d'ivoire ;
« faites-lui en connaître les noms ; elle s'instruira ainsi, tout
« en se livrant à ses jeux (1). »

On connaît le superbe manuscrit intitulé : *Évangiles d'Ulphilas*, évêque des Goths, exécuté dans le IV° siècle, en caractères gothiques d'or et d'argent, sur un vélin de couleur pourpre. Ce manuscrit, chef-d'œuvre de patience, paraît avoir été fait avec des types isolés ou mobiles de métal d'une égale grosseur, et imprimé lettre à lettre par l'action d'une chaleur modérée et avec un procédé presque semblable à celui qu'emploient aujourd'hui les relieurs pour fixer des lettres d'or sur le dos des livres. On ne comprend pas comment les ouvriers chargés de ce travail, si long et si pénible, aient été assez dépourvus d'imagination pour que ces lettres mobiles qu'ils tenaient dans leurs mains ne leur aient pas fourni la première idée de l'imprimerie.

On lit dans le catalogue des livres de l'abbaye de Wiblingen, en Souabe : *Item Dominicalia in parvo libro stampato in papyro, non scripto;* et à la fin du même catalogue : *Anno Domini 1340 viguit qui fecit stampare Donatos.* MM. Des Roches (*Mém. de l'Acad. de Bruxelles*, t. I°r) et Lichtenberger (*Hist. de l'imp.*) ont pensé que ces Dominicales et ces Donats étaient imprimés au moyen de l'estampille. L'opinion est fondée, si la date de 1340 est exacte, car ce n'est que dans le siècle suivant qu'on a commencé à imprimer des

(1) *De l'éducation des filles, à Léta.* Quintilien avait déjà recommandé cette méthode dans ses *Institutions de l'orateur*, liv. I°r, ch. 1°r.

Donats par le procédé xylographique, c'est-à-dire par la gravure en bois, pour laquelle, il est vrai, on se sert aussi du mot *stampare*, que les Italiens appliquent même souvent à l'impression typographique.

Au reste, l'estampillage, quand il s'agit d'un livre, ne peut pas être considéré comme une méthode expéditive; on y passerait plus de temps qu'à l'écrire à la main.

XI. Quant aux Chinois, qui nous ont précédés dans la connaissance de presque tous les arts, ils ont pratiqué l'impression tabellaire (1) ou gravure sur bois longtemps avant qu'elle fût en usage en Europe. On fait communément remonter l'invention de cette sorte de stéréotypie au règne de Ming-tsong, vers l'an 923 de l'ère chrétienne; elle serait même beaucoup plus ancienne et appartiendrait au vi[e] siècle, si l'on s'en rapportait aux auteurs chinois. L'un d'eux, plus modéré, raconte qu'un forgeron, nommé Pi-ching, inventa les types mobiles vers 1040 de J.-C. Ces types étaient des cachets en terre cuite très-dure, sur lesquels ce forgeron gravait les caractères les plus usités. Il les assemblait ensuite dans un cadre de fer divisé par compartiments qui formaient des lignes perpendiculaires (suivant la manière d'écrire des Chinois), et appliqué sur une planche enduite d'un mastic dans lequel s'enfonçaient les types qu'il aplanissait régulièrement au moyen d'une pression. La planche ainsi composée, le tirage à un grand nombre d'exemplaires s'opérait rapidement. Il désassemblait ensuite la plan-

---

(1) Cette impression tabellaire s'exécute avec une brosse, et le papier est imprimé d'un seul côté, à cause de son extrême finesse et de sa transparence. Les Chinois n'impriment que deux pages à la fois; ils relient leurs livres soit en rouleaux, comme les anciens, soit en volumes, comme les Européens.

che, en faisant fondre au feu le mastic qui maintenait les types (1).

Tel est, en abrégé, le récit du docteur chinois Tchin-koug, dont les mémoires se trouvent à la bibliothèque nationale de Paris.

Le procédé typographique de Pi-ching ne fut pas adopté par ses compatriotes; ils continuèrent leur impression tabellaire, qui, du reste, paraît mieux convenir à leur langue, car, ayant quatre-vingt mille caractères, il leur faudrait au moins quatre millions de lettres pour former une imprimerie.

Ces renseignements, fournis par les sinologues modernes, ne peuvent porter atteinte à la gloire de Gutenberg.

On doit regretter sans doute que les méthodes employées en Chine n'aient pas été connues plus tôt de l'Europe, car depuis plus de mille ans nous jouirions des bienfaits de l'imprimerie, et nous posséderions encore un grand nombre d'ouvrages de l'antiquité, dont les manuscrits, qui s'étaient conservés jusque-là, sont aujourd'hui perdus. Mais l'Europe n'avait aucune relation avec cet empire éloigné. Ce n'est donc pas de la Chine, mais de son propre et seul génie que Gutenberg a tiré son admirable invention; les nombreux essais auxquels il se livra pour la rendre complète prouvent suffisamment qu'il manquait de toute espèce de données antérieures au résultat qu'il cherchait et qu'il a obtenu.

Remarquons même que Pi-ching n'a pas été plus loin que la gravure répétée de types mobiles, tandis que Gutenberg, parvenu à ce point, regardait encore son œuvre comme imparfaite, jusqu'à ce qu'il eût confectionné des matrices propres à

---

(1) Mémoire de M. Stanislas Julien, membre de l'Institut, professeur de langue chinoise au collége de France : Recueil de l'Académie des sciences, 1847, tome XXIV.

fondre des caractères en grande quantité. Schœffer, en inventant les poinçons pour frapper les matrices, ajouta un nouveau degré de perfection à la typographie naissante ; et toutes ces merveilles s'accomplirent en vingt ans !

Enfin, c'est l'Europe qui, dans ces derniers temps, a enseigné la véritable imprimerie aux Chinois. Déjà, en 1662, les missionnaires avaient décidé l'empereur Khang-hi à faire graver 250,000 types mobiles en cuivre, avec lesquels on imprima 6,000 volumes in-8°, dont quelques-uns se trouvent à la bibliothèque nationale de Paris. L'impression en est admirable. Malheureusement, pour dissimuler de nombreuses soustractions de ces caractères, on obtint de l'empereur Khien-long, vers 1770, l'ordre de les fondre et de les convertir en monnaie de billon. Mais, en 1776, le même monarque établit dans le palais impérial de Péking une imprimerie en types mobiles obtenus, comme en Europe, au moyen de poinçons gravés servant à former les matrices où sont fondus les caractères (1) auxquels l'empereur a donné le nom de *Tsiu-tchin*, qui signifie *perles assemblées.* Notre bibliothèque nationale possède également quelques impressions sorties de cet établissement. Depuis cette époque, beaucoup d'ouvrages s'impriment à la Chine par le procédé européen.

XII. Comme la plupart des génies supérieurs qui abandonnent les sentiers de la routine pour entrer dans des voies nouvelles, Gutenberg eut à souffrir des ennuis et des persécutions de toute nature. Il est peu d'hommes auxquels la renommée et la gloire aient coûté si cher. Après avoir épuisé sa

(1) Les poinçons, gravés sur un bois dur, coûtent de 5 à 10 centimes chacun ; on les enfonce dans une pâte de porcelaine qu'on fait cuire au four, et les matrices ainsi obtenues servent à fondre les caractères formés d'un alliage de plomb, de zinc et quelquefois d'argent.

fortune, aliéné ses revenus, il eut à lutter contre la misère, à se défendre contre des associés jaloux et de mauvaise foi, qui le forcèrent à s'expatrier. Mais rien n'abattait son courage ; à peine lui enlevait-on l'établissement qu'il avait formé si péniblement, qu'il en créait un nouveau dans un autre pays, poursuivant ainsi sans relâche l'idée de toute sa vie, celle à laquelle, plus jeune, il avait déjà sacrifié les hautes fonctions que lui assurait sa naissance (1).

Cette persévérance, qui est le caractère distinctif de Gutenberg, ne saurait être ni trop remarquée ni trop louée. Elle prouve qu'il n'est rien que le génie, aidé de l'adresse, de la patience et d'une volonté ferme, ne soit en état de surmonter. Par là, il est arrivé, après maintes améliorations appliquées successivement à son admirable découverte, à y mettre le sceau définitif et consécrateur. Ces améliorations se divisent en quatre phases bien distinctes, qu'il importe de constater dans l'intérêt même de l'histoire des inventions, car elles démontrent que tout se lie dans les œuvres humaines, et qu'une fois l'idée donnée, l'exécution la rectifie, la corrige et la perfectionne incessamment. Les aiguilles dont se servent nos ménagères n'ont-elles pas conduit à l'invention des métiers qui se meuvent dans les manufactures ?

Résumons ces phases progressives de l'art typographique.

Premièrement. Nous avons vu que le point de départ de l'imprimerie avait été les images accompagnées de texte, ou, comme d'autres le prétendent, les cartes à jouer qu'on exécutait dès cette époque à Strasbourg. Gutenberg se livre lui-même à ce genre d'impression ; mais bientôt, dédaignant

---

(1) Sa famille avait eu, depuis longues années, des charges dans la magistrature. Son bisaïeul fut conseiller à Mayence, et son oncle juge séculier.

ces moyens vulgaires, il fait une première tentative ingénieuse en découpant chaque lettre sur des morceaux de bois séparés.

Deuxièmement. Il ne tarde pas à reconnaître que le bois offrait peu de solidité, gonflait à l'humide, se contractait au sec, et qu'avec des précautions infinies on en tirait à peine des lettres taillées de largeur, de hauteur et d'équarrissage convenables. Rapprochées alors les unes des autres, il était difficile qu'elles eussent un même alignement, une régularité agréable à l'œil, et cette difficulté, augmentant en raison de la petitesse du caractère, dut forcer Gutenberg à simplifier ses opérations, en gravant beaucoup de lettres doubles ou triples, des diphthongues et des caractères abréviatifs. C'est alors qu'il songe à faire usage de petits blocs de métal, offrant plus de consistance et se régularisant mieux sous le burin.

Troisièmement. Cependant son œuvre laisse encore à désirer : chacune de ces pièces, avant d'être limée, équarrie et réduite à une hauteur égale, exige un temps considérable, et Gutenberg, qui n'ignore pas que la brièveté du temps est une des premières conditions des bonnes inventions, conçoit alors la pensée de jeter en moule ces petits blocs, afin qu'ils sortent de la matrice parfaitement taillés et préparés, de manière à ce qu'il ne reste plus qu'à y graver l'œil de la lettre.

Quatrièmement. Enfin, après de nouvelles tentatives, et aidé de Schœffer son associé, il arrive aux derniers perfectionnements de son invention. Chaque lettre est frappée en creux, les matrices sont organisées, et le métal en fusion qu'on y jette produit la lettre en relief.

C'est ainsi qu'on passa des tables gravées sur bois aux lettres de bois détachées, de celles-ci aux lettres sculptées en métal, enfin des lettres sculptées aux caractères moulés. Tout cela peut paraître très-simple, très-naturel, et cependant vingt années ont été employées à la réalisation de cette œuvre presque divine : temps considérable dans la vie d'un homme, mais en réalité fort court si l'on considère que la typographie est sortie des mains de Gutenberg si parfaite, que quatre siècles écoulés depuis n'y ont presque rien ajouté. Est-ce à notre honte, est-ce à la gloire immortelle de Gutenberg?

Telle fut l'origine, tels furent les développements de la plus belle, de la plus grande invention des temps modernes. Toutefois, après le rapide exposé que nous en avons fait, notre devoir d'historien demeurerait incomplet, si, ayant commencé par restituer à Gutenberg la part immense, la part principale qui lui revient dans l'invention de l'imprimerie, c'est-à-dire l'invention des caractères mobiles, en bois d'abord, puis en métal sculpté ou fondu, nous gardions le silence sur celle qui appartient à chacun des deux autres prototypographes qui furent ses collaborateurs et ses associés.

Fust, dont quelques auteurs ont voulu faire un grand artiste, ne paraît avoir été qu'un bailleur de fonds, une sorte de commanditaire intéressé, mais actif et zélé pour le succès de l'entreprise ; sous ce rapport seulement, la postérité lui devrait encore de la reconnaissance. Mais son nom, ayant été mêlé à tout le merveilleux qui s'attachait à l'apparition des premiers livres imprimés, a eu peut-être plus de retentissement qu'il ne méritait. Insensiblement, on en a fait un magicien, et l'on a été jusqu'à soutenir que le *Jean Faust* dont les aventures fabuleuses sont si populaires en Allemagne, n'est autre que le *Jean Fust*, l'un des inventeurs de l'imprimerie. Ce sont les moines, dit-on, qui se sont attachés à le décrier, parce qu'il les privait de leurs bénéfices sur la copie des manuscrits.

Schœffer, par l'invention des poinçons propres à frapper les matrices, invention à laquelle Gutenberg l'avait conduit, pour ainsi dire, par la main, apporta sans doute une grande amélioration à l'art typographique, qui prit un essor plus rapide; mais ce perfectionnement, si digne d'éloge d'ailleurs, ne suffit pas pour faire proclamer Schœffer le père de la typographie; ce titre, on le répète, n'appartient réellement qu'à Gutenberg qui, seul et le premier, conçut, créa et mit en activité toutes les parties de l'art d'imprimer (1).

Mais tous les trois ont bien mérité des sciences, des arts, des lettres et du monde entier. Si l'intérêt, cette plaie des sociétés humaines, les divisa pendant leur vie, la postérité les a justement réunis dans un même sentiment d'admiration et de reconnaissance.

(1) Tant que Gutenberg a vécu, ni Jean Fust ni Pierre Schœffer n'ont dit un mot, dans la souscription de leurs ouvrages, qui pût attenter à la gloire de celui qui, en leur communiquant sa découverte, avait fait leur fortune. Mais, plus tard, et lorsqu'il ne redoutait plus les dénégations de Gutenberg, Schœffer, dans des vues d'ambition personnelle, chercha à rapporter tout le mérite de la découverte à lui-même et à son beau-père. Cependant, son fils Jean Schœffer, dans la dédicace du Tite-Live en allemand, présenté en 1505 à l'empereur Maximilien Ier, déclare que l'art d'imprimer FUT INVENTÉ par Jean Gutenberg, en 1450, et ensuite *corrigé* par la réflexion, le travail et la dépense de Jean Fust et de Pierre Schœffer à Mayence, d'où cet art fut répandu dans tout l'univers. Il est vrai que, dans des impressions postérieures, Jean Schœffer attribue l'invention de l'imprimerie à son père et à son aïeul, assertion mensongère répétée par Erasme et par d'autres savants, et qu'on retrouve même dans un privilége pour l'impression du Tite-Live latin, accordé par l'empereur Maximilien à ce même Jean Schœffer, qui lui avait dit tout le contraire dans sa dédicace du Tite-Live en allemand. Mais cette imposture ne saurait infirmer son premier témoignage ni celui des écrivains contemporains en faveur de Gutenberg.

Après sa rupture avec Gutenberg, Fust continua, de concert avec son gendre, ses travaux typographiques. Le premier ouvrage portant les noms de Fust et de Schœffer est le *Psalmorum Codex* publié en août 1457. On lit sur le dernier feuillet de cette édition : *Spalmorum* (1) *Codex.... adinvencione* (sic) *artificiosa imprimendi ac caracterizandi, absque ulla calami exaratione, sic effigiatus.... per Johannem Fust, civem maguntinum, et Petrum Schœffer de Gernszheim, anno Domini 1457*. Ce livre est un petit in-folio dont il n'existe plus actuellement que sept ou huit exemplaires. Celui que possède la bibliothèque nationale de Paris lui a été donné par Louis XVIII, qui l'avait acheté 12,000 francs à la vente des livres du comte de Mac-Carthy, en 1817; c'est le seul qui soit en France. Il y en a aussi un très-beau au *British Museum* de Londres; mais l'exemplaire de la bibliothèque impériale de Vienne est le plus complet.

M. Brunet croit que ce *Psautier* a été imprimé avec des caractères mobiles en bois; suivant M. Didot, ce serait avec des caractères de métal fondus par le premier procédé de Gutenberg dont nous avons déjà parlé.

Au reste, le travail du *Psautier*, si difficile et si bien exécuté, prouve que ce n'est pas le premier jet d'un art naissant. Sa beauté, sa perfection annoncent de longs essais antérieurs. Les pages, imprimées correctement des deux côtés, sont en juste rapport. Les lettres fleuronnées majuscules de deux ou quatre points, imprimées de diverses couleurs, et surtout en rouge, ainsi que quelques lignes de même couleur, ont nécessité la composition de deux pages rentrantes, ou

(1) Cette faute typographique est corrigée dans la 2e édition de 1459, où on lit bien *Psalmorum*.

des soins très-minutieux et très-délicats (1). L'encre est noire, forte et de belle teinte, le tirage sur vélin est égal, brillant et d'une grande propreté. Ce livre est, en un mot, un véritable chef-d'œuvre qui ne put être de longtemps surpassé, et qui, après quatre cents ans d'existence, dit M. Frère (2), excite encore l'admiration des bibliophiles.

On ne peut guère douter que l'impression n'en ait été préparée et même commencée conjointement avec Gutenberg ; c'est le premier ouvrage imprimé avec la date du lieu (3) et la signature des imprimeurs, comme s'ils avaient voulu, en le décorant de leurs noms, prendre en quelque sorte possession du brevet d'inventeurs de l'art.

On attribue également à Fust et à Schœffer l'impression des ouvrages suivants, tous en caractères de fonte :

Durandi Rationale divinorum officiorum (in-folio), 1459 ; — *Clementis V Constitutiones* (in-folio), 1460 ; — *Biblia latina* (2ᵉ édition, 2 volumes in-folio), 1462, connue sous le nom de *Bible de Mayence* ; — *Bonifacii papæ VIII liber sextus Decretalium* (in-folio), 1465 ; *Ciceronis Officia et paradoxa* (petit in-folio), 1465.

(1) Il paraît que cette impression à plusieurs couleurs était exécutée d'un seul coup de presse, au moyen de deux parties gravées séparément et s'adaptant l'une dans l'autre, après avoir été encrées chacune d'une couleur différente. Ce procédé, que M. Congrève devina par l'inspection attentive du *Psautier* de 1457, et pour lequel il obtint du gouvernement anglais un brevet d'invention, est attribué à Schœffer. (M. Didot, article *Typographie* dans l'*Encyclopédie moderne*.)

(2) *Considérations sur les origines typographiques*, Rouen, 1850.

(3) Les *Lettres d'indulgence* du pape Nicolas V, imprimées à Mayence et dont il y eut trois éditions, portent les dates de 1454 et 1455 ; mais elles ne forment qu'un feuillet. On en connaît encore dix-huit exemplaires appartenant à des bibliothèques publiques ou à des amateurs. Il existe aussi un *Calendrier* portant la date de 1457, dont un exemplaire est à la bibliothèque nationale. Ces impressions paraissent exécutées en caractères de fonte.

Une seconde édition des *Offices de Cicéron* fut achevée le 4 février 1466. A partir de cette époque, on ne trouve plus le nom de Fust sur les impressions postérieures faites à Mayence. Cette circonstance fait présumer qu'il est mort à la fin de 1466, à Paris, où il était allé pour les affaires de son commerce, et où la peste sévissait avec violence. Il y avait apporté de nombreux exemplaires de la Bible, qu'on croyait être des manuscrits, et qu'il vendit à un prix très-élevé. Leur parfaite similitude et les ornements en encre rouge, qui passaient pour avoir été écrits avec son propre sang, le firent accuser, dit-on, de sorcellerie. Il fut mis en prison, et ce ne fut qu'à grand'peine qu'il recouvra sa liberté.

Après la mort de Fust, Schœffer continua d'imprimer à Mayence. Le premier ouvrage qui porte son nom seul est du 8 octobre 1467; c'est la deuxième édition des *Constitutiones* de Clément V. Il publia en 1502 (1), peu de temps avant sa mort, une quatrième édition du *Psalmorum Codex*, imprimé avec les mêmes caractères qui avaient servi pour les trois éditions précédentes. La première, celle de 1457, avait été son début; c'est donc par le même ouvrage que s'ouvrit et se ferma sa carrière artistique.

Schœffer eut trois enfants qui exercèrent sa profession : l'aîné, nommé Jean, lui succéda. Il changea l'orthographe de son nom patronymique et signa *Scheffer*, qui signifie *berger*.

Le second s'appelait Pierre. Il exerça l'imprimerie d'abord à Mayence, ensuite à Worms, plus tard à Strasbourg.

Le troisième, Yves Schœffer, resta à Mayence, comme son frère aîné. Une branche de sa famille garda son établissement

---

(1) Puisque Schœffer imprimait encore en 1502, il ne put être tué pendant le pillage de Mayence (1462), comme le présume M. Philarète Chasles dans son opuscule intitulé : *L'Atelier de Gutenberg*.

jusqu'en l'année 1670; une autre se fixa dans les Pays-Bas.

XIII. La prise de Mayence et les troubles qui en furent la suite forcèrent Gutenberg, puis Fust et Schœffer, ses anciens associés, devenus ses rivaux, à fermer leurs ateliers. Les trois imprimeurs, ainsi que leurs ouvriers, s'éloignèrent et portèrent l'art de l'imprimerie dans les pays où il n'était pas encore connu, et auxquels cette dispersion ne profita pas médiocrement. Ainsi, les désastres de la guerre en Allemagne servirent à propager dans les autres parties de l'Europe l'art typographique, dont l'interruption à Mayence dura trois ans.

Mais partout ailleurs les imprimeries se multiplièrent bientôt avec une extrême rapidité. Quatre-vingt-six furent établies dans l'espace de vingt années, de 1466 à 1486, et, à la fin du XVe siècle, cet art avait déjà pénétré dans toutes les villes où les lettres étaient en honneur. Avant 1501, le nombre des éditions diverses s'élevait au delà de treize mille, et plus de quatre millions de volumes s'étaient déjà répandus en Europe. Le concours d'hommes supérieurs, la protection des souverains, le besoin général d'instruction, tout contribua au succès d'une invention généralement regardée comme un don de Dieu. Les bibliothèques des villes et des communautés religieuses, qui recélaient les manuscrits des meilleurs auteurs de l'antiquité, s'ouvrirent aux imprimeurs. On n'eut que la difficulté du choix.

XIV. En 1837, Mayence, qui, le 16 germinal an XII, avait fondé un prix (1) pour l'éloge de Gutenberg, éleva un monument (2) à ce grand homme.

---

(1) Ce prix, qui n'a jamais été décerné, a donné lieu à la publication d'un ouvrage rempli de recherches utiles et consciencieuses : *Eloge historique de Gutenberg*, par Née de La Rochelle, Paris, 1811.

(2) Il existait déjà une statue en pierre de Gutenberg. Elle est placée

Cette statue et les bas-reliefs sont l'œuvre du célèbre sculpteur Thorwaldsen. Elle valut à ce dernier le droit de bourgeoisie à Mayence, distinction d'autant plus importante que, jusqu'à lui, personne ne l'avait encore obtenue. La statue a été coulée, avec un succès complet, dans les ateliers de M. Crozatier, à Paris.

Un des bas-reliefs, exécuté aux frais de la société des Arts de Francfort-sur-le-Mein, représente le moment de la découverte de l'imprimerie. Gutenberg est assis devant une table chargée de types et de caractères; Schœffer, son laborieux collaborateur, est debout, devant lui, et reçoit de ses mains une matrice, emblème de l'art d'imprimer avec des lettres mobiles.

Une inscription placée sur le monument porte ces mots :
« En l'année 1837, les habitants de Mayence ont érigé
« ce monument à J.-G. Gutenberg, leur compatriote, avec
« l'argent recueilli dans toute l'Europe (1). »

dans la cour de la maison appelée *Maison de l'Imprimerie*, laquelle a été bâtie sur l'emplacement de l'ancienne habitation de l'inventeur de l'imprimerie. Le piédestal porte cette inscription qui reproduit en partie celle qu'on avait déjà placée sur la maison de Gutenberg en 1507 : *Joanni Gensfleisch dicto Gutenberg, patricio moguntino,* QUI PRIMUS OMNIUM LITTERAS ÆRE IMPRIMENDAS INVENIT, HAC ARTE DE ORBE TOTO BENE MERENTI, *memoriam immortalem societas Artium moguntina et possessores curiæ Gutenbergensis posuere IV nonas octobris, anno M. DCCC. XXVII.*
(A Jean Gensfleisch dit Gutenberg, noble mayençais, qui le premier de tous a inventé l'imprimerie en lettres de métal, et par cet art a bien mérité du monde entier. La société des Arts de Mayence et les possesseurs de la maison de Gutenberg ont érigé ce monument à son immortelle mémoire, le 4 avant les nones d'octobre (le 5 octobre) l'an M. DCCC. XXVII.)
On a aussi élevé une statue à Pierre Schœffer dans la ville de Gernsheim où il est né. Il méritait bien cet honneur; car c'est lui qui, par l'invention des poinçons, a complété admirablement l'œuvre de Gutenberg.
(1) Il n'est pas sans intérêt de connaître dans quelles proportions l'Eu-

On lit cette seconde inscription sur l'autre côté du monument :

« Cet art, inconnu aux Grecs et aux Romains, l'esprit
« inventif d'un Allemand l'a trouvé. Maintenant, grâce à lui,
« les travaux du génie des anciens et des modernes sont
« devenus l'héritage de tous les peuples. »

De toutes les villes du Rhin, de Manheim, de Cologne, de Coblentz, etc. ; de plusieurs autres villes d'Allemagne, de Francfort, de Darmstadt, de Leipzig, etc., des députations d'écrivains, d'imprimeurs, de libraires, de fondeurs en caractères se rendirent à Mayence pour assister à l'inauguration du monument. Plusieurs de ces députations se firent remarquer d'une manière toute particulière. Ainsi, celle de Darmstadt, après s'être embarquée au bruit des fanfares, entonna un chant composé pour cette circonstance; un second chant fut exécuté pendant le voyage, et un troisième lors du débarquement à Mayence. On eût pu se croire un moment transporté aux jeux antiques de la Grèce.

---

rope a contribué à ce monument élevé en mémoire d'une invention qui a été le plus puissant instrument de civilisation, et qui appartient à ce titre au monde entier.

L'Allemagne, à l'exception du grand-duché de Hesse, a contribué pour 15,400 fr.; la France, pour 2,075 fr.; l'Italie, pour 500 fr.; la Russie, pour 1,175 fr.; l'Angleterre, pour 125 fr.; la Belgique, pour 55 fr.; la Hongrie, pour 25 fr.; la Suisse, pour 20 fr.; le grand-duché de Hesse, pour 5,900 fr. (donnés en majeure partie par le grand-duc); les habitants de Mayence, pour 26,367 fr.

On voit, d'après ce relevé, que la France, un des premiers pays où l'imprimerie fut introduite, ne versa que la somme de 2,075 fr., et l'Angleterre qui affiche un luxe effréné dans des éditions illustrées, qui déploie un faste extraordinaire dans ses impressions, ne donna que 125 fr. La Belgique évalua le taux de sa reconnaissance à 55 fr. Il est vrai qu'il ne s'agissait pas tant pour elle de l'art de l'imprimerie que de l'art de la contrefaçon.

L'année 1840 a amené le quatrième anniversaire séculaire de l'invention de l'imprimerie (1). La France ne pouvait rester étrangère à cette fête de la civilisation moderne. Une de ses villes les plus importantes avait, d'ailleurs, une dette spéciale de reconnaissance à acquitter envers la mémoire de Gutenberg. Strasbourg, en effet, a eu la gloire de compter l'inventeur de l'imprimerie parmi ses enfants adoptifs, et c'est dans ses murs que Gutenberg fit, il y a quatre siècles, les premiers essais de son art. A la ville de Strasbourg revenait l'honneur de célébrer, au nom de la France et avec elle, un si mémorable anniversaire.

Par ses soins, un magnifique monument a été érigé à la mémoire du père de l'imprimerie. M. David d'Angers, artiste distingué et membre de l'Institut, a fait gratuitement les modèles de la statue de Gutenberg, ainsi que des bas-reliefs qui ornent le piédestal du monument, inauguré le 24 juin.

Gutenberg, sous les traits austères que les peintures du temps nous ont conservés, dans le costume noble et pittoresque que la tradition lui donne, est représenté debout, auprès d'une presse ; il tient dans ses mains la première épreuve qu'il vient d'en tirer, et sur laquelle on lit ces mots : *Et la lumière fut !* L'influence de l'imprimerie sur les destinées des quatre parties du monde est retracée allégoriquement dans les bas-reliefs du piédestal, et elle s'y personnifie dans quelques-unes des plus grandes figures de l'histoire moderne.

Une députation de libraires et d'imprimeurs de Paris était

---

(1) Cet anniversaire séculaire fut célébré dès 1540 à Vittemberg ; en 1640, à Leipzig, à Strasbourg, etc. ; en 1740, en Allemagne, à Londres, à Paris, à Harlem en Hollande ; en 1840, à Strasbourg, à Hambourg, à Stuttgard, à Stockholm, à Copenhague, etc. — Nous n'avons pas besoin de dire que les fêtes de Harlem se rapportent, non à Gutenberg, mais à Coster.

présente à la fête d'inauguration, qui fut très-brillante. L'Académie française elle-même s'y fit représenter par un de ses membres.

Le 25 décembre 1850, les typographes de Bruxelles ont célébré le cinquième anniversaire de l'institution des fêtes typographiques dans cette capitale. Les typographes de Paris, Gand, Liége, Anvers, Namur et Louvain, la société des Gens de lettres, avaient envoyé des délégués pour les représenter à cette solennité, à laquelle assistaient aussi des rédacteurs de journaux, des correcteurs, des fondeurs, et autres délégués des professions qui se rattachent à l'imprimerie. Dans la salle du festin, ornée de drapeaux français et belges, on voyait le buste de Gutenberg, puis des inscriptions portant les noms de Gutenberg, Fust, Schœffer, Dick Martens d'Alost, premier imprimeur de la Belgique, des grands hommes qui ont illustré la typographie et des villes représentées à cette fête. Au banquet, on chanta des vers analogues à cette solennité ; tous les toasts, tous les discours respiraient l'enthousiasme, et la plus franche cordialité ne cessa pas un moment de régner parmi les convives de l'une et de l'autre nation.

La statue de Gutenberg a depuis été inaugurée dans quelques établissements, et notamment à l'imprimerie nationale, le 1er janvier 1843. C'est le plâtre même de la statue inaugurée à Strasbourg en 1840 qui a été donné, dans ce but, par M. David d'Angers (1).

(1) Cette même statue a été réduite à de plus petites proportions.
Un exemplaire en fut offert, le 15 mai 1848, au chef de l'imprimerie administrative par ses ouvriers, qui voulurent ainsi lui témoigner leur reconnaissance pour les avoir intéressés aux bénéfices de sa maison. Elle porte ces mots gravés sur le socle : *A M. Paul Dupont, ses ouvriers reconnaissants.*

CHAPITRE III.

L'IMPRIMERIE EN FRANCE.

SOMMAIRE.

I. De l'esprit d'invention en France et chez les autres peuples. — II. De la littérature en France avant l'invention de l'imprimerie. — III. Des copistes. — IV. Cherté des premiers ouvrages. — V Les premiers livres imprimés pénètrent en France. — VI. Établissement de l'imprimerie en France; Géring, ses associés et ses successeurs. — VII. Renseignements statistiques.

I. En général, il faut le reconnaître, les Français savent perfectionner, mais ils manquent de l'esprit d'invention. C'est chez eux qu'on va chercher les exemples du goût; nul ne peut leur contester une véritable supériorité dans l'éloquence, la poésie, la littérature ; ils cultivent avec succès les sciences et les arts, mais la plupart des grandes découvertes sont venues d'ailleurs.

L'imprimerie a été inventée par un Allemand (1); ce sont encore des Allemands qui ont inventé la poudre (2) et la machine pneumatique (3). Nous devons la boussole (4), les

(1) Gutenberg de Mayence, xve siècle.
(2) Berthold Schwartz, xiiie siècle.
(3) Guericke de Magdebourg, xviie siècle.
(4) Flavio Gioia, napolitain, xiiie siècle.

lunettes (1), le télescope (2) à des Italiens et à des Hollandais.

Le Français qui le premier imagina l'emploi de la vapeur, Papin, ne trouva personne qui le comprît, personne qui aidât à son entreprise, laquelle fut traitée d'impraticable par Napoléon lui-même, au camp de Boulogne. Papin mourut de désespoir d'avoir été méconnu, et les Anglais, s'emparant vingt ans plus tard de son idée, nous enlevèrent cette merveilleuse découverte dont la gloire appartient à nous seuls incontestablement.

II. Le génie des Français paraissait encore enseveli dans une sorte de sommeil léthargique, lorsque déjà l'Italie produisait Dante et Boccace, dont les écrits portaient tout d'un coup la langue et la littérature toscanes au plus haut degré de perfection.

L'art d'écrire était si rare en France à cette époque, que les tailles dont se servent encore aujourd'hui les boulangers étaient nos hiéroglyphes et nos livres de comptes. Il n'y avait point d'autre arithmétique pour déterminer la somme des impôts à lever, impôts qui ont conservé le nom de taille jusqu'à la révolution de 1789.

Dans ces temps d'ignorance, on aurait eu peine à trouver en France un exemplaire complet de Virgile ou de Cicéron, le premier n'y était guère connu que comme un grand magicien. C'est dans les monastères, et dans un petit nombre seulement, que l'étude et la science s'étaient réfugiées ; elles y trouvèrent un asile jusqu'au temps de la Renaissance. Les membres du clergé, seuls, savaient écrire. L'histoire des

---

(1) Alexandre Della Spina, de Pise, XIIIe siècle.
(2) Mettius, Huygens, hollandais, Galilée, florentin, XVIIe siècle.

premiers siècles de la monarchie française a été faite presque entièrement sur les écrits de Grégoire, évêque de Tours, qui vivait au vi° siècle, et longtemps encore après cette époque on ne trouve les documents de l'histoire, ou l'histoire elle-même, que dans les écrits des moines (1).

Charlemagne, qui aimait et cultivait les lettres, chercha en vain à les répandre dans son empire ; elles ne firent que de faibles progrès. Dans les siècles suivants, on les vit renaître et s'éclipser tour à tour avec le peu de savants qui les professaient ou les princes qui les protégaient. Les guerres intestines et étrangères, le goût des croisades, l'avidité des seigneurs, uniquement occupés du soin d'agrandir leurs domaines et de conserver ceux qu'ils avaient usurpés ; le génie

---

(1) Il y a eu cependant des membres du clergé si peu lettrés, qu'un évêque d'Angers déclarait, en 1295, qu'il n'ordonnerait plus aucun prêtre s'il n'avait quelque teinture de grammaire. Nous empruntons à un membre de ce corps, Jean Schiphower, Limitateur de l'ordre des Ermites de Saint-Augustin du couvent d'Osenbrug, dans le comté d'Oldenbourg, un passage curieux où l'indignation que causait à ce moine l'ignorance de ses confrères lui arrache une sortie véhémente. Après avoir dit que, dans les commencements de l'imprimerie, les superstitieux et les sots la faisaient passer pour un art dangereux, mais qu'encore que les pourceaux foulent les perles aux pieds, les personnes sages ne laissent pas de les estimer, il ajoute que « ces pourceaux sont les prêtres qui, sachant à peine lire et
« chanter le *requiem*, ont l'insolence de s'opposer aux gens doctes et de
« s'élever au-dessus de tout le monde, quoiqu'ils persévèrent dans leur
« *asinéité* ; qu'ils sont incapables de prêcher, n'ayant jamais étudié ; qu'ils
« rejettent l'étude de l'Ecriture, et qu'au lieu de feuilleter les livres sacrés,
« ils vident les pots et s'enivrent tous les jours ; qu'ils sont prêtres de nom
« et ânes d'effet, n'entendant rien dans l'Ecriture, méprisant les sciences,
« ne sachant ni parler ni écrire en latin, et pouvant à peine expliquer
« l'Evangile en langue vulgaire ; qu'on ne saurait croire, à moins que de
« l'avoir entendu, combien d'erreurs, de fables et d'hérésies ils disent
« au peuple en prêchant. »
(*Chronique des archicomtes d'Oldenbourg*, tome II du *Rerum germanicarum scriptores*, page 171.)

des Français, vif, léger, et naturellement plus porté à la galanterie et à l'exercice des armes qu'à l'étude et à la méditation, furent sans doute la cause de cette longue enfance qui fut l'état habituel et fixe des sciences et des lettres pendant près de sept cents ans.

L'enseignement des lettres n'était pas cependant tout à fait négligé : les cathédrales, les monastères avaient leurs écoles. Malheureusement, les leçons qu'on faisait alors aux clercs, les seuls qui s'adonnassent à l'étude, se bornaient à quelques principes de grammaire, de dialectique, de théologie et de musique, principes qui formaient ordinairement toute la science des professeurs eux-mêmes.

Les ouvrages des Grecs, ceux des Romains étaient d'une rareté extrême ; on ne pouvait les lire sans permission, car on les regardait comme aussi profanes que leurs auteurs. Des copies de la Bible, quelques traités des pères de l'Église, des canons, des missels, des livres liturgiques et de plain-chant composaient seuls les bibliothèques.

Saint Louis protégea les lettres et ceux de ses sujets qui les cultivaient. Étant en Orient, il entendit parler d'un seigneur sarrazin, d'origine égyptienne, qui faisait transcrire, pour l'usage des jeunes gens de son pays, les meilleurs livres de philosophie qu'il pouvait se procurer. L'idée vint à saint Louis d'en faire de même à son retour en France, à l'égard des saintes Écritures et des ouvrages des saints pères, et il en fit effectivement copier un grand nombre sur les monuments qui avaient été découverts dans diverses abbayes. On disposa ensuite, par son ordre, dans le trésor de la Sainte-Chapelle de Paris, un lieu commode et sûr où il renferma ces livres, en laissant toutefois à chacun la liberté d'aller consulter ces sources de la saine doctrine. Il s'y enfermait souvent lui-même pour étudier à ses heures de loisir.

A partir de cette époque, le goût pour l'étude se fortifia insensiblement, et s'accrut surtout par la protection dont le roi Jean, qui aimait beaucoup les livres, honorait les lettrés.

Charles V profita, pour améliorer l'instruction de ses sujets, de la paix qu'il avait rendue à ses États. Il était savant, eu égard à son temps, et il avait de commun avec le roi Jean le goût pour la lecture et les livres. Il prenait un grand plaisir à en faire tirer des copies, qui étaient ornées de belles miniatures par Jean de Bruges, choisi pour ce travail par Charles, qui lui avait donné le titre de peintre du roi. Charles V amassa ainsi jusqu'à 900 volumes, missels et psautiers pour la plupart. On les logea dans une des tours du Louvre qu'on appela depuis *Tour de la Librairie*.

Pour conserver plus sûrement ses livres, Charles fit appliquer des barreaux de fer, liés entre eux au moyen de fil de laiton, et des vitraux peints à toutes les fenêtres de cette bibliothèque, et il en confia la garde à Gilles Mallet (1).

Charles VI n'eut pas les préoccupations élevées de son prédécesseur à l'égard des lettres; il ne les encouragea pas chez les autres et les négligea lui-même. Les livres de la Tour du Louvre se dispersèrent peu à peu, et la ruine de cette bibliothèque fut consommée lorsque les Anglais, appelés à Paris par Isabeau de Bavière, femme de Charles VI, devinrent maîtres de cette capitale.

Les malheurs qui accablèrent la France au commencement

---

(1) Gilles Mallet dressa, en 1373, un inventaire de la bibliothèque du Louvre.

du règne de Charles VII retardèrent le progrès qui s'était manifesté dans les lettres sous les règnes de saint Louis, de Jean et de Charles V. Néanmoins, Charles VII reforma le noyau de la bibliothèque royale.

Louis XI, prince cruel, mais intelligent et habile, illustra son règne en réparant les désastres de la guerre et de l'occupation étrangère, en favorisant les études et en encourageant les travaux des savants. Il eut soin de rassembler les débris de la librairie du Louvre, et il en forma, en y joignant les livres de son père et les siens, une nouvelle bibliothèque (1475).

L'université de Paris n'avait jamais été aussi illustre, aussi fréquentée que sous son règne. On y comptait alors dix-huit colléges et dix ou douze mille écoliers. D'ailleurs, une ardeur égale pour acquérir du savoir et expliquer les livres des anciens se faisait remarquer dans toute l'Europe. Les princes chrétiens se disputaient la possession de ces savants hommes de la Grèce que la prise de Constantinople avait forcés de chercher un refuge en Occident, et, bien que la plupart d'entre ces illustres exilés eussent fait choix de l'Italie pour s'y fixer, quelques-uns cependant, entre autres Grégoire Tifernas, Georges Hermonyme de Sparte, Georges Glizin et d'autres encore vinrent en France, où le roi leur donna une hospitalité empressée, non sans les avoir sollicités d'y demeurer tout à fait.

C'est à Louis XI qu'était réservé l'honneur d'établir en France l'imprimerie qui venait d'être inventée en Allemagne, et qui élut domicile à Paris par son ordre et sous les auspices des docteurs de Sorbonne !

III. Jusqu'en 1470, les livres, en France, étaient transcrits par une classe d'individus qui en faisaient leur état et qu'on appelait écrivains, copistes, *stationarii*. Quelques personnes studieuses se chargeaient du même soin, par le désir de s'instruire (1), imitant en cela Démosthènes, qui, suivant Lucien, transcrivit huit fois, de sa main, l'histoire de Thucydide, pour former son style.

On ignore à quelle époque remonte l'origine de la profession de copiste en France. Il est certain, toutefois, qu'elle y était déjà exercée au commencement du VIIIe siècle. Le savant abbé Alcuin, précepteur de Charlemagne, pour mieux encourager ses scribes, donnait lui-même l'exemple et copiait de sa main des manuscrits. A la fin de ce siècle, les monastères d'Occident avaient déjà des copistes nombreux et habiles. Un article des capitulaires ordonnait même à chaque abbé, à chaque évêque, à chaque comte, d'avoir à son service un notaire ou secrétaire uniquement chargé d'écrire correctement et seulement en lettres latines.

Un des copistes les plus célèbres, Dagulfe, était écrivain de la cour de Charlemagne.

Le fils de ce monarque, Louis le Débonnaire, eut aussi des écrivains à sa cour ; l'un surtout, Éribert, était renommé.

Vers le même temps vivaient Ingobert, à qui l'on doit beau *Codex bibliorum* qui fut présenté à Charlemagne lors de son passage à Pavie ; Sintrame et Modestus, moines de Saint-Gall et tous deux fameux écrivains ; Beringer et Linthard, qui exécutèrent l'admirable *Codex Evangeliorum* de Ratisbonne.

Dans les siècles qui suivirent, les livres étant moins recherchés, la profession de copiste fut presque abandonnée. Du

---

(1) Boccace copiait les manuscrits de Dante, son ami ; et il avait fallu à Pétrarque plusieurs années pour copier un manuscrit de Virgile qui existe encore à Florence dans la bibliothèque Médicis.

IXe au XIIIe siècle, il n'y eut guère en France que les moines qui s'adonnèrent à la transcription des manuscrits ; mais dans plusieurs couvents on y travaillait avec la plus grande ardeur.

Guignes, cinquième prieur de la Grande-Chartreuse, place au premier rang des devoirs monastiques la copie des bons livres, art qu'il exalte à chaque phrase de ses statuts et dans lequel il excellait lui-même : « Nous voulons conserver, disait-il, les livres comme étant l'éternelle nourriture de nos âmes. »

Osberne, abbé de Saint-Evroul, pousse l'humilité et le zèle jusqu'à fabriquer de ses mains des écritoires pour les jeunes copistes de son monastère.

Théodoric, abbé d'Ouche, écrit lui-même le livre des *Collectes*, le *Graduel* et l'*Antiphonaire*, et charge son neveu, Radulphe, de transcrire l'Eptateuque et le Missel. Théodoric répétait sans cesse à ses moines : « Écrivez ! une lettre tracée dans ce monde vous sauve un péché dans le ciel. » Et à l'appui de ces consolantes paroles il leur racontait cette ingénieuse légende : « Un certain frère demeurait dans un monastère ; il était coupable de nombreuses infractions aux règles monastiques, mais il était écrivain ; il s'appliqua à l'écriture et copia volontairement un volume considérable de la divine loi. Après sa mort, son âme fut conduite, pour être examinée, devant le tribunal du juge équitable. Comme les mauvais esprits portaient contre elle de vives attaques et faisaient l'exposé de ses péchés innombrables, de saints anges, de leur côté, présentaient le livre que le frère avait copié dans la maison de Dieu, et comptaient, lettre par lettre, l'énorme volume pour les compenser par autant de péchés. Enfin, une seule lettre en dépassa le nombre, et tous les efforts des démons ne purent lui opposer aucun péché. C'est pourquoi la clémence du juge suprême pardonna au frère, ordonna à son âme de retourner à son corps, et lui accorda avec bonté le temps de corriger sa vie. »

D'après le récit d'un cénobite du monastère de Saint-Victor, à Paris, le bibliothécaire était chargé de donner aux moines des ouvrages à copier et de leur fournir pour cela tout ce qui leur était nécessaire. Les copistes ne pouvaient rien transcrire sans son consentement. Une salle particulière leur était destinée, afin qu'ils fussent à l'abri du trouble et du bruit. Ils devaient garder le silence le plus profond. Les livres qui sortaient de cette abbaye étonnaient les étrangers par l'art parfait et le soin qui avaient présidé à leur confection, par leur richesse, et même par leur dimension, quelquefois exagérée.

Dans certaines abbayes, il y avait une prière pour glorifier et sanctifier le travail des copistes; on la disait avant de se mettre à l'œuvre (1).

Lorsqu'un livre était écrit, il restait les ornements à faire.

Trithème, abbé du monastère de Spanheim, distribuait ainsi le travail : « Que l'un, disait-il, corrige le livre que l'autre a écrit; qu'un troisième fasse les ornements à l'encre rouge; que celui-ci se charge de la ponctuation, un autre des peintures; que celui-là colle des feuilles et relie les livres avec des tablettes de bois. »

Mais, ordinairement, dans les monastères, la même main qui avait tracé les lettres d'un livre en dessinait les ornements et en faisait l'enluminure.

Chez les copistes de profession, le travail des initiales était

---

(1) « Daignez, Seigneur, bénir ce lieu où vos serviteurs s'occupent à écrire et tous ceux qui l'habitent, afin qu'ils comprennent par leur intelligence et qu'ils accomplissent par leurs œuvres tout ce que les divines Ecritures enseignent et qu'ils auront lu ou écrit; par Notre-Seigneur, etc. »

TOME I. 7

au contraire toujours réservé aux enlumineurs ; la place en restait vide. Quand le copiste avait terminé son travail, il y mettait son nom et son adresse, ainsi que le font aujourd'hui les imprimeurs.

Quelquefois le pinceau du miniaturiste tardait pendant plusieurs années à achever l'œuvre. De là résultaient des différences fréquentes entre l'âge de la lettre et celui des miniatures.

Le dessin et l'enluminure des lettres historiées s'appelaient *babuinare*, mot qui venait sans doute du mot *baboue*, par lequel on désignait alors certaines figures monstrueuses.

Les diverses mains-d'œuvre employées à un manuscrit se payaient séparément. Le travail de chaque ouvrier était même si distinct, qu'on payait quelquefois à l'un le dessin et à l'autre l'enluminure.

L'art de l'illustration des livres nous est venu des Romains. C'est vers le commencement du IIIe siècle que le luxe des manuscrits à lettres d'or sur vélin pourpre s'est introduit à Rome. On a même trouvé dans Pline la preuve que, longtemps avant cette époque, les médecins Métrodore, Cretevas et Dionysius avaient peint, quoique sans beaucoup d'art, dans un livre dont ils étaient les auteurs, le dessin des plantes qui y étaient décrites.

C'est sans doute à l'imitation qu'on a voulu faire en France des manuscrits romains qu'il faut attribuer les premières enluminures des livres du moyen âge.

Au commencement du Ve siècle, saint-Paulin, évêque de Nole, tout en conseillant à ses moines, comme œuvre pieuse, l'art d'écrire, leur défendait cependant celui de la peinture. On traçait simplement alors l'initiale au niveau des autres lettres et sans plus d'ornements.

Au VIe siècle, l'initiale s'agrandit, s'enjoliva ; au VIIe, elle faisait déjà déborder ses ornements sur les marges.

Sous Charlemagne, le dessin et l'enluminure des initiales firent des progrès plus marqués. Le magnifique Psautier, écrit par Dagulfe et offert, en 772, par Charlemagne au pape Adrien Ier, en est la preuve.

Au IXe siècle, l'initiale s'orne d'arabesques historiées, déroulant leurs gracieuses volutes de la base au faîte de la lettre. Le luxe bibliographique de cette époque se montre dans la Bible de Charles le Chauve, et dans le manuscrit du *Nouveau-Testament* dont Théodulphe fit présent à la cathédrale du Puy, qui le conserve encore.

Les miniatures abondaient dans les manuscrits de ce temps. Montfaucon a donné tout un alphabet fantastique extrait des manuscrits du IXe siècle, et dont les lettres ne sont formées que de figures d'hommes, d'oiseaux, de poissons et de fleurs.

Parmi les scribes monastiques, les uns travaillaient par devoir, et le talent et le goût leur faisaient souvent défaut. D'autres copiaient les livres et les ornaient avec une sorte de passion ; un d'entre eux, Helfwulf, en admiration devant les travaux dont il fut un des plus habiles artisans, s'écriait que les plus saintes joies sont pour celui qui peut orner un livre de peintures précieuses et de notes savantes. C'est à ceux-ci qu'on doit tous les manuscrits remarquables antérieurs au XIIIe siècle.

Les copistes français jouissaient d'une grande réputation ; ceux des autres pays de l'Europe, de l'Italie et de l'Angleterre surtout, cherchaient à imiter leurs ouvrages. Mais ce qui contribua à établir incontestablement la supériorité des copistes et des enlumineurs français, ce qui donna l'élan à leurs progrès, c'est l'émancipation de leur art au xiii⁰ siècle, alors qu'il cessa d'être le monopole exclusif des moines et qu'il passa, du moins en partie, aux mains des calligraphes et des miniaturistes laïques.

Un moment, il est vrai, on remarqua dans les manuscrits du temps un abandon de règles et de principes qui donna lieu de regretter le genre pur et sévère des moines. Les formes des lettres initiales et des ornements n'étaient plus ni si ingénieuses, ni si délicates ; ce n'étaient que lettres grises, personnages grotesques, avec nez monstrueux, barbes, gerbes, cheveux bouclés, échappements de lettres en interminables volutes et en longues antennes.

Mais à la fin du xiv⁰ siècle, le goût reprend son empire ; l'initiale est plus sobre de détails ; les filigranes ne servent plus qu'à encadrer des vignettes, des rinceaux d'où s'échappent des fruits et des fleurs. Les vignettes et peintures se détachent tout à fait des lettres et forment des ornements isolés. C'est alors que naît réellement la grande enluminure.

Jehan Foucquet, cet habile peintre dont la renommée fut si longtemps à se faire, s'appliqua aux enluminures de manuscrits aussi bien qu'aux travaux de peinture religieuse. Il avait peint, à Rome, en 1437, le portrait du pape Eugène IV ; à son retour en France, il se livra tout entier à l'ornementation des livres. Il prit le titre de *bon painctre et enlumineur* du roi Louis XI, pour qui il travaillait.

C'est lui qui fut chargé d'achever l'admirable manuscrit des *Antiquités des Juifs*, commencé par un enlumineur attaché au duc de Berry. On remarque dans ce livre deux styles de miniature qui prouvent les progrès que cet art avait faits pendant le xv⁰ siècle.

Jehan Foucquet et ses deux fils, qui continuèrent dignement

la profession de leur père et qu'on a même quelquefois confondus avec lui, tant leurs manières de peindre étaient semblables, faisaient entrer un grand nombre de figures historiques dans leurs ornements.

Quelquefois, lorsque des manuscrits richement ornés étaient offerts en don, une des miniatures représentait l'auteur qui offrait le livre et le personnage qui le recevait. Tel était le *Tite-Live*, traduit par Pierre Berceure. On y voit Berceure, à genoux, présentant son livre au roi Jean. Visconti, en parlant des manuscrits de cette époque, dit que les miniatures qui s'y trouvent peuvent être comptées parmi les monuments qui nous ont transmis quelques portraits anciens avec des caractères très-probables d'authenticité.

Le XIVe siècle fut l'âge d'or de l'art des manuscrits en France. Au commencement du XVe, on ne se contentait plus, pour orner les manuscrits, de ces gouaches aux teintes pâles ; on chercha d'autres procédés d'enluminure, et c'est alors qu'on commença à voir poindre le ton fin du camaïeu gris.

La merveille des livres ornés par ce genre de peinture paraît être le volume des *Miracles de la Vierge*, exécuté pour le duc de Bourgogne et possédé maintenant par un amateur belge.

Les livres qui sortaient des cloîtres, comme ceux exécutés par les copistes de profession, faisaient l'étonnement des étrangers, tant par le soin avec lequel ils avaient été écrits que par la grâce et la richesse de leurs ornements. Un voyageur anglais s'extasiait sur ces livres énormes, qu'on lui fit voir à Paris, et qui, en dépit de leur taille gigantesque, n'en étaient pas moins écrits en lettres d'or de la première à la dernière page.

Un autre voyageur, l'illustre Richard de Bury, évêque de Durham et chancelier d'Angleterre, qui vint, au XIVe siècle, à Paris, moins en ambassadeur qu'en bibliophile, éprouva, à la vue des travaux de nos copistes et des bibliothèques qu'ils avaient déjà enrichies, un étonnement non moins vif, mais plus intelligent : « Oh ! s'écrie-t-il à ce sujet, ô Dieu des dieux de Sion, quel torrent de plaisir a réjoui notre cœur, toutes les fois que nous avons visité Paris, le paradis du monde ! »

La magnificence de nos éditions illustrées ne saurait rivaliser avec le luxe que déployaient nos aïeux dans l'ornementation des manuscrits. C'étaient des chefs-d'œuvre de calligraphie, non-seulement rehaussés par la dorure, l'enluminure et la reliure, mais enrichis de peintures dues aux meilleurs artistes, et souvent plus belles sur ces parchemins que les tableaux qu'ils peignaient sur toile.

On conserve à la bibliothèque nationale de Paris (1) deux Bibles manuscrites, dont une contient cinq mille cent vingt-deux tableaux, et l'autre plus de deux mille cinq cents ; chaque tableau est accompagné de deux versets en latin et en français, avec des lettres initiales et finales en or et en outremer. La première de ces Bibles est estimée, non compris le parchemin et les frais d'écriture, à plus de 80,000 fr., et la seconde à plus de 50,000 fr.

Plus le besoin de lire et d'apprendre augmentait, plus augmentait aussi le nombre des copistes ; les bénéfices de leur industrie suivaient la même proportion. Pour produire plus vite et gagner davantage, ils multipliaient les abréviations, au point de rendre les manuscrits très-difficiles à lire, même aux savants contemporains ; et le parlement fut obligé de réprimer

---

(1) *Notices et extraits des manuscrits*, tome VI, compte rendu par Camus.

cet usage abusif. Quelques copistes, présumant trop de leur science, osèrent aussi, de leur seule autorité, introduire des corrections dans le texte des auteurs et y mêler leurs commentaires.

De là une difficulté extrême de distinguer le texte pur de la glose, et la version primitive de la version corrigée ; de là l'incertitude qui a régné si longtemps sur la fidélité des manuscrits et des éditions elles-mêmes, incertitude que la critique moderne, si clairvoyante qu'elle soit, n'a point encore complétement dissipée.

Rien n'était plus facile alors que les altérations et les fraudes dans les écrits. « De ce vague qui régnait dans les signes cursifs, dit Joseph de Maistre, ainsi que du défaut de morale et de délicatesse sur le respect dû aux écritures, naissait une immense facilité, et par conséquent une immense tentation, de falsifier les écritures, et cette facilité était au comble par le matériel même de l'écriture, car si l'on écrivait sur la peau, *in membranis*, c'était pis encore, tant il était aisé de raturer et d'effacer. »

Mais, s'il y avait des copistes peu consciencieux ou peu capables, la plupart étaient des hommes instruits et exacts qui s'attachaient minutieusement à éviter les fautes, même les plus légères, et à conserver religieusement la pureté primitive des textes.

L'université de Paris, jusqu'en 1275, avait gouverné la librairie sans lui donner aucun règlement écrit; elle lui donna, le 8 décembre de cette même année, son premier statut : « Nous ordonnons, y est-il dit, que les stationnaires appelés vulgairement libraires (1) prêtent, chaque année ou de deux ans en

---

(1) Le nom de *librarius*, libraire, par lequel les Romains désignaient

deux ans, ou quand ils en seront requis par l'université, le serment de se conduire fidèlement et honnêtement, soit qu'ils achètent, gardent, exposent ou vendent des livres. »

Le même statut porte que, si les libraires commettent des fraudes ou enfreignent leur serment, non-seulement ils seront privés des bonnes grâces et de la faveur de l'université, mais encore qu'ils n'auront plus le droit d'exercer leur profession.

En 1323 parut un nouveau règlement plus étendu que le premier, qui imposait aux libraires, outre le serment, l'obligation de fournir à l'université un cautionnement de cent francs pour la sûreté des livres qui leur seraient confiés. Ils devaient jouir d'une bonne réputation, être suffisamment lettrés et connaître la valeur des livres.

Vingt-six libraires, et deux femmes faisant partie de la corporation, prêtèrent le serment exigé et apposèrent leurs signatures sur le nouveau règlement.

Parmi ces libraires jurés, dont plus tard le nombre fut réduit à vingt-quatre, l'université en choisissait quatre qu'elle chargeait de veiller à l'exécution fidèle des règlements, et qu'on nommait grands libraires jurés. Ce fut l'origine des chambres syndicales.

Après les grands et les petits libraires jurés, on tolérait des libraires non jurés ; mais ceux-ci ne pouvaient pas vendre de livres à un prix au-dessus de dix sols, et n'avaient que des étalages en plein air.

le scribe ou copiste, s'est appliqué depuis au marchand de livres. — Quant au nom de *stationarius*, stationnaire, sédentaire, usité dans le moyen âge, quelques auteurs ont pensé qu'il désignait le libraire en boutique, pour le distinguer de l'étalagiste ; mais il paraît qu'il se rapportait à l'écrivain. Au reste, la transcription et la vente des livres étaient souvent exercées par la même personne. C'est ainsi que nous avons aujourd'hui des imprimeurs-libraires.

Il paraît, toutefois, que le serment n'était pas toujours tenu religieusement, car un autre statut qui confirmait et complétait le premier, et qui, en outre, admonestait les contrevenants pour leurs fautes passées, fut publié le 6 octobre 1342.

Ces règlements s'étendirent tout naturellement aux copistes. L'université, se faisant la patronne des libraires et les déclarant ses suppôts, devenait, pour ainsi dire, le seul éditeur responsable de tous les livres qui se propageaient dans leurs mains. La part que les copistes, les miniaturistes et enlumineurs prenaient à la fabrication matérielle des manuscrits les plaçait également sous la protection et la surveillance de l'université (1).

Les copistes de profession recevaient les manuscrits des mains des libraires-jurés de l'université. Ceux-ci, avant d'afficher la vente des copies exécutées, étaient tenus de les soumettre aux députés des facultés de la science à laquelle les manuscrits originaux ressortissaient pour qu'ils les revissent et les approuvassent. Les libraires de l'université étaient en général fort instruits, et portaient le titre de clercs-libraires.

Par la nature même de leurs fonctions, ils formaient une corporation *distincte et séparée des arts mécaniques*, et jouissaient d'une haute considération. Ce fut de la part de nos rois l'effet d'une grande sagesse d'avoir, longtemps avant l'introduction de l'art typographique à Paris, mis les écrivains et ceux qui faisaient trafic de manuscrits sous la direction immédiate de l'université. Aucun d'eux ne pouvait ni trans-

---

(1) L'université tenait ce droit de l'autorité royale. En 1411, Charles VI le confirma à l'exemple de ses prédécesseurs. Plus tard, les imprimeurs, en remplaçant les écrivains, se trouvèrent ainsi naturellement régis par la même juridiction.

crire ni vendre des livres, qu'il n'eût au préalable prêté serment et reçu l'agrément du chef de l'université. Ils partageaient les prérogatives des membres de ce corps et ne payaient point d'impôts (1).

Les membres des divers états qui concouraient à la confection des livres étaient réunis en confrérie ou communauté. Une ordonnance de Louis XI, du mois de juin 1467, porte « qu'il sera fait une levée de quatre sols parisis (outre et pardessus les douze deniers parisis) sur ceux qui seront dorénavant créés libraires, écrivains, enlumineurs, relieurs de livres et parcheminiers ; sur ceux qui voudront tenir ouvroir avant qu'ils puissent tenir icelui, et qu'il soit en ladite confrérie, vingt-quatre sols parisis ; sur les nouveaux apprentis, huit sols parisis, et sur chaque homme et ouvrier desdits états douze deniers par semaine ; pour lesdites sommes être employées au service de ladite confrérie, et aux dépenses et affaires d'iceux confrères. » Les recettes étaient inscrites sur un registre intitulé : *Livre de la Confrérie*.

Plus de six mille écrivains, enlumineurs, relieurs, libraires, vivaient à Paris en travaillant à la confection des manuscrits sous la juridiction de l'université (2).

Il y avait, en outre, un grand nombre d'écoliers de l'université qui ne se soutenaient qu'à l'aide des profits qu'ils trouvaient dans la copie des manuscrits (3).

---

(1) Chartes ou ordonnances de Philippe VI, du 31 décembre 1340 et du 21 mai 1345 ; Charte de Charles V, du 18 mars 1366 ; Lettres patentes de Charles VI, du 3 janvier 1383.

(2) M. Taillandier, *Résumé historique de l'introduction de l'imprimerie à Paris*.

(3) Jansen porte à vingt mille le nombre des copistes pour les seules villes de Paris et d'Orléans ; mais ce nombre est évidemment exagéré.

En Allemagne et en Italie, le nombre des copistes n'était pas moins considérable.

La découverte de l'imprimerie ayant ruiné leur état, plusieurs d'entre eux se livrèrent à la pratique de cet art, et lui rendirent d'incontestables services. *Pierre Schœffer, Mentel, Ulric Zell, Eggestein* avaient commencé par être copistes.

IV. On conçoit assez la rareté et la cherté des livres avant l'invention de l'imprimerie ; mais un ou deux exemples pris dans l'antiquité le feront mieux concevoir encore.

Platon, malgré les correspondances qu'il entretenait en Italie, eut beaucoup de peine à se procurer certains traités de philosophie, et il fut obligé de dépenser pour cela cent mines (neuf mille francs) (1).

Ptolémée Philadelphe, roi d'Égypte, donna aux Athéniens quinze talents, avec exemption de tout tribut, et un grand convoi de vivres et de rafraîchissements, pour les autographes et originaux des tragédies d'Eschyle, de Sophocle et d'Euripide, qu'il déposa dans la célèbre bibliothèque d'Alexandrie (2).

Au moyen âge, après la chute de l'empire romain, lorsque le vandalisme en Occident et l'islamisme en Orient semblaient s'être ligués pour arrêter la marche de la civilisation, la disette des livres se fit sentir bien davantage, soit par la difficulté de se procurer les ouvrages originaux, dont un grand nombre avait péri pendant l'irruption des barbares, soit par la cupidité des scribes, à qui l'on payait chèrement des copies souvent inexactes. Il n'y avait guère que les rois, les princes ou les riches particuliers qui pussent faire des acquisitions de cette

(1) Barthélemy, *Voyage d'Anacharsis.*
(2) Galien, Commentaire sur le troisième livre des *Épidémies.*

nature, et par ce moyen prétendre à la science, tant le prix des manuscrits était élevé ! L'usage où l'on était quelquefois de les enchaîner à la muraille, de manière à ce qu'on pût les lire sans les emporter, peut donner une idée de la jalousie et en même temps de la convoitise dont ils étaient l'objet.

Dans les communautés religieuses, les livres n'étaient pas moins recherchés. On trouve un témoignage naïf de l'estime où ils étaient chez les moines du VIIIe siècle dans les registres destinés à inscrire les noms des nouveaux frères, et où il est fait mention *d'un ou plusieurs livres qu'ils avaient apportés*. Cela n'empêcha pas que les moines qui, soit par désœuvrement, soit par pénitence, transcrivaient aussi des manuscrits, n'y montrassent trop souvent beaucoup d'ignorance jointe à beaucoup de négligence, et que, bien qu'ils nous aient conservé une partie des richesses de l'antiquité, leurs copies n'eussent été la plupart du temps inintelligibles, si les Landino, les Merula, les Calderino et les Politien ne se fussent appliqués avec un zèle infatigable à les corriger.

Les livres se vendaient par actes authentiques, comme une propriété mobilière. On a retrouvé un contrat passé en 1332, devant notaire, par lequel Geoffroy de Saint-Léger, l'un des clercs-libraires, confessa avoir vendu et transporté, sous l'hypothèque de tous ses biens et garantie de son corps même, un livre intitulé : *Speculum historiale in Consuetudines parisienses*, divisé et relié en quatre tomes couverts de cuir rouge, à noble homme messire Gérard de Montagu, avocat du roi au parlement, la somme de quarante livres parisis (plus de deux cents francs de notre monnaie), dont le libraire se tient pour comptant et bien payé (1).

---

(1) Du Breul, *Les Antiquités de Paris*, liv. II, p. 608.

On les laissait par testament; ils étaient l'objet de substitution et faisaient partie de la dot d'une fille noble. On remarque, dans un vieux contrat de 1393, que « Alazacie de Blevis, « damé de Romolles, femme du magnifique Boniface de Cas- « tellane, baron d'Allemagne, faisant son dernier testament, « laissa à une jeune damoiselle, sa fille, certaine quantité de « livres où était écrit tout le corps de droit, formé et peint en « belles lettres de main, sur parchemin, l'enchargeant que, au « cas qu'elle vînt à se marier, elle eût à prendre un homme « de robe longue, docteur, jurisconsulte, et qu'à ces fins elle « lui laissait ce beau et riche trésor, ces exquis et précieux « volumes, en diminution de son dot (1). » Dans l'estimation de la bibliothèque du duc de Berry, frère de Charles V, on voit un seul livre d'heures, sans fermoir d'or, sans pierreries, monter à la somme de huit cent soixante-quinze livres, représentant une valeur d'environ six mille deux cent cinquante francs de notre monnaie. (Villaret, tome XVI, in-12.)

Ce qu'on lit à la fin du *Pèlerinage de la Vie humaine* (2) prouve que le livre, même le plus médiocre, était un don estimé suffisant pour racheter non-seulement les fautes du donateur, mais encore celles de ses parents et amis. « Prés le « Lantimer l'aisné, de Gisors, natif de Saint-Painguy, a baillé « ce livre à Guillaume Tuleu, bourgeois de Gisors, procureur « de l'Hostel-Dieu de Paris, pour y demeurer et appartenir « perpétuellement, sans estre transporté ailleurs, par accord « et composition faite avec ledit procureur, afin d'avoir le « pardon, à l'ayde et grace de Dieu, octroyé de nostre saint

---

(1) César de Nostre-Dame (Nostradamus), fils du fameux astrologue Michel Nostradamus, dans son *Histoire de Provence*, partie v, p. 516.

(2) Par Guillaume de Guilleville, religieux de Châlis.

« Père le Pape, audit Hostel-Dieu, pour la somme néces-
« saire............ Contenuës ès bulles, et en intention, sous
« la miséricorde de Dieu, que luy, sa femme et enfants, son
« père, mère, amis, bienfaiteurs, présents, défunts et à venir,
« et en espécial son parrain, feu maistre Nicolle Ducar, jadis
« chirurgien du roy Charles, que Dieu absoille, qui lui dé-
« laissa ce livre, soient accompagnez et participans ès bons
« pardons, prières, aumosnes, indulgences et oraisons faits et
« à faire en dit Hostel-Dieu, et à ce appartenant. Écrit audit
« Gisors, l'an 1447, le jour des Trépassez, en novembre.

« TULEUS, LANTIMER. »

« Je n'ai pas trouvé aujourd'hui de *Concordances* (commen-
« taires sur la Bible), écrivait Gaguin à un de ses amis de
« Rome qui l'avait chargé d'en acheter; cependant, le libraire
« Paschasius (Pasquier) nous a dit qu'il savait que quelques-
« unes très-précieuses étaient à vendre; mais le possesseur
« du livre est absent, et elles sont estimées à cent écus
« d'or (1). »

Louis XI, espérant trouver dans un des manuscrits du
célèbre médecin arabe Razi (2) quelque remède à ses maux,
quelque secret peut-être pour se préserver de la mort, qu'il
redoutait tant, voulut emprunter ce livre à la faculté de
médecine de Paris ; mais il ne put l'obtenir qu'après avoir,
par un acte en règle, donné en gage sa vaisselle d'argent, et

---

(1) Concordantias in hanc diem nullas omnino inveni nisi quod Paschasius bibliopola nobis pretiosissimas unas scire se venales dixit, sed dominum abesse, easque liceri aureis centum. *Epistola* 20, *ad Guil. Fichetum.*

(2) Il se nommait Mohammed-Aboubekr-Ibn-Zacharia Razi ; il était né vers 850 dans le Khoraçan. Il a laissé plusieurs ouvrages dont une grande partie a été traduite en latin.

en outre la caution d'un de ses gentilshommes nommé *Malingre*, qui se porta garant pour cent écus d'or. Le président de la Driesche fut chargé de cette négociation auprès de la faculté, qui écrivit au roi la lettre suivante :

« Sire, combien que toujours avons gardé très-précieuse-
« ment ledit livre, car c'est le plus beau et le plus singulier
« trésor de notre faculté, et n'en trouve-t-on guères de tel;
« néanmoins, nous qui de tout nostre cœur désirons vous
« complaire et accomplir ce qui vous est agréable, comme
« tenus sommes, avons délivré audit président ledit livre
« pour le faire écrire, moyennant certains gages de vaisselle
« d'argent et autres cautions qu'il nous a baillé en seureté de
« nous le rendre, ainsi que, selon les statuts de nostre faculté,
« faire se doit, lesquels nous avons jurez aux saintes Évan-
« giles de Dieu, garder et observer, ne autrement ne les
« pouvons avoir pour nos propres affaires. Priant Dieu,
« Sire, etc...... Ce 29 novembre 1471 (1). »

Dans les autres pays de l'Europe, les manuscrits n'étaient ni moins rares ni moins chers. Alphonse de Naples fit la paix avec Médicis parce que celui-ci lui avait prêté un manuscrit.

En 1251, l'église de Ratisbonne racheta les cinq cents volumes de sa bibliothèque au prix de soixante-sept marcs d'argent, ce qui établit le prix moyen de chaque volume à cent soixante-seize francs, valeur d'alors, laquelle représente cinq cent quatre-vingt-trois francs d'aujourd'hui.

Pour faire argent d'un livre, il fallait être arrivé au comble

---

(1) Assurément, c'est là une précaution bien singulière à l'égard d'un emprunteur de cette qualité. Etait-elle inutile ? De nos jours n'a-t-on pas vu un membre de l'académie parcourir les bibliothèques publiques avec une mission du gouvernement, et, abusant de ce caractère, *s'approprier* des livres rares et précieux ?

de la misère. On cite un étudiant de Pavie, Mainus, qui s'appauvrit tellement par ses dissipations et par ses débauches, qu'il *fut forcé d'engager à un usurier un livre de droit, écrit sur parchemin et acheté à un prix très-élevé* (1). Pétrarque rapporte (2) que son maître de grammaire et de rhétorique, Tuscus, engagea, pour la même cause, deux petits volumes de Cicéron.

L'empereur Frédéric III ne sut mieux montrer le cas qu'il faisait de Jean Reuchlin dit Capnion, qui lui avait été député par Ebherard de Wurtemberg, qu'en lui donnant une vieille Bible hébraïque, estimée trois cents florins (3).

Une Bible entière, bien écrite, en trois volumes, se vendait encore à Rome, au commencement du XVIe siècle, après l'invention de l'imprimerie, cent couronnes (4), et Léon X paya cinq cents sequins un manuscrit des cinq premiers livres de Tacite, que Jean Archimbold lui avait apporté du fond de la Westphalie.

Les personnages les plus considérables hésitaient quelqueois devant le prix élevé des livres.

Jacques Piccolomini, cardinal de Pavie, qui avait prié Donat Acciaioli de lui acheter un Flavius Josèphe, s'excusait de le prendre parce qu'il était trop cher : « Le *Josèphe*, man-
« dait-il à Donat, au sujet duquel vous m'écrivez, est un peu
« cher, à mon avis, en cette année surtout où je n'ai pas
« beaucoup d'argent ; je m'en passerai donc (5). »

---

(1) Paul Jove, *in Elogiis*.
(2) *Epistola ad Lucam Pennam*.
(3) Brassicanus, préface du *De Providentia* de Salvien.
(4) Chronique de Windsheim.
(5) *Josephus de quo scribis cariusculus meo judicio est, hoc præsertim anno quo non multum abundo, itaque ille valeat.*

Ce qu'Acciaioli lui écrivait plus tard sur un sujet analogue est encore plus remarquable : « Quant aux trois volumes de
« Plutarque, dans lesquels sont contenues les vingt-quatre
« Vies parallèles, on a pris les titres, comme vous le recom-
« mandez ; le prix ne peut être moins de quatre-vingts écus
« d'or (*lxxx aureis*). Des œuvres de Sénèque, nous avons déjà
« trouvé les *Épîtres,* pour lesquelles on demande seize ou au
« moins quinze écus d'or (*xvi aut saltem xv petuntur aurei*).»

Le duc de Bourgogne Philippe le Hardi avait un personnel nombreux d'enlumineurs et de copistes attachés à son service. Mais il ne se contentait pas de ce que ces écrivains et enlumineurs pouvaient produire ; il achetait encore aux libraires de Paris les plus magnifiques manuscrits qu'ils eussent dans leurs boutiques.

En 1399, Jacques Raponde, marchand, à Paris, vendait au duc de Bourgogne, pour cinq cents écus d'or (sept mille cinq cents francs), un livre appelé *la Légende dorée, escripte en francoys, de lettre de fourme,* etc. Il paya au même trois cents écus (trois mille cent vingt-quatre francs) pour trois livres appelés *la Fleur des istoires de la terre d'Orient, escripts en lettres de fourme istoriées.*

Louis, duc d'Orléans, comte de Valois et de Beaumont, paya à maître Olivier de Lempire, libraire, la somme de deux cent quarante écus d'or pour une Bible en latin, couverte de cuir rouge, à quatre fermoirs dorés.

Les rois mêmes ne dédaignaient pas de trafiquer des livres. Antoine Beccadelli, surnommé Panormita, adressait à Alphonse, roi de Naples et de Sicile, une lettre latine où on lit ces deux faits remarquables : « Vous m'avez écrit derniè-
« rement de Florence que, parmi les plus beaux livres, il y
« avait en vente les œuvres de Tite-Live, et que le prix de

« cet ouvrage est de cent vingt écus d'or. C'est pourquoi je
« prie Votre Majesté de faire en sorte que le Tite-Live, que
« nous avons coutume d'appeler le roi des livres, soit acheté
« en mon nom et me soit adjugé ; pendant ce temps-là, je me
« procurerai l'argent que je donnerai pour le prix du livre.
« Mais je désire savoir lequel des deux vous jugez, dans votre
« prudence, avoir mieux agi, le Pogge ou moi : celui-ci,
« pour acheter une maison de campagne près de Florence, a
« vendu un Tite-Live qu'il avait écrit admirablement de sa
« propre main ; moi, pour acheter un Tite-Live (1), j'ai mis
« ma terre en vente. Votre affabilité et votre modestie m'ont
« engagé à vous adresser familièrement ces demandes. Adieu.
« Prospérez et triomphez. »

Les copies d'un ouvrage se multipliaient alors si difficilement, il fallait tant d'argent pour se former une modeste bibliothèque, que les lumières d'un pays avaient beaucoup de peine à s'y perpétuer, et plus encore à pénétrer dans un autre pays ; c'est pourquoi on ne saurait être trop circonspect en établissant jusqu'à quel point nos pères doivent être réputés plus ou moins ignorants. L'abondance des lumières actuelles, accrue tous les jours par d'innombrables moyens de publicité, et l'immense avantage que nous avons sur eux à cet égard, ne nous permettent peut-être pas d'apprécier sainement l'état de leur intelligence à des époques où ils manquaient tant des moyens de la cultiver.

Cependant, l'université de Paris, dans le but de faciliter les études des nombreux écoliers qui suivaient ses cours, et usant de la juridiction qui lui avait été conférée sur les

---

(1) Le Tite-Live acheté par Panormita était, dit-on, celui que le Pogge avait écrit de sa main.

copistes et les libraires, taxait les livres de classe. C'étaient ordinairement les quatre grands libraires jurés qu'elle chargeait d'en fixer les prix. Un ancien registre, appelé le *livre du recteur* et qui remonte à l'année 1303, contient une liste d'environ trois cents ouvrages, avec leurs prix taxés. En voici quelques exemples :

Le livre des *Homélies* de saint Grégoire, 28 pages, 18 deniers.

Le livre des *Sacrements* de Hugues de Saint-Victor, 240 pages, 3 sols.

Le livre des *Confessions* d'Augustin, 21 pages, 4 deniers.

La *Somme* de frère Thomas d'Aquin sur la théologie, 1er livre, 56 pages, 3 sols.

Le *Répertoire* de Durand, 37 pages, 18 deniers.

En vertu des règlements universitaires, tout libraire était tenu de placer ostensiblement dans sa boutique le catalogue de ses livres, avec les prix taxés. — Aucune estimation de livres ne se faisait que par les grands libraires jurés. — Nul libraire stationnaire ne pouvait refuser à quelqu'un de copier ou de louer un livre, moyennant caution et sous les conditions imposées par l'université. — Les copistes et les libraires ne devaient transcrire et vendre que des livres dont le texte fût pur et correct. Leurs infractions à cet égard devaient être signalées et punies.

Enfin, l'université avait prescrit des mesures pour que le commerce des livres se fît loyalement et que les libraires se contentassent d'un bénéfice modéré sur les ouvrages qu'on les chargeait de vendre.

Mais, après l'invention de l'imprimerie, les livres se multiplièrent avec tant de facilité, que le prix en diminua considérablement : un ouvrage imprimé coûtait toujours bien moins qu'un manuscrit. Dès lors, la taxe des livres cessa d'être en vigueur.

Plus tard cependant, l'université, voulant mettre un frein à la cupidité de certains libraires, revendiqua pour les livres imprimés le droit de taxation qu'elle avait anciennement sur les manuscrits. Nous en parlerons dans le chapitre suivant.

V. Lorsque les premiers ouvrages eurent été imprimés à Mayence, Fust en envoya à Paris des exemplaires, et il chargea des agents de les vendre (1). Il s'y rendit lui-même plus tard et exerça son commerce sous les yeux de la Sorbonne. Comme on ne connaissait pas encore l'usage des caractères imprimés, on prit ces volumes pour des manuscrits, tout en ne se rendant pas compte de leur parfaite identité, et on les paya fort cher. Mais les copistes, effrayés pour leur industrie, présentèrent aussitôt requête au parlement et obtinrent que tous les livres venus de l'étranger seraient saisis et confisqués. Les ornements en encre rouge, qu'on disait, en ces temps d'ignorance, avoir été tracés avec le sang des copistes, donnèrent lieu au soupçon, puis à l'accusation de magie. Fust et ses facteurs furent emprisonnés.

Louis XI, qui savait faire le bien quand le bien s'accordait avec sa politique, cassa l'arrêt rendu à l'occasion de ces livres, défendit aux juges de connaître de cette affaire, et l'évoqua à son conseil. Cette mesure fut suivie d'un ordre du roi en vertu duquel les Allemands furent remboursés du prix des

---

(1) On voit, dans le Nécrologe de l'abbaye de Saint-Victor de Paris, que Conrad Henlif et Pierre Schœffer donnèrent à cette abbaye, le 30 octobre 1471, un exemplaire imprimé sur vélin (*in pergameno*) des *Épître de saint Jérôme* de l'an 1470, moyennant la somme de douze écus d'or et un anniversaire pour eux, leurs parents et leurs amis.

ouvrages saisis et remis en liberté (1). C'est là un des actes qui honorent le plus le règne de Louis XI ; il n'honore pas moins le clergé qui s'y associa avec empressement. Supposez que le ridicule préjugé populaire qui se manifesta contre les livres dans cette circonstance décisive eût trouvé des encouragements là où il a rencontré une condamnation aussi prompte qu'énergique, l'imprimerie en France était ajournée et la civilisation retardée peut-être d'un siècle (2).

VI. Ulric Géring (3), né à Constance, Martin Grantz et Michel Friburger fondèrent à Paris, en 1470, le premier établissement typographique. Tous trois étaient élèves de Fust (4) et de Schœffer de Mayence ; ils avaient été appelés en France par Guillaume Fichet (5), docteur en Sorbonne, et

---

(1) *Histoire du Parlement de Paris*, par Voltaire, chap. XI.

(2) Il paraît que Louis XI, même après l'introduction de l'imprimerie en France, eut encore des égards pour les imprimeurs de Mayence. Wurdtwein (*Biblioth. monguntina*) et Wolf (*Monumenta typog.*) citent un privilége du 21 avril 1475 accordé par ce monarque à Conrad Hannequis (le même peut-être que Conrad Henlif) et à Pierre Schœffer, pour vendre leurs livres en France.

(3) Ulric ou Udalric *Géring* est appelé aussi *Quering* ; son nom était écrit *Querincg* dans une inscription latine placée dans la chapelle haute du collége Montaigu, et *Gernich*, au bas de son portrait gravé par Bondau, d'après une vieille peinture de la même chapelle.

(4) Si l'on ajoute foi à une note consignée au titre d'un exemplaire des *Offices de Cicéron* de 1466, appartenant à la bibliothèque de Genève, Jean Fust se trouvait encore à Paris au mois de juillet de ladite année. Voici la traduction de cette note rapportée par Schœpflin (*Vindiciæ typog.*, page 61, note z) :

« Ce livre appartient à moi Louis de la Vernade, chevalier, chancelier
« de Monseigneur le duc de Bourbon et d'Auvergne, et président du
« parlement de la langue d'Occitanie (le Languedoc) ; livre que m'a donné
« le susdit Jean Fust, à Paris, dans le mois de juillet, an du Seigneur
« 1466, lorsque j'étais à Paris pour la réformation générale de tout le
« royaume de France. »

(5) Guillaume Fichet, né au Petit-Bornand, en Savoie, fut docteur de

par son ami Jean de La Pierre (1), qui était alors prieur de cette maison.

Géring et ses associés commencèrent à imprimer en 1470, dans une des salles du collége de Sorbonne (2) qu'on leur avait cédée. La Pierre fut éditeur du premier ouvrage sorti de leurs presses : *Epistolæ Gasparini Pergamensis* (3). Cet ouvrage, comme tous ceux qui étaient imprimés alors en

Sorbonne et recteur de l'université de Paris en 1467. Sur la fin de 1471, le cardinal Bessarion, chargé par le pape d'une mission auprès de Louis XI, emmena Fichet à Rome où il fut très-bien accueilli par Sixte IV.

(1) Jean Heynlin *von Stein*, en allemand, c'est-à-dire *de la Pierre*, appelé en latin *Joannes a Lapide* ou *Lapidanus*, était né en Allemagne, ou plus probablement à Bâle. Il fut prieur de Sorbonne en 1467 et 1470 ; il avait succédé à Guillaume Fichet, en 1469, dans le rectorat de l'université de Paris. Après avoir brillé dans cette université, où il professait la grammaire en 1473, La Pierre alla enseigner à Bâle la philosophie d'Aristote ; il contribua, en 1477, à la fondation de l'université de Tubingue, où il professa la théologie ; étant retourné à Bâle, il entra dans l'ordre des Chartreux, en 1482, mais il continua de cultiver les lettres et soigna les éditions données par l'imprimeur Amerbach qui avait été son disciple à Paris.

(2) La *Sorbonne* a reçu ce nom de son fondateur, qui lui-même l'avait emprunté au petit village où il était né. Elle fut fondée en 1253, par Robert de Sorbon, chapelain et confesseur de Louis IX. D'abord réduite au rôle modeste d'une pauvre petite école de théologie, la Sorbonne prit peu à peu des accroissements considérables et s'éleva au rang de faculté. Elle produisit les plus habiles professeurs de théologie ; les jeunes gens y faisaient leurs études et y prenaient leurs grades. Elle fut extrêmement florissante depuis le XIIIe jusqu'au XVIIe siècle. Les statuts établis par son illustre fondateur subsistèrent jusqu'à la première révolution.

(3) On nous a conservé une lettre assez curieuse, écrite à l'occasion de ce livre, et qui prouve tout le soin qu'apportaient les premiers éditeurs à épurer les premiers manuscrits, en faisant disparaître les fautes et les négligences des copistes. En voici la traduction :

« Guillaume Fichet, docteur de Paris en théologie, à Jean de La Pierre,
« prieur de la maison de Sorbonne, salut :
« Les épîtres de Gasparino de Bergame, que vous m'avez envoyées de-
« puis peu, sont remplies d'agrément, car, outre qu'elles sont imprimées
« fort nettement par vos ouvriers d'Allemagne, vous avez pris la peine

Sorbonne, est en caractères ronds, dits romains. On y remarque plusieurs imperfections typographiques; des lettres, des mots à demi formés ; mais pouvait-il en être autrement de ces premiers essais d'un art à sa naissance, et alors qu'on s'appliquait surtout à imiter les manuscrits ?

Les Épîtres de Gasparin de Bergame furent le premier ouvrage imprimé à Paris et même en France ; aussi les trois typographes consignèrent-ils ce fait dans les huit vers latins

« vous-même de les corriger avec beaucoup d'exactitude. Gasparino vous
« est beaucoup obligé, puisque, de corrompu qu'il était auparavant, vous
« l'avez rendu parfait par vos soins et par vos veilles ; mais quelles ac-
« tions de grâces ne devraient pas vous rendre les docteurs de Paris de
« ce que non seulement vous remplissez fort bien les devoirs de votre
« charge, en vous appliquant fortement à la théologie, mais aussi de ce
« que vous employez vos soins et vos peines à rétablir les auteurs latins!
« En vérité, il faut être aussi savant et aussi honnête homme que vous
« êtes, puisque, après avoir présidé avec beaucoup de gloire et avec l'ap-
« plaudissement de tout le monde aux thèses de Sorbonne, vous donnez
« encore, par votre seule industrie, le luxe et l'éclat aux belles-lettres
« qui étaient presque ensevelies dans les ténèbres par l'ignorance de notre
« temps; car, outre plusieurs pertes d'ouvrages que la république des
« lettres avait faites, elle avait encore le déplaisir de voir tous les autres
« livres devenus barbares par les fautes des scribes ; mais je suis bien
« aise que vous ayez chassé cette peste de la ville de Paris. Les impri-
« meurs que vous avez fait venir d'Allemagne rendent les livres fort cor-
« rects et fort semblables aux manuscrits , puisque vous faites en sorte
« qu'ils ne mettent au jour aucun ouvrage que vous ne l'ayez corrigé au-
« paravant par la confrontation de plusieurs exemplaires ; c'est pourquoi
« ils devraient vous donner des louanges que vous méritez et que donnait
« autrefois Horace à Quintilius (*Ars poetica*. v. 433), censeur des poésies
« de son temps, puisqu'ils ont le plaisir de goûter de la fontaine de lait,
« plus doux mille fois que le miel, qui coule de l'éloquence agréable de
« Gasparino et de celle de plusieurs autres beaux génies de cette ville, ce
« qu'ils font de jour en jour avec plus d'avidité depuis que la rudesse en
« a été ôtée. Pour moi, je souhaiterais de tout mon cœur, à l'exemple de
« ce que disait Platon à la louange d'Aristote, d'avoir le plaisir de de-
« meurer avec celui de qui je lis les ouvrages avec tant d'affection. Adieu,
« aimez toujours celui qui a beaucoup d'attachement pour vous.

« Écrit en Sorbonne par la main de Fichet. »

qu'ils mirent à la fin du volume et dont voici la traduction :

« De même que le soleil répand la lumière, ainsi tu répands
« la science dans le monde, ville de Paris, royale nourrice des
« Muses. Reçois donc, comme tu le mérites si bien, l'art
« presque divin d'écrire que la Germanie connaît. Voici les
« premiers livres que cette industrie a produits sur les terres
« de France et dans tes murs. Maîtres Michel, Udalric et
« Martin les ont imprimés et en feront d'autres (1). »

Ils tinrent parole, et ce volume fut suivi des éditions des meilleurs historiens de l'antiquité (2), presque tous revus et collationnés par les soins des amis de Géring, La Pierre et Fichet. Il est à remarquer même que, dès ce moment, grâce aux presses qui fonctionnaient en Sorbonne, on put distribuer aux nombreux auditeurs des cours de rhétorique les leçons du maître, qui se trouvèrent ainsi composées, dictées et imprimées dans cet établissement. Un de ces ouvrages avait pour titre : *Ficheti (Guill.) Rhetoricorum libri III in Parisiorum Sorbona.* Cinq exemplaires de ce livre furent tirés sur vélin.

Ils imprimèrent encore en Sorbonne un *Salluste* que l'on regarde comme l'édition princeps de cet auteur; l'*Epitome* de Tite-Live, par Florus; les *Épîtres* de Phalaris, avec celles de Brutus et de Crates; les *Épîtres* du cardinal Bessarion,

---

(1)   Ut sol lumen, sic doctrinam fundis in orbem,
        Musarum nutrix regia Parisius.
    Hinc prope divinam tu, quam Germania novit,
        Artem scribendi, suscipe promerita.
    Primos ecce libros quos hæc industria finxit
        Francorum in terris, ædibus atque tuis.
    Michael, Udalricus, Martinusque magistri
        Hos impresserunt, ac facient alios.

(2) *Abrégé de Tite-Live,* par Florus; *Salluste,* etc.

dont une contient la traduction latine de la première Olynthienne de Démosthènes ; les *Épîtres* de Guillaume Fichet ; les *Élégances de la langue latine* de Laurent Valla ; le *Traité de l'orthographe* de Gasparin de Bergame ; le *Speculum vitæ humanæ* de Rodrigue, évêque de Zamora ; le *Sophologium* de Jacques Legrand, etc.

En 1473, les docteurs Fichet et de La Pierre quittèrent la France. Les imprimeurs durent sortir eux-mêmes des bâtiments de la Sorbonne, et firent transporter leurs presses dans une maison de la rue Saint-Jacques, à côté de l'église Saint-Benoît, dont on a fait depuis le théâtre du Panthéon. Leur enseigne était *au Soleil d'or*.

Là, ils imprimèrent la *Légende dorée*; les *Homélies* de saint Grégoire le Grand, 1475 ; la *Bible*, en 2 vol. in-fol., 1476, et plusieurs autres ouvrages ; ils y réimprimèrent aussi le *Speculum vitæ humanæ*, 1475, et le *Sophologium*, 1477.

Les trois associés se séparèrent en 1478, et Martin Crantz et Michel Friburger retournèrent en Allemagne.

Géring, resté seul, continua d'exercer la typographie ; il donna, en 1478, un *Virgile*, in-4°, et en 1479, la première édition du *Bréviaire de Paris*, 2 vol. in-4°. Pendant quelques années il fut associé avec Guillaume Maynial, et ils imprimèrent ensemble un recueil d'opuscules du cardinal Hugon, la *Somme des Vertus*, etc.

En 1483, Géring changea encore de domicile et alla demeurer rue de Sorbonne, dans une maison qui faisait face à la place de ce nom. En 1494, il prit pour associé Berthold Rembold, de Strasbourg, et il imprima avec lui près de quarante ouvrages comprenant plusieurs volumes, entre autres un *Psautier* à l'usage de Paris, 1495, 2 vol. in-4°, imprimé en rouge et en noir, avec le plain-chant noté. Il y en avait deux exemplaires, tirés sur vélin, à la bibliothèque de Sorbonne (1). Géring en avait donné un pour le service de l'église. On cite comme exemple de fautes une édition de *Virgile*, qu'ils donnèrent en 1498, et qui fut corrigée par Paul Maillet, professeur à l'université. On regarde aussi comme une merveille de l'art typographique le *Corpus Juris Canonici*, imprimé en 1501, en trois volumes in-folio, sur cinq colonnes, avec divers caractères en rouge et noir.

Géring, ainsi que ses deux associés, avaient obtenu de Louis XI, en février 1474, des lettres de naturalisation (2). En vertu de ces lettres, ils ne devaient plus être considérés comme aubains, mais être assurés, au contraire, que les biens qu'ils pourraient acquérir en France retourneraient à leurs familles. Il mourut, sans avoir été marié, le 23 août 1510, à Paris, dans sa maison de la rue Saint-Jacques, après avoir légué au collége Montaigu et à la Sorbonne, sa bienfaitrice (3),

---

(1) Chevillier, *De l'origine de l'imprimerie de Paris*.

(2) Ces lettres ont été retrouvées, aux Archives nationales, par M. Taillandier.

(3) Ces bienfaits n'étaient pas complétement désintéressés, si l'on s'en rapporte aux faits suivants que nous transmet Chevillier :

« Géring étant revenu près des docteurs (après avoir quitté la rue Saint-
« Jacques), s'unit avec eux d'une si étroite amitié, qu'elle dura toute sa
« vie. Comme il n'était point engagé dans le mariage, il les visitait sou-
« vent, se faisant un plaisir de converser avec eux, et un honneur d'être
« à leur compagnie. Il leur communiquait ses desseins, et les consultait
« sur les ouvrages d'imprimerie qu'il entreprenait, dont il faisait présent
« à leur bibliothèque. Ce fut un avantage pour cette société qui, ayant
« toujours été pauvre (suivant le titre de *Congregatio pauperum magis-
« trorum* qui lui fut donné, dès le commencement, par son fondateur
« Robert Sorbon), a eu besoin, en tous temps, de trouver des amis qui
« eussent le pouvoir et la volonté de la secourir dans ses nécessités. Elle
« en trouva un de cette qualité dans la personne de cet imprimeur alle-
« mand. L'estime et l'affection qu'il avait pour la communauté de Sor-

une grande partie de sa fortune, qui était considérable. Le legs de Géring servit à fonder en Sorbonne deux chaires de théologie et quatre bourses pour les étudiants pauvres. Depuis l'époque de son arrivée à Paris, il n'avait pas cessé un instant d'entretenir avec les membres de cette illustre société des rapports d'intérêts et d'amitié. C'est à ces rapports et aux bons conseils qu'il recevait des docteurs qu'il faut attribuer le mérite incontestable de ses éditions et le rare succès de son établissement.

Une inscription commémorative de son legs fut gravée sur une table de cuivre et placée dans la chapelle de Sorbonne, d'après le vœu de son exécuteur testamentaire, qui en demanda une seconde pour l'église des Mathurins, où s'assemblait l'université, et une autre pour l'église de Saint-Côme, paroisse du défunt. C'est là, suivant Chevillier, que Géring fut

« bonne lui faisaient ouvrir sa bourse pour lui prêter de l'argent, toutes les
« fois qu'elle lui en demandait. On en voit des preuves par les registres
« des procureurs. Un corps de logis où était anciennement la bibliothèque
« étant tombé par caducité, l'année 1493, et la communauté n'ayant pas
« d'argent pour le faire rebâtir, Géring donna cinquante francs ; c'était
« alors un présent si considérable, qu'il mérita par là d'obtenir ce qu'il
« avait toujours souhaité, d'être reçu au nombre des hôtes de la maison,
« c'est-à-dire d'y pouvoir loger et d'avoir une place à la table des doc-
« teurs. En effet, M. le proviseur Jean Luillier, alors évêque de Meaux,
« lui fit expédier des lettres d'hospitalité (du 18 mai 1493) après qu'il eut
« témoigné à ce prélat qu'il donnerait encore une pareille somme pour
« achever le bâtiment, et que c'était son dessein de faire de plus grands
« biens dans la suite. »

Ces lettres d'hospitalité furent confirmées par acte passé devant deux notaires et reçu par Jacques de Touteville, garde de la prévôté de Paris, le mercredi 21 mai 1494. On y voit que le logement accordé à Géring consistait en un bûcher par bas, deux étages, le second et le troisième, avec le grenier, le tout donnant sur la rue. De plus, il lui est permis de tenir chez lui un écolier, avec deux autres domestiques, et de les loger dans son appartement, même en son absence.

inhumé, et non en Sorbonne ni au collége de Montaigu, comme quelques auteurs l'ont avancé.

Il paraît que, sur la fin de sa vie, Géring cessa d'exercer l'imprimerie, car le dernier ouvrage portant son nom et celui de son associé, *Dialogus S. Gregorii papæ*, est du 23 mars 1508.

Berthold Rembold succéda à Géring et transporta son imprimerie dans une maison que lui avait louée la Sorbonne, dès 1507, rue Saint-Jacques, vis-à-vis la rue Fromentel. Il continua de prendre l'enseigne du *Soleil d'or* et fit de nombreuses impressions. A sa mort, arrivée en 1519, sa veuve, Charlotte Guillard (1), lui succéda ; elle épousa dans la suite Claude Chevallon, homme instruit et imprimeur capable. Devenue veuve une seconde fois, elle dirigea seule son imprimerie pendant près de quinze ans, et exécuta même avec perfection plusieurs ouvrages, entre autres une *Bible latine* et un *Grégoire de Tours*, qui sont des modèles de typographie.

Géring et ses successeurs eurent à lutter contre la concurrence que devait nécessairement faire naître une industrie aussi productive que l'était alors l'imprimerie. Dès l'année 1473, Pierre Kaiser, plus connu sous le nom latinisé de Cæsaris (fils de César), et Jean Stoll, Allemands, ses élèves, avaient monté à Paris, aussi rue Saint-Jacques, à l'enseigne du *Soufflet-Vert*, une seconde imprimerie. Ils publièrent entre autres ouvrages le *Speculum vitæ humanæ* de Rodrigue, le *Manipulus curatorum* et le *Tractatus de pluralitate beneficiorum ecclesiasticorum*. Les exemplaires de ce dernier ouvrage sont sans date, sans réclame et se terminent par ce paragraphe : *Impressus Parisiis per venerabilem virum*

---

(1) Dont on a dit : *Illustris fœmina quæ neque nummis neque laboribus quoquo pacto pepercit.*

Petrum Cæsaris in artibus magistrum ac hujus operis industriosum opificem.

Lorsque Géring imprimait un livre, le même livre paraissait presque aussitôt chez ses émules. La correction et la beauté des ouvrages ne firent que gagner à cette heureuse rivalité (1).

Le nombre des imprimeries s'accrut si rapidement, qu'on en comptait déjà plus de quarante à Paris à l'époque de la mort de Géring.

Parmi ces premiers imprimeurs, on distingue Antoine Vérard, qui commença en 1480 et publia un grand nombre de chroniques et de romans de chevalerie dans le format in-folio. Le *Décaméron* de Boccace, achevé le 6 novembre 1485, est le premier livre avec date qu'il ait imprimé. Ses romans étaient ornés de belles miniatures. Il est sorti de la librairie de Vérard de très-beaux livres imprimés sur vélin. La bibliothèque nationale en possède de magnifiques exemplaires. Son imprimerie était près du carrefour Saint-Séverin; à sa mort, qui arriva vers l'année 1513, il habitait rue Neuve-Notre-Dame. Il a imprimé plus de deux cents éditions d'ouvrages français sur toutes les matières, entre autres le roman de *Lancelot du Lac*, les *Prophéties de Merlin*, le *Roman de la Rose*, les *Chroniques de Monstrelet*, etc. Vers 1503, il imprima un *Doctrinal moral*, dont le style néanmoins est fort licencieux, intitulé : *Le livre des Loups ravissants*, fait et composé par maître Robert Gobin, prêtre et maître ès arts, etc.

(1) Il y a une différence essentielle entre la concurrence et la contrefaçon, bien que l'une et l'autre aient le même but, celui de dépouiller qui possède. La contrefaçon qui s'exerce à l'ombre, ou hors de l'atteinte des lois, est un vol véritable. La concurrence, au contraire, est un bien plutôt qu'un mal, car elle tient celui qui possède constamment en haleine, et le force à ne pas s'endormir dans son succès et à progresser sans cesse.

Cet ouvrage, en vers et en prose, avec des gravures en bois, est recherché par les bibliophiles. On y trouve, parmi plusieurs fables écrites avec assez de naturel, celle du *Meunier, son Fils et l'Ane*, si embellie depuis par La Fontaine, qui croyait la devoir à Malherbe (1).

Du vivant d'Antoine Vérard, un autre imprimeur, Philippe Pigouchet, acquérait aussi à Paris une certaine renommée. Une de ses éditions les plus remarquables est celle des *Heures gothiques* qu'il a imprimées pour Simon Vostre (2). Il mettait au bas de ses livres : *Impressum autem fuit opus præfatum Parisiis caractere nitidissimo et jucundissimo*. « Nous devons « au goût éclairé de ce libraire, dit M. Brunet (3), les char-« mantes bordures en arabesques qui décorent toutes ses « Heures et les petites jolies figures qu'offrent ces mêmes bor-« dures. » Philippe Pigouchet avait commencé à imprimer en 1489 ; il exerçait encore en 1512.

Un autre émule de Vérard était Galliot Dupré, dont la boutique touchait presque à la sienne, et qui mit au frontispice du livre *le Grand Coustumier de France et instruction et manière de procéder ès cours de parlement*, ce facétieux dicton :

> Le baillif vendange ; le prévost grappe ;
> Le procureur prend ; le sergent happe ;
> Le Seigneur n'a rien s'il leur échappe.

Tous les livres de Galliot Dupré sont en caractères gothiques et d'une belle exécution. Il avait pris pour marque une galiote avec cette devise : *Vogve la gallée*.

---

(1) Voyez le *Manuel du libraire* de M. Brunet.
(2) Simon Vostre se voua aux progrès de l'imprimerie et suivit l'élan de Vérard. Mais il n'avait pas d'atelier pour imprimer, il se servait des presses de Philippe Pigouchet, son voisin.
(3) *Nouvelles recherches bibliographiques*.

La troisième imprimerie fondée à Paris (1474) fut celle d'Aspais Bonhomme. Son fils Pasquier établit une autre imprimerie un an après (1475); il fut l'un des quatre grands libraires jurés. Jusqu'en 1476, les typographes parisiens avaient voué exclusivement leurs presses à l'impression des livres latins; Pasquier Bonhomme imprima le premier livre français, les *Chroniques de France*.

Jean Petit, libraire et habile imprimeur, publia, en 1498, sous le titre de *Modus legendi abbreviaturas in utroque jure*, un ouvrage pour l'explication des abréviations multipliées qui des manuscrits avaient passé dans les imprimés et devenaient souvent inintelligibles.

Henri Estienne, chef de l'illustre famille de ce nom, à laquelle nous consacrerons un article particulier, préluda, dès 1502, par ses belles éditions, à la gloire qu'elle s'est acquise. Il mourut dans un âge peu avancé, mais après avoir imprimé cent vingt-un ouvrages. Sa veuve épousa Simon de Colines, dont nous parlerons bientôt.

Josse Bade (1), libraire, graveur, fondeur de caractères et imprimeur, avait été professeur de belles-lettres et fut ensuite correcteur chez Jean Trechsel, imprimeur à Lyon, dont il devint le gendre. Après la mort de son beau-père, il s'établit à Paris, vers 1499, et se distingua par la beauté et la correction de ses éditions. Suivant Maittaire, il imprima près de quatre cents ouvrages, la plupart in-folio. Conrad, son fils, exerça d'abord l'imprimerie à Paris, et plus tard se retira à Genève. Josse Bade eut la gloire de marier ses trois filles aux trois sommités de la typographie parisienne de son temps :

---

(1) Il était né en Belgique, au village d'*Asch*, d'où lui vint le surnom d'*Ascensius*. Son imprimerie, à Paris, était aussi appelée *Prælum ascensianum*.

Jean de Roigny, Michel Vascosan et Robert Estienne, fils de Henri.

Jean de Roigny succéda à son beau-père et soutint la prospérité et la réputation de sa maison ; il exerça jusqu'en 1562.

Michel Vascosan commença à imprimer vers 1530. Ses éditions se font surtout remarquer par leur correction, que Scaliger lui-même vantait hautement (1), et par la beauté du papier. Il s'enquérait des vieux auteurs non publiés, recherchait les anciens manuscrits, collationnait les divers textes, et avait soin de ne mettre au jour que des éditions irréprochables. Henri III lui octroya une lettre de privilége général (1553). Vascosan eut le titre d'imprimeur de l'université, puis celui d'imprimeur du roi.

Robert Estienne, le plus illustre de tous, le plus savant imprimeur de tous les pays et de tous les temps, commença à imprimer en 1525. Peu de temps après il épousa la fille de Josse Bade.

Gilles de Gourmont imprima le premier, à Paris, des livres en grec (1507) et en hébreu (1508).

Simon de Colines, renommé pour ses belles éditions grecques et latines, dont il avait lui-même gravé les caractères, fit un grand usage des lettres italiques, inventées par Alde Manuce. En épousant la veuve de Henri Estienne, il était devenu le beau-père de Robert Estienne, qui travailla avec lui pendant quelques années.

Geoffroi Tory, homme plein d'érudition, composa et publia, en 1529, le *Champ fleuri*, in-fol. avec fig., ouvrage où il

---

(1) Les deux éditions de *Plutarque* et d'*Amyot*, in-f° et in-8°, dont le texte est hérissé de citations et de renvois, n'ont qu'un *Errata* de trois mots.

traite de la proportion des lettres. Claude Garamond, habile fondeur, fut son élève et en forma d'autres, tels que Guillaume Lebé et Jacques Sanlecque.

Ils ont beaucoup contribué à faire abandonner dans l'impression le caractère gothique. Géring, après avoir imprimé d'abord en lettres romaines, se laissa plus tard entraîner à la contagion de l'exemple donné par les imprimeurs de Strasbourg, d'Allemagne et même d'Italie, qui avaient substitué le gothique au caractère romain, dont on a quelquéfois attribué le rétablissement à Josse Bade; mais cet honneur revient, avec plus de justice, à Simon de Colines, à Robert Estienne et à Michel Vascosan.

Tels furent les débuts et les progrès de l'imprimerie en France, depuis son introduction à Paris jusqu'au milieu du xve siècle, où elle prit un essor qui présageait les glorieux succès qu'elle obtint dans la suite. Grâce à la typographie, les livres devenus non-seulement moins rares, mais encore très-communs et surtout moins chers, furent accessibles à tous les hommes, quelle que fût leur fortune, à quelque condition qu'ils appartinssent. La science cessa d'être un mystère révélé seulement à un petit nombre d'adeptes; l'imprimerie la rendit populaire (1), et les rois, les princes et les hommes opulents

---

(1) Le poëte Jean Molinet, qui écrivait à l'époque où l'imprimerie fut inventée, dit, dans son livre de la *Recollation des merveilles advenues en nostre temps*, et en faisant allusion au prix élevé des manuscrits :

> J'ay veu grant multitude
> De livres imprimez,
> Pour tirer en estude
> Povres mal argentez.
> Par ces nouvelles modes,
> Aura maint escollier
> Decret, bibles et codes,
> Sans grant argent bailler.

ne conservèrent plus sur la foule que l'avantage d'avoir leurs livres plus nombreux ou plus magnifiques.

En effet, les premiers typographes étaient moins préoccupés de l'appât du gain que de la perfection de leur art, de l'avantage qui devait en résulter pour l'avancement des études et pour la propagation des lumières ; c'est même dans ce but qu'ils réunissaient leurs efforts en s'associant fréquemment entre eux. Aussi savants que désintéressés, ils vendaient leurs livres aux prix les plus modérés, comme l'attestent les suscriptions qu'ils plaçaient au frontispice des volumes. Ainsi Géring et Rembold mettaient en tête du *Corpus juris canonici*, 3 vol. in-fol., imprimés à cinq colonnes, en rouge et en noir, un distique latin dont voici le sens :

« Que le prix ne vous fasse pas fuir : riche et pauvre, venez ;
« cet excellent ouvrage ne coûte qu'une somme modique (1). »

VII. Il n'est pas sans intérêt de savoir à quel nombre se sont élevées les éditions du XVe siècle et quel était ordinairement celui des exemplaires de chaque livre sorti des presses des premiers imprimeurs.

Suivant les calculs de M. Petit-Radel, le terme moyen des exemplaires de chaque édition doit être fixé à 435. Si l'on multiplie ce nombre par celui des éditions antérieures à 1501, on voit, en consultant le catalogue de Panzer, qu'avant la fin du XVe siècle on avait imprimé 5,153,000 volumes.

Mais ces conjectures ont été réfutées par Daunou, qui démontre que le tableau, base principale du calcul précédent, a été mal compris par les bibliographes qui l'ont cité ; et il arrive lui-même à dire que, pour être certain de ne pas exagé-

---

(1) Ne fugite ob pretium : dives pauperque, venite ;
  Hoc opus excellens venditur ære brevi.

rer et s'en tenir à un *minimum* incontestable, on peut avancer que l'imprimerie, avant 1501, avait exécuté plus de 13,000 éditions, et, à raison de 300 exemplaires par édition, répandu en Europe environ 4,000,000 de volumes, dont les six septièmes comprennent les ouvrages de scolastique et de religion, et l'autre septième les ouvrages scientifiques et littéraires, anciens et modernes.

Après l'an 1500, les tirages sont devenus plus considérables, et Petit-Radel croit encore pouvoir affirmer, en prenant le nombre mille pour terme moyen, que durant les trente-six premières années du xvie siècle on a tiré 17,779,000 exemplaires, le nombre des éditions à cette époque paraissant être de 17,779.

Nous voyons par un procès célèbre qui éclata vers l'an 1538 entre les papetiers et l'université, et dans lequel les imprimeurs intervinrent, que les imprimeries les plus occupées comptaient déjà un nombre considérable d'ouvriers. En effet, l'avocat de G. Godard et de G. Merlin, imprimeurs, annonça dans la cause qu'ils employaient ordinairement treize ou quatorze presses, deux cent cinquante hommes, et qu'il leur fallait par semaine près de deux cents rames de papier.

« Je ne crois pas, écrivait Crevier en 1766 (*Histoire de
« l'université*, tome V), qu'il y ait actuellement à Paris aucun
« imprimeur de cette force ; il est vrai que le nombre en est
« plus grand. »

CHAPITRE IV.

L'IMPRIMERIE SOUS L'ANCIENNE MONARCHIE.

SOMMAIRE.

I. Aperçu général de la situation de l'imprimerie depuis son introduction en France. — II. Ses progrès et sages règlements qui la régissent sous les divers rois : Charles VII, Louis XI, Charles VIII, Louis XII, François Ier, Henri II, Charles IX, Henri III, Henri IV, Louis XIII, Louis XIV, Louis XV, Louis XVI. — III. Les princes et les grands établissent chez eux des ateliers typographiques. — IV. Des persécutions que l'imprimerie eut à subir pendant cette première période.

I. Pendant plus de trois siècles, c'est-à-dire jusqu'à la fin de l'ancienne monarchie, la profession d'imprimeur fut une des plus honorées en France. On verra, dans la suite de ce chapitre, quel était le haut rang dans la société et quels étaient les privilèges singuliers de ceux qui l'exerçaient.

Les œuvres sorties de leurs presses participaient aux mêmes honneurs, aux mêmes prérogatives. Qu'un livre circulât d'une ville à l'autre dans l'intérieur de la France, ou qu'il vînt de l'étranger, il était affranchi de droits et de taxes ; défense était faite aux collecteurs ou traitants de lever sur sa valeur aucun denier, sous peine de fortes amendes. Les caractères qui servaient à l'imprimerie étaient l'objet des mêmes exemptions. Il suffisait qu'une caisse de livres ou de caractères d'imprimerie, ou d'encre d'imprimerie, indiquât par une marque ostensible la nature de son contenu, pour qu'elle sortît de France ou qu'elle y entrât, aussi intacte, aussi respectée que si elle eût renfermé des reliques.

Mais on voulait en même temps que ces livres, objet de faveurs si particulières et si délicates, en fussent véritablement dignes, c'est-à-dire qu'ils offrissent une parfaite exécution. Il fallait donc qu'ils fussent imprimés en beaux caractères, sur bon papier et sans fautes. Pour s'assurer que ces trois conditions seraient remplies, des inspecteurs se rendaient périodiquement dans les ateliers, pour veiller à ce qu'il ne fût fait usage ni de caractères ni de papier défectueux : le papier et les caractères reconnus tels étaient immédiatement saisis.

Quant à la correction, on la plaçait sous la garantie soit de l'imprimeur, s'il corrigeait lui-même ses épreuves, soit du correcteur. L'un et l'autre étaient responsables des fautes qui avaient pu se glisser dans les livres et étaient tenus de les réparer par des cartons imprimés à leurs frais (1). Pour que nul ne pût se soustraire à la responsabilité qui lui incombait, l'imprimeur, ou le correcteur, ou l'auteur qui avait revisé les épreuves devait mettre au-dessous de l'approbation son *vu* de correction signé de lui. Tout livre déclaré n'avoir point les

---

(1) « Si les maistres imprimeurs de livres en latin ne sont sçavans et « suffisans pour corriger les livres qu'ils imprimeront, seront tenuz avoir « correcteurs suffisans, sur peine d'amende arbitraire, et seront tenuz les « dicts correcteurs bien et soigneusement de corriger les livres, rendre « leurs corrections aux heures accoutumées d'ancienneté, et en tout faire « leur debvoir, autrement seront tenuz aux interestz et dommages qui « seront encouruz par leur faute et coulpe. » (Art. 17 de l'édit de François Ier, du 31 août 1539.)

qualités requises, était lacéré, et les mauvais correcteurs ou les malintentionnés sévèrement punis (1). Outre cette perfection qu'on s'attachait à obtenir par tous les moyens possibles, on avait soin que les prix de vente fussent réduits autant qu'ils pouvaient l'être, sans enlever au vendeur son bénéfice légitime, et afin d'augmenter le nombre des acheteurs. Nous avons vu que l'invention de l'imprimerie ayant amené une diminution considérable dans le prix des livres (que, du reste, les premiers typographes se faisaient un devoir de vendre à bon marché), la taxe imposée par l'université tomba en désuétude.

Plus tard, cependant, pour mettre un frein à la cupidité de quelques libraires, l'université revendiqua ses anciens droits, et l'on trouve des catalogues de plusieurs imprimeurs-libraires où les prix des livres sont taxés par les quatre grands jurés. Ainsi, le *Nouveau Testament*, imprimé par Simon de Colines, est taxé à 12 sols en grec, à 6 sols en latin ; le *Psautier* hébreu, de Robert Estienne, à 7 sols ; les livres du *Digeste* ou les *Pandectes*, à 40 sols. — En 1567, conformément aux statuts de 1342, l'université enjoignit aux libraires d'afficher dans leurs boutiques le catalogue de leurs livres avec les prix taxés. C'est à sa demande que Charles IX, dans l'édit de 1571, fixa d'avance le prix de chaque feuille, tant pour les livres grecs que pour les livres latins. Ce prix devait encore être diminué dans le cas où le salaire des ouvriers subirait une réduction (2). C'est aussi dans le but de tenir bas le prix

---

(1) Un correcteur fut fouetté et chassé de la ville épiscopale de Wurtzbourg, pour avoir mis la lettre *w* dans un mot, ce qui formait un sens obscène.

(2) « Ne pourront les dicts libraires vendre la feuille des livres de classe « en latin de grosse lettre, sans commentaires ni grec, plus de trois de-

de vente de ces ouvrages, dont *ses sujets retirent grand profit et utilité pour leur instruction,* que Henri III rend un édit à la date du 30 avril 1583, par lequel il exempte les imprimeurs de payer des droits qui les auraient obligés *d'enchérir leurs impressions* (1). Cette prévoyance se montre

« niers tournois, le grec plus de six, et autres livres de menue lettre, ou
« de plus grand papier que celui de classe, au prorata. En sorte que ad-
« venant que les dicts libraires ayent meilleur marché des journées et
« salaires des compagnons, seront tenus de diminuer le prix des livres,
« selon l'advis des recteurs, doyens, maistres et vingt-quatre jurez de
« la dicte université. » (Art. 24.)

(1) « Nos chers et bien amez les imprimeurs de nostre ville de Paris nous ont par leur requeste à nous présentée en nostre conseil d'estat, fait dire et remonstrer qu'auparavant que l'art de l'imprimerie eust esté inventé il y avait grand nombre d'escrivains qui estoient censez et reputez du corps de l'université de Paris, et depuis que le dit art d'imprimerie a esté mis en lumière, les imprimeurs ont succédé au lieu des dits escrivains, et ont toujours esté autant ou plus gratifiez que les dits escrivains; n'ayant jamais le dit art d'imprimerie esté mis au nombre des mestiers méchaniques, ains tenu *en tel honneur et réputation, que plusieurs personnages grandement exprimentez au fail des lettres, et de grande érudition, ont bien voulu eux-mêmes prendre qualité d'imprimeurs* tant en cestuy royaume que dehors, toutes fois, depuis quelques jours ayant esté par nous fait un édict de création de mestiers, ceux qui ont charge de l'exécution du dit édict auraient voulu comprendre les supplians entre les artisans méchaniques, chose du tout contraire à l'honneur de tout temps attribué à l'art d'imprimerie. Et seroient contraints les dits supplians si on mettoit sur eux quelque cotisation quitter leur art ou pour le moins *enchérir* leurs *impressions* qui sont déjà à assez haut prix à cause de la cherté des vivres et du prix excessif du louage des maisons. En quoy faisant, toutes sortes de personnes studieuses et mesmement les pauvres escholiers seroient grandement incommodez; nous supplians et requérans très humblement à cette occasion qu'il nous pleust les excepter du dit édict, ensemble les fondeurs de charactères nécessaires au dit art d'imprimerie en nostre dite ville de Paris; et sur ce leur octroyer les lettres nécessaires. Sçavoir faisons que nous inclinans libéralement à la supplication et requeste des dits imprimeurs et *désirans maintenir le dit art, comme des premiers et plus esquis de tous les autres et duquel nos subjects retirent grand profit et utilité pour leur instruction et érudition,* de l'advis

jusque dans les priviléges que donnait le parlement de Paris. On trouve à la date du 13 mai 1513, en tête d'un ouvrage sur les coutumes de la prévôté de Paris, une défense de vendre ce livre plus de 3 sols tournois en blanc, et relié plus de 4 sols (1). Louis XIV témoigne la même sollicitude dans son édit de 1649 (2).

On s'assurait aussi, au moyen d'inspections officielles, que chaque imprimeur possédait réellement les quantités de presses et de caractères suffisantes et conformes à celles qui étaient prescrites par les règlements ; et pour que la loyauté et la bonne foi présidassent à l'exercice de cette habile profession, il y avait d'autres règlements qui prononçaient des dommages et intérêts contre l'imprimeur convaincu d'avoir pris les marques de son confrère (3), ou d'avoir indûment embauché un bon correcteur appartenant à ce dernier.

Les ouvrages publiés par souscription donnaient lieu aux précautions les plus sévères (4). Le prospectus devait être accompagné d'une feuille présentant le format, le papier, le caractère que l'éditeur s'engageait à employer, et dont il était responsable en son propre et privé nom. Tout libraire ou im-

---

de nostre conseil avons dit, déclaré et ordonné et de nos grace spéciale, pleine puissance et authorité royale, etc., etc. » (Édit de Henri III, du 3 avril 1583.)

(1) *Coustumes générales de la prevosté et vicomté de Paris*, Paris, Jehan Petit et Guil. Eustace, petit in-4° gothique.

(2) « Voulons que les gens de lettres ayent les livres bien imprimés et
« bien corrects et à prix raisonnable. Pour cet effet, nous défendons aux
« libraires de vendre plus chèrement les vieux auteurs qu'ils réimprime-
« ront, sous prétexte de la grâce et privilége qu'ils obtiendront de nous.
« Ainsi leur enjoignons de les bailler selon le prix des autres livres. »
(Article 8.)

(3) Édit de 1539, art. 16.

(4) Règlement du 28 février 1723 ; — Arrêt du conseil, du 10 avril 1725,

primeur qui manquait à ces prescriptions était condamné envers le souscripteur à la restitution du double de ce qu'il avait reçu, et à une amende arbitraire, suivant la gravité du délit.

Ce prospectus devait énoncer en outre les engagements pris par le libraire envers le souscripteur, soit pour le prix, soit pour l'époque de la livraison, puis être déposé et enregistré sur les registres de la chambre syndicale, avec l'obligation signée du libraire de s'y conformer en tout point.

Des mesures étaient prises, d'ailleurs, pour que la corporation des imprimeurs ne reçût dans son sein que des sujets moraux, instruits et capables. De même qu'on exige aujourd'hui pour la plupart des fonctions publiques le titre de bachelier, de même, pour être déclaré apte à la qualité d'imprimeur, il fallait être *congru* en langue latine, savoir lire le grec (1), être porteur de certificats de capacité, de moralité et de catholicité, avoir subi des examens et des épreuves sur toutes les parties de la librairie et de l'imprimerie; enfin, avoir fait quatre années d'apprentissage et de plus servi les maîtres en qualité de compagnon pendant trois autres années (2).

Le jury d'admission se composait du syndic et des adjoints, de quatre anciens officiers de la communauté et de quatre autres imprimeurs ou libraires ayant dix années au moins d'exercice. Ces huit examinateurs étaient tirés au sort pour

---

(1) Edit de 1649; — Arrêt du conseil du 17 février 1667; *idem* du 31 mars 1777.

(2) « Aucun ne pourra dresser imprimerie nouvelle, ne faire estat de maistre imprimeur, sinon qu'il ait fait son apprentissage en la forme dessus dite, ou qu'il ne soit certifié capable de bien faire le dict estat et par la certification de deux libraires jurez, et deux maistres imprimeurs, tous chefs de maison et de bonne réputation. » (Edit de 1571, art. 20.)

l'aspirant, tant dans le nombre des officiers de la communauté que dans celui des libraires et imprimeurs. Ils se réunissaient à la chambre et procédaient par voie de scrutin à l'épreuve et à l'examen, lesquels devaient durer au moins deux heures.

Pour être reçu, il fallait réunir les deux tiers des voix. Toutes les pièces constatant que l'aspirant avait toutes les qualités requises étaient remises par le syndic entre les mains du lieutenant général de police, qui les transmettait avec son avis au garde des sceaux. Ce n'était que sur le vu d'une expédition d'un arrêt du conseil d'État, qu'on procédait à la réception de l'aspirant dans la chambre de la communauté, en présence des anciens syndics et adjoints (1).

Les nouveaux maîtres prêtaient serment devant le lieutenant général de police, en présence du syndic et des adjoints en charge. Mention en était faite sur les lettres de maîtrise.

Auparavant, les maîtres prêtaient serment devant le recteur de l'université, dont ils recevaient leurs brevets.

Des garanties non moins rigoureuses étaient exigées des apprentis.

Les rapports entre les maîtres et les ouvriers se réglaient de manière à prévenir toutes les difficultés. Les ouvriers devaient se faire inscrire à la chambre syndicale et avertir de leurs changements de demeure. Les maîtres, de leur côté, étaient tenus de déclarer par chaque quinzaine les changements survenus dans leurs ateliers, les noms de ceux qui avaient manqué à leur travail et les causes de leur absence.

Dans la pensée toute paternelle de favoriser les ouvriers d'élite et d'encourager les autres à le devenir, le maître était autorisé à augmenter le salaire des ouvriers habiles, en raison

---

(1) Arrêt du conseil du 31 mars 1777.

même de cette habileté, sans que les autres eussent le droit de s'en plaindre (1).

L'imprimeur qui avait besoin d'ouvriers s'adressait à la chambre syndicale, laquelle lui présentait la liste de ceux qui étaient sans ouvrage. Les plaintes respectives des maîtres contre les ouvriers et des ouvriers contre les maîtres étaient portées à cette même chambre (2).

Ces anciens règlements ont cela de remarquable, que, tout en ne négligeant aucune des mesures qui étaient commandées par la nécessité de maintenir l'ordre et la tranquillité, on ne perdait jamais de vue la protection et les égards auxquels avait droit une profession qui rendait chaque jour aux lettres de signalés services. L'autorité elle-même voulait maintenir l'imprimerie de Paris dans l'état de supériorité où elle s'était placée par rapport à toutes les imprimeries de l'Europe.

Ces statuts, pleins de sagesse, sur lesquels on consultait ordinairement les imprimeurs les plus intelligents (3), garantissaient la prospérité de l'imprimerie, en même temps qu'ils entretenaient l'union parmi ses membres et la dignité du corps. Ils avaient surtout pour effet d'inspirer à chacun de l'estime et de l'attachement pour sa profession. Aussi voyait-on le titre d'imprimeur se perpétuer dans les familles, et des générations d'imprimeurs rivaliser de zèle et de talent pour soutenir ou accroître encore l'honneur de leur nom.

---

(1) « Les maistres imprimeurs bailleront aux bons ouvriers tels salaires grands ou petits qu'ils adviseront convenables, eu égard à la dextérité et diligence, et à l'ouvrage qu'ils pourront rendre par chacun jour, sans que ceux qui pour leur paresse ou moindre dextérité ne pourront rendre tant de besongne, s'en puissent plaindre. » (Edit de 1571, art. 21.)

(2) Arrêt du conseil du 30 août 1777.

(3) Edit de 1649.

Les mœurs et les habitudes des maîtres imprimeurs se ressentaient de la haute opinion qu'on avait et qu'ils avaient eux-mêmes de leur industrie ; elles étaient dignes d'admiration.

Dans les maisons toutes patriarcales des anciens typographes, aussi savants que laborieux et bienveillants, les apprentis étaient logés et nourris, ainsi que les correcteurs et même les compagnons. C'était l'âge d'or de l'imprimerie. La rivalité, la concurrence ne consistaient qu'à faire bien et mieux, et ce noble sentiment d'amour-propre, on n'hésitait point à l'avouer tout haut et à l'imprimer en tête d'un ouvrage. L'un annonçait que ses livres étaient imprimés en caractères nets et agréables à l'œil (1) ; l'autre, qu'ils avaient été fabriqués dans une imprimerie honorable (2) ; un troisième s'intitulait ouvrier très-soigneux et très-habile dans l'art de l'imprimerie (3) ; enfin, un quatrième inscrivait au frontispice de ses éditions grecques et hébraïques, qu'il avait été imprimeur consciencieux et très-fidèle (4).

Ces éloges, qu'ils se décernaient ainsi à eux-mêmes, avec simplicité et dans un sentiment de noble et louable orgueil, étaient à tous égards mérités ; le public d'ailleurs était appelé à les ratifier : témoin cet imprimeur qui, dans le seul but d'atteindre une plus grande correction, affichait ses épreuves sur les murs du quartier latin, avec promesse d'une somme pour chaque faute qu'on y découvrirait. Celui-là avait bien le droit

---

(1) *Charactere nitidissimo et jucundissimo.*— Philippe Pigouchet, 1489.
(2) *Ex officina honesti viri Francisci Regnault,* 1506.
(3) *Impressoriæ artis diligentissimus optimusque opifex.* — Jean Cornillau, 1521.
(4) *Integerrimus fidelissimus impressor.* — Gilles Gourmont, 1508.

d'inscrire en tête de son œuvre : sans faute (*sine menda*).

Une autre raison de la perfection qui se fait remarquer dans les livres imprimés à ces époques primitives, c'est que les imprimeurs étaient, en général, très-lettrés ; qu'ils avaient un correcteur spécial pour chaque sorte d'ouvrages, s'agit-il de théologie, de droit ou de médecine ; que les compositeurs eux-mêmes étaient assez instruits pour composer sous la dictée d'un lecteur et sans voir la copie.

Les premières impressions furent consacrées aux Bibles d'abord, puis à nos propres auteurs, ceux des romans de chevalerie, enfin aux livres classiques latins et grecs ; mais le nombre de ces derniers l'emporta bientôt sur tous les autres.

II. A peine le bruit de la découverte de l'imprimerie a-t-il pénétré en France, que Charles VII envoie, en 1458, à Mayence, *Nicolas Jenson*, graveur de monnaie à Tours, pour y étudier cet art naissant. Cependant Jenson ne revint pas en France ; il alla s'établir à Venise.

Louis XI, en 1474, accorde des lettres de naturalité à Géring et à ses associés (1), fondateurs de la première impri-

---

(1) « Loys, par la grace de Dieu, roy de France, sçavoir faisons à tous
« présens et à venir, nous avons receue l'umble supplication de nos bien
« amez Michel Friburgier, Udaric Guering et Martin Grantz, natifz du
« pays d'Alemaigne, contenant : que ilz sont venuz demourer en nostre
« royaume puis aucun tems en ça, pour l'exercice de leurs ars et mes-
« tiers de faire livres de plusieurs manières d'escriptures en mosle et
« autrement et de les vendre en ceste nostre ville de Paris où ils demeu-
« rent à présent, et ailleurs ou mieulz ilz trouveront leur proufit, en espé-
« rance de faire leur résidence le demeurant de leurs jours en nostre dit
« royaume ; mais ilz doubtent que obstant ce qu'ilz ne sont natifs de nostre
« dit royaume que après leur décès on voulust mectre empeschement en
« leurs dits biens, et les prandre de par nous ou autres, comme biens
« aubeins, et les en fruster, et semblablement leurs femmes, enffans ou
« autres leurs héritiers s'aucuns en avoient ; s'ilz n'étoient par nous habi-
« litez à povoir tester et disposer de leurs dits biens. Requérans humble-

merie de Paris, pour que tous les biens meubles ou immeubles qui seraient laissés par eux ne soient pas saisis au profit du roi, en vertu de son droit d'aubaine, et que les possesseurs de ces biens en puissent disposer par testament.

« ment noz grace et provision leur estre sur ce imparties. Pour ce est il
« que nous, ces choses considérées à iceulz supplians, pour ces causes et
« considérations, et autres à ce nous mouvans, avons octroyé et octroyons
« de nostre grace espéciale, plaine puissance et auctorité royale ; par ces
« présentes voulons et nous plaist qu'ilz et chascun d'eulx puissent et leur
« loise acquérir en nostre dit royaume tant et telz biens qu'ilz y pourront
« licitement acquérir ; et d'iceulx biens, ensemble de ceulx qu'ilz y ont ja
« acquis, ordonner et disposer par leurs testamens ou autrement, ainsi
« que bon leur semblera ; et que leurs dites femmes, enffans, et autres
« leurs héritiers, s'aucuns en ont à présent ou qu'ilz pourroient avoir le
« temps à venir, leur puissent succéder et appréhender leur dite succes-
« sion tout ainsi et par la forme et manière que s'ilz estoient ou leurs
« ditz hoirs, natifs de nostre dit royaume. Et lesquels, quant à ce, nous
« avons habilitez, et habilitons de nostre grace et auctorité par ces dites
« présentes, sans ce que aucun empeschement leur soit ou puisse estre
« fait, mis ou donné, ores ne pour le temps à venir, ne à aucun d'eulx,
« en aucune manière au contraire ; ne que pour ce ilz soient ou puissent
« être tenuz nous en païer aucune finance ; et laquelle, à quelque somme
« qu'elle puisse monter, nous, en faveur d'aucuns de noz principaulx offi-
« ciers, leur avons donnée et quictée, donnons et quictons à chascun d'eulx
« de nostre dite grace et auctorité par ces dites présentes, signées de
« nostre main ; si donnons en mandement à nos amez et féaulx les gens
« de noz comptes et trésoriers, à nostre prévost de Paris, et à tous noz
« autres justiciers et officiers, ou à leurs lieux-tenans ou commis, présens
« ou à venir et chascun d'eulx, si comme à luy appartendra et qui requis
« en sera, que les dits supplians et chascun d'eulx, ensemble leurs dits
« hoirs, successeurs ou ayans-cause, facent, souffrent et laissent joïr et
« user de noz présens grace, don, congié, licence et octroy, paisiblement
« et à plain, sans pour ceux leur faire ne souffrir estre fait aucun des-
« tourbier ou empeschement, ores ne pour le dit tems à venir, en aucune
« manière au contraire ; car ainsi le voulons et nous plaist estre fait, no-
« nobstant que la dite finance ne soit cy déclarée ne tauxée par les dits
« gens de noz comptes, que descharge n'en soit levée par le changeur de
« nostre trésor, et quelzconques autres ordonnances, mandemens et res-
« trictions ou deffenses à ce contraires, et afin que ce soit chose ferme et
« estable à toujours, nous avons fait mectre nostre seel à ces dites pré-

Le 24 avril de l'année suivante, il octroya la même faveur aux marchandises et valeurs laissées par Herman de Stathoen, l'un des commis de Schœffer, au jour de son décès (1). Cet Herman, né à Munster, avait été facteur des libraires de Mayence et avait apporté à Paris une grande quantité de livres imprimés ; mais, à sa mort, tous ses effets furent confisqués, par droit d'aubaine, au profit du roi. L'université s'opposa pourtant à la saisie et demanda qu'au moins il fût permis aux écoliers d'acheter les livres. Le parlement reçut cette opposition. Louis XI lui défendit de prononcer définitivement et la saisie fut déclarée bonne. Mais en même temps, pour marquer combien il accordait de protection aux sciences et aux arts, il permit que les écoliers rachetassent les livres ; et Jean Briçonnet, ordonnateur des finances, eut ordre de compter aux libraires de Mayence une somme de deux mille quatre cent vingt-cinq écus, à quoi les livres saisis avaient été évalués (2).

« sentes, sauf toutes voyes en autres choses nostre droit et l'autruy en
« toutes.
« Donné à Paris au moys de février l'an de grâce mil CCCC soixante
« et quatorze, et de nostre règne le quatorziesme.
« LOYS. »
Sur le pli : « Par le Roy, vous et plusieurs autres présens,
« LE GOUX. »

(1) C'est dans la ville d'Angers que Louis XI accorda, le 21 avril 1475, un privilége à Conrad Hannequis et à Pierre Schœffer pour vendre leurs livres. Ceux-ci avaient alors un facteur dans cette ville.

(2) *Lettres d'exemption du droit d'aubaine en faveur de deux habitants de Mayence.*

« Loys, etc. De la partie de nos chiers et bien amez Conrart Hannequis et Pierre Scheffre, marchans bourgeois de la cité de Mayance en Alemaigne, nous a esté exposé qu'ilz ont occupé grant partie de leur temps à l'industrie, art et usaige de l'impression d'escripture de laquelle, par leur cure et diligence ilz ont faict faire plusieurs beaulx livres singuliers et

Louis XI possédait des connaissances supérieures à celles de la plupart des hommes de sa cour; il savait le latin. Il protégea les lettres, accueillit les savants et l'imprimerie, et augmenta la bibliothèque du Louvre, fondée par Charles V,

exquiz, tant d'ystoires que de diverses sciences, dont ilz ont envoyé en plusieurs et divers lieux, et mesmement en nostre ville et cité de Paris, tant à cause de la notable université qui y est, que aussi pour ce que c'est la ville capitale de nostre royaume, et ont commis plusieurs genz pour iceulx livres vendre et distribuer : et entre aultres, depuis certain temps en ça commistrent et ordonnèrent pour eulx ung nommé Hermen de Stathoen, natif du diocèze de Munster en Alemaigne, auquel ilz baillèrent et envoyèrent certaine quantité de livres pour iceulx vendre là où il trouverroit, au prouffit des diz Conrart Hannequis et Pierre Scheffre ; ausquels le dict Stathoen seroit tenu d'en tenir compte, lequel Stathoen a vendu plusieurs des diz livres dont à l'heure de son trespas il avoit les deniers par devers luy, et pareillement avoit par devers luy plusieurs livres et aultres qu'il avoit mis en garde tant en nostre dicte ville de Paris, que à Angiers et ailleurs en divers lieux de nostre dict royaume ; et est icelluy Stathoen allé de vie à trespas en nostre dicte ville de Paris. Et pour ce que par la loi génerale de nostre royaume, toustes foys que aulcun estrangier et non natif d'icelluy nostre royaume, va de vie à trépassement, sans lettre de naturalité et habilitation et puissance de nous de tester, tous les biens qu'il a en nostre dict royaume à l'eure de son trespas, nous compectent et appartiennent par droit d'aubenaige, et que le dict Stathoen estoit de la qualité dessus dicte, et n'avoit aulcune lettre de naturalité ne puissance de tester, nostre procureur ou aultres nos officiers et commissaires firent prendre, saisir et arrester tous les livres ou aultres biens qu'il avoit avec luy et ailleurs en nostre dict royaume à l'eure de son dict trespas. Et depuis et avant que personne se soit venu comparoir pour les demander, iceulx livres et biens ou la pluspart ont esté venduz et adenerez et les deniers qui en sont venuz distribuez ; après les quelles choses les diz Conrart Hannequis et Pierre Scheffre, se sont tirez par devers nous et les gens de nostre conseil, et ont fait remonstrer que, combien que les diz livres fussent en la possession du dict Stathoen à l'eure de son dict. trespas, toutes fois ilz ne lui apartenoient point, mais véritablement compectoient et appartenoient ausditz exposans : et pour ce prouver ont monstré et exhibé le testament du dict Stathoen avecques certaines cédulles et obligations, et produit aulcuns tesmoins et aultres choses faisans de ce mention, en nous requérant les faire restituer desdiz livres et aultres biens, ou de la valeur et estimation d'iceulx, lesquels ils ont estimé à la somme

en y rassemblant les premiers livres imprimés et en y joignant tous les manuscrits que Charles V et Charles VI avaient autrefois réunis à Fontainebleau.

En 1488, Charles VIII, par lettres patentes du mois de mars, confirme les priviléges accordés par ses prédécesseurs aux

de deux mille quatre cens vingt-cinq escuz d'or et trois solz tournois.

« Pourquoi nous, les choses dessus dictes considérées, et mesmement pour considération de ce que très hault et très puissant prince, nostre très chier et très amé frère, cousin et allié, le roy des Romains (l'empereur Frédéric III), nous a escript de ceste matière, ainsi que les diz Hannequis et Scheffre sont subgectz et des pays de nostre très chier et très amé cousin l'arcevesque de Mayance, qui est nostre parent, amy, confédéré et allié, qui pareillement sur ce nous a escript et requis : et pour la bone amour et affection que avons à luy, désirans traicter et faire traicter favorablement tous les subgectz : *Ayans aussi considération à la peine et labeur que les diz exposans ont prins pour le dit art et industrie de impression et au prouffit et utilité qui en vient et peut venir à toute la chose publique, tant pour l'augmentation de la science que aultrement ;* et combien que toute la valeur et estimation des diz livres et aultres biens qui sont venuz à nostre cognoissance ne montent pas de grant chose la dicte somme de deux mil quatre cens vingt-cinq escuz et trois solz tournois, à quoi les diz exposans les ont estimez : ce néammoins par les considérations des susdictes et aultres à ce nous mouvans, nous sommes libéralement condescendus de faire restituer ausditz Conrart Hannequis et Pierre Scheffre, la dicte somme de deux mille quatre cens vingt-cinq escuz et trois solz tournois, et leur avons accordé et octroyé, accordons et octroyons par ces présentes, que sur les deniers de nos finances ilz aient et preignent la somme de huit cens livres pour chascun an, à commencer la première année au premier jour d'octobre prochain venant, et continuer d'an en an d'illec en avant, jusques à ce qu'ilz soient entièrement payez de la dicte somme de deux mil quatre cens vingt-cinq escuz et trois solz tournois. Si vous mandons et enjongnons expressément que par nostre amé et féal conseiller Jean Briconnet, receveur général de nos finances, ou autre qui pour le temps à venir sera, vous, sur icelles nos finances faictes payer, bailler et délivrer ausditz Conrart Hannequis et Pierre Scheffre, ou à leur procureur suffisamment fondé pour eulx, la dicte somme de huit cens livres tournois pour chascun an, etc.

« Par le roy. — L'evesque d'Evreux, et plusieurs autres présens.

« Le Goux. »

membres de l'université en général, et en particulier aux libraires et imprimeurs et autres suppôts de ladite université, marchands, fabricants de papier, messagers, etc.; car l'université avait seule le droit de recevoir et d'instituer les imprimeurs, comme elle l'avait eu précédemment à l'égard des libraires, lesquels transcrivaient les manuscrits avant la découverte de l'imprimerie.

C'est pendant le règne de Louis XII que commence le XVIe siècle, qu'on a justement appelé le *siècle de la science*. A la fois novateur et investigateur, il ouvrit à tous les yeux de nouveaux horizons, dans le monde physique et dans le monde intellectuel. Les réformes opérées par Luther, la lutte politique entre Charles-Quint et François Ier, la lutte religieuse entre les anciennes croyances et l'hérésie au berceau, la division qui régnait au sein de l'*École* et qui se traduisait par des emportements littéraires et des fureurs religieuses, ne permettent de comparer ce siècle de transformation générale à aucun autre. Tout ce grand mouvement était dû à l'imprimerie; c'était la conséquence de sa récente invention, comme ce fut l'origine des premières persécutions qu'elle eut à subir, et qui depuis ont été si souvent renouvelées; mais à aucune autre époque, il faut le reconnaître, elle ne fut plus dignement honorée et encouragée, à aucune époque ses progrès ne furent plus remarquables. Dans ce siècle, chacun rivalise de goût et de savoir pour embellir la pensée humaine; les caractères sont changés, modifiés et rendus plus lisibles; les livres deviennent plus portatifs et moins chers; ils sont enrichis de vignettes, d'ornements et d'accessoires qui plaisent aux yeux et portent le goût des livres dans des classes où il n'avait pas encore pénétré. Le mouvement est universel : en France, les Estienne, en Italie les Alde, en Hollande les Elzevirs, en

Suisse les Froben, dans les Pays-Bas les Plantin produisent des chefs-d'œuvre. De cette époque date l'impression des ouvrages grecs et hébreux à Paris, où l'on s'était borné jusqu'alors à imprimer le français et le latin.

Sous Charles VII, le latin était la seule langue enseignée à Paris. En 1458, Grégoire Tifernas, disciple d'Emmanuel Chrysoloras, obtint la permission d'y donner des leçons de grec, et Paris, dès lors, commença à se trouver en communication avec la Grèce antique ; mais ce ne fut que sous Louis XII et surtout sous François I*er* qu'on se livra ardemment aux études helléniques.

Ulric Géring n'avait point d'abord de caractères grecs ; il n'en eut dans la suite qu'autant qu'il en fallait pour pourvoir à quelques citations en cette langue, introduites dans ses éditions. C'est ce qu'on voit dans son *Virgile* de 1498 et ses *Commentaires* de Nicolas Perrot, *sur Martial*, imprimés en 1500. En 1505, Josse Bade, qui imprima in-fol. les *Notes* de Laurent Valla *sur le Nouveau Testament*, était dans la même disette de caractères grecs ; c'est pourquoi il s'excuse, dans cette édition, de ce que quelques accents ne sont point placés comme ils devraient l'être, les caractères qui l'eussent empêché de commettre ces fautes lui ayant manqué. Ce n'est qu'en 1507 qu'on grava pour la première fois des poinçons, qu'on frappa des matrices et qu'on fondit à Paris des lettres grecques en quantité suffisante pour exécuter des éditions entières en cette langue. Gilles Gourmont, imprimeur de cette ville, aidé de l'argent de François Tissard, eut, on peut le dire, l'honneur d'introduire la typographie grecque en deçà des Alpes. Ce François Tissard, né à Amboise, était venu fort jeune à Paris, où il avait étudié les humanités et la philosophie. Il apprit le droit à Orléans, puis passa en Italie, où, pendant trois ans, il étudia le latin, le grec, l'hébreu, le droit civil et canonique, sous les meilleurs maîtres qu'il y avait alors. Ainsi nourri de bonnes études, il revint professer à Paris, et résolut incontinent d'établir dans cette ville l'étude du grec et d'y favoriser l'impression des livres grecs. Ces livres étaient fort rares et fort chers; on était obligé de les faire venir de Venise. Il jeta les yeux sur Gilles Gourmont pour le seconder dans son dessein, et il lui avança l'argent nécessaire pour l'exécuter.

Le premier livre que Gilles Gourmont publia sous sa direction était un in-4° intitulé : Βίβλος ἡ γνωμονικὴ (*Livre des Sentences*), qui contient les sentences des sept sages de la Grèce, les vers dorés de Pythagore et quelques autres opuscules. Ce premier ouvrage grec, imprimé à Paris, parut en août 1507. Les suivants parurent successivement la même année :

1° La Βατραχομυομαχία (*la Batrachomyomachie*), ou le combat des rats et des grenouilles, poëme attribué à Homère;
2° Les Ἔργα καὶ ἡμέραι (*les OEuvres et les Jours*), d'Hésiode;
3° l'Ἐρωτήματα (*Questions*), ou Grammaire grecque de Chrysoloras.

Mais Gilles Gourmont en imprima beaucoup d'autres. Après lui, l'imprimerie grecque fut soutenue avec éclat par Jérôme Aléandre, Josse Bade, Michel Vascosan, Adrien Turnèbe, les Estienne et Conrad Néobar. Pour lui, il fit bientôt, sous l'impulsion de son généreux protecteur, son premier essai d'impression hébraïque. Tissard ayant écrit une grammaire en cette langue, qui comprenait l'alphabet, l'oraison dominicale, le trisagion et la généalogie de Jésus-Christ, Gilles Gourmont l'imprima, en 1508, in-4°, et n'oublia point après cela de se dire le premier imprimeur en grec et en hébreu, dans la ville de Paris : ce qui était vrai. Cette grammaire était dédiée au jeune duc de Valois, depuis François Ier.

Aléandre, savant Italien, qui joua un rôle assez remarquable dans la première période de la réformation, vint à Paris, en 1508, appelé par Louis XII, qui lui donna une pension. A vingt-quatre ans, il passait pour l'un des plus habiles professeurs de son époque. Il enseigna le grec à Paris et peut-être l'hébreu. Il y publia son *Lexicon Græco-Latinum*, qui fut imprimé, dit-on, aux frais de ses élèves, et ce fut par ses soins que Gourmont imprima quelques-uns des traités moraux de Plutarque, en 1509.

Le 9 avril 1513, en considération du *grand bien qui est advenu en son royaume au moyen de l'art et science de l'imprimerie, invention qui semble estre plus divine qu'humaine*, Louis XII exempte le corps de l'imprimerie et de la librairie d'un impôt de 30,000 livres (1).

(1) *Extrait du privilége de Louis XII, donné à Blois, le 9 avril 1513, pour exempter le corps de la librairie d'un impôt de 30,000 livres.*

« Pourquoi, nous, ces choses considérées, voulans nostre dicte fille l'université de Paris, supposts d'icelle, et mesmement les dicts libraires, relieurs, enlumineurs et escrivains, qui sont les vraiz supposts et officiers esleuz par tout le corps de la dicte université, estre entretenus en leurs priviléges, libertez, franchises, exemptions et immunitez, et que d'iceux ils jouyssent et usent entièrement, plainement et paisiblement, sans permettre qu'ils leur soient aucunement enfraints, diminuez ou énervez, *pour la considération du grand bien qui est advenu en nostre royaume au moyen de l'art et science d'impression, l'invention de laquelle semble estre plus divine que humaine*; laquelle, graces à Dieu, a estée inventée et trouvée de nostre temps, par le moyen et industrie des dicts libraires, par laquelle nostre saincte foy catholique a esté grandement augmentée et corroborée, la justice mieux entendue et administrée, et le divin service plus honorablement et plus curieusement faict, dict et célébré, et au moyen de quoy tant de bonnes et salutaires doctrines ont été manifestées, communiquées et publiées à tout chacun : au moyen de quoy nostre royaume precede tous les autres, et autres innumérables biens qui en sont procé-

Par cette même ordonnance, il permet la libre circulation des livres dans tout le royaume et les affranchit de tous droits de péage (1). C'était ce qu'avaient déjà fait ses prédécesseurs ; mais il a sur eux l'avantage de la générosité par cette autre

dez et procedent encore chacuns jours à l'honneur de Dieu et augmentation de nostre dicte foy catholique, comme dict est. Pour ces causes et autres à ce nous mouvans, et en faveur de nostre dicte fille l'université de Paris, avons octroyé et déclaré, octroyons et déclarons, et nous plaist, de nostre grace espéciale, pleine puissance et auctorité royale, par ces présentes, que iceux libraires, relieurs, illumineurs et escrivains jurez de la dicte université de Paris, lesquels, comme dict est, ne sont en nombre que de trente, soient et demeurent francs, quittes et exempts de la dicte contribution du dict octroi et impost des dictes trente mille livres tournois, ils soient ou puissent estre contraints ou faict contraindre à en payer aucune chose, soit sous couleur et moyen de la dicte cotisation, et de nos dictes lettres de commission ou provision, ne autres que pourrions sur ce avoir octroyées, ne octroyer ci-après ; jaçoit que par icelle soit ou fut mandé faire contribuer tous exempts et non exempts, privilégiés et non privilégiés, en quoy ne voulons et n'entendons les dicts libraires, relieurs, illumineurs et escrivains estre en ce comprins ne entendus en aucune manière ; et en outre, en confirmant et coroborant aux dicts exposans leurs dicts priviléges, avons voulu et octroyé, voulons et octroyons et nous plaist, de nostre dicte grace spéciale, par ces dictes présentes, que les dicts exposans soient et demeurent francs, quittes et exempts du dict octroy et contribution tant du dict impost, que de toutes tailles, aides, gabelles, impositions, dons, octroys, prests et autres subsides mis sus et à mettre, imposés ou à imposer en nostre dict royaume et ville de Paris, par nous et nos successeurs et autrement et pour quelque cause que ce soit ou puisse estre, et de ce ensemble de tous guets de ville, et gardes de portes, forts et réservés en cas d'éminent péril, les avons exemptés et exemptons par ces dictes présentes. »

(1) « Et pour ce que les dicts libraires, escrivains, enlumineurs et relieurs nous ont faict remonstrer d'abondant que, combien que les livres de quelque sorte qu'ils soient, en latin ou françois, reliez ou non reliez, quelque part qu'ils soient transportez, soient ou doivent estre francs, quittes et exempts de tous péages, traverses, chaussées, entrées et issuës de villes ou autre subside d'imposition quelconque, tant par eau que par terre, et de ce ils ayent obtenu plusieurs sentences et arrests tant en nos cours et par devant nos amez et féaux conseillers de nostre parlement ou eschiquier de Rouen, et en plusieurs autres lieux ou jurisdiction : néantmoins

exemption de 30,000 livres, qui étaient sans doute une part de quelque impôt général et extraordinaire que tout le monde indistinctement devait acquitter.

François Ier est un des princes à qui l'imprimerie est le

nos fermiers de nos péages et des impositions foraines et issuë de nostre royaume et ailleurs et autres par *leur avarice, malice ou autrement*, indeüement s'efforcent par chacun jour contraindre les dicts exposans payer péage, chaussée, entrée et issuë de ville ou de royaume ; en ce faisans de grands troubles et empeschemens aux dicts libraires, lesquels pour à ce obvier, nous ont requis nostre déclaration sur ce : pourquoy, nous, pour les considérations des susdicts, voulant les dicts libraires, escrivains, illumineurs et relieurs, suppôts de nostre dicte fille l'université de Paris, estre entretenus en leurs liberté et franchises, avons déclarés et déclarons de rechef les dicts livres, soit en latin, soit en françois, reliés et non reliés, estre francs, quittes et exempts de tous péages, chef-d'œuvre, chaussées, impositions foraine ou privée, quelque part qu'ils soient transportés soit par eau ou par terre, sans que pour les dicts livres, les dicts libraires et voituriers portant et conduisant iceux parmi nostre royaume ou hors, soient tenus de payer aucun péage, acquit, imposition ou autre subside quelconque, soit que les dicts livres appartiennent aux escoliers, libraires-jurés et autres non jurés, mais les laissent passer franchement et quittement, sans les arrester ou contraindre à payer aucune chose pour les dicts livres. Si vous mandons, commandons et enjoignons à chacun de vous, si comme ce lui appartiendra, que nos présens grace, declaration et confirmation, et octroy, et de tout l'effet et contenu en ces dictes présentes vous faites, souffrez et laissez jouir et user pleinement et paisiblement les dicts exposans et leurs successeurs, en les faisant tenir quittes et déchargés dès à présent du payement et contribution des dicts octroys de trente mille livres tournois, et les rayer ou oter, faire rayer ou oter hors des rolles et affiches d'iceux, et des dicts péages ou impositions pour les dicts livres, les faire tenir quittes, francs et exempts, sans en ce, ne en la jouissance de leurs autres priviléges, et de la dicte université, leur faire, mettre ou donner, ne souffrir estre fait, mis ou donner ores, ne pour l'avenir aucun destourbier, trouble ou empeschement ; au contraire lequel si fait, mis ou donné leur avoir esté ou estait, otent ou fassent oter et mettre à pleine délivrance, au premier estat et deu, et à ce faire et souffrir et à leurs deniers ou gages, si pour ce aucuns en ont été prins et levés par eux, contraignez et faites contraindre réaument et de fait les dicts prevosts et eschevins, péagers et fermiers, et autres qui pour ce feront à contraindre par toutes voies et manières en tel cas requises, car ainsi nous

plus redevable. Un instant abusé par les plaintes et les suggestions du clergé qui lui arrachèrent les lettres de 1534, il s'empressa de les révoquer aussitôt. Malheureusement pour sa mémoire, ces mêmes préventions qu'on avait semées dans son esprit le rendirent muet spectateur de la mort de l'infortuné et célèbre imprimeur Étienne Dolet. Mais à part ces deux grandes fautes, qu'on lui a reprochées peut-être outre mesure (1), il fut, dans toutes les autres circonstances, le protecteur constant et zélé de l'imprimerie.

Il confirma tous les priviléges et immunités des imprimeurs, par lettres patentes du mois d'avril 1515, du 20 octobre 1516 et du 5 juin 1543, vérifiées en parlement avec cette clause : *Dempto articulo concernente excubias, et portarum custodiam hujus urbis Parisiensis, tempore imminentis periculi, et necessitatis ingruentis,* c'est-à-dire à l'exception des veilles et de la garde des portes de la ville, en cas de nécessité pressante et de danger imminent. Mais en 1538, et sur les observations de l'université, il dispense les imprimeurs du service des gardes bourgeoises, ou de celui qui était réclamé des bourgeois dans les circonstances graves, *de peur que ce ser-*

---

plaist il estre faict, nonobstant quelconques ordonnances, édicts et statuts, restrinctions, mandements ou deffences faites ou à faire, et lettres ou provisions impétrées ou à impétrer, à ce contraires ; et pour ce que de ces présentes nostre digne fille l'université de Paris, et les dicts libraires, illumineurs, escrivains, relieurs jurés de nostre ville de Paris, pourront avoir affaire en plusieurs lieux de ces dictes présentes, nous voulons qu'au transcrit et *vidumis* d'icelles fait sous le scel royal, pleine foy soit ajoutée comme à l'original, car tel est nostre bon plaisir, et à nostre dicte fille l'université de Paris, et aux susdicts libraires, illumineurs, escrivains et relieurs jurés l'avons octroyé et octroyons de nostre dicte grace spéciale, pleine puissance et auctorité royale par ces dictes présentes. » (Fontanon, t. IV, p. 421.)

(1) Des écrivains l'ont appelé le proscripteur de l'imprimerie.

vice ne les trouble et ne les engage à abandonner leur profession ; ce qui serait contraire à l'affection qu'il porte à leur accroissement.

Après la mort prématurée de François Tissard, François Ier fit venir de Rome Augustin Justiniani, noble Génois, de l'ordre de Saint-Dominique et évêque de Nebbio, dans l'île de Corse, homme très-habile dans les langues orientales. Ce savant arriva donc à Paris vers l'an 1519, pour y enseigner l'hébreu et l'arabe. Il fit tailler des poinçons, frapper des matrices et fondre des lettres à ses dépens, pour avoir des impressions hébraïques qui pussent se vendre à bon marché.

Le premier ouvrage qu'il mit sous la presse fut la *Grammaire du rabbin Moïse Kimhi* (1520, in-4°), le second fut le *Livre de Ruth* avec les *Lamentations de Jérémie* (in-4°).

Ces deux ouvrages, imprimés par Gilles Gourmont, sont les deux premiers entièrement en hébreu qui soient sortis des presses de Paris ; car la Grammaire hébraïque de Tissard, dont nous avons parlé, était écrite en latin, et ne contenait en caractères hébreux que l'alphabet, l'oraison dominicale, et quelques autres opuscules. Cependant d'autres typographes ne tardèrent pas à se distinguer en France dans l'impression de ce genre. Nous citerons notamment Gérard Morrhi, François Gryphe, Claude Chevallon, Charlotte Guillard, et surtout Robert et Henri Estienne, qui perfectionnèrent les caractères et leur donnèrent la forme qu'ils ont conservée jusqu'à nos jours.

Après son entrevue à Bologne avec Léon X, en 1515, François Ier s'empresse d'accueillir les savants et les artistes qui étaient proscrits d'Italie ou d'autres pays ; il leur accorde des emplois, des travaux, des pensions, les fait asseoir à sa table, et fait délivrer à plusieurs étrangers des lettres de naturalité (1). Il rassemble autour de lui les hommes les plus érudits (2), dont il compose, en quelque sorte, son conseil des lettres. Enfin, comme Louis XI l'avait fait cinquante ans plus tôt en faveur des premiers imprimeurs étrangers, il ordonne que les biens qu'ils pourraient acquérir passeraient à leur famille.

En 1521, sous l'inspiration de l'Église qui commençait à être excitée par les doctrines de Luther, il défend aux libraires d'imprimer, vendre et débiter aucun livre qui n'ait été auparavant examiné et approuvé par l'université et la faculté de théologie (3).

En 1530, il jette les premiers fondements du Collége Royal, ou collége des Trois-Langues, comme on l'appelait déjà, mais qui ne mérita véritablement ce nom qu'après que les deux chaires de grec et d'hébreu, qui y furent fondées dès le principe, eurent été augmentées, en 1534, d'une chaire de latin. Il nomma plus tard trois professeurs de mathématiques, de philosophie grecque et de médecine. Ces professeurs n'exercèrent pourtant pas sous son règne, les bâtiments dont les plans avaient été arrêtés en 1539 n'ayant pas été exécutés faute de fonds ; mais la gloire d'avoir créé ces chaires n'en appartient pas moins à François Ier (4). Par lettres patentes du 17 janvier 1538, il institue le premier imprimeur royal pour le

(1) Entre autres à Jules-César Scaliger, qui rendit, ainsi que plus tard son fils Joseph, les plus grands services aux lettres. — François Ier fit également des offres brillantes à Erasme pour l'attirer en France.

(2) Etienne Poncher, Guillaume Cap, Pierre Du Chatel, Guillaume Pelissier, Jacques Colin, les Du Bellay, Pierre Danès, Guillaume Budé.

(3) Les livres étaient en outre soumis à l'approbation du prévôt de Paris.

(4) C'est aujourd'hui le collége de France ; mais ce fut seulement sous Louis XIII, en 1610, qu'on en commença la construction.

grec (1), et comme cet office, dit l'ordonnance, est plus que tout autre utile à l'État, et qu'il exige de l'homme qui veut l'exercer des soins si assidus qu'il ne peut lui rester un seul moment pour des travaux qui pourraient le conduire à la fortune, il lui accorde un traitement annuel de cent écus d'or, l'exempte d'impôts, lui concède tous les priviléges dont jouissent le clergé et l'université de Paris, lui donne enfin la propriété exclusive pendant cinq ans des livres qu'il publiera, à la seule condition d'établir une imprimerie spéciale et de faire graver avec les fonds qu'on lui remettra les caractères grecs nécessaires pour son exploitation.

Ces lettres patentes, dont l'original est en latin, valent la peine d'être reproduites dans toute leur étendue; en voici la traduction :

« FRANÇOIS, par la grâce de Dieu roi des Français, à la république (des lettres) française, Félicité (2).

« Nous voulons faire connaître clairement à tous et à chacun que nous n'avons jamais rien eu tant à cœur que d'assurer aux belles-lettres notre bienveillance spéciale et de pourvoir sûrement, de toute notre puissance, aux études de la jeunesse. Une fois ces études fermement établies, nous pensons que, dans notre royaume, il ne manquera point d'hommes capables d'enseigner la religion dans toute sa pureté et d'appliquer les lois, non d'après leurs propres passions, mais d'après les règles de l'équité publique; des hommes enfin qui, dans le gouvernement de l'État, feront la gloire de notre règne, et préféreront le bien public à leurs intérêts particuliers.

---

(1) Conrad Néobar.
(2) FRANC. Dei gratia rex Francorum, gallicæ reipublicæ, Felicitas.

« Tous ces avantages doivent, en effet, résulter des bonnes études presque seules. En conséquence, après avoir, il y a peu de temps, généreusement assigné à quelques savants des traitements pour instruire à fond la jeunesse dans les langues et les sciences, et la former, à la pratique, non moins précieuse, des bonnes mœurs, nous avons considéré qu'il restait encore à faire une chose aussi nécessaire aux progrès des belles-lettres que l'organisation de l'enseignement public : c'est de faire choix d'une personne qui, sous nos auspices et avec nos encouragements, s'occuperait spécialement de la typographie grecque et imprimerait correctement les manuscrits grecs pour l'usage de la jeunesse de notre royaume.

« En effet, des hommes distingués dans les lettres nous ont fait observer que, de même que les ruisseaux découlent de leurs sources, de même des écrivains grecs découlent les arts, la science de l'histoire, la pureté des mœurs, les préceptes de la philosophie et presque toutes les connaissances humaines. L'impression du grec, nous le savons aussi, est beaucoup plus difficile que celle du français et du latin. Un établissement typographique de ce genre ne peut être convenablement dirigé que par un homme versé dans la langue grecque, excessivement soigneux et possédant une assez grande fortune. Or, parmi les typographes de notre royaume, il n'en est peut-être pas un seul qui puisse réunir toutes ces conditions, c'est-à-dire la connaissance du grec, une activité soigneuse et une fortune suffisante. Chez les uns manquera la richesse, chez les autres l'instruction, chez d'autres encore autre chose; car les personnes qui possèdent en même temps instruction et richesse préfèrent une carrière quelconque à la typographie, profession extrêmement laborieuse.

« C'est pourquoi quelques savants que nous recevons

comme convives ou même comme familiers, ont été chargés par nous du soin de trouver un homme à la fois plein de goût pour la typographie et connu pour son érudition et son zèle, qui, aidé de nos libéralités, remplirait les fonctions d'imprimeur pour le grec.

« Deux motifs nous ont engagé à servir les études de cette manière. Le premier, c'est que, ayant reçu de Dieu tout-puissant ce royaume abondamment pourvu de richesses et des autres biens nécessaires aux commodités de la vie, nous ne voulons le céder en rien aux autres nations pour le solide établissement de l'instruction, les faveurs à accorder aux gens de lettres, et la réunion dans notre pays de toutes les connaissances humaines. Le second, c'est que la jeunesse studieuse, en voyant notre bienveillance pour elle et les justes honneurs que nous rendons à l'instruction, pourra mettre plus d'ardeur dans l'étude des lettres et des sciences, et que, de leur côté, les hommes de mérite, encouragés par notre exemple, donneront des soins plus actifs à la formation et à l'établissement des études de la jeunesse. Tandis que nous cherchions à qui nous pourrions confier avec sécurité les susdites fonctions, Conrad Néobar s'est offert bien à propos. Et, comme il ambitionnait un emploi public qui lui procurât, sous notre protection, un bien-être personnel et l'avantage de servir utilement l'État; que, de plus, il nous était recommandé par des gens de lettres, nos familiers, au double titre de l'érudition et de l'habileté, il nous a plu de lui confier la typographie grecque, pour que, soutenu de notre libéralité, il imprime correctement, dans notre royaume, les manuscrits grecs, source de tout savoir.

« Mais pour que cette nouvelle institution ne trouble en rien l'ordre public et ne donne lieu à aucune fraude, au détriment de notre typographe Néobar, nous croyons devoir en déterminer clairement les conditions et les clauses.

« 1° Nous voulons qu'aucun ouvrage, s'il n'a pas encore été imprimé, ne soit mis sous presse, et bien moins encore publié, avant d'avoir subi le jugement des professeurs payés par nous pour l'enseignement de la jeunesse dans l'académie (l'université) de Paris, de telle sorte que les ouvrages de littérature profane soient approuvés par les professeurs de belles-lettres, et les ouvrages religieux par ceux de théologie. Avec ces précautions, la pureté de notre sainte religion sera exempte de superstition et d'hérésie, l'innocence et l'intégrité des mœurs seront préservées de la souillure et de la contagion des vices.

« 2° Pour les ouvrages grecs qu'il publiera le premier, notre imprimeur déposera un exemplaire de chaque première édition dans notre bibliothèque, afin que, si quelque calamité publique frappait sans pitié les lettres, la postérité trouve là le moyen de réparer en partie la perte des livres.

« 3° Les livres qui sortiront de ses presses porteront, dans le titre, qu'il est notre imprimeur pour le grec, et spécialement chargé, sous nos auspices, de la typographie grecque, afin que non-seulement notre siècle, mais aussi la postérité, sache quel zèle et quelle bienveillance nous avons témoignés pour les lettres, et qu'à notre exemple elle se montre favorable au solide établissement des études et à leurs progrès.

« Au reste, comme ces fonctions sont, entre toutes, utiles à l'État, et qu'elles réclament tous les soins de l'homme qui voudra les exercer avec zèle, tellement que ses occupations ne lui laisseront pas un moment qu'il puisse consacrer à des travaux qui le conduiraient aux honneurs ou à l'aisance, nous voulons, en conséquence, assurer de trois manières la position et l'existence de notre typographe Conrad Néobar.

« D'abord, nous lui accordons un traitement annuel de cent écus d'or communément dits au soleil, pour l'encourager dans l'exercice de ses fonctions et le rembourser en partie de ses dépenses. Nous voulons, en outre, qu'il soit exempt d'impôts et qu'il jouisse des autres priviléges que nous et nos ancêtres avons accordés au clergé et à l'académie de Paris ; de manière qu'il puisse trouver plus de profit dans le commerce des livres, et se procurer plus facilement tous les objets nécessaires à l'exercice de la typographie. Enfin, nous faisons défense à tout imprimeur et à tout libraire d'imprimer dans notre royaume, ou de mettre en vente, imprimés à l'étranger, des livres, soit grecs, soit latins, et ce, pendant l'espace de cinq ans, lorsque Conrad Néobar les aura imprimés le premier, et de deux ans lorsque ce ne sera qu'une réimpression notablement corrigée d'après d'anciens manuscrits, soit par lui-même, soit par d'autres.

« Quiconque contreviendra à cet édit sera passible d'une amende envers notre trésor public, et remboursera entièrement à notre typographe les frais de ses impressions. Mandons, en outre, au prévôt de la ville de Paris ou à son lieutenant, et à tous autres qui possèdent actuellement ou posséderont à l'avenir des magistratures publiques, de faire jouir, selon droit, notre typographe des immunités et priviléges à lui accordés, et de punir sévèrement tous ceux qui le troubleraient injustement ou lui apporteraient un empêchement quelconque. Car nous voulons, en effet, le garantir efficacement des injustes entreprises des méchants et de la malveillance des envieux, afin que, dans une existence calme et pleine de sécurité, il puisse se livrer avec ardeur à l'exercice de ses fonctions.

« Afin que la postérité tienne les présentes pour valables, nous avons jugé à propos de les confirmer en y apposant notre signature et notre sceau. Adieu.

« Donné à Paris, le dix-septième jour de janvier, l'an de grâce 1538, et de notre règne le vingt-cinquième. »

Nous ne connaissons pas d'acte qui fasse plus d'honneur à l'imprimerie que cette déclaration. On y voit, exprimé dans un style éclatant, pompeux même, le zèle singulier dont François était animé pour le développement de l'instruction, le progrès et la conservation des lettres dans son royaume; mais ce qu'on y admire surtout, c'est l'estime, l'affection qu'il témoigne à l'homme chargé par lui de sa typographie grecque, et le soin minutieux avec lequel il s'applique à lui assurer une position et une existence honorables.

Par la fondation de cet établissement, François Ier rendit à l'imprimerie un service immense et dont elle avait grand besoin; car, quoiqu'on publiât déjà des livres latins d'une grande perfection, il n'en était pas de même des livres grecs, qui, faute de caractères, étaient ou incorrects, ou rares, ou restaient à l'état de manuscrits. La nouvelle création de François Ier ayant donc pour effet la fabrication immédiate de caractères grecs de différentes espèces, la recherche et l'acquisition des manuscrits grecs et un encouragement officiel à leur publication, la France fut enfin à la veille de sortir de l'état d'infériorité typographique où elle était demeurée jusqu'alors, en même temps qu'elle allait être affranchie du tribut qu'elle payait sous ce rapport à l'étranger, d'où elle tirait auparavant la plupart des éditions grecques.

La passion de François Ier pour les manuscrits grecs (1) ne

---

(1) « La passion de François Ier pour les manuscrits grecs lui fit négliger

fut pas trop forte pour combattre avec avantage les prétentions du clergé qui voulait empêcher leur réimpression (1). Il parvint à faire plier les résistances formidables qui s'étaient soulevées contre ses plus libérales intentions, et qui, réfugiées jusque dans la chaire, menaçaient de paralyser pour longtemps peut-être cette importante branche du commerce de l'imprimerie. Aussi, n'eût-il que le mérite d'avoir été en France le fondateur de la typographie grecque et le protecteur de la littérature hellénique, ce mérite singulier, attesté par des lettres patentes, qui sont un des monuments les plus glorieux de son règne, suffirait pour justifier le titre de *père et protecteur des lettres* que les contemporains lui décernèrent.

Dans la crainte que des livres rares et précieux ne sortissent de France et ne fussent perdus pour son royaume, il défendit, par sa déclaration du 8 décembre 1536, dont le but était la restauration des belles-lettres, de *vendre ni envoyer en pays étranger aucuns livres ou cahiers, en telle langue qu'ils soient, sans en avoir remis un exemplaire ès mains de son aumônier, l'abbé de Reclus, garde de la librairie au*

---

les latins et même les ouvrages en langues vulgaires étrangères. On ne distingue qu'une vingtaine des premiers qui lui ayent appartenu, et les livres italiens qu'il eut ne méritent pas d'estre comptez. A l'égard des livres françois qu'il fit mettre dans sa bibliothèque, on en peut faire cinq classes différentes : ceux qui ont esté écrits avant son règne, ceux qui lui ont estez dédiez ; les livres qui ont estez faits pour son usage ou ceux qui lui ont estez donnez par les authors ; les livres de Louise de Savoye, sa mère, et enfin ceux de Marguerite de Valois, sa sœur, ce qui ne fait qu'à peu près soixante-dix volumes. » (*Mémoires historiques sur la bibliothèque du roy*, par l'abbé Jourdain.)

(1) Il interposa son autorité pour empêcher la Sorbonne de commencer des poursuites contre les *Colloques* d'Erasme que les moines furieux ne désignaient que sous le nom de *Bestia erudita*.

château de Blois, et de même pour les autres villes du royaume.

C'est là l'origine du dépôt légal qui a lieu encore aujourd'hui au profit de la bibliothèque nationale.

Dans le courant de 1539, l'impulsion donnée à l'imprimerie était si active que les ouvriers devinrent rares et essayèrent d'élever d'injustes prétentions. Ils demandaient qu'on augmentât leur salaire, qu'on ne reçût plus d'apprentis et que la nourriture que les maîtres leur fournissaient encore à cette époque (1) fût plus copieuse. L'autorité, toujours paternelle, intervint et arrêta le désordre qui menaçait de troubler les ateliers. Des lettres patentes, du 31 août 1539, fixèrent avec une grande sagesse les droits et les devoirs des maîtres et des ouvriers, afin, dit François Ier, de conserver intact *cet art et science d'imprimer les bons livres et les bonnes lettres qui ont toujours été de notre temps favorisés et maintenus.*

A cette époque de grande faveur pour l'imprimerie, aucune mesure qui la concernait, si peu importante qu'elle fût, n'était adoptée sans qu'au préalable les maîtres imprimeurs eussent été consultés. Il s'agissait cette fois, comme toujours, d'améliorer la condition des imprimeurs et de jeter un nouveau lustre sur leur noble profession : leur supplique fut donc prise en considération. Le préambule et la fin de l'édit auquel elle donna lieu témoignent de l'intérêt extrême que le roi portait à l'imprimerie, et les termes dans lesquels il est conçu nous paraissent assez curieux pour mériter d'être rapportés ici textuellement.

« Receu avons l'humble supplication de noz bien amez les maistres imprymeurs des livres de nostre bonne ville et cyté

---

(1) Cette coutume ne fut abolie qu'en 1571, sous Charles IX.

de Paris, contenant que pour acquérir science à l'honneur et louange de Dieu nostre créateur, manutention, soustenement et dylatation de la saincte foy catolicque et saincte chrestienté par l'universel monde, et décoration de nostre royaulme, icelluy art et science de ymprimer les bons livres et les bonnes lettres ayent toujours de nostre temps esté favorisés et maintenus ; et mesmement en nostre bonne ville et cyté de Paris, et jusques puis aucun temps en ça que les compaignons et ouvriers dudict estat de imprimeurs besongnans soubz lesdicts maistres, au moyen de certaine confrarie particulliere qu'ilz ont eslevé entre eulx, ont par monopolle et voye indirecte faict délibération de ne besongner avec les apprentilz, qui pourrait causer la perdition et discontinuation dudict estat, font bancquetz des deniers qu'ilz tirent des apprentilz, leur font faire serment tel qu'il leur plaist. Et au moyen de ladicte confrarie, assamblées et monopolle qui par cy devant estoit venu en augmentation, tumbe et vient en discontinuation et destruyment, et les livres incorrectz et mal imprimez ;

« Et à ceste cause lesdicts supplians, pour reprimer lesdictes faultes, abbuz, monopolles, malles et pernicieuses versations, nous ont présentez certains articles dont la teneur s'ensuict : ....
....

« Nous humblement requerans lesdicts supplians pour l'observation des choses susdictes, manutention et commodité dudict estat, sur ce pourveoir de nostre grace ;

« Pour ce est il que nous, ces choses considérées et que pour le grant désir et affection que nous avons à la manutention et dilatation de la saincte foy catolicque et religion chrestienne par l'universel monde, nous avons de nostre tems pourchassé nostre royaulme estre mugny de gens de grant sçavoir et experience, à quoy ils ne pourroient parvenir sans coppiosité des livres utiles et necessaires, bonnes, sainctes et devotes lettres, pour à quoy parvenir avons naguères créé et ordonné en nostre ville de Paris imprimeurs royaulx ès langues lattyne, grecque et ébraïque.

« Pour ces causes et autres à ce nous mouvans et après que nous avons faict veoir, visiter et entendre lesdits articles par aulcuns principaulx de nostre conseil avons dict, déclairé et ordonné, voullons et nous plaist que lesdicts articles dessus déclarez soient tenuz, gardez et observez, et iceulz avons concedez, louez, confermez, ratifiiez et approuvez, concedons, louons, confermons, rattifions et approuvons de nostre certain science, plaine puissance et auctorité royale par ces dictes présentes, par lesquelles nous mandons aux prévost et bailly de Paris, conservateurs des privilleges royaulx du dict lieu et à tous noz autres justiciers ou à leurs lieutenans, que iceulx et tout le contenu en ces dictes présentes ils entretiennent, gardent et observent, facent entretenir, garder et observer et enregistrer ad ce que aucun n'en puisse prétendre cause d'ignorance; sans faire ne souffrir aucune chose estre faicte au contraire; mais si aucune chose y estoit faicte, ilz la repparent et facent repparer incontinent et sans délai et proceddent et facent proceder contre les infracteurs, se aucuns sont trouvez après la publication; tellement que ce soyt exemple à tous autres; car ainsi nous plaist il estre faict. En tesmoing de ce nous avons faict mectre scel à ces dictes présentes. »

L'édit du 31 août 1539 (article 16) consacre la propriété des marques ou armes des imprimeurs : « Ne pourront prendre les maistres imprimeurs ou libraires les marques les ungs des autres, ains chacun en aura une à part soy, differentes les unes des autres, en manière que les acheteurs des livres puissent facilement congnoistre en quelle officynne les livres auront esté imprimez, et lesquelz livres se vendent ausdictes officynnes et non ailleurs. »

Il veut aussi que les maîtres imprimeurs qui ne seraient pas assez savants pour corriger les livres qu'ils impriment en latin aient de bons correcteurs, lesquels soient eux-mêmes tenus de corriger soigneusement les livres, sous peine de dommages-intérêts (article 17).

Signé à Villers-Cotterets, le 31 août 1539, dans la 25e année du règne de François Ier, cet édit fut lu et publié au Châtelet, le 13 septembre 1539, en l'auditoire civil, et le 14 novembre de la même année, en la conservation des priviléges royaux de l'université de Paris.

Le 24 juin 1539, François Ier nomma imprimeur royal, pour les lettres hébraïques et latines, Robert Estienne. Il accordait à cet homme illustre une estime toute particulière, et l'honorait de fréquentes visites (1). Un jour, qu'il le trouva occupé à corriger une épreuve, il défendit qu'on le dérangeât, et attendit, pour se présenter à lui, que la correction fût achevée.

Après la mort de Néobar (1540), le titre d'imprimeur du roi pour le grec fut conféré à Robert Estienne, et on lui confia aussi les caractères appelés *typi regii* ou *grecs du roi*, que Garamond avait gravés par l'ordre de François Ier.

---

(1) Sa sœur, Marguerite de Valois, reine de Navarre, allait aussi visiter l'imprimerie de Robert Estienne : un jour elle y improvisa les vers suivants (21 mars 1566) :

    Art singulier! D'ici aux derniers ans,
    Representez aux enfans de ma race
    Que j'ay suivy des craignans Dieu la trace,
    Afin qu'ils soient les mesmes pas suivans.

En 1543, ce prince dont on a dit « qu'il sçavoit et parloit mieux qu'aucun homme qui fust vivant en son royaume (1), » voulant *honorer la langue française*, fit choix d'un troisième imprimeur royal, Denis Janot, pour exécuter avec soin les œuvres de notre littérature (2). François Ier avait surtout en vue de faire prévaloir l'usage de la langue française sur celui de la langue latine, qui était encore employée en France dans la plupart des ouvrages d'esprit. Il était temps, selon lui, que le français rompît ses lisières et ne demeurât pas l'éternel

---

(1) François Ier savait infiniment, sans avoir presque jamais étudié ; mais, hors le temps des affaires et de la chasse, à table, à son lever, à son coucher, quand la pluie le retenait, il entretenait maints savants.

(2) « FRANÇOIS, par la grace de Dieu, roy de France, à tous ceulx qui ces présentes lettres verront, Salut.

« Sçavoir faisons que nous ayant esté bien et deuement advertis de la grande dextérité et experience que nostre cher et bien amé Denis Janot a en l'art d'imprimerie, et ès choses qui en dependent, dont il a ordinairement fait grande profession et mesmement en la langue françoise, et considérant que nous avons ja retenu et fait deux noz imprimeurs, l'un en langue grecque et l'autre en la latine (Néobar et Robert Estienne), ne voulant moins faire d'honneur à la nostre qu'aux dictes deulx aultres langues, et en commettre l'impression à personnages qui s'en saichent acquitter, ainsi que nous espérons que saura très bien faire ledict Janot; icelluy pour ces causes et aultres à ce nous mouvans, avons retenu et retenons par ces présentes nostre imprimeur en la dicte langue françoise, pour doresnavant imprimer bien et deuement en bon caractère et le plus correctement que faire se pourra, les livres qui sont et seront composez et qu'il pourra recouvrer en la dicte langue, et aussi nous servir en cest estat aux honneurs et auctoritez, priviléges, préesminences, franchises, libertez et droits qui y peuvent appartenir tant qu'il nous plaira ; et affin de luy donner meilleure volonté, moyen et occasion de s'y entretenir et supporter les pintz et mises, peines, travaulx qui luy conviendra, et prendre tant ès impressions, corrections qu'aultres choses qui en dépendent, nous avons voulu et ordonné, voulons et ordonnons et nous plaist et audict Janot permis et octroyé par ces présentes qu'il puisse imprimer tous les livres composez en la dicte langue françoise qu'il pourra recouvrer aprez toustefois qu'ilz auront esté bien et deuement et suffisamment veuz et visitez et trouvez bons et non scandaleux. »

vassal du latin. Aussi avait-il rendu, dès 1539, cette fameuse ordonnance de Villers-Cotterets qui substitue le français au latin dans les plaidoiries, les arrêts et tous les actes publics.

A peine monté sur le trône, Henri II s'empresse (septembre 1547) de confirmer les ordonnances de François Ier, relatives aux exemptions et priviléges des imprimeurs. Mais voulant empêcher l'impression de livres contraires à la religion et aux bonnes mœurs, il prescrivit en même temps que l'approbation de la faculté de théologie serait exigée, et, quand elle serait obtenue, imprimée au commencement de chaque nouveau livre. Ce fut une des premières restrictions apportées à l'impression des livres. Deux mois après, par déclaration du 11 décembre 1547, Henri II ajouta à cette obligation cette autre « *que le nom et surnom de celui qui l'a fait, soit exprimé ou apposé au commencement du livre, et aussi celui de l'imprimeur, avec l'enseigne de son domicile.* »

Ces mesures avaient plutôt pour but de garantir l'imprimerie contre ses propres excès que d'apporter des entraves à l'exercice de cet art, auquel Henri II ne se montra jamais hostile.

Par lettres patentes du mois de septembre 1547, ce prince confirme les priviléges accordés à l'université, dès son origine, relativement au parchemin, dont on faisait encore un fréquent usage, même pour l'impression des livres. A la célèbre foire du *Lendit*, aucune vente de parchemin ne pouvait avoir lieu avant que les membres de l'université, maîtres, écoliers, écrivains, libraires, etc., eussent fait leurs achats.

Le 2 août 1548, le roi, par d'autres lettres patentes, défend de vendre des parchemins ou des papiers qui n'auraient pas les dimensions prescrites par les ordonnances. Les parcheminiers et les papetiers étaient soumis à la juridiction universitaire.

Enfin, par sa déclaration, datée d'Anet, le 17 mars 1552, le roi décharge les papetiers de Troyes d'une taxe qui leur avait été imposée pour la réparation des fortifications de la ville, et veut que le papier, en vertu des priviléges de l'université, soit exempt de *tous péages et subsides, à cause de son utilité en plusieurs et maintes manières, et entre autres à imprimer les livres pour l'entretenement et accroissance des bonnes estudes et sciences.*

Le 16 février 1552, il créa la charge unique d'imprimeur de la musique du roi, en faveur de l'un des premiers musiciens et compositeurs du temps, Robert Ballard, chef de cette famille honorable d'imprimeurs qui s'est continuée jusqu'à nos jours, et a fourni, par conséquent, une carrière de plus de trois cents ans.

Le 11 février 1553, il accorde à Michel Vascosan un privilége général de dix années, dont les termes montrent assez la considération et l'estime qu'il avait non-seulement pour la personne de l'imprimeur, mais en même temps pour les détails si multipliés que réclame cette belle profession, lorsqu'elle est convenablement exercée. En voici un extrait :

« Nous, bien averti des grands labeurs, peines et travaux que notre bien amé Michel Vascosan, imprimeur et libraire juré en notre université de Paris, a pris depuis vingt-deux ans à imprimer continuellement, en toutes langues et disciplines, tous les meilleurs livres et les plus utiles, et que, de tout son pouvoir, il a toujours aidé à fournir notre royaume de tous les bons livres qui ont été imprimés et s'impriment tous les jours dans les autres pays et nations étrangères; averti aussi de la grande diligence, frais et dépens qu'il fait à recouvrer plusieurs bons et anciens livres, et iceulx faire traduire de langue en autre, et les illustrer de portraits et figures quand besoin le requiert, et aussi, qu'il fait ordinairement conférer avec plusieurs et divers exemplaires tant écrits à la main qu'imprimés, par les hommes doctes de notre royaume, tous les livres lesquels il prétend admettre en impression et lumière, pour ces causes, etc. »

Le 23 septembre de la même année, il confirma l'exemption des droits sur tous les livres écrits ou imprimés, et cela en des termes on ne peut plus honorables pour l'imprimerie (1).

Enfin, en 1556, il rendit une ordonnance qui ne pouvait que tourner encore à l'avantage des lettres. Il y était enjoint aux libraires de *fournir aux bibliothèques royales un exemplaire en vélin et relié de tous les livres qu'ils imprimeraient par privilége.* Ce nouveau tribut fut une source de nouvelles richesses pour la bibliothèque du roi, et accrut considérablement le nombre des livres imprimés, dont on avait jusqu'alors trop négligé l'acquisition. Malheureusement, cette ordonnance si sage et si juste, qu'on a été assez souvent obligé de renouveler dans la suite, avec quelques modifications, n'a pas toujours été observée aussi exactement qu'elle méritait de l'être. Cette utile précaution avait été imaginée par Raoul Spifame,

---

(1) « Henri : nous deüment adverti du grand profit et émolumens qu'apporte en nostre royaume et à nos sujets l'art de l'imprimerie...... qu'aussy, pour le grand bien, commodité et profit que prennent de l'impression des livres tous les gens de lettres et singulièrement les suppôts et escholiers de nos universitez ; pour ces considérations et aussy pour le grand et louable artifice qu'il y a au fait de l'imprimerie par laquelle est conservée et perpétuée la mémoire de toutes les choses, nos prédécesseurs désirans entretenir, accroistre et augmenter l'art d'icelle imprimerie, pour le grand fruit qu'elle apporte, l'auroient non seulement privilégiée, affranchie et exemptée de tous tributs, péages, impositions et subsides, mais aussy les escrivains et imprimeurs, et toutes autres personnes nécessaires et requises pour le dit art, composition et fait de la dite imprimerie, avons ordonné les dits livres escrits ou imprimez estre et demeurer exempts des droits, etc. »

qui en donna l'idée dans un ouvrage qu'il publia cette même année, sous le titre de *Dicœarchiœ Henrici Regis christianissimi Progymnasmata* (1). On prétend que la célèbre Diane de Poitiers, qui aimait beaucoup les livres, sollicita vivement la promulgation de l'ordonnance de Henri II.

Le second fils de Henri II, Charles IX, malgré des actes d'une rigueur inouïe contre la presse, semble avoir eu parfois de bons mouvements en faveur de l'imprimerie (2).

Par lettres patentes du mois de mars 1560, enregistrées en parlement le 3 mai 1561, il confirme les imprimeurs et libraires dans toutes les grâces, faveurs, droits, priviléges, libertés, franchises, exemptions à eux octroyés et concédés par les rois ses prédécesseurs. Mais presque en même temps on le voit rendre, contre les imprimeurs de placards et libelles, plusieurs édits barbares. Nous les citerons plus loin, en parlant des persécutions que l'imprimerie eut à subir.

Ce prince, par son édit du mois de novembre 1564, avait établi un impôt sur le papier. Le recteur de l'université et les avocats des libraires, imprimeurs, écrivains et papetiers adressèrent au parlement des réclamations motivées ; et le roi, par lettres patentes du 14 août 1565, défendit *aux fermiers de lever ledit impost, sous peine du quadruple et d'emprisonnement.*

En 1571, il s'empresse de faire droit à une requête de

---

(1) *Histoire de l'Académie des Inscriptions et Belles-Lettres*, t. XXIII, page 276.

(2) Ce prince aimait les sciences et les lettres, et a composé des poésies qui ne manquent pas de mérite. C'est lui qui écrivait à Ronsard :

> L'art de faire des vers, dût-on s'en indigner,
> Doit être à plus haut prix que celui de régner.
> Tous deux également nous portons des couronnes ;
> Mais, roi, je la reçus ; poëte, tu la donnes.

Sugger, doyen de la faculté de droit, par laquelle celui-ci, au nom de l'université, déclare qu'on doit s'opposer à une taxe que le prévôt des marchands voulait imposer aux imprimeurs et libraires, pour couvrir des dépenses de la ville.

Enfin, le 16 avril 1571, paraît son édit sur la réformation des règlements de l'imprimerie, lequel, il est juste de le reconnaître, contient des dispositions sages et même paternelles. « Nos prédécesseurs roys, y est-il dit, entre tous les árts qu'ils ont estimé dignes d'estre conservez, maintenus et advancez, ont principalement eu en grande réputation et estime l'art de l'imprimerie comme celuy qui cultive, polit, éntretient et eslève les bons esprits ; et pour la manutention ét conservation du dit art, fait plusieurs statuts et ordonnances : et mesmement feu nostre très honoré sieur et ayeul ès années mil cinq cens quarante un et quarante deux, ait favorisé les imprimeurs et libraires, comme instruments nécessaires à la conservation des lettres et sciences, sans lesquelles la société humaine ne peut estre entretenue. Outre lesquelles considérations est ledit art recommandable pour la commodité de deniers que l'imprimerie, vente et distribution des livres, qui se fait principalement en nos villes de Paris et Lyon, apporte et tire des pays étrangers. Or, combien que chacun se doive estudier à la conservation dudit art, et d'oster et resequer tous obstacles qui luy peuvent nuire, etc. »

C'est aussi en 1571 que fut autorisée la première imprimerie particulière, celle du monastère de Saint-Denis.

Henri III, dans les premières années de son règne, envoya Henri Estienne en Suisse, à la recherche des livres rares et des manuscrits, et lui accorda une pension de 300 livres (1)

---

(1) « Monsieur de Sancy, j'ay accordé à Henry Estienne trois cents livres,

en considération des services qu'il avait rendus par l'impression de ses beaux ouvrages grecs et latins.

Il lui avait déjà accordé une gratification de 3,000 livres pour son ouvrage de la *Précellence du langage françois,* ouvrage dont il l'avait lui-même encouragé à entreprendre la publication (1). Il convient d'ajouter que, soit pension, soit gratification, Henri Estienne eut toujours une peine infinie à se faire payer.

Enfin, dans la vue de soutenir l'honneur des savants français contre les prétentions des savants étrangers, le roi l'engagea à publier son grand ouvrage des *Lettres Cicéroniennes.*

Puis, par lettres patentes du 16 novembre 1581, enregistrées en parlement le 14 octobre 1583, il confirma et augmenta les priviléges et immunités accordés par les rois ses prédécesseurs aux imprimeurs et libraires (2) ; et, par d'autres

---

de pension à prendre par chacun an par les mains des trésoriers des ligues, pour lui donner tant plus de moyens de s'entretenir, en considération des services que luy et ses prédécesseurs m'ont cy-devant faits, comme j'espère qu'il continuera à l'avenir, tant du côté de Suisse que ailleurs, selon que les occasions s'en pourront offrir. Pour cette cause, je vous prie qu'au prochain état que vous dresserez des pensionnaires des dites ligues vous y employiez la dite pension et en faites payer iceluy Estienne comme les autres pensionnaires des dits pays : et vous ferez chose qui me sera très agréable en ce faisant ; priant Dieu, Monsieur de Sancy, qu'il vous ait en sa garde.

« Ecrit à Paris, le douzième jour d'aoust 1579.

« Signé HENRY. »

(1) On a fait, en 1851, une nouvelle édition de ce livre.

(2) « Nostre très-chère et bien amée fille première née l'université de Paris, nous a très humblement fait remontrer que les roys de France, nos prédécesseurs, pour la bonne affection qu'ils ont portée à nostre dite fille, ils l'ont toujours nourrie, conservée et maintenue en singulière recommandation, graces et faveurs, et en ce faisant, donné, concédé, octroyé

lettres patentes du 16 novembre 1582, il confirme les franchises et l'exemption du papier de tout droit et impôt quelconque.

En 1583, le 15 juin, il dispense *ses chers* et *bien amez imprimeurs* de la taxe imposée sur les arts mécaniques, attendu que jamais l'imprimerie n'a pu être considérée comme un *métier mécanique*, mais qu'elle a été tenue en tel honneur et réputation, que les personnages les plus distingués par leur érudition ont bien voulu prendre la qualité d'imprimeur, et que vouloir les assimiler aux artisans mécaniques serait chose contraire à l'honneur qui a été de tout temps attribué

aux supposts, officiers et serviteurs d'icelle, plusieurs beaux droits, priviléges, libertés, franchises et exemptions (meus du mesme zèle que nos prédécesseurs et par les mesmes considérations), nous les avons confirmez pour en jouir tout ainsi qu'ils avoient fait au précédent. Ce néanmoins les libraires jurés de nostre bonne ville de Paris, supposts et officiers de nostre dicte fille, faisant venir leurs marchandises des pays étrangers, ou icelles envoyer hors nostre royaume, ils sont troublez et empeschez en la jouissance de leurs dicts priviléges par nos fermiers de la douane, sur les passages de Lyon, Troyes, Chalons, Rouen, Dieppe, Nantes et autres lieux, les voulant astreindre à payer les droits et impositions qui se lèvent et prennent sur les autres marchandises sujettes à iceux : en quoi les dits libraires recevroient un notable intérest, et demeureroient frustrez de la grace que nos dits prédécesseurs et nous avons accordée à nostre dite fille, laquelle nous a, pour cet effet, très humblement supplié et requis de lui octroyer nos lettres pour ce nécessaires. A ces causes, désirant conserver nostre dite fille (l'université), officiers, supposts et serviteurs d'icelle en leurs anciens priviléges et exemptions; de l'avis de nostre conseil qui a veu les dits priviléges et exemptions, voulons, vous mandons, et à chacun de vous, si comme à lui appartiendra, commettons par ces présentes, que les dits libraires vous faites, souffrez et laissez jouir et user pleinement et paisiblement de tous et chacun de leurs priviléges à eux, par nos dits prédécesseurs et nous, concédez et accordez, par le feu roy Louis en l'an mil cinq cent treize, cy-attachez, et desquels priviléges nous voulons et entendons qu'ils jouissent et usent, nonobstant les troubles ou empeschement qui pourroient en avoir esté fait cy-devant; faisons défenses bien expresses de par nous aux fermiers de la dite douane, et de tous et chaà cet art, qu'il désire maintenir comme le premier et le *plus exquis* de tous les autres (1).

Ce prince fit imprimer à ses dépens, en 1588, par Jamet Métayer, qu'il honora du titre de son imprimeur, le grand Bréviaire rouge et noir, in-fol. (*Breviarium romanum*), d'une beauté parfaite, et qu'on appelle Bréviaire de Henri III.

Plus tard, à la requête de l'université, il exempte les imprimeurs de payer des droits pour la confirmation de leur ancien privilége, à l'occasion du nouvel avénement à la couronne.

C'est dans la personne de Henri III que s'éteignit la branche

---

cuns nos ports, havres, passages et autres destroits, de ne troubler ni empescher les dits libraires directement ou indirectement, en l'apport de leurs marchandises des pays étrangers, ou transport d'icelles hors le dit royaume, le tout conformément à leurs dits priviléges ; et où il y auroit été fait, atténté ou innové aucunes choses au contraire, faites incontinent le tout réparer et remettre au premier état et deu ; et, en tant que besoin est et seroit, avons de nouveau déclaré et déclarons, par ces présentes, les dites marchandises franches et quittes de toutes entrées, impositions, péages, ponts, passages, travers, et généralement de tous autres subsides mis, par nos prédécesseurs roys et nous, sur toutes marchandises en général, déclarant n'avoir entendu et n'entendons les dits libraires tant jurés que non jurés demeurant en nostre ville de Paris y être compris. » (Lettres patentes du 16 novembre 1581, registrées en parlement le 14 octobre 1583.)

(1) L'édit de la création des métiers étant publié, ceux qui avaient charge de l'exécution dudit édit voulurent comprendre les imprimeurs entre les artisans mécaniques, ce qui était contre l'honneur de tout temps attribué à l'art de l'imprimerie : de quoi les imprimeurs et fondeurs de caractères firent très-humbles remontrances au roi et à nosseigneurs de son conseil : tellement que par arrêt dudit conseil, tenu à Paris le dernier jour d'avril 1583, il fut ordonné que lesdits imprimeurs et fondeurs seraient exceptés dudit édit de la création des métiers, pourvu qu'ils ne fassent autre profession, ni aucun autre art mécanique ; dont lettres patentes leur furent expédiées du même jour et an, qui furent vérifiées au parlement le 15e jour de juin 1583, et registrées au greffe du Châtelet de Paris le 10e jour de septembre ensuivant. (*Code de la librairie*, 1744, p. 9.)

des Valois, qui régnèrent à une époque d'agitations et de guerres civiles, dont ils ne surent peut-être pas préserver la France, mais qui, du moins, se montrèrent toujours les généreux protecteurs des savants, des littérateurs et des artistes. La cour des Valois avait jeté un grand éclat en Europe.

« C'est, dit M. Mignet (1), à cette école d'élégance et de dépravation, d'où sortirent des rois si spirituels et si vicieux, des princesses si aimables et si désordonnées, que se forma Marie Stuart. Dans son enfance, elle n'en prit que le bien, sans qu'elle pût s'empêcher toutefois d'en apercevoir le mal et plus tard de l'imiter; car ce qu'on voit influe à la longue sur ce qu'on fait. Mais alors elle profita uniquement des charmes et de l'instruction répandus dans cette cour agréable et lettrée, où les filles des rois s'adonnaient à l'étude des langues et au goût des arts, et où chaque prince eut son poëte : François Ier, Marot; Henri II, Saint-Gelais; Charles IX, Ronsard; Henri III, Desportes. Elle y était venue pendant que se tentait la révolution littéraire qui, séparant notre poésie des formes naïves qu'elle avait prises au moyen âge pour se rapprocher des formes savantes de l'antiquité, lui faisait perdre son originalité sans lui donner de la grandeur, et ne pouvait être qu'éphémère, quoique conseillée par Joachim du Bellay, accomplie par Ronsard, favorisée par le chancelier de l'Hôpital, admirée par Montaigne et applaudie par toute la cour de Henri II. Ronsard qui avait habité trois ans l'Écosse, comme page de Jacques V, fut le maître de Marie Stuart en poésie et devint son admirateur. »

La maison de Bourbon, qui succéda à celle des Valois, ne fut pas moins zélée pour le progrès des lettres,

(1) *Histoire de Marie Stuart.*

Henri IV témoigna pour l'imprimerie la même sollicitude que son prédécesseur, par lettres patentes du 17 décembre 1594, données à la suite d'un arrêt de son conseil d'État. On y lit ce qui suit : « En conséquence des priviléges accordés aux libraires, imprimeurs, relieurs, comme faisant partie de l'université, il est ordonné qu'ils demeureront déchargés des sommes qu'on leur demande pour le droit de confirmation de leurs priviléges ou autrement, à cause du nouvel avénement du roi à la couronne, et seront rayés des rôles desdites confirmations, avec défenses à toutes personnes de les faire contraindre au payement de ces sommes. »

Des lettres patentes du 23 juin 1594, enregistrées au parlement le 17 août de la même année, avaient confirmé les priviléges de l'université de Paris et de ses suppôts, parmi lesquels se trouvaient compris les imprimeurs et libraires. Le 20 février 1595, Henri IV signa de nouvelles lettres patentes, qui furent vérifiées au parlement le 26 juin suivant; elles portaient confirmation des priviléges des libraires, imprimeurs et relieurs, et, en outre, exemption des subsides et impositions nouvellement établis en la ville de Paris et autres villes du royaume (1). Sa déclaration du même jour et ses lettres

---

(1) « Nous, ayant égard auxdits priviléges et exemptions et aux grandes et justes considérations qui ont meu nos prédécesseurs à leur accorder et octroyer, avons ordonné et ordonnons que lesdits libraires et imprimeurs de Paris seront, et les avons quittés, exemptés et déchargés, quittons et exemptons du payement des subsides et impositions nouvellement établis en notre dite ville de Paris et autres villes de notre royaume, pour toutes sortes de livres et impressions, entrant et sortant ès dites villes, sans qu'ils soient contraints de payer aucune chose ; et dans le cas où aucunes sortes de livres et impressions auroient été saisies, leur en faites faire pleine main-levée et délivrance, etc. » Ensuite est l'ordonnance des commissaires députés par le roi, en date du 1er juillet 1595, qui a entériné les lettres patentes.

patentes du 15 novembre suivant renouvellent les immunités et franchises du papier. La même année, il fit transporter à Paris la bibliothèque de Fontainebleau, donnant ainsi aux gens de lettres la facilité d'en consulter les livres et d'y puiser des matériaux dont la connaissance, à cause de l'éloignement, leur avait été jusqu'alors interdite.

La correspondance de Henri IV avec Jean de Tournes, imprimeur du roi à Lyon, témoigne de la bienveillance toute particulière qu'il portait à la personne de l'imprimeur et à l'art qu'il exerçait. Mais voici une autre preuve de l'intérêt que prenait ce roi si populaire au progrès des lettres, en général, dans son royaume. Les professeurs du collége royal, qu'on appelait *lecteurs du roi*, ne touchant plus leurs traitements, par suite de l'épuisement des finances, présentèrent à Henri IV une requête à laquelle ce monarque s'empressa de faire droit, en ajoutant ces belles paroles : « J'aime mieux qu'on diminue « ma dépense et qu'on retranche de ma table pour en payer « mes lecteurs. M. de Rosny les payera. » Or, M. de Rosny était le surintendant des finances si connu depuis sous le nom de duc de Sully. Ce grand ministre si économe d'ailleurs, mais cette fois s'associant à la générosité de son maître, dit aux professeurs : « Les autres vous ont donné du papier, du parchemin, de la cire ; le roi vous a donné sa parole, et moi je vous donnerai de l'argent. »

Louis XIII, par lettres patentes du mois de décembre 1610, vérifiées en parlement le 9 avril 1611, confirma à son tour les priviléges et exemptions accordés par ses prédécesseurs aux imprimeurs et aux libraires comme membres de l'université (1).

---

(1) « Avons de notre certaine science, grâce spéciale, pleine puissance et autorité royale, et par l'avis de notre très-honorée dame et mère régente

Enfin parut le premier règlement général sur l'imprimerie et la librairie, règlement qui fut vérifié en parlement le 9 juillet 1618.

L'article 1er en est ainsi conçu :

« Les libraires et imprimeurs seront toujours censés et réputés du corps et des suppôts de notre fille aînée l'université de Paris, du tout distingués et séparés des arts mécaniques, et seront maintenus et gardés en la jouissance de tous les droits, franchises et prérogatives à eux attribués par nous et les rois, nos prédécesseurs. » Ce même acte (art. 12) enjoint expressément aux imprimeurs « d'imprimer les livres en beaux caractères et bon papier, et bien corrects, avec le nom du libraire et sa marque. »

Il réglemente ensuite tout ce qui concerne la vente des livres et l'exercice de la profession d'imprimeur : l'apprentissage, le compagnonnage, les réceptions, les droits des veuves et des enfants, les ventes de fonds, etc., etc.

Mais le point capital de ce règlement est l'organisation d'une chambre syndicale pour la corporation des libraires et imprimeurs.

« Tous les libraires et imprimeurs, dit l'article 17, s'as-

---

et de notre conseil, confirmé, continué et approuvé, continuons, confirmons et approuvons, par ces présentes, à notre fille l'université de Paris, recteurs, docteurs, principaux, régents, écoliers, libraires, messagers-jurés, officiers et suppôts d'icelle, tous et chacun les priviléges et exemptions des levées de deniers, entrées de ville et passages ci-dessus déclarés, soit en général ou en particulier, avec les autres droits et usages accoutumés ; j'açoit que lesdits priviléges, franchises et libertés n'y soient précisément exprimés, ainsi qu'il seroit requis de faire, lesquels nous y tenons pour déclarés et exprimés par ces présentes, pour en jouir et user entièrement, pleinement et paisiblement par notre dite fille, les suppôts, libraires, messagers et officiers, dorénavant et à toujours, sans qu'il leur soit fait aucun trouble ou empêchement. »

sembleront par chacun an, en la salle des Mathurins, au bureau de la communauté, en la présence du lieutenant civil, et du substitut du procureur général au Châtelet, le 8 de mai, à deux heures de relevée, et non plus tard, afin de procéder à l'élection d'un syndic et de quatre adjoints, où se fera l'élection par chacun an ; à sçavoir d'un libraire et d'un imprimeur, à la décharge des deux précédents. Et seront tenus lesdits syndic et adjoints prêter le serment à l'instant de leur réception, de bien et fidèlement se comporter en leur charge, de quoi leur sera donné acte : et continueront ladite assemblée d'année en année (1). »

Conformément aux anciens statuts par lesquels il était enjoint aux libraires, comme il le fut plus tard aux imprimeurs, d'avoir leur demeure dans le quartier de l'université, l'article 30 du règlement de 1618, approuvé par Louis XIII, défend « à tous imprimeurs, libraires et relieurs de tenir et avoir plus d'une boutique et imprimerie, laquelle ils tiendront en l'université, au-dessus de Saint-Yves, ou au-dedans du Palais, et non ailleurs, sinon ceux qui voudraient se restreindre à ne vendre que des usages (2). »

On n'avait pas encore fixé de limites plus étroites que celles-là ; aussi ne furent-elles pas rigoureusement gardées.

Louis XIII, d'un caractère triste et mélancolique et qui ne parut point avoir un goût décidé pour les lettres, ne négligea pas cependant les occasions de les soutenir. Il prodigua notamment des grâces particulières et des encouragements aux imprimeurs.

---

(1) Le mardi, 17 juillet 1618, furent nommés : Nicolas du Fossé, imprimeur-libraire, syndic ; Regnault Chaudière, Nicolas Buon, Pierre Le Mur et Edme Martin, adjoints.

(2) On appelait ainsi les livres d'église.

En 1619, sur la demande du clergé, qui voulait publier une édition des pères grecs, il ordonne l'emploi d'une somme de 3,000 livres prise *sur ses deniers*, pour racheter les matrices des caractères qui avaient été engagés au gouvernement de Genève par Paul Estienne, petit-fils de Robert Estienne, et ces matrices furent rapportées en France.

En 1620, il crée *deux imprimeurs ordinaires du roi*, chargés d'imprimer exclusivement les édits, ordonnances, déclarations, etc., etc. Ils étaient commensaux de la maison du roi au titre d'officiers, avec appointements de 300 livres.

Plus tard, dans le but de récompenser les imprimeurs qui s'étaient conduits avec honneur et distinction, il institue quatre autres charges d'imprimeur ordinaire du roi avec les mêmes prérogatives.

Par ses ordres, Richelieu réunit une société de libraires (1633) pour faire exécuter la belle édition de livres d'église, en rouge et en noir, destinés aux offices divins, et qui furent bientôt répandus dans toutes les parties du monde. D'autres associations de libraires, telles que les compagnies de la *Grand'Navire* (1), se formèrent aussi sous le règne de Louis XIII, et publièrent de bonnes éditions d'auteurs grecs, de pères de l'Église, etc.

En 1632, il fait acheter secrètement, au prix de 4,300 livres, des caractères arabes, syriaques et persans provenant de la succession de Savary de Brèves, et qui étaient convoités par les protestants d'Angleterre et de Hollande, recommandant à Antoine Vitré (2), son imprimeur en langues orientales,

---

(1) Les deux premières qui portèrent ce nom datent du règne de Henri IV (1586 et 1605).

(2) Imprimeur célèbre et connu par plusieurs éditions fort estimées en

« d'avoir soin que des choses uniques, si belles et si admi-
« rables, ne fussent pas vendues à des étrangers qui les
« emporteroient hors de France, tant parce qu'ils en pour-
« roient faire beaucoup de mal à la religion qu'à cause de ce
« que c'est un des beaux ornements de son royaume. »

Il charge également Vitré de faire graver à ses frais des poinçons arméniens et éthiopiens (1).

En 1631, il crée l'imprimerie de la *Gazette de France*, dont il donne la direction à Théophraste Renaudot, médecin (2).

En 1640, il fonde un atelier typographique, auquel il donne le nom d'*Imprimerie royale*, et l'installe dans son palais du

---

leur temps, et surtout par la Bible *polyglotte* du président Le Jay, dont les caractères orientaux furent fondus par Jacques de Sanlecque. Vitré était marguillier de Saint-Séverin, et fit placer sur la porte du cimetière de cette paroisse les deux vers suivants :

    Tous ces morts ont vécu ; toi qui vis, tu mourras !
    L'instant fatal approche, et tu n'y penses pas.

Le cimetière de cette paroisse, qui se trouvait circonscrit entre les rues Saint-Jacques, de la Parcheminerie et des Prêtres-Saint-Séverin, a acquis dans l'histoire de Paris une certaine célébrité. Plusieurs hommes célèbres, français ou étrangers, y avaient leur sépulture. On sait que c'est là qu'au mois de janvier 1474 eut lieu la première opération de la taille sur un franc-archer condamné à mort. Cette opération, alors inconnue, réussit parfaitement, et le patient fut en peu de temps guéri, et gracié ainsi qu'on le lui avait promis. Sur la porte du cimetière, qui prenait jour par la rue de la Parcheminerie, on lisait cette autre inscription singulière, placée sans doute à l'époque du seizième siècle, alors que les antithèses et les eux de mots étaient assez à la mode :

    Passant, ne penses-tu passer par ce passage
      Où pensant j'ai passé ?
    Si tu n'y penses pas, passant, tu n'es pas sage,
    Car, en n'y pensant pas, tu te verras passé.

(1) Des difficultés survenues dans le payement du mandat que Louis XIII avait fait expédier pour cet objet empêchèrent l'exécution de cette mesure.

(2) Charte du 11 octobre 1631. — Le 1er janvier 1779 l'impression de la *Gazette* fut confiée à l'imprimerie royale.

Louvre. Il y réunit successivement les caractères grecs que François Ier avait fait graver, ainsi que les caractères arabes, turcs et persans, dont Savary de Brèves avait surveillé la gravure et l'exécution pendant son ambassade à Constantinople, de 1589 à 1611. Une fonderie attachée à l'imprimerie royale multiplia tous ces caractères, qui dès lors furent employés dans l'établissement concurremment avec les caractères français (1).

Le règne de Louis XIII fut une phase brillante dans l'histoire de l'imprimerie; à aucune autre époque on n'eut pour elle plus d'égards et de considération. En 1634, l'académie française, qui venait d'être fondée par Richelieu, tenait ses séances chez son imprimeur-libraire, Jean Camusat, qui, à la vérité, était un des hommes les plus distingués de son temps. Elle le chargea à plusieurs reprises de faire en son nom des compliments ou des remerciments, et il s'acquitta toujours de ces missions délicates avec autant d'esprit que de tact. « C'est le seul libraire sans doute, dit M. Villenave (2), par l'organe duquel un corps littéraire ait cru pouvoir s'exprimer dignement lorsqu'il ne le faisait pas lui-même. »

A la mort de Camusat, en 1639, l'académie prit une décision pour lui faire un service funèbre et elle y assista en corps. Elle eut même le courage de conserver à sa veuve la charge et le titre d'imprimeur-libraire de l'académie, malgré l'opposition du cardinal de Richelieu, qui voulait en investir Cramoisy.

Le goût de l'étude, le besoin de s'instruire et d'apprendre marquèrent la fin du siècle de Louis XIII. On commençait à s'éloigner des classiques anciens et à leur préférer les ouvrages

---

(1) L'histoire de cette imprimerie fera l'objet, plus loin, d'un chapitre particulier.

(2) *Biographie universelle*, tome IV.

modernes et nationaux ; chacun voulait avant tout connaître sa langue maternelle. Le succès immense des pièces de Corneille, plusieurs ouvrages remarquables tels que le roman de d'Urfé, les lettres de Balzac, la fondation de l'académie française, avaient développé dans la haute société de Paris et jusque chez les femmes un goût prononcé d'études littéraires, de bel esprit si l'on veut, qui ne saurait être méconnu, et qui préparait en quelque sorte le siècle de Louis XIV.

Le commencement du règne de Louis XIV, qui devait être aussi celui des lettres, fut signalé par un acte que les imprimeurs regardèrent comme d'un heureux augure. Le 18 juillet 1648, le jeune roi imprima de sa main plusieurs exemplaires de la première feuille des Mémoires de Philippe de Commines.

Ce fait est consigné dans le passage suivant de la dédicace au roi, placée en tête de cette nouvelle édition : « Que ne « devons-nous point espérer de Vostre Majesté qui a faict « renaistre ce mesme autheur dans son imprimerie royale du « Louvre (establie avec tant de soin et d'ornement en 1640, « par le feu Roy, Louis le Juste, vostre père, de glorieuse « mémoire) et qui a tiré elle-mesme, par divertissement, la « première fueille de cette impression ? » Et en addition : « Un samedy, 18 juillet 1648, le Roy, honorant de sa présence « l'imprimerie du Louvre, se trouva fortuitement lorsque « l'on commençoit à tirer la premiere fueille de cette his- « toire qu'il vit et mania avec plaisir, ce qui fut pris à bon « augure de l'estime qu'il feroit de cet ouvrage. »

Peu de temps après, Louis XIV donna une nouvelle preuve de l'estime qu'il faisait de l'art de l'imprimerie et de la personne de ceux qui l'exerçaient. En 1651, il accorda à Pierre Rocolet, son imprimeur, qui, en qualité de capitaine des gardes bourgeoises de son quartier, avait montré un grand dévouement à la cause royale pendant les troubles de la Fronde, « une chaîne d'or avec la médaille de sa figure et portrait. » Voici en quels termes était conçu le brevet :

« Le roi étant à Paris, voulant témoigner à Pierre Rocolet, son libraire et imprimeur ordinaire, la satisfaction qu'il a de ses bons, fidèles et agréables services et lui départir quelques marques d'honneur et de sa bienveillance pour l'obliger de continuer, Sa Majesté lui a fait don et présent d'une chaîne d'or, avec la médaille de sa figure et portrait, afin que la portant et conservant, ses enfants soient conviés à l'imiter en l'affection et service de sa dite Majesté, et les autres excités à se rendre dignes de ses autres gratifications. Et à ce que sa postérité en soit bien informée et que la mémoire leur en demeure, sa dite Majesté m'a commandé de lui en expédier le présent brevet qu'elle a voulu signer de sa main et contresigné par moi, conseiller et secrétaire d'état, le 23e septembre 1651. *Signé* Louis. »

En 1649, voulant remettre le *plus beau et le plus utile de tous les arts en son lustre*, il ordonne, par un nouveau règlement qui fut vérifié en parlement le 7 septembre 1650, la stricte exécution des ordonnances antérieures sur l'imprimerie, afin qu'on ne reçoive plus de personnes incapables d'exercer cette profession (1) et que l'on cesse d'imprimer sur de mauvais papier et avec une incorrection qui est une honte pour son règne (2). Ce règlement renouvelle tous les

---

(1) Il paraît que ces règlements n'étaient pas toujours bien observés ; car, en 1667, il y avait 86 imprimeurs à Paris, et un arrêt du conseil du 17 février 1667 en supprima 15, sur ce que, dans ce nombre, une partie étaient incapables de leur profession et dans une grande nécessité.

(2) « Enjoignons très-expressément aux syndic et adjoints d'avoir l'œil que les livres qui seront sous les presses soient sur de beau et bon papier, et bons caractères qui ne soient pas usés. (Article 21 du règlement de 1649.)

priviléges et exemptions dont jouissaient déjà les imprimeurs et libraires (1). Il donne aussi plus d'étendue que celui de 1618 à la circonscription assignée aux imprimeurs et aux libraires pour y exercer leur profession.

Le 20 mars 1653, eut lieu le premier enregistrement de privilége à la chambre syndicale.

Colbert, qui méditait alors de grandes choses pour l'avancement des lettres, et dont la passion pour les livres était extraordinaire, donnait des ordres d'achats pour la bibliothèque du roi, non-seulement en France et dans les pays voisins, mais encore dans le Levant, où MM. de Monceaux et Laisné, qui y voyageaient, firent des acquisitions considérables. Les ministres de France près des cours étrangères étaient chargés d'acheter, pour le roi, tous les livres rares et précieux qu'ils pourraient trouver, et chaque année on recevait d'Angleterre, de Hollande, d'Allemagne, d'Italie, etc., les différents ouvrages qui s'imprimaient dans ces pays, et on envoyait souvent, surtout d'Italie, des copies des manuscrits les plus précieux. On doit comprendre que ce vigilant ministre ne se bornait pas à faire chercher à l'étranger ce qu'il y avait de plus rare, et qu'il n'avait garde de négliger les richesses littéraires que devait fournir l'intérieur du royaume. Il fit tirer des copies authentiques des titres et des autres

---

(1) « Les marchands libraires et imprimeurs et relieurs seront toujours censés du corps de notre bien amée fille ainée l'université de Paris, du tout distingués et séparés des arts mécaniques et autres corps de métiers ou marchandises, et comme tels conservés en la jouissance de tous les droits, priviléges, franchises, libertés et prérogatives attribués à ladite université et à eux par les rois nos prédécesseurs et par nous. » (Règlement de 1649, article 1er.) Ces priviléges et exemptions furent confirmés et étendus par les édits du mois de septembre 1651, du mois d'août 1686, et par la déclaration du 11 septembre 1703, enregistrée en parlement le 6 octobre suivant.

monuments historiques conservés dans les archives des provinces. L'imprimerie de Paris eut une grande part dans cette abondante récolte de manuscrits. Les presses se ressentirent de l'activité littéraire que Colbert avait fait naître et savait si bien entretenir. Les nombreuses et riches éditions publiées à cette époque sont la preuve des avantages qu'y trouvèrent les imprimeurs et de la prospérité de leurs maisons.

L'année 1670 vit s'établir une impression d'un autre genre, mais bien capable d'éterniser la magnificence de Louis XIV. On commença alors à graver, avec une dépense vraiment royale, ces belles planches dont les estampes ont été pendant longtemps destinées à être offertes en présent aux ministres étrangers et aux personnes de distinction que le roi voulait récompenser.

En 1671, dans la pensée de soutenir la gloire de l'imprimerie française et d'entretenir l'émulation parmi les imprimeurs, Louis XIV institue des imprimeurs royaux par lettres patentes qui prouvent tout l'intérêt qu'il porte à la réputation de la typographie en France (1). Par d'autres lettres patentes

---

(1) « Louis, par la grâce de Dieu, roi de France et de Navarre, à tous ceux qui ces présentes lettres verront, salut :

« Sçavoir faisons que pour le bon et louable rapport qui nous a été fait de la personne de Gislain Lebel, et pour la pleine confiance, loyauté, suffisance et expérience que s'est acquise en l'art d'imprimerie et librairie, dont il a fait apprentissage quatre ans entiers et consécutifs en notre ville de Paris, chez François Muguet, notre imprimeur ordinaire, avant lequel temps *il auroit fait toutes ses humanités et son cours de philosophie*, lesquelles raisons auroient obligé les premier et échevins de notre ville d'Amiens, de lui accorder la permission d'y exercer l'art d'imprimerie et d'y tenir boutique de librairie, son établissement étant même avantageux à notre ville d'Amiens, comme le témoingne le sieur Lucas de Demain, notre conseiller et subdélégué à l'intendance de notre province de Picardie, etc. ;

« Pour ces causes, et sur l'espérance que nous avons que ledit Lebel

du 28 avril 1673, il confirme les droits de l'université sur le parchemin, qu'on employait encore souvent pour la transcription des manuscrits; mais l'usage de plus en plus fréquent du papier fit tomber en désuétude les priviléges universitaires.

L'édit du mois d'août 1686, malgré quelques restrictions sévères, peut être regardé comme un acte favorable à l'imprimerie : il détermine le matériel minimum dont doit se composer une imprimerie (1); fait nouvelles défenses aux particuliers d'imprimer et de vendre des livres (2); rappelle l'obligation imposée aux libraires et imprimeurs d'imprimer

---

saura bien et dilligemment s'acquitter de ce qui lui sera commis et ordonné pour notre service, nous lui avons donné et octroyé, donnons et octroyons par ces présentes, signées de notre main, *la charge de notre imprimeur et libraire ordinaire en notre dite ville d'Amiens*, pour en jouir et user par ledit Lebel en notre dite ville, aux honneurs, autorité, prérogatives, prééminences, priviléges, franchises, libertés et droits accoutumés appartenant à ladite charge, selon et ainsi qu'en jouissent nos autres imprimeurs de notre royaume tant qu'il nous plaira.

« Donné à Saint Germain-en-Laye, le sixième jour de mars, l'an de grâce mil six cent soixante onze, de notre règne le vingt-huitième.

« Ainsi signé : Louis. »

(1) « Aucun imprimeur ne pourra exercer l'imprimerie qu'il n'ait deux presses à lui appartenantes, et qu'elles ne soient fournies de bonnes fontes, sans que plusieurs imprimeurs se puissent associer en une même imprimerie. » (Edit d'août 1686, article 2.)

(2) « Les seuls imprimeurs auront des presses et caractères servant à imprimer. Défendons à toutes autres personnes d'en avoir ou tenir en quelque lieu que ce soit, sous quelque prétexte que ce puisse être, à peine de punition exemplaire, de confiscation des presses et caractères, et de trois mille livres d'amende. Défendons pareillement à toutes personnes autres qu'aux imprimeurs et libraires, de vendre et débiter aucuns livres, et de les faire afficher pour les vendre en leurs noms, soit qu'elles s'en disent les auteurs ou autrement, à peine de cinq cents livres d'amende contre les contrevenants, et de confiscation desdits livres. » (Edit du mois d'août 1686, article 6.)

et faire imprimer les livres en beaux caractères, sur de bon papier et bien corrects (1); remet en vigueur toutes les dispositions des règlements antérieurs, relatives à la profession d'imprimeur ou de libraire, quoiqu'il n'y soit plus question de libraires jurés ; fixe à *trente-six* le nombre des imprimeurs de Paris (2), et décide que les libraires qui ne sont pas imprimeurs ne pourront en faire profession, ni même se présenter pour remplir les places qui deviendraient vacantes.

Cette dernière disposition donna lieu à de grands débats et à des réclamations pressantes de la part des libraires, qui se trouvaient humiliés par cette exclusion. Ils présentèrent de nombreux mémoires, auxquels il fut répliqué par les imprimeurs. Cette longue querelle ne se termina qu'à la publication du règlement général de 1723.

(1) « Tous les libraires et imprimeurs imprimeront et feront imprimer les livres en beaux caractères, sur de bon papier et bien corrects, avec le nom et la marque de l'imprimeur qui en aura fait l'impression ; et, lorsque lesdits livres seront imprimés aux dépens des libraires et pour leur compte, l'imprimeur qui en fera l'impression sera tenu de mettre son nom à la fin des dits livres, outre le nom et la marque du libraire qui aura été mise sur la première page des dits livres ; le tout à peine de confiscation et d'amende, et de plus grande peine, s'il y échet. » (Edit du mois d'août 1686, article 3.)

(2) « A l'égard des imprimeurs, il n'en sera reçu aucun jusqu'à ce qu'ils soient réduits au nombre de trente-six ; et, après ladite réduction, il sera reçu autant de maîtres qu'il en manquera pour faire ledit nombre de trente-six seulement. Ceux des libraires qui ne seront actuellement imprimeurs ne pourront ci-après en faire profession, tenir aucune imprimerie, ni même se présenter pour remplir les places d'imprimeurs qui seront vacantes, lesquelles seront remplies par les fils des imprimeurs, s'ils se trouvent avoir les qualités requises, ou par ceux qui auront fait apprentissage chez les maîtres imprimeurs, conformément aux articles précédents. » (Edit du mois d'août 1686, article 4.) On toléra cependant les imprimeurs qui se trouvaient établis à cette époque ; et, en 1697, il y en avait encore cinquante-sept à Paris.

Un édit du mois d'août 1686 oblige les imprimeurs, conformément aux anciennes ordonnances, de n'avoir boutique ou magasin que dans le quartier de l'université.

Un autre édit, du mois de septembre de la même année, réunit les relieurs et doreurs en une communauté particulière, distincte et séparée de celle des libraires et imprimeurs, à laquelle ils appartenaient auparavant.

L'université réclama contre ces innovations; mais les dispositions nouvelles prévalurent, et dès lors la juridiction universitaire sur la librairie, l'imprimerie et les autres professions qui s'y rattachent, fut plus honorifique que réelle.

La révocation de l'édit de Nantes (1685) avait causé un immense préjudice à l'industrie manufacturière, exercée en France par un grand nombre de protestants qui allèrent s'établir dans les pays étrangers, surtout en Prusse et en Angleterre, où ils furent accueillis avec empressement. Les Anglais leur durent le perfectionnement de la papeterie; car, avant cette époque, les manufactures du comté de Kent et celle de Dartford ne fournissaient qu'un papier bis et grossier. Ce furent les ouvriers français de l'Auvergne et de l'Angoumois qui fondèrent à Londres les premières fabriques de papier blanc et fin. Louis XIV, voulant réparer les funestes effets de son édit, chargea ses agents en Angleterre de distribuer de fortes sommes d'argent aux ouvriers pour les engager à revenir en France. Ils y rentrèrent; mais l'industrie qu'ils avaient apportée dans la Grande-Bretagne y resta, y progressa, et les Anglais cessèrent de tirer la plupart de leurs papiers des autres pays, comme ils le faisaient auparavant.

En 1692, le roi prescrit l'exécution d'une collection ayant pour titre *Description et perfection des arts et métiers*, dont le premier volume est consacré à l'art de *construire les carac-*

tères, de graver les poinçons de lettres, de fondre les lettres, d'imprimer les lettres et de relier les livres (1).

Dans la même année, il ordonne qu'une typographie spéciale sera gravée pour le service de son imprimerie, et une commission de l'académie des sciences est désignée pour décider la forme qu'il conviendra de donner à ces nouveaux types, dont la gravure est confiée à Philippe Grandjean.

Le premier ouvrage où l'on commença d'en employer est intitulé : *Médailles sur les principaux événements du règne de Louis le Grand*, avec des explications historiques (par Charpentier, Tallemant, Racine, Boileau, etc.), 1702, grand in-folio.

Les presses du Louvre, par les ordres du roi, sont consacrées pendant soixante années à élever un magnifique monument typographique; nous voulons parler de la *Collection bysantine*, grand in-folio, grec et latin, avec notes et additions. Trente-cinq volumes paraissent successivement de 1646 à 1711.

---

(1) « Nous sommes heureusement parvenus, est-il dit dans la préface de ce volume, au point de fixer les caractères à une perfection jusqu'à présent inconnue, par des règles que nous avons établies de leurs grandeurs, de leurs contours, de leurs pleins, de leurs déliés, de leurs empatemens; de leurs espaces ; et les soins opiniâtres de corrections de plusieurs années de suite que nous nous sommes donnés pour en faire prendre l'esprit et le goût à l'ouvrier.

« Cet ouvrage, que d'autres de ce genre doivent bientôt suivre, est à présent entre les mains du public, et soumis à sa censure, par l'honneur que le roi lui a voulu faire de s'en servir à son histoire médalique : ce livre, dont chaque page contient un miracle de vertu, exprimé par l'éloquence même, et figuré par des chefs-d'œuvre de gravure, d'ordonnance et de composition : ouvrage digne de la grandeur des actions du héros qu'il nous expose, du zèle de ceux qui en ont formé l'idée et ordonné de sa conduite, et qui nous sert d'une auguste et authentique preuve de l'avantage qu'on doit attendre de notre glorieux mais pénible travail de la description et perfection des arts et métiers. »

C'est aussi à l'imprimerie du Louvre que s'impriment l'Histoire et les Mémoires de l'académie des inscriptions, de l'académie des sciences, le *Gallia christiana* et beaucoup d'autres ouvrages importants qui obtiennent cette faveur.

Convaincu que l'art de l'imprimerie devait répandre un grand éclat sur son règne, Louis XIV ordonne qu'une nouvelle et immense entreprise soit confiée aux imprimeurs particuliers de Paris, qui manquaient en ce moment de travaux : cette entreprise est la *Collection des auteurs latins ad usum Delphini* (1). Il en confie l'exécution principale à Frédéric Léonard, son imprimeur ordinaire, et charge le duc de Montausier de la direction. Léonard reçoit, à cet effet, des lettres de privilége pour vingt ans, et un grand nombre d'autres imprimeurs partagent avec lui l'exécution de ce magnifique travail, pour lequel le roi leur distribue des marques de sa munificence.

Un arrêt du conseil, du 21 juillet 1704, fixe le nombre des

---

(1) « Ne voulant rien oublier de tout ce qui peut contribuer à la bonne éducation de notre très-cher et très-amé fils le *Dauphin*, et considérant que son avancement dans l'étude des bonnes lettres en fait une partie, nous avons jugé que rien ne lui seroit plus utile pour cela que de lui faciliter la lecture et l'intelligence des anciens auteurs de la langue latine, par des moyens plus prompts et plus commodes que ceux dont on s'est servi jusques ici ; et nous nous sommes d'autant plus porté à l'exécution de ce dessein, que nous avons compris en même temps que le public en recevroit beaucoup d'avantages. Ainsi nous avons jeté les yeux sur plusieurs personnes savantes, tant de notre royaume que des pays étrangers, pour travailler sur ces anciens auteurs de la langue latine, y faisant des notes et des explications qui pussent en donner l'intelligence sans avoir besoin d'autres commentaires ; et dans la distribution qui a été faite de ce travail, nous avons chargé le sieur Cailly, professeur royal d'éloquence et de philosophie, et principal du collége des arts en l'université de Caen, *des œuvres de Boece touchant la consolation de la philosophie*, dont il s'est acquitté à notre satisfaction, etc. »

imprimeurs et libraires dans toutes les villes du royaume ; et par la déclaration du 23 octobre 1713 il est enjoint aux maîtres imprimeurs d'avoir au moins quatre presses et huit sortes (1) de caractères romains avec leurs italiques, à peine d'être déchus pour toujours de la maîtrise.

Pendant ce règne, si long et si brillant, une immense activité se fait remarquer, non-seulement dans les imprimeries françaises, mais encore à l'étranger, où l'on contrefaisait presque tous nos livres, et où d'illustres protestants réfugiés, Basnage, Bayle, Saurin et beaucoup d'autres avaient porté notre langue et notre littérature. Cette activité était due à la multitude de savants et de littérateurs dont les beaux ouvrages donnèrent un si éclatant relief au siècle de Louis XIV, et qui ne furent aussi nombreux à aucune autre époque de notre histoire.

L'antiquité sacrée et profane est scrutée par Achéry, Baluze, auteur de sept volumes d'anciens monuments, Mabillon, Montfaucon. On a dit de Mabillon, en empruntant les paroles que Cicéron appliquait à un fécond écrivain, qu'on aurait pu brûler son corps sur un bûcher formé de ses seuls écrits.

L'astronomie, la physique, avaient pour interprètes Cassini, Rohault.

Les mathématiques, Bouillaud, Lahire, Lami, Lhôpital, Maignan, Malezieu, Ozanam, Pardies, Parent, Reinau, Sauveur.

La médecine, la chirurgie, la chimie, la botanique, Charras, Hecquet, Helvétius, Lemery, Méry, Patin, Tournefort. — La Quintinie publie de nombreux ouvrages sur l'agriculture.

Le droit et la jurisprudence étaient représentés par d'Agues-

(1) L'arrêt du conseil du 31 mars 1739 en exige neuf.

seau, le plus savant et le plus éloquent des magistrats de France, Barbeyrac, Domat, Doujat, Ferrières, Launay, Laurière, Patru.

La philosophie, sous différents points de vue, par Bayle, Beausobre, Bernier, Descartes, Duhamel, Gassendi, Malebranche, Pascal, Régis.

La théologie catholique, par Alexandre, Ant. Arnauld, Boursier, Duguet, Hermant, Lebrun, Thomassin, Thiers, Thoynard; la théologie protestante, par Abbadie, Claude, Ferry, Jacquelot, Jurieu.

L'éloquence de la chaire, par Bossuet, à la fois orateur, historien et controversiste, Bourdaloue, Fléchier, Mascaron, Massillon, Sénault, Villiers, et par le ministre Saurin.

Les études et l'éducation ont pour guides Buffier, Dumarsais, Jouvency, Lancelot, Rollin.

La géographie est enseignée par Baudran, Delisle, Longuerue, Sanson, appelé le père de la géographie.

Les voyages sont racontés par Chardin, Choisy, Vaillant.

La poésie est cultivée par Benserade, Adam Billaut, le menuisier de Nevers, *Boileau*, Brébeuf, Chapelle, Chaulieu, Desbarreaux, Gacon, Genest, Gombauld, Grécourt, Hesnault, La Fare, *La Fontaine*, Lainez, Lamonnoie, Lemoyne, Malleville, Maynard, le duc de Nevers, Pavillon, Racan, *J.-B. Rousseau*, Saint-Aulaire, Sanlecque, Sarrasin, Scaron, Scudéry, Segrais, Sennecé, Voiture. — Commire, Ducerceau, Rapin, Santeul, cultivaient avec succès la poésie latine.

Le théâtre présente en première ligne, Molière, Pierre et Thomas Corneille, Racine, précédés ou suivis dans la même carrière par Baron, Boindin, Boisrobert, Boursault, Bruéis, Campistron, Crébillon, Danchet, Dancourt, Destouches, Duché, Dufresny, Lachapelle, Lagrange, Lafosse, Lamotte-Houdard, Mairet, Montfleury, Quinault, Rotrou, Tristan, etc.

Le vaste champ de l'histoire est exploré par Dom Calmet, Catrou, jésuite, qui publie à lui seul vingt volumes sur l'histoire romaine ; Choisy, Cordemoy, Cousin, Daniel, Ducange, historien et glossateur, Félibien, Fleury, Labbe, auteur de soixante-seize ouvrages, Legendre, Lenain de Tillemont, Maimbourg, Marsollier, Mézeray, Péréfixe, Rapin-Thoyras, Saint-Réal, Sauval, Henri et Adrien de Valois, Varillas, Vertot. — Amelot de la Houssaie, Duguay-Trouin, Feuquières, Gourville, Laporte, le cardinal de Retz, publient ou laissent des mémoires sur les événements du grand règne. — Bochard, Herbelot, Morin, Petis de la Croix, Renaudot, s'appliquent à l'histoire orientale.

Les romans sont mis en vogue par Gomberville, La Calprenède, Scudéry, Lesage.

La littérature, dans ses diverses branches, ne compte pas un moindre nombre d'auteurs, parmi lesquels nous citerons Baillet, Balzac, Bouhours, Bouhier, Bussy-Rabutin, Fénelon, Fontenelle, Galland, Godeau, Huet, La Bruyère, Lamothe-Levayer, La Rochefoucauld, Larue, Lebossu, Ménage, Montreuil, Perrault, Saint-Évremond, Vaugelas, Voiture.

On ne se borne point aux ouvrages originaux : on fait de nombreuses traductions des livres anciens. Il faut citer parmi les principaux traducteurs : Brumoy, Duryer, Dacier, Gédoyn, Longepierre, de Marolles, de Martignac, Mongault, Perrault-d'Ablancourt, Polignac, Saci, Tallemant, Tarteron, Terrasson, Tourreil.

Denis de Sallo fonde le *Journal des Savants*, qui donne le signal aux publications périodiques de ce genre, telles que la *Bibliothèque universelle* de Leclerc, les *Nouvelles de la Ré-*

publique des Lettres, rédigées par Bayle, etc. — On publie de nombreux dictionnaires, entre autres ceux de Danet, de Richelet, de Furetière ou de Trévoux, et l'académie française donne la première édition du sien.

Et comme si tout devait être étonnant dans ce siècle, les femmes elles-mêmes sont mêlées à ce mouvement littéraire, et publient de nombreux ouvrages.

Dans la littérature, on remarque mesdames Lambert, de Maintenon, de Sévigné, d'Aulnay, de La Fayette, de Scudéry, de Villedieu.

Dans la poésie, mesdames Chéron, Deshoulières, de la Suze; et pour le théâtre, mesdemoiselles Barbier et Bernard.

Dans l'histoire, mesdames de Motteville, de Montpensier, de Nemours.

Enfin, madame Dacier, la plus illustre entre toutes les autres par sa science, et qui a rendu de si grands services aux lettres, publie de savantes traductions.

Il n'entre pas dans notre sujet de mentionner ici les artistes qui contribuèrent pour beaucoup à l'illustration de ce règne; mais la peinture, la sculpture, l'architecture, la musique, etc., étaient cultivées avec ardeur. Lebrun, Lesueur, Puget, Girardon, Mansart, Blondel, Lambert, Lulli, et tant d'autres, étaient animés de l'amour des beaux-arts.

Cet immense développement intellectuel et artistique fut dû à la munificence du grand roi. Ses libéralités faisaient éclore le génie; sa protection le soutenait contre les attaques de l'envie. C'est de Louis XIV même que Molière obtint la permission de faire représenter un de ses chefs-d'œuvre, le *Tartufe*. Les rémunérations du roi de France s'étendaient jusque dans les pays étrangers, et Colbert fut chargé d'envoyer de sa part au célèbre Isaac Vossius, qui résidait en Hollande, une gratification accompagnée d'une lettre aussi flatteuse pour ce savant qu'honorable pour Louis XIV et pour son ministre.

Quels beaux exemples laissés aux chefs des nations, qui peuvent être certains de voir se renouveler les mêmes merveilles toutes les fois qu'ils sauront encourager efficacement les sciences, les lettres, les arts et l'industrie !

En 1715, le régent voulant introduire en France le goût des études sinologiques, et procurer aux savants la connaissance des nombreux ouvrages de la Chine qui existaient à la bibliothèque royale, ordonne la gravure de types chinois qui servirent plus tard à l'impression du dictionnaire chinois de Basile, publié en 1813, par ordre de Napoléon.

Il fait imprimer à ses frais une édition des *Amours de Daphnis et Chloé*, traduction d'Amyot, et fournit lui-même les dessins qui ornent ce volume.

En 1722, il fait graver des poinçons sur quatre corps différents, pour compléter la belle collection des types orientaux de l'imprimerie royale.

Louis XV, en 1722, ordonne la gravure de types hébraïques qui manquaient à cette imprimerie. Dans sa jeunesse, il avait fait établir au château des Tuileries une imprimerie où il travaillait lui-même, comme l'atteste un petit ouvrage intitulé : *Cours des principaux fleuves et rivières de l'Europe*, composé et imprimé par Louis XV, roy de France et de Navarre, en 1718 ; Paris, dans l'imprimerie du cabinet de Sa Majesté, dirigée par J. Colombat, 1718, in-8°.

Le 28 février 1723, ce prince donna à l'imprimerie et à la librairie un règlement général qui comprend et résume toute la législation antérieure, et dont le considérant indique qu'il a pour but de porter l'art de l'imprimerie à une plus grande perfection. Un arrêt du conseil d'État, en date du 10 avril

1725, ajouta quelques articles à ce règlement, qui fut rendu commun à toutes les villes du royaume par un autre arrêt du 2 mai 1744 (1).

Le règlement de 1723 fut la charte de l'imprimerie et de la librairie pendant soixante-dix ans, c'est-à-dire jusqu'à l'époque où la révolution, en abolissant les maîtrises et les corporations, proclama la liberté entière de l'industrie. On verra plus loin quels ont été les funestes effets de cette liberté aveugle et sans frein, et on comprendra mieux alors combien étaient sages et habilement combinés ces vieux règlements à l'ombre desquels l'imprimerie resta si longtemps prospère et respectée.

(1) « Le roi s'étant fait représenter, en son conseil, l'arrêt rendu en icelui le 28 février 1723, par lequel il auroit été fait un règlement général pour la librairie et l'imprimerie de la ville de Paris, Sa Majesté auroit reconnu que ce règlement renferme toutes les précautions nécessaires, soit pour porter l'art de l'imprimerie à une plus grande perfection, soit pour prévenir les abus qui peuvent se commettre dans l'impression ou dans le commerce des livres, et maintenir les règles de la police parmi ceux qui exercent la profession d'imprimeur ou de libraire; mais que, comme ce règlement ne paroît s'appliquer principalement qu'à la ville de Paris, ses dispositions, quoique fondées en grande partie sur des règlements antérieurs qui ont été faits pour tout le royaume, ne s'observent que très imparfaitement dans la plupart des villes où il y a des imprimeurs et des libraires établis. Sa Majesté a jugé qu'il étoit d'autant plus à propos d'expliquer ses intentions sur ce sujet, que les officiers chargés du soin de la police dans les villes les plus considérables du royaume désirent qu'on les mette en état de procurer l'exécution du règlement, dont ils reconnoissent toute l'utilité. A quoi voulant pourvoir, le roi, étant en son conseil, de l'avis de monsieur le chancelier, a ordonné et ordonne que l'arrêt de son conseil, du 28 février 1723, portant règlement général sur le fait de l'imprimerie et de la librairie, sera exécuté selon sa forme et teneur dans toutes les villes du royaume où il se fait un commerce de livres, et dans celles où il y a des imprimeries établies. Fait défense à tous libraires et autres de contrevenir audit règlement, sous les peines y portées; enjoint aux lieutenants généraux de police, ou autres officiers exerçant la police dans lesdites villes, de se conformer audit règlement, et aux sieurs commissaires départis dans les provinces du royaume, pour l'exécution des ordres de Sa Majesté, de tenir

Aux termes d'une déclaration du 10 mai 1728, toute imprimerie doit avoir une enseigne publique et bien visible ; la porte ne sera fermée pendant tout le temps du travail qu'au simple loquet, et il n'y aura aucune porte de derrière. Il est défendu, sous des peines très-sévères, de se servir de rouleaux pour l'imprimerie.

Ces dispositions, qui avaient pour but la répression des imprimeries clandestines, sont tombées en désuétude ; ainsi le rouleau, avec lequel on peut imprimer sans bruit, est aujourd'hui généralement adopté.

En 1730, Louis XV voulant donner à l'imprimerie et à la librairie une dernière marque de faveur, institua la charge de *libraire suivant la cour* (1). Le 17 septembre, il nomma à cette charge quatre libraires ou imprimeurs, et les choisit parmi ceux qui jouissaient des priviléges accordés par les

---

la main à l'exécution d'icelui. Fait au conseil d'Etat, Sa Majesté y étant, tenu à Versailles, le 24 mars 1744. *Signé* PHELYPEAUX. »

(1) « Le roi, étant en son conseil, a ordonné et ordonne qu'il y aura à la suite de sa cour quatre libraires qui jouiront des priviléges accordés par les rois ses prédécesseurs, et confirmés par les lettres patentes du 29 octobre 1723, lesquels libraires seront pris à l'avenir parmi ceux reçus en la communauté des libraires et imprimeurs de Paris, conformément à l'article 45 du règlement de 1723, concernant les libraires et imprimeurs, sans qu'aucun autre puisse jouir desdits priviléges de libraire suivant la cour. Veut Sa Majesté que lesdits libraires privilégiés soient sujets aux visites des syndic et adjoints de la communauté des libraires et imprimeurs de Paris, en la forme prescrite par le règlement de 1723, sans que les syndic et adjoints soient tenus de prendre aucune ordonnance du lieutenant dudit prévôt, ni de se faire assister d'aucun officier de la prévôté de l'hôtel, ni d'aucun libraire privilégié ; seront tenus seulement lesdits syndic et adjoints de se conformer audit règlement de 1723, et pour les constestations qui pourroient naître au sujet desdites visites, saisies faites en conséquence, ou autres, les parties se pourvoiront par-devant le lieutenant général de police de Paris, sans que, sous aucun prétexte, la prévôté en puisse connoître. Ordonne, Sa Majesté, que lesdits libraires privilégiés seront sujets

rois ses prédécesseurs, et confirmés par ses lettres patentes du 29 octobre 1725.

Un arrêt du conseil du roi, du 27 janvier 1739, promulgue un règlement en soixante-et-un articles, relatif à la fabrication du papier, puis à la condition des apprentis, des compagnons et des maîtres. — Tous les papiers doivent être collés, et il est défendu de mêler aux pâtes de la chaux ou d'autres ingrédients corrosifs. — Les maîtres et les ouvriers papetiers sont exemptés des tailles, milice et logement des gens de guerre.

En 1773, il fait l'acquisition de la belle collection de vignettes, d'ornements et de types exécutés par Luce.

Moins brillant que le règne de Louis XIV, celui de Louis XV fut cependant remarquable par le nombre prodigieux de savants et de littérateurs qui écrivirent sur toutes sortes de matières.

Ainsi la théologie et la morale religieuse avaient pour interprètes Houtteville, Bergier, et dans la chaire Segaud, les pères Elisée et de Neuville ;

La législation et la jurisprudence, tant dans la magistrature qu'au barreau, Montesquieu, d'Aguesseau, Pothier, Cochin, Servan ;

Les antiquités, Foncemagne, Sainte-Palaye, Fréret, Caylus ;
Les mathématiques, Maupertuis, d'Alembert, Clairaut ;
L'art militaire, Belidor, Guibert ;
La physique et l'astronomie, Nollet, Lacaille, Lalande ;
La médecine et la chimie, Senac, Macquer ;
L'agriculture et l'histoire naturelle, Duhamel, Buffon ;

---

aux charges de leur communauté, sans pouvoir s'en dispenser sous prétexte de leur dit privilége. Fait au conseil d'État du roi, Sa Majesté y étant, tenu à Versailles, le 17 septembre 1730.   *Signé* PHELYPEAUX. »

(*Arrêt du conseil d'État du 17 septembre 1730.*)

La géographie et les voyages, d'Anville, Lacondamine, Bougainville, Laporte;

L'histoire, Velly, Villaret, Garnier, Lebeau, Longueval, Crevier, Lebeuf, Millot, Gaillard, Hénault, auteur de l'*Abrégé chronologique de l'histoire de France*, 2 vol. in-4°, œuvre peut-être trop exaltée à son apparition et qui depuis, effet ordinaire des exagérations provoquant presque toujours un mouvement en sens contraire, a été trop dépréciée. Cet ouvrage n'a pas compté moins de dix éditions de 1744 à 1768 et fut traduit dans la plupart des langues de l'Europe, même en langue chinoise. Plusieurs éditions étaient illustrées par des vignettes et des portraits.

La linguistique comptait parmi ses auteurs les plus renommés Dumarsais, Girard, de Brosses, Fourmont, Beauzée;

La philosophie, les sciences morales et politiques, Condillac, Mably, J.-J. Rousseau, Diderot, Raynal;

La littérature, la critique et l'éducation, Rollin, Batteux, Louis Racine, Goujet, Lenglet-Dufresnoy, Trublet, Desfontaines, Fréron, La Beaumelle, Duclos, Marmontel, etc.;

La poésie et le théâtre, Crébillon, Lachaussée, Lefranc de Pompignan, Destouches, Piron, Gresset, Marivaux, Favart, Dorat, Colardeau, Voltaire, génie universel qui embrassa tous les genres de littérature;

Les romans et les mémoires, Lesage, Prevost, Crébillon fils, etc.

Parmi les femmes qui se distinguèrent aussi dans la littérature, à cette époque, nous citerons la marquise du Chastelet, connue par ses écrits sur la physique et l'astronomie; mesdames du Deffand, de Gomez, de Graffigny, Riccoboni, du Boccage.

Cette nomenclature, tout incomplète qu'elle est, atteste

l'activité de l'imprimerie pendant le règne de Louis XV, qui comprend une période de soixante ans.

L'entreprise littéraire et typographique la plus considérable qu'on y effectua fut l'*Encyclopédie* publiée par Diderot et d'Alembert, en 28 volumes in-folio, de 1751 à 1772.

C'est aussi sous ce règne que Gabriel Valleyre publia, en 1735, un *calendrier* imprimé par un procédé qui fut le prélude de la stéréotypie, portée de nos jours à un si haut degré de perfection.

On sait combien Louis XVI aimait les arts manuels. Son goût pour la typographie fut dirigé, à Versailles, par les soins d'Augustin-Martin Lottin, qui lui enseigna la pratique de l'art. En 1766, à peine âgé de douze ans, et n'étant encore que dauphin, il imprima de sa main un petit volume sous le titre de *Maximes tirées de Télémaque* (1). En 1776, il accorde à Barletti de Saint-Paul, auteur d'un nouveau système typographique, une gratification de 20,000 fr. et l'impression à 500 exemplaires de son ouvrage intitulé : *Nouveau Système typographique, ou moyen de diminuer de moitié le travail et les frais de composition, de correction et de distribution*, Paris, imprimerie royale, 1776, in-4°.

Il fait terminer dans son imprimerie royale les grandes collections qui avaient été commencées sous ses prédécesseurs et qui n'avaient pu être faites par aucun autre établissement particulier (2).

---

(1) *Maximes morales et politiques tirées de Télémaque*, imprimées par Louis-Auguste, dauphin, in-8°, 1766.

(2) *Ordonnance des rois de France de la troisième race*, etc., 1723, in-f°. — *Histoire de l'académie royale des inscriptions et belles-lettres*, 1717, 52 vol. in-4°. — *Catalogue des livres imprimés de la bibliothèque du roi*, 1739, 10 vol. in-f°. — *Histoire naturelle, générale et particu-*

En 1777 paraissent différents arrêts du conseil du roi, concernant l'imprimerie et la librairie, les chambres syndicales, la durée des priviléges, les contrefaçons, les ventes publiques de librairie, les rapports entre les maîtres et les ouvriers.

Le mode d'examen et de réception des aspirants à la maîtrise y est réglé; ils doivent être congrus en langue latine et sachant au moins lire le grec, ce qui sera constaté par un certificat du recteur de l'université. Les nouveaux maîtres prêteront serment par-devant le lieutenant général de police, en présence des syndics et adjoints de la communauté.

En 1783, le roi confie l'impression d'un choix d'auteurs français, pour l'éducation du dauphin, aux presses d'Ambroise Didot, qui imprima aussi, aux frais du comte d'Artois (depuis Charles X), une collection d'ouvrages français, en vers et en prose, tirée à soixante exemplaires, 1780-84; 64 vol. in-18.

Dans le même temps (1781), l'imprimeur Panckoucke commençait la publication de l'*Encyclopédie méthodique*, formant 166 volumes in-4°, opération colossale et sans exemple, dont l'impression dura un demi-siècle; mais les sciences et les arts marchaient plus rapidement, et cet immense recueil n'est plus à la hauteur des connaissances actuelles.

On fit aussi, sous le règne de Louis XVI, de nouveaux essais de stéréotypie. Carez, imprimeur à Toul (1785), Hoffmann, à

---

lière, avec la description du cabinet du roi, par MM. de Buffon et Daubenton, 1749, 36 vol. in-4°. — *Mémoires de l'académie des sciences*, etc., 1768, 12 vol. in-4°. — *Notices et extraits des manuscrits de la bibliothèque du roi*, etc., 1787, in-4°. — *Collection générale des lois, proclamations et autres actes du pouvoir exécutif*, etc., 1792, 25 vol. in-4°. — *Œuvres complètes de Buffon, avec l'histoire des serpents, des oiseaux et des poissons, par Lacépède*, 1775, 74 vol. in-12.

Paris (1786), tentèrent ce mode d'impression ; mais leurs procédés n'atteignirent pas encore le but.

La librairie et l'imprimerie trouvèrent toujours un protecteur aussi éclairé que généreux dans Louis XVI, qui leur donna, en 1790, une nouvelle et éclatante preuve de sa munificence.

Une société qui se composait de quelques-uns des principaux libraires de Paris, gênée par des malheurs momentanés, était au moment de suspendre ses payements et allait entraîner dans sa chute un grand nombre d'autres libraires, ainsi que les ouvriers qu'ils occupaient. Le roi, informé de ce qui se passait, vint au secours de cette société, en lui avançant la somme de 150,000 livres, et en engageant, pour la cautionner d'une autre somme de 350,000 écus qui lui était nécessaire, les propres fonds de sa liste civile. Ce qu'il y a de plus remarquable dans cet acte de générosité, qui a dû toucher profondément ceux qui en étaient l'objet, c'est qu'il fallut au roi toute l'activité de sa bienfaisance pour ne pas se laisser détourner d'une bonne action dont chacun cherchait à le dissuader. Les termes dans lesquels était conçue l'offre de secours ajoutaient encore au prix du bienfait :

« L'intérêt que m'a inspiré le sort des libraires associés et celui des nombreux ouvriers qu'ils emploient, tant à Paris qu'en province, et qui auraient été sans ouvrage sans un prompt secours (la caisse d'escompte et d'autres capitalistes auxquels on s'est adressé n'ayant pu les secourir), m'a engagé à leur faire avancer à titre de prêt, sur les fonds de ma liste civile, les 50,000 écus qui leur étaient indispensables le 31 du mois dernier. Les mêmes raisons m'engagent à cautionner sur les mêmes fonds, les sommes qu'ils pourront se procurer pour compléter, avec les 50,000 écus dont j'ai fait l'avance, la somme de douze cent mille livres, remboursables en dix années, y compris mon avance, à laquelle je n'assigne pas de terme fixe de remboursement.

« A Saint-Cloud, le 4 août 1790.

« Louis. »

Déjà bien avant ce temps-là, cet excellent prince avait des rapports secrets avec un libraire qui était établi sur le grand escalier de Versailles, Blaisot, à qui ces relations secrètes valurent quelques jours de prison à la Bastille.

On sait combien les innovations que M. de Loménie, alors archevêque de Sens et cardinal, tenta de concert avec M. de Lamoignon, garde des sceaux, mécontentèrent la France. A cette époque, le roi, qui n'accédait qu'avec peine aux mesures violentes qu'on lui suggérait, voulant connaître par lui-même l'opinion publique à cet égard, chargea Blaisot de lui faire passer toutes les brochures et pamphlets relatifs aux événements du jour. Il lui ordonna de les déposer secrètement dans une cassette dont il avait seul la clef, et qui était placée dans une des pièces de son appartement. Cet ordre fut exécuté ponctuellement pendant plusieurs jours; mais le baron de Breteuil, dont le caractère ne pouvait souffrir que le roi eût la plus légère confiance en tout autre qu'en lui, parvint à être informé de ce petit mystère, et fit *transférer à la Bastille* l'agent de Sa Majesté, *sous prétexte* qu'il faisait un commerce de livres prohibés. Le roi ayant trouvé sa cassette vide pendant quelques jours, ne voyant point d'ailleurs paraître Blaisot, envoya chez lui, et fut très-surpris d'apprendre qu'il était détenu par son ordre à la Bastille. Indigné de cet abus de son autorité, il manda aussitôt le baron de Breteuil, qu'il traita avec la plus grande sévérité, le chargeant de rendre tout de suite la liberté à ce malheureux libraire, de lui donner à ses frais un dédommagement proportionné au tort qu'il lui avait fait ; et ce ne fut qu'à la considération de la reine, qui intervint en faveur du ministre, qu'il voulut bien borner là sa punition (1).

Assurément, s'il suffisait pour le bonheur des rois qu'ils fussent bons et généreux, nul prince ne méritait mieux que Louis XVI de vivre heureux. Mais, en temps de révolution surtout, les vertus privées, dans le chef d'un État, ont besoin d'être appuyées de la vigueur et de la fermeté du caractère. Trois ans s'étaient à peine écoulés depuis son procédé si généreux envers la société des libraires dont nous venons de parler, que Louis XVI, calomnié, dénoncé à la fureur du peuple par cette même presse qu'il avait mis tant de grandeur et d'empressement à secourir, perdit à la fois sur l'échafaud révolutionnaire la couronne et la vie (2).

Les encouragements qui portèrent si haut la prospérité et la gloire de l'imprimerie française, consistèrent, comme on le voit, moins en allocations de fonds qu'en mesures sages et prévoyantes. C'est que les arts libéraux vivent et grandissent surtout par les honneurs dont on les entoure. Un mot, une récompense, un exemple, agissent sur les esprits et excitent l'émulation bien plus que les subventions pécuniaires. L'argent peut empêcher de mourir de faim ; mais s'il

---

(1) *Paris, Versailles et les provinces au dix-huitième siècle*, 1817.

(2) Un demi-siècle après, un membre de sa famille, qui signala son avénement au trône en autorisant un prêt de trente millions à l'imprimerie et à la librairie, Louis-Philippe, dont le règne fut pour l'industrie française une ère de prospérité sans exemple, fuyait de France pour sauver sa liberté, peut-être même sa vie, menacées, sans que la presse, dont il avait été le bienfaiteur, élevât la voix pour le défendre. Parti de Dreux pour se rendre au lieu de son embarquement, il ne dut qu'au sang froid et au courage du sous-préfet (M. Maréchal) de traverser sain et sauf les populations ameutées.

n'éteint pas tout à fait le génie, il le rabaisse. Chose remarquable! les encouragements donnés à l'imprimerie ont coûté en quatre siècles, aux divers rois qui se sont succédé, bien moins de dépenses que n'en a nécessité pendant ces vingt-cinq dernières années l'accroissement de l'imprimerie nationale, dont la concurrence n'a eu d'autre résultat que de hâter la ruine de la typographie française.

Sous ces rois, si justes appréciateurs de toutes les grandes et utiles pensées, l'établissement qu'ils appelaient *leur imprimerie* était véritablement *royal*. Exclusivement consacré à l'impression d'ouvrages religieux qu'il eût été impossible d'imprimer partout ailleurs, sans cesse enrichi de types étrangers trop coûteux pour être exécutés par des imprimeurs particuliers, mais qu'on prêtait à ceux-ci toutes les fois qu'ils en avaient besoin, cet établissement avait pour unique but de donner à l'art de l'imprimerie une plus vive impulsion, aux imprimeurs plus de zèle et plus d'émulation. Il leur indiquait le progrès, mais il ne l'accaparait pas pour en faire un monopole. Aucun des rois qui l'honoraient alors de leur protection n'eût seulement soupçonné que l'imprimerie royale pût un jour faire à toutes les autres (1) une concurrence mortelle, tolérée, encouragée, défendue par les rois et les ministres d'une autre époque. Étrange erreur dont on ne peut trouver l'explication que dans ces grandes révolutions sociales qui, tout en opérant d'utiles réformes, ne laissent pas que d'engendrer des abus qui sont en contradiction avec leurs propres principes, et qui font douter quelquefois qu'elles aient des notions bien exactes du juste comme de l'injuste.

(1) Elle fait également concurrence aux différentes branches d'industrie qui s'y rattachent, fondeurs, relieurs, papetiers, etc., etc. (Voir le chapitre *Imprimerie nationale*.)

III. Au temps dont nous parlons, telle était la faveur dont jouissait l'imprimerie, que les principaux personnages se faisaient gloire de posséder des caractères et des presses, et que les rois, du moins jusqu'à Louis XIII, ni leurs conseillers n'y trouvaient à redire.

En 1600, le cardinal du Perron avait à sa maison de campagne de Bagnolet, près Paris, une imprimerie où il faisait imprimer quelques-uns de ses écrits dont il était lui-même le correcteur. Il en communiquait les épreuves à ses amis, et ce n'était qu'après avoir recueilli leurs avis et profité de leurs lumières, qu'il faisait exécuter l'impression définitive de ces ouvrages pour les livrer au public (1).

Il y avait aussi au château de Maillé, près de Saint-Jean-d'Angély, une imprimerie d'où sortirent l'*Histoire universelle* de Théod.-Agrippa d'Aubigné, aïeul de Mme de Maintenon; l'*Histoire du siége de La Rochelle en* 1572 *et* 1573, imprimées toutes deux dans les années 1616 à 1621.

Le vicomte de Lagny imprima dans son château de Sully, près d'Autun, les *Mémoires* de son père et de son frère, Gaspard et Guillaume de Saulx-Tavannes. — La première édition des *Mémoires* du ministre Sully fut imprimée en 1638, dans ce même château, sous l'indication d'Amsterdam.

Il est vrai que le roi, par déclaration du 21 décembre 1630, fit défense de conserver ces sortes d'imprimeries et aux ouvriers d'y travailler (2); mais cette défense ne paraît pas avoir été suivie d'effet, plusieurs hauts personnages ayant, peu de

---

(1) On sait que le cardinal du Perron est le premier catholique qui ait écrit en français sur les matières de religion. Avant lui, cet usage était tellement particulier aux protestants, qu'on le regardait comme ayant en soi un caractère d'hérésie.

(2) « Et pour ce que plusieurs personnes de qualité s'ingèrent de tenir

temps après, fondé ou entretenu dans leurs maisons des ateliers de typographie pour leur usage particulier.

En 1640, le cardinal de Richelieu, après avoir établi l'imprimerie royale au Louvre, établit une imprimerie pour son propre compte au château qui porte son nom dans la Touraine. Les *Morales d'Épictète*, de *Socrate*, de *Plutarque* et de *Sénèque* y furent imprimées en 1653, in-8°, par J. Desmarets (1). Cette petite édition est jolie et aujourd'hui encore est très-recherchée. On y imprima, en 1654 (petit in-12), le *Combat spirituel*, traduit en vers par Desmarets.

Vingt ans après, le surintendant Fouquet formait une imprimerie à son usage, à Saint-Mandé. Enfermé à la Bastille, après avoir été arrêté à Nantes en septembre 1664, son imprimerie fut transportée secrètement à Montreuil-sous-Vincennes, où il faisait imprimer des libelles.

Louis XIII avait fait détacher pour son magasin typographique particulier une partie de l'imprimerie royale, matériel et personnel. C'est dans le pavillon de la Reine, au vieux Louvre, qu'il fit exécuter un livre d'heures intitulé : *Parva pietatis officia*, 2 vol. in-4°. Ce livre parut en 1642, orné d'un frontispice gravé représentant le prince à genoux.

Savary de Brèves, ambassadeur de France à Constantinople (1611), dota son pays des principaux types orientaux

---

imprimerie en leurs maisons particulières, desquelles les ouvriers peuvent abuser à l'insçu de ceux qui les font travailler, faisons défenses à tous particuliers de plus tenir imprimerie chez eux, et auxdits ouvriers de plus travailler en icelle, sur peine de confiscation desdites imprimeries contre les propriétaires, et de châtiment exemplaire contre ceux qui y travailleront. »

(1) Cet auteur visionnaire, que Boileau a beaucoup critiqué, fut un des premiers membres de l'académie française, fondée par le cardinal de Richelieu.

dont il était parvenu à recueillir les modèles pendant son long séjour en Orient. Chargé plus tard d'une mission à Rome, il transporta avec lui l'imprimerie dont il était propriétaire, et qui, de son nom, fut appelée *Savarienne* (Typographie savarienne). Elle surpassait, pour la perfection des types, les productions italiennes; elle se composait particulièrement de trois caractères, l'arabe, le syriaque et le persan, connu sous le nom de *takalik*, et qui permettait d'imprimer le turc. Lorsqu'il revint à Paris, Savary rapporta avec lui son imprimerie, dont les caractères servirent encore aux imprimeurs particuliers à qui il les prêtait gratuitement.

On cite encore les imprimeries de la Grande-Chartreuse, près Grenoble, fondée vers 1680; du chancelier d'Aguesseau, du marquis de Lassay; celle que Louis XV eut aux Tuileries dans sa jeunesse et qui était dirigée par Colombat; celle de la loterie royale, établie en 1758 et supprimée en 1793; l'imprimerie du ministère de la guerre, à Versailles (1), fondée en 1768, supprimée en juin 1775, après une durée de sept ans et demi.

Louis XV, visitant cette imprimerie qui était sous la direction d'un sieur Bertier, trouva sur la presse une paire de lunettes dont la beauté le frappa et un petit papier imprimé. Il prit les lunettes, les essaya sur le petit papier qui contenait un éloge adroit de S. M. « Ah! elles sont trop fortes, dit alors le roi, en retirant les lunettes, elles grossissent trop les objets. »

La dauphine, mère de Louis XVI, eut dans le château de Versailles une imprimerie d'où est sorti un petit volume

(1) François Muguet établit la première imprimerie à Versailles, en 1683.

qui a pour titre : *Élévation de cœur à N. S. J.-C.*, *imprimé de la main de Madame la Dauphine*, 1758, in-16; sous la direction de Ch.-J.-B. Delespine, ancien imprimeur du roi, et qui était alors huissier du cabinet de cette princesse.

Le duc de Bourgogne, frère aîné de Louis XVI, eut son imprimerie; elle était dirigée par un sieur Vincent. On y imprima, en 1760, in-12, *Prières à l'usage des Enfants de France*.

Enfin, comme nous l'avons déjà dit, le dauphin (Louis XVI) voulut avoir aussi, au château de Versailles, son imprimerie particulière.

La marquise de Pompadour, qui cherchait toujours à imiter les princesses, acheta une petite imprimerie et la fit placer dans son appartement même, à Versailles, où elle s'amusait à assembler quelques lettres des vers de Corneille (1).

La duchesse de Bourbon, fille naturelle de Louis XIV, avait une imprimerie au palais Bourbon, où, de concert avec Grécourt, son poëte à gages, elle imprima elle-même, en 1730, le *Sotisiana*. C'est un recueil de folies compilées par un sieur de Maranzac, officier des chasses, qui remplissait en quelque sorte les fonctions de fou auprès de Monseigneur, fils de Louis XIV.

Le *Recueil des Pièces choisies*, imprimées à Verret, près de Tours, par le duc d'Aiguillon, 1735, in-4°, portait au bas du titre : *à l'enseigne de la Liberté* (2). Il renfermait, dit

---

(1) *Rodogune, princesse des Parthes*, tragédie en cinq actes et en vers de Pierre Corneille, 1760, in-4°, fut imprimée à Versailles, dans les appartements de Mme de Pompadour et sous les yeux de cette favorite. Elle grava elle-même, à l'eau forte, d'après Boucher, la planche qu'on voit en tête du volume. La pièce n'a été tirée qu'à une vingtaine d'exemplaires.

(2) Ce livre ne fut tiré qu'à sept ou à douze exemplaires au plus. « La

M. de Châteaubriand (*Vie de Rancé*), des pages obscènes et impies, attribuées à la princesse de Conti : triste usage des presses domestiques tolérées par le gouvernement en faveur des princes !

Mais si quelques grands seigneurs de la cour de Louis XV avaient des presses particulières, au moyen desquelles ils se donnaient le plaisir d'imprimer des turpitudes, on a vu que des personnages d'un rang non moins distingué faisaient un meilleur usage de la faculté d'avoir une imprimerie dans leur propre maison.

Sous le règne de Louis XVI, il y eut aussi des imprimeries particulières.

Le duc de Choiseul imprima ses *Mémoires*, en 1778, dans son château de Chanteloup.

Franklin, pendant son séjour en France, avait monté dans sa maison, à Passy, près Paris, une imprimerie d'où sortit le *Petit Code de la raison humaine*, 1782, in-24.

En 1786, Valentin Haüy, interprète du roi et instituteur des enfants aveugles, résolut d'apprendre à ces enfants l'art de l'imprimerie. Encouragé par le gouvernement, il s'entendit à cet effet avec Clousier, imprimeur ordinaire du roi et l'un des trente-six imprimeurs-libraires de Paris. Le roi et la reine reçurent à Versailles, le 26 décembre 1786, les jeunes élèves de Haüy, qui présentèrent à LL. MM. un livre composé et

---

bibliothèque de l'Arsenal en renferme un exemplaire échappé par un hasard presque miraculeux au zèle honorable, mais excessif, du savant abbé Grosier. Les livres de ce genre ne doivent certainement pas être tolérés dans la libre circulation du commerce : *non sunt pisces omnium;* mais il faut qu'ils restent dans les cryptes des dépôts publics et dans le cabinet du curieux et de l'érudit, comme des monuments toujours vivants du langage, de l'esprit et des mœurs d'une époque. » (Ch. Nodier.)

imprimé par eux : *Essai sur l'éducation des aveugles*, avec une ode composée par M. Huard, l'un d'eux, et suivi des modèles de tous les petits ouvrages d'imprimerie qu'ils avaient exécutés d'après les soins et l'instruction de Clousier. A partir du 10 janvier 1787, cette imprimerie fonctionna rue Notre-Dame-des-Victoires. Malheureusement la révolution vint en suspendre le travail et l'œuvre fut abandonnée pour toujours.

En 1787, Louis XVI, ayant résolu de communiquer à une assemblée de notables ses vues sur les moyens d'améliorer les finances de l'État et le sort de ses sujets, voulut qu'une imprimerie fût disposée à Versailles, pour donner au public une connaissance plus prompte et plus complète des importants travaux de cette assemblée. Pierres, premier imprimeur du roi, qui venait d'inventer une nouvelle presse, fut choisi pour faire les impressions de l'assemblée, et, pour le récompenser de son zèle, le roi le maintint dans la possession de cette imprimerie.

Au reste, ce n'était pas seulement en France que les souverains, les princes et les particuliers avaient des imprimeries chez eux ; le même goût se montrait dans les pays étrangers. Jacques II, roi d'Angleterre, la reine Caroline, femme de Georges IV, le prince de Ligne et beaucoup d'autres personnages illustres eurent aussi dans leurs châteaux des établissements typographiques.

IV. Si, comme nous l'avons montré, l'imprimerie, pendant cette première période, eut la gloire d'être aidée, encouragée et solennellement protégée par les rois ; si elle fut un objet de vénération pour les érudits et si elle prospéra surtout par leur concours ; si enfin elle obtint le patronage un peu capricieux, il est vrai, mais toutefois enthousiaste des plus grands personnages de l'État, il ne lui manqua pas non plus cet autre genre de gloire, la *persécution*, qui atteint ordinairement les œuvres de génie à leur origine.

L'accueil que l'imprimerie avait reçu à sa naissance s'explique par un double motif : d'une part le sentiment de sympathie que dut faire éprouver à tout esprit élevé une si merveilleuse découverte ; de l'autre, la prévision des grandes destinées qui l'attendaient et que l'on voulait être appelé à diriger. Quoi qu'il en soit, il faut constater à la gloire de la Sorbonne, et malgré la réaction où cette société se laissa entraîner plus tard, qu'elle accueillit les premiers imprimeurs, logea chez elle leurs personnes, leurs presses, et leur prêta un appui qui, tout intéressé qu'il était alors, n'en fut pas moins très-utile au point de vue général.

Cependant le grand mouvement intellectuel causé par l'imprimerie inquiéta la Sorbonne ; il paraît même que la bienveillance qu'elle avait témoignée à Géring se refroidit pendant quelque temps ; car les savants docteurs Lapierre et Fichet, qui l'avaient appelé à Paris et le secondaient dans ses travaux, ayant quitté la France, lui-même fut obligé d'enlever ses presses et de les transporter dans un autre local.

Après la mort de Géring, la Sorbonne devint aussi hostile à l'imprimerie qu'elle s'y était montrée d'abord favorable. Les livres grecs surtout restèrent longtemps l'objet de sa haine. L'université partageait cette répulsion, et Noël Beda, syndic de la faculté de théologie, s'écria en plein parlement que la religion était perdue si l'on enseignait le grec et l'hébreu, parce que l'autorité de la Vulgate serait détruite. On alla jusqu'à traiter d'hérétiques ceux qui avaient quelque teinture du grec. Un prédicateur osa même s'exprimer ainsi en chaire : « On a découvert une nouvelle langue qu'on appelle *grec-*

« *que* (1) ; il faut s'en garantir avec soin, car cette langue
« enfante toutes les hérésies. Quant à la langue hébraïque,
« tous ceux qui l'apprennent deviennent juifs aussitôt. »

Un autre prédicateur, Maillard (de 1494 à 1508), déclamait souvent contre les imprimeurs et les libraires qui imprimaient et vendaient la *Bible traduite en français*, et surtout contre ceux qui lisaient cette traduction. Après avoir rappelé que le pape Innocent avait défendu d'imprimer des livres avant qu'ils eussent été approuvés par l'évêque, par son vicaire ou par un commissaire, il s'écrie : « O ! pauvres libraires, il ne vous suffit
« pas de vous damner seuls : vous voulez damner les autres,
« en imprimant des livres obscènes qui traitent de l'art d'aimer
« et de luxure, et en fournissant occasion à mal faire ! »

Depuis lors, la main du clergé apparaît dans la plupart des actes de rigueur qui viennent frapper l'imprimerie.

En haine des sectateurs de Luther, et pour empêcher que l'imprimerie ne devienne une arme dangereuse dans leurs mains, la Sorbonne, le 7 juillet 1533, présente une requête pressante à François Ier, où elle expose que, *pour sauver la religion attaquée et ébranlée de toutes parts, il est indispensable d'abolir pour toujours en France, par un édit sévère, l'art de l'imprimerie qui enfante chaque jour une infinité de livres pernicieux.* Le roi résiste, grâce aux observations de Jean du Bellay, évêque de Paris et de Guillaume Budé. Il comprend que la conservation d'un art aussi précieux est précisément le meilleur et le seul moyen de remédier aux maux dont on se plaint.

---

(1) Pendant longtemps encore l'université eut pour devise le dicton : *Græcum est, non legitur*, et on y connaissait à peine les noms d'Homère, de Platon et de Thucydide.

La Sorbonne ne se tint pas pour battue, et, profitant d'un événement imprévu qui sembla ranimer toutes les colères du roi, elle revint à la charge. Des placards injurieux contre la messe et la présence réelle avaient été affichés sur tous les murs de Paris et jusqu'à la porte du roi (1). A cette provocation audacieuse, François Ier n'hésita plus, et, le 13 janvier 1534, des lettres patentes supprimèrent l'imprimerie dans tout le royaume, sous peine de la *hart*.

Mais le parlement qui déjà, sous Louis XI, avait pris parti pour les copistes, défendit cette fois les imprimeurs, refusa même d'enregistrer les lettres patentes et fit des remontrances. Le roi les accueillit avec faveur. Le 26 février, l'avocat du roi, Jacques Cappel, communiqua à cette cour de nouvelles lettres par lesquelles François Ier, consentant à ce que les premières fussent mises *en suspens et surséance*, ordonnait au parlement d'élire vingt-quatre personnages *bien qualifiés et cautionnés*, sur lesquels le roi en choisirait douze seulement, pour imprimer à Paris les livres approuvés et nécessaires pour le bien de la chose publique (2).

---

(1) Ces placards donnèrent lieu à une procession pendant laquelle on brûla vives six personnes suspectées d'hérésie.

(2) Ces lettres patentes, qui ont échappé aux auteurs des différentes collections de lois, et auxquelles, malgré leur importance, les historiens et les bibliographes se sont peu arrêtés, sont rapportées en entier par M. Taillandier dans son Résumé historique de l'introduction de l'imprimerie à Paris. Nous les reproduisons ici :

Extrait du registre du conseil du parlement de Paris.

« Du vendredy xxvj[e] février M V[c] XXXIIII ; mane.

« Ce jour, maistre Jacques Cappel, advocat du roy, en la court de céans, après avoir faict son rapport au long de ce qu'il a faict et trouvé en la charge que la dicte court luy avait ordonnée d'aller devers le roy, luy faire remonstrances touchant l'édict prohibitif des impressions, a présenté à la

C'est par là que s'inaugurèrent, pour ainsi dire, en France les précautions contre l'imprimerie, et de là l'origine du brevet.

L'état d'imprimeur, qui avait été jusqu'alors pratiqué librement, devint un privilége. Mais, pour prévenir des excès semblables à ceux dont il avait eu à se plaindre, le roi ordonna au dicte court unes lectres patentes dudict seigneur, desquelles la teneur ensuyt :

« FRANÇOIS, par la grâce de Dieu roy de France, à noz amez et féaulx les
« gens de nostre court de parlement à Paris, prevost dudict lieu et aultres,
« noz justiciers et officiers ou à leurs lieustenans qu'il appartiendra, salut
« et dilection.

« Combien que dès le xiij° jour de janvier mil cinq cens trente quatre,
« par aultres noz lectres patentes et pour les causes ou raisons contenues
« en icelles, nous eussions prohibé et défendu que *nul n'eust dès lors en*
« *avant à imprimer ou faire imprimer aulcuns livres en nostre royaulme*
« *sur peine de la hart;* toutes fois, pour auculnes causes, raisons et occa-
« sions qui à ce nous ont depuis meuz et meuvent, nous avons voulu et
« ordonné, voulons et ordonnons et nous plaist que l'exécution et accomplis-
« sement d'icelles nos dictes lectres, prohibitions et défenses, soit et
« *deméure en suspens et sus séance* jusques ad ce que par nous aultrement
« y ait esté pourveu ; et cependant nous mandons et ordonnons à vous gens
« de nostre dicte court de parlement de Paris, que incontinent vous ayez *à*
« *eslire vingt quatre personnages bien califfiez et cautionnez, desquelz*
« *nous en choisirons et prendrons douze qui, seulz, et non aultres, impri-*
« *meront dedans nostre ville de Paris*, et non ailleurs, livres approuvez
« et nécessaires pour le bien de la chose publique, sans imprimer auculne
« composition nouvelle, sur peine d'estre pugniz comme trangresseurs de
« nos ordonnances par peine arbitraire ; les noms desquels vingt quatre per-
« sonnages nous seront par vous gens de nostre dicte court, envoyez par
« escript, ensemble votre advis sur la forme et manière qu'il vous semblera
« que les dicts douze personnages ainsi choisiz et esleuz des dicts vingt
« quatre, auront à tenir au faict des dictes impressions, pour en ordonner
« ainsi que verrons et congnoistrons estre à faire ; et jusques ad ce qu'il
« vous ait esté satisfaict à ce que dessus, et que les dicts noms et advis nous
« ayent esté envoyez pour faire déclaration de nostre vouloir et plaisir, nous
« avons de rechef prohibé et défendu, prohibons et défendons à tous impri-
« meurs généralement, de quelque qualité ou condition qu'ils soient, qu'ils
« n'ayent à imprimer aulcune chose, sur peyne de la hart; le tout par ma-
« nière de provision et jusques à ce que nous ayons plus amplement esté
« informé sur les remonstrances qui nous ont esté faictes quand au faict
« des dictes impressions, et que nous aions arresté si nous vouldrons faire

parlement de Paris d'exercer une surveillance sévère sur les livres et sur leurs auteurs. Le parlement se prêta cette fois complaisamment aux vues du monarque. En effet, on lit dans les registres manuscrits de cette cour, du 4 mars 1538 : « Pierre Lizet, premier président, a dit avoir reçu des lettres du roi et du chancelier, avec un petit livre en françois intitulé *Cymbalum mundi*, et que le roi se plaint que l'on fait courir ce livret et autres livres où il y a plusieurs hérésies ; et a dit ledit Lizet avoir fait prendre l'imprimeur dudit livre, et que dans sa boutique s'étoit trouvé le livre de Marot, les *Psaumes de David*, et autre livres hérétiques ; et qu'aujourd'hui on lit, aux colléges, on lit aux écoliers des livres *mal sentans de la foi* ; et que le roi lui écrit qu'on ne lui peut faire service plus agréable que d'y pourvoir. »

Deux ans après, le 4 mars 1540, le parlement, qui persistait dans cette voie, prohiba les livres suivants : *Enchiridium militis christiani*, par Erasme ; *De corrigendis studiis*, par Melanchthon ; *Christianæ studiosæ juventutis*, etc., par

---

« corriger les dictes lectres d'ordonnance, prohibitions et défenses par
« nous, comme dict est sur ce décernées, ou non.

« Si vous mandons, commandons et très expressément enjoignons, et à
« chascun de vous endroit soy, et si comme à lui appartiendra, que tout
« le contenu ci-dessus vous entretenez, gardez et observez, faites entre-
« tenir, garder et observer de poinct en poinct sans enfraindre, car tel
« est nostre plaisir.

« Donné à Sainct-Germain-en-Laye, le xxiij^e jour de février, l'an de
« grâce mil cinq cens trente quatre, et de nostre règne le vingt-unyème.
« Signé, par le roy, BRETON, et scellé du grand sceau sur simple queuhe. »

« Lesquelles leues, a esté advisé par la dicte court que maistres Pierre Lizet, premier président céans ; Jacques de la Borde, Jehan Ruzé et Loys Roillard, conseillers, parleront et s'enquerront cejourd'huy, avecques quelques maistres imprimeurs de ceste ville, pour, suivant le commandement du dict seigneur, nommer par la dicte court les vingt quatre maistres imprimeurs à icelluy seigneur. »

Stangen Dorphan; *De doctrina et institutione puerorum*, par Bonalfosci.

En juin et juillet 1542, des recherches minutieuses furent faites chez les imprimeurs, les libraires, et même chez les particuliers, dans le but d'y découvrir des livres contre la foi.

Jacques Nyverd et Jean André, libraires jurés, se présentèrent chez François Estienne, frère de Robert, pour visiter ses livres; sur son refus, les jurés portèrent plainte au parlement qui, par arrêt du 30 octobre, ordonna à François Estienne « de représenter, exhiber et mettre entre les mains desdits demandeurs tous et chacun des livres qui seront par eux demandés, pour être visités suivant ladite ordonnance, et cela sous peine de prison. » Le président Lizet chargeait souvent de pareilles commissions Nyverd et André; celui-ci d'ailleurs était l'ennemi acharné des Estienne.

Le parlement prohiba, dans cette même année, l'ouvrage de Calvin intitulé : *De l'Institution de la religion chrétienne.*

En juillet 1542, on fit défense expresse de vendre des livres frappés par la censure de la Sorbonne. On rechercha les imprimeries secrètes. Clément Marot, rappelé depuis quelque temps à la cour, et à qui la Sorbonne ne pouvait pardonner d'avoir traduit en vers français les *Psaumes de David*, se vit une seconde fois obligé de s'enfuir de Paris.

Enfin, le 20 janvier 1544, le parlement ordonna de brûler un petit livre intitulé *Passavent*, satire ingénieuse composée en latin macaronique contre l'ouvrage de Pierre Lizet, président au parlement.

Les rigueurs de François Ier n'atteignirent pas seulement l'imprimerie, mais aussi les imprimeurs. On reproche à ce prince la mort d'Etienne Dolet, un des plus savants imprimeurs et des plus habiles grammairiens de son temps. Dolet, qu'*aucuns* ont dit être fils même de François Ier, fut brûlé à Paris, à l'âge de trente-sept ans. On le condamna sur ce qu'il avait donné dans une de ses traductions un sens profane à une phrase qu'il avouait ne pas avoir comprise. Comme s'il eût de loin prévu sa fin tragique, il avait pris pour emblème *une doloire dans une main qui s'échappe d'un nuage et qui frappe un tronc d'arbre.* Cet emblème était souvent accompagné de cette devise : *Préserve-moy, ô Seigneur, des calumnies des hommes !* Sa profession, sa vie et ses malheurs se rattachent trop intimement à l'histoire de l'imprimerie pour ne pas leur consacrer ici quelques détails.

Dolet (Etienne), né à Orléans en 1509, fit ses premières études à Paris, puis à Padoue, et, après avoir été secrétaire de Jean de Lauzéac, ambassadeur de France à Venise, il alla étudier la jurisprudence à Toulouse, où les traits satiriques qu'il lança contre le parlement lui attirèrent des disgrâces. Mis en prison, il recouvra la liberté par la protection de Jean Pinus, évêque de Rieux ; mais ses ennemis continuèrent à l'accabler d'outrages, attentèrent même à sa vie, et le parlement de Toulouse l'expulsa de la ville. Il se rendit alors à Lyon où on l'accusa de luthéranisme, et d'où il fut contraint de s'enfuir pour avoir commis un meurtre, mais à son corps défendant, ainsi qu'il le prouva. Réfugié à Paris, il gagna la bienveillance de François Ier, qui lui accorda non-seulement sa grâce et la permission de rentrer à Lyon, mais encore le privilége, peut-être unique, « pour pendant dix ans pouvoir imprimer et faire imprimer tous les livres *par lui* composés et traduits, et autres œuvres des auteurs modernes ou antiques qui *par lui* seroient dûment revus, amendés, illustrés ou annotés soit par forme d'interprétation, scholie ou autre déclaration tant en lettre *latine, grecque, italienne* que *françoise.* »

A peine arrivé à Lyon (1537), il y fut incarcéré, et n'obtint son élargissement qu'après avoir adressé plusieurs requêtes en vers et en prose au cardinal de Tournon, régent du royaume pendant l'expédition de François Ier en Italie. Sorti de prison, il monta une imprimerie à Lyon, pour profiter du privilége royal qui lui avait été accordé. Il imprima en 1539, in-folio, le *De Jure militiæ* de Claude Cottereau, ouvrage en tête duquel se trouve une lettre de Dolet où il dit: « J'augmen-
« terai de toutes mes forces les richesses littéraires, et j'ai
« résolu de m'attacher les mânes sacrés des anciens par l'im-
« pression scrupuleuse de leurs œuvres, et de prêter mon
« travail et mon industrie aux écrits contemporains ; mais
« autant j'accueillerai les chefs-d'œuvre, autant je dédaigne-
« rai les mauvais écrits de quelques vils écrivailleurs qui
« sont la honte de leur siècle. »

En 1540, il publia la *Chirurgie de Paul d'Égine*, et quelques opuscules de Galien ; en 1541, le *Novum Testamentum*, les *Élégances de la Latinité*, par Laurent Valla, etc.; en 1542, *Les Grandes Annales ou Chroniques très-véritables des Gestes merveilleux du grand Gargantua et Pantagruel, son fils ;* édition qui fut l'une des causes de ses malheurs ; en 1543, les *Commentaires de César*, les œuvres de *Clément Marot*, etc.

En 1542, sur de nouvelles accusations d'hérésie, il avait été emprisonné à la Conciergerie de Paris, où il subit une détention de quinze mois. C'est à l'intervention de Pierre Duchâtel, alors évêque de Tulle, qu'il dut sa délivrance. On rapporte que le cardinal de Tournon ayant reproché à Duchâtel d'avoir intercédé, auprès du roi, en faveur de Dolet, le vertueux prélat répondit : « J'ai parlé en évêque, vous avez agi
« en bourreau. Je n'ai point protégé auprès du roi les crimes
« et les fraudes de Dolet; mais j'ai réclamé les bontés du mo-

« narque pour un homme qui promettait de reprendre des
« mœurs et une vie dignes d'un chrétien. J'ai cru que l'Église
« devait ouvrir son sein à celui qui, étant tombé par impru-
« dence dans l'erreur, semblait disposé au repentir ; car
« Jésus-Christ ordonne de ramener au bercail la brebis
« égarée. »

Avant l'entérinement des lettres de grâce, le parlement de Paris, par arrêt du 14 février 1543, ordonna que treize ouvrages imprimés par Dolet, et dont plusieurs étaient de sa composition, fussent brûlés publiquement « comme contenant damnable, pernicieuse et hérétique doctrine. »

De retour à Lyon, il fut encore arrêté ; mais il parvint à s'évader de la prison et se réfugia en Piémont, d'où il adressa des épîtres en vers à François Ier, à Marguerite, sa sœur, reine de Navarre, *seule Minerve* de la France, à la *souveraine et vénérable court* du parlement de Paris, pour demander justice et réhabilitation. Il revint même secrètement à Lyon, où il imprima ses épîtres, sous le titre de *Second Enfer* (1), *publié dans ce monde le 1er jour de mai* 1544, ainsi que sa traduction française de deux Dialogues de Platon. Dans son épître à François Ier, il raconte que ses ennemis ayant fait deux ballots de livres, l'un rempli de ceux qu'il avait imprimés, l'autre de livres venus de Genève, tous hérétiques ou suspects d'hérésie, marquèrent ces deux ballots du nom de Dolet, puis les envoyèrent à Paris, où ils les firent saisir afin d'obtenir du parlement un ordre de le faire emprisonner comme ayant des liaisons criminelles et propageant des livres dangereux et prohibés.

(1) Dolet avait composé, sur son emprisonnement à Paris, en 1542, un *Premier Enfer* qu'il n'eut pas le temps de mettre au jour.

Voici quelques vers de cette épître :

>Vivre je veulx, pour l'honneur de la FRANCE,
>Que je pretends (si ma mort on n'avance)
>Tant célébrer, tant orner par escripts,
>Que l'estrangier n'aura plus à mépris
>Le nom françois et bien moins notre langue
>Laquelle on tient pauvre en toute harangue.....
>Il n'est plus temps, ores que tu t'endormes,
>Roy non pareil, des vertueux le père :
>Entends-tu point au vray, quel vitupère
>Ces ennemys de vertu te pourchassent,
>Quand les sçavants de ton royaume ils chassent,
>Ou les chasser à tout le moins prétendent....
>Car vivre ailleurs qu'en France je n'espère,
>Et la requiers pour mon dernier repaire.

Il disait dans son épître au parlement :

>Raison ne veult ni aussi équité
>Que je demeure en cette adversité,
>Errant ça, là, sans oser séjourner
>Dedans Lyon : où je veux retourner,
>Et consommer le reste de ma vie,
>Malgré aucuns et leur meschante envie.
>Si à ce bien puis un coup parvenir,
>Ne craignez pas que voyiez advenir
>Que de ma vie un seul livre j'imprime
>De l'Escripture, ou aultre telle estime.
>J'en suis trop saoul, et trop saoul doibs en estre,
>Vu qu'il m'en vient à dextre et à senestre
>Malheur, esmoi, tout encombre et dommaige,
>Et que j'en suis si souvent mis en caige.....
>Et moi chétif, qui jour et nuict me tue
>De travailler, et qui tant m'évertue
>Pour composer quelque ouvrage excellent
>Qui puisse aller la gloire révélant
>Du nom françois en tout quartier et place,
>On ne me faict seulement tant de grace,
>Qu'en bien versant, en repos puisse vivre,
>Et mon estude en liberté poursuivre.
>D'où vient cela ? C'est un cas bien estrange,
>Où l'on ne peut acquérir grand louange,
>Quand on m'aura ou bruslé ou pendu,

> Mis sur la roue et en quartiers fendu,
> Qu'en sera-t-il? Ce sera un corps mort.
> Las! toutes fois n'auroit-on nul remord
> De faire ainsi mourir cruellement
> Un qui en rien n'a forfaict nullement.
> Un homme est-il de valeur si petite?
> Est-ce une mouche? ou un verms, qui mérite
> Sans nul égard si tost estre destruict?
> Un homme est-il si tost faict et instruict,
> Si tost muni de science et vertu,
> Pour estre ainsi qu'une paille, un fétu
> Annihilé? faict-on si peu de compte
> D'un noble esprit qui maint aultre surmonte?

Mais ces suppliques ne conjurèrent point l'orage qui grondait sur la tête de Dolet. Sa traduction du dialogue de Platon intitulé l'*Axiochus* fut dénoncée comme renfermant des principes d'athéisme.

Le 4 novembre 1544, la faculté de théologie de Paris s'étant assemblée, ce passage traduit *de latin en* français, dit d'Argentré (1), « *après la mort tu ne seras rien du tout*, fut « jugé *hérétique* et conforme à l'esprit des *saducéens* et des « *épicuriens*. Il fut déféré à la censure, qui le déclara mal « traduit et contre l'intention de Platon, auquel n'y a en « grec ni en latin ces mots RIEN DU TOUT. »

Sur cette déclaration, Dolet fut livré au bras séculier, c'est-à-dire à la grand'chambre du parlement, et, par arrêt du 2 août 1546,

« Ladite cour condamne ledit Dolet, prisonnier, à être mené et conduit par l'exécuteur de la haute justice en un tombereau, depuis lesdites prisons de la conciergerie du Palais, jusques à la place Maubert, où sera dressée et plantée au lieu plus commode et convenable une potence, à l'entour

---

(1) *Collectio judiciorum*, tome Ier et tome II.

de laquelle sera fait un grand feu, auquel, après avoir été soulevé en ladite potence, son corps sera jeté et bruslé avec ses livres et son corps mué et converti en cendres, et a déclaré et déclare tous et chacun les biens dudit prisonnier acquis et confisqués au roi ; que auparavant l'exécution de mort dudit Dolet, il sera mis en torture et question extraordinaire pour enseigner ses compagnons.

« LIZET. — DE MONTMIREL. »

« Et néanmoins est retenu *in mente curiæ*, que où ledit Dolet fera aucun scandale ou dira aucun blasphème, la langue lui sera coupée, et brûlé tout vif. »

La sentence fut exécutée le 3 août, jour d'une fête de saint Étienne, son patron. On rapporte que lorsqu'on le menait au supplice, voyant que le peuple paraissait touché de compassion, il improvisa ce vers :

Non Dolet ipse dolet, sed pia turba dolet ;

et que le lieutenant criminel ou le docteur qui l'accompagnait lui répliqua aussitôt :

Non pia turba dolet, sed Dolet ipse dolet.

Mais ce propos a l'air d'une fable. Quand il fut monté sur l'échafaud, il avertit les assistants de lire ses livres avec circonspection, protestant plus de trois fois *qu'ils contenaient bien des choses qu'il n'avait jamais entendues.*

Il prononça, dit-on, cette prière : « Mon Dieu, que j'ai
« tant de fois offensé, soyez-moi propice ; et vous, Vierge
« mère et saint Étienne, je vous supplie d'intercéder auprès du
« Seigneur pour moi qui suis un pécheur (1). » Ce ne sont

(1) Mi Deus, quem toties offendi, propitius esto ; teque Virginem matrem precor, divumque Stephanum, ut apud Dominum pro me peccatore intercedatis.

pas là les sentiments d'un athée ni ceux d'un protestant, accusations d'ailleurs dont il s'est constamment défendu. Il dit dans son épître au cardinal de Tournon :

>.... J'ai vécu jusque ici et vivrai
Comme chrétien catholique et fidèle.....
Fauteur ne suis d'hérésie ou d'erreur ;
Livres mauvais j'ai en haine et horreur,
Et ne voudrois en vendre ou imprimer
Un seul feuillet pour la foi déprimer
Antique et bonne, ou pour estre inventeur
De sens pervers et contre Dieu menteur.

Il tient le même langage dans ses *Orationes in Tholosam*, dans son *De imitatione ciceroniana*, etc. Quoi qu'il en soit de la sincérité de ces aveux, son caractère orgueilleux et son humeur satirique lui causèrent bien des malheurs et lui firent beaucoup d'ennemis. Il écrivit violemment contre Erasme et maltraita la Sorbonne dans les éditions du *Gargantua* et du *Pantagruel* de Rabelais qu'il publia. Au reste, il fut persécuté avec un acharnement incroyable et condamné avec une barbarie révoltante. Il était marié et laissait un fils au berceau.

Dolet, à la fois imprimeur, grammairien, traducteur, poëte, était lié avec Guillaume Budé, Pierre Danès et d'autres savants hommes de cette époque.

Comme imprimeur, Dolet publia beaucoup d'ouvrages ; comme auteur, il en composa un assez grand nombre : des traités de grammaire parmi lesquels nous citerons ses *Commentarii linguæ latinæ*, en deux vol. in-fol.; les *Gestes de François I*^{er}, annales historiques qu'il rédigea d'abord en latin et qu'il traduisit ensuite en français ; des épîtres, des poëmes et autres poésies, latines et françaises ; des traductions de Cicéron et de Platon; des ouvrages critiques sur ses démêlés avec le parlement de Toulouse, sur Érasme, etc.

Henri II se fit remarquer aussi par ses rigueurs contre l'imprimerie. Il obligea les libraires et imprimeurs à résider dans le quartier de l'université (1) et défendit d'imprimer aucun livre s'il ne contenait le nom de l'auteur. Par sa déclaration, datée de Châteaubriand le 27 juin 1551, il ordonne que « deux fois l'an les officines et boutiques des imprimeurs, libraires et vendeurs de livres, soient visitées par des députés, auxquels les imprimeurs et libraires seront tenus et contraints par toutes voies faire ouverture, pour saisir et mettre en notre main tous les livres qu'ils trouveroient suspects de vice. »

Cette même année, la Sorbonne proscrit le quatrième livre du *Pantagruel* de Rabelais; mais, à la sollicitation du cardinal de Châtillon, le roi en autorisa l'impression.

C'est aussi en 1551 que Robert Estienne, pour se soustraire aux censures théologiques et aux persécutions dont il était l'objet, se retira à Genève, où son beau-frère Conrad Bade devait se réfugier bientôt pour le même motif.

Suivant La Croix du Maine (*Biblioth. françoise*), Jean Morel, frère du célèbre imprimeur Guillaume, fut brûlé à Paris pour cause d'hérésie; d'autres auteurs disent qu'il mourut en prison, mais que son corps fut déterré et brûlé le 27 février 1559.

Sous le règne de François II, en 1560, Martin Lhomme, qui n'avait pas craint d'offenser les Guise en publiant un

---

(1) Le quartier de l'université s'étendait depuis les rues de la Bûcherie, de la Huchette, de la Vieille-Bouclerie, en montant jusqu'aux portes Saint-Michel, Saint-Jacques, Saint-Marcel et Saint-Victor.

pamphlet contre le cardinal de Lorraine, succomba à la haine de cette puissante famille.

Ce pamphlet, qui a pour titre *le Tigre*, est une imitation de la première Catilinaire. On ignore le nom de l'auteur. Le célèbre jurisconsulte Baudouin, et Bayle après lui, l'attribuent à François Hotman, professeur de droit; mais cette inculpation est bien hasardée. Outre que les ouvrages d'Hotman sont écrits en latin, même ceux que les événements politiques lui inspirèrent, tels que le *Franco-Gallia* et le *Brutum fulmen*, il faut remarquer que Baudouin avait à se plaindre d'Hotman, son ancien élève. Supplanté par lui dans sa chaire de droit à Strasbourg, il en avait conservé un profond ressentiment qu'il exhale avec violence dans des lettres adressées à Théodore de Bèze. Ces circonstances affaiblissent le témoignage qu'il porte contre Hotman. Quoi qu'il en soit, l'auteur du *Tigre* sut échapper à la vengeance des Guise, qui retomba tout entière sur le malheureux imprimeur, et rejaillit même sur un pauvre marchand de Rouen, impliqué fortuitement dans ce sanglant procès.

On trouve dans les registres criminels du parlement de Paris, à la date du 15 juillet 1560, deux arrêts qui contiennent quelques détails sur cette triste affaire. Il résulte des recherches faites à ce sujet, que celui qui avait été accusé d'avoir propagé le libelle diffamatoire s'appelait Martin Lhomme (et non Lhommet, comme l'a dit La Planche, dans son *Histoire de France sous François II*), qu'il était natif de Rouen et maître imprimeur à Paris (1). Il fut arrêté le 23 juin 1560, sous l'in-

---

(1) L'historien de Thou, parlant de la mort de ce malheureux, l'appelle *pauperculus librarius*, et Lottin le place dans son *Catalogue* comme libraire ; mais La Planche et Castelnau, dans ses Mémoires, disent qu'il était imprimeur. Il demeurait rue du Mûrier, près la rue Saint-Victor,

culpation d'avoir imprimé des épitres, livres et *cartels diffamatoires*. Plusieurs de ses serviteurs et ouvriers, ainsi que sa femme, et trois autres maîtres imprimeurs de Paris, furent arrêtés après lui. On instruisit le procès rapidement : l'infortuné Martin Lhomme fut condamné, le 13 juillet, à être pendu en place Maubert, *lieu commode et convenable*, est-il dit dans l'arrêt. C'est dans ce même lieu commode et convenable qu'Étienne Dolet avait été pendu et brûlé quatorze ans auparavant.

L'arrêt « déclare tout et chascun des biens du dict prisonnier acquis et confisquez au roy, et oultre ordonne la court que les dicts cartelz, épistres, livres diffamatoires mentionnés au dict procès seront arses et bruslez en la présence du dict prisonnier auparavant la dicte exécution à mort. »

L'exécution de Martin Lhomme fut ajournée jusqu'au 15 juillet, dans l'espoir qu'il ferait des révélations ; mais ces révélations furent à peu près insignifiantes. « Enquis que lui avait baillé le libelle (dit le même La Planche), il répond : un homme inconnu, et finalement en accuse plusieurs de l'avoir veu et leu, contre lesquels poursuites furent faictes, mais ils le gaignèrent au pied. »

Le jour même de l'exécution, un marchand qui arrivait de Rouen et qui venait de mettre son cheval à l'hôtellerie, aperçut par hasard le cortége de Martin Lhomme que l'on conduisait au supplice. Le peuple, aveugle et docile instrument des

---

aux Trois-Marches du Degré. La Caille (*Histoire de l'imprimerie et de la librairie*) mentionne un *Martin Lomme*, qui fit imprimer, en 1559, des *sonnets héroïques*, composés par Fr. Habert, sur le mariage du duc de Lorraine. Quoiqu'il ne parle pas de sa fin tragique, il y a tout lieu de croire que c'est le même qui imprima l'année suivante le pamphlet du *Tigre* contre le cardinal de Lorraine.

passions de ses chefs, était fort animé contre le pauvre patient qu'il insultait par des cris et des huées. Ce que voyant, le marchand, qui s'appelait Robert Dehors, fut saisi de pitié, et sans connaître aucunement la nature du crime imputé à Martin Lhomme : « Eh quoi! mes amis, s'écria-t-il, ne suffit-il pas qu'il meure? Laissez faire le bourreau. Le voulez-vous davantage tourmenter que sa sentence ne porte? » Ces paroles si humaines étaient dites à peine, qu'on s'empare de l'infortuné marchand, lequel, quatre jours seulement après l'exécution de Martin Lhomme, fut conduit au *lieu commode et convenable* que nous savons, pendu et étranglé, « pour raison, dit l'arrêt du 19 juillet, de la sédition et émotion populaire faicte par le dict prisonnier lors de l'exécution de mort de Martin Lhomme, par le moyen des propos scandaleux et blasphèmes dicts et proférés par le dict Dehors, prisonnier, contre l'honneur de Dieu et de la glorieuse Vierge Marie, induisant par le dict prisonnier le peuple à sédition et scandale public. »

Cette justice était expéditive ; il est vrai qu'elle était commandée par le peuple et rendue pour complaire à M. de Guise, son favori.

Le style du *Tigre* (1), production antérieure de vingt ans aux *Essais* de Montaigne, annonce un homme rempli d'une

---

(1) Le véritable *Tigre* a été découvert par M. Techener, c'est du moins l'opinion de MM. Nodier et Taillandier, qui regardent comme seule authentique la pièce intitulée : *Epistre envoyée au Tigre de la France*. Cette pièce est du reste sans indication de lieu ni de date, et ne porte aucun nom d'imprimeur ou de libraire ; mais son titre concorde exactement avec celui de l'écrit désigné dans l'arrêt du parlement que nous avons cité plus haut. On n'en connaît qu'un seul exemplaire, dont notre célèbre bibliographe, M. Brunet, est l'heureux possesseur ; il n'a que sept feuillets.

vive indignation, très-versé d'ailleurs dans notre langue, et qui s'élève parfois jusqu'à l'éloquence. Nodier en cite les phrases suivantes : « Tu fis tant par tes impostures, que sous l'amitié fardée d'un pape dissimulateur, ton frère aîné fut fait chef de toute l'armée du roi. — Je connois ta vieillesse, si enveillie en son obstination, et tes mœurs si dépravées, que le récit de tes crimes ne te sauroit émouvoir, etc. »

Ce fameux libelle parut probablement vers le mois d'avril 1560. En effet, comme le remarque M. Taillandier, le 20 de ce mois, le parlement fit venir le recteur de l'université et lui enjoignit d'assembler ce corps, sous la juridiction duquel étaient l'imprimerie et la librairie, pour délibérer s'il n'était pas à propos de fixer le nombre des imprimeurs dans Paris, et pour donner son avis sur les moyens les plus propres à arrêter la licence des impressions furtives. L'université s'assembla le 23 : « Mais, dit Crevier (1), je ne vois point quel fut le résultat de la délibération ; les objets en étaient néanmoins très-importants : il s'agissait de prendre les mesures convenables pour découvrir les imprimeurs des libelles, pour réprimer ceux qui faisaient métier de les établir et distribuer, pour réduire sous la dépendance des vingt-quatre libraires jurés les nouveaux imprimeurs qui s'étaient établis comme créés par le roi, sans être obligés de prêter serment à l'université. »

Sous Charles IX, l'imprimerie fut en butte à des vexations nouvelles. Les guerres de religion désolaient la France, et les ordonnances qui furent rendues à cette époque sur l'imprimerie semblent refléter l'image de ces temps de discordes civiles et de fanatisme religieux. Charles IX montra tout

---

(1) *Histoire de l'Université de Paris*, tome VI, page 82.

de suite le peu de goût qu'il avait pour la presse, pour cet art qui oserait sans doute l'accuser durant sa vie et qui le jugerait après sa mort, par des ordonnances d'une rigueur excessive, publiées successivement contre les auteurs et imprimeurs de placards et de libelles diffamatoires. « Voulons, » dit-il dans celle du 17 janvier 1561 (art. 13), « que tous imprimeurs, semeurs et vendeurs de placards et libelles diffamatoires, soient punis pour la première fois *du fouet* et pour la seconde de la vie. » Et dans celle du 10 septembre 1563 : « Défenses sont faites, » dit-il, « à toutes personnes, de quelque état, qualité et condition qu'elles soient, sur peine de confiscation de corps et de biens, de publier, imprimer, faire imprimer aucun livre, lettres, harangues, n'autre écrit, soit en rythme ou en prose, faire semer libelles diffamatoires, attacher placards, mettre en évidence aucune autre composition de quelque chose qu'elle traite, et à tous libraires d'en imprimer aucuns sans permission dudit seigneur roy, sur peine d'être *pendus et étranglés,* et que ceux qui se trouveront attachans ou avoir attaché, ou semé aucuns placards ou libelles diffamatoires, soient punis de semblables peines ; et enjoint à tous magistrats publics, commissaires des quartiers et autres officiers qu'il appartiendra, de tenir la main à l'exécution de ladite ordonnance, sur les peines y contenues. »

L'ordonnance de Moulins, en février 1566, art. 77 (1), et

---

(1) « Défenses très-étroites à toutes personnes d'écrire, imprimer et exposer en vente aucuns livres, libelles ou écrits diffamatoires et convicieux contre l'honneur et renommée des personnes, sous quelque prétexte ou occasion que ce soit ; déclare tels écriteurs, imprimeurs et vendeurs, infracteurs de paix et perturbateurs de repos public, et iceux être punis des peines contenues aux édits ; et enjoint à tous ceux qui ont tels livres de les brûler dedans trois mois, sur les mêmes peines. » (Ord de Moulins, février 1566, art. 77.)

l'ordonnance d'avril 1571, art. 10 (1), renouvellent ces défenses avec la menace des mêmes châtiments. En 1572, Charles IX ordonnait le massacre de la Saint-Barthélemi. Le célèbre imprimeur André Wechel, qui n'échappa qu'avec peine à ce massacre, abandonna la France l'année suivante et alla s'établir à Francfort.

Le parlement lui-même s'associait aux rigueurs du pouvoir. Le dernier jour de juillet 1565, il rendit un arrêt par lequel « il est défendu à tous imprimeurs, libraires, colporteurs ou autres personnes de quelque état qu'elles soient, d'imprimer ou faire imprimer aucuns livres pleins de blasphèmes, convices ou contumélies, pétulans et ne tendant qu'à troubler l'État et repos public, sur peine de confiscation de corps et de biens. »

Malheureusement, ces édits et arrêts ne furent pas une lettre morte, comme l'ordonnance rendue trente-deux ans auparavant par François Ier. Ils furent lus, publiés et enregistrés sans opposition, et de plus rigoureusement exécutés. Un sieur Belleville, condamné par arrêt du 1er décembre 1584, fut pendu pour avoir mis en lumière un livre par lui composé contre le roi. En septembre 1610, les nommés du Jarrige, Chefbobin et Chapmartin subirent le même supplice par suite d'un arrêt qui les avait condamnés pour des faits analogues.

Ce n'est pas qu'un gouvernement quelconque n'ait le droit de réprimer la presse, lorsque, par un système suivi

(1) L'article 10 de l'ordonnance d'avril 1571 défend, à peine de punition corporelle, tous libelles, livres, placards et portraits diffamatoires ; et ordonne qu'il sera procédé extraordinairement, tant contre les auteurs, compositeurs et imprimeurs, que contre ceux qui les publieront à la diffamation d'autrui ; il défend aussi l'impression en ce royaume de tous nouveaux livres sans permission du seigneur roy, et sans que les noms de l'auteur et de l'imprimeur soient mis au commencement de la première page.

d'hostilités, de calomnies et de diffamations, elle pousse au renversement des lois, excite les citoyens les uns contre les autres et allume la guerre civile ; mais la pénalité d'alors était d'une rigueur qui allait quelquefois jusqu'à la barbarie, et trop souvent on l'appliquait sous des prétextes futiles pour satisfaire des vengeances particulières.

Tout en montrant beaucoup de sollicitude pour les progrès de l'art typographique et les intérêts des imprimeurs, Louis XIII ne perdit pas de vue la répression des abus de l'imprimerie. Par ordonnance du 10 juillet 1624, il fit défenses d'imprimer aucuns mémoires concernant les affaires de l'État sans expresse permission du roi, signée d'un secrétaire d'État (1), et ces défenses furent renouvelées par l'édit de janvier 1626. Des lettres patentes du 27 décembre 1627 rappelèrent l'obligation de se munir d'un privilége pour l'impression de tous livres ou livrets (2).

Louis XII avait dit dans sa déclaration du 9 avril 1513, en parlant de l'art de l'imprimerie...: *Au moyen de quoi tant de bonnes et salutaires doctrines ont été manifestées, communiquées et publiées à tout chacun* ; Louis XIII, au contraire, dé-

(1) Divers arrêts furent rendus, tant sous Louis XIII que sous Louis XIV, contre l'impression et la vente des libelles : Arrêt du 1er avril 1620 défendant les gazettes à la main ; — arrêt du 24 octobre 1652 portant que les imprimeries de ceux qui impriment des libelles seront vendues sur-le-champ ; — arrêt du 18 août 1666 qui prohibe les gazettes à la main ; — enfin, arrêt du 9 décembre 1670 qui confirme le précédent, et porte défenses a toutes personnes de vendre aucuns libelles écrits, qualifiés gazettes à la main, à peine de fouet et bannissement pour la première fois, et la seconde, des galères.

(2) « Défenses sont faites à tous imprimeurs et libraires de faire imprimer aucuns livres ou livrets, en quelque langue et quelque matière que ce soit, sans avoir le privilége scellé de notre grand sceau, et non d'autres, à peine de l'amende, de confiscation de tous les livres, et d'interdiction pour un an de leur exercice de librairie et d'imprimerie. »

clare (ordonnance de 1629, article 52) *que la facilité et liberté d'imprimer amène chaque jour de grands désordres, trouble la paix et le repos de son État, y apporte avec la corruption des mœurs de mauvaises et pernicieuses doctrines, et qu'il est dans l'obligation d'y apporter un remède puissant.* En conséquence, il défend à tous imprimeurs du royaume d'imprimer, et à tous marchands libraires ou autres de débiter aucuns livres ni écrits qui ne portent le nom de l'auteur et de l'imprimeur, avec des lettres de permission du grand sceau qui ne pourront être expédiées que sur la présentation du livre manuscrit. De plus, voulant réprimer le parti protestant qui éludait dans la plupart de ses écrits la loi des priviléges, il charge le garde des sceaux, au préjudice de l'université, de choisir telle personne que ce magistrat jugera convenable pour lire, examiner et approuver les ouvrages avant l'impression (1).

Sous les rois qui suivent, l'imprimerie ne fut pas plus mé-

---

(1) « Les grands désordres et inconvénients que nous voyons naître tous les jours de la facilité et liberté des impressions, au mépris de nos ordonnances et au grand préjudice de nos sujets et de la paix et repos de cet Etat, corruption de mœurs et introduction des mauvaises et pernicieuses doctrines, nous obligent d'y apporter un remède plus puissant qu'il n'a été fait par les précédentes ordonnances, encore que la force des lois consiste plus en la vigilance des magistrats sur l'observation et exécution d'icelles, qu'en ce qu'elles contiennent ; c'est pourquoi, suivant le LXXVIIIe article des ordonnances faites à Moulins, nous défendons à tous imprimeurs, tant dans notre ville de Paris que de toutes autres de notre royaume, pays et terres de notre obéissance, d'imprimer, et à tous marchands libraires ou autres de vendre ou de débiter aucuns livres ni écrits qui ne portent le nom de l'auteur et de l'imprimeur, et sans notre permission par lettres de notre grand sceau, lesquelles ne pourront être expédiées qu'il n'ait été présenté une copie du livre manuscrit à nos chancelier ou garde des sceaux, sur laquelle ils commettront telle personne qu'ils verront être à faire, selon le sujet et matière du livre, pour le voir et examiner, et bailler sur icelui, si faire se doit, leur attestation en la forme requise, sur laquelle sera expédié le privilége. Remettant néanmoins à la discrétion et prudence de nos dits

nagée et ses membres eurent encore à souffrir des rigueurs du pouvoir.

La répression des abus fut souvent excessive et alla quelquefois jusqu'à la cruauté. Nous ne citerons que deux exemples : le premier se rapporte à Nicolas Vivenay qui, pendant les troubles de la Fronde, imprima de nombreux pamphlets à l'hôtel de Condé, où il avait son imprimerie (1). Voici ce qu'en écrivait Gui Patin à son ami Spon en 1649 : « Un petit libraire, grand vendeur de pièces mazarinesques, depuis notre guerre, a été surpris distribuant contre le surintendant d'Émery. Il a été mis au Châtelet, où il a été condamné aux galères pour cinq ans. Ce pauvre malheureux s'appelle Vivenet. » (Vivenay.)

Le second fait est ainsi rapporté dans le *Journal* manuscrit d'Ant. Bruneau, avocat. « Le vendredi 19 novembre (1694), sur les six heures du soir, par sentence de M. de la Reynie, lieutenant de police au souverain, furent pendus à la Grève (2) un compagnon imprimeur de la veuve Charmot, rue de la Vieille-Bouclerie, nommé Rambault, de Lyon, et un garçon relieur de chez Bourdon, bedeau de la communauté des libraires, nommé Larcher..., et sursis au jugement de cinq autres jusque après l'exécution. Les deux pendus ayant

---

chancelier et garde des sceaux de dispenser de cette observation ceux qu'ils verront devoir faire, soit par le mérite et dignité des auteurs ou autres considérations. » (Ord. de 1629, art. 52.)

(1) Lelong, *Bibliothèque historique de la France*, tome II, n° 25297.

(2) M. Didot, en insérant ce récit dans son article *Typographie*, de l'*Encyclopédie moderne*, ajoute en note : « Lorsque, le 22 mars 1850, dans la séance du conseil municipal, je votai pour l'érection de la statue de M. de la Reynie dans une des niches de l'Hôtel-de-Ville de Paris, sur la façade même de la Grève, j'ignorais ce fait, qui accuse en ce magistrat, à qui la ville de Paris est redevable de plusieurs institutions utiles, une sévérité cruelle, et, ce qui est pire encore, une complaisance coupable pour les faiblesses de son maître. »

eu la question ordinaire et extraordinaire pour avoir révélation des auteurs, imprimeurs, relieurs, vendeurs et débitants des libelles infâmes contre le roi, qui est, dit-on, son mariage secret avec madame de Maintenon, et l'*Ombre de M. Scarron*, qui étoit son mari, avec une planche gravée de la statue de la place des Victoires; mais, au lieu des quatre figures qui sont aux angles du piédestal, c'étoient quatre femmes qui tenoient le roi enchaîné, et les noms gravés : madame *de la Vallière*, madame *de Fontanges*, madame *de Montespan*, et madame *de Maintenon*; le graveur est en fuite. J'estime, ajoute l'avocat, qu'on ne peut assez punir ces insolences contre le souverain, puisque, par les ordonnances, le moindre particulier est en droit de demander réparation des libelles diffamatoires qui seroient faits contre lui. On a trouvé des paquets de ce libelle jetés la nuit dans la rivière, entre le pont Notre-Dame et le pont au Change. — Décembre, le lundi 20, le nommé Chavance, garçon libraire, natif de Lyon, fut condamné, par sentence de M. de la Reynie, à être pendu et à la question, pour l'affaire des livres mentionnés en novembre; il eut la question, et jasa, accusant les moines. La potence fut plantée à la Grève, et la charrette menée au Châtelet. Survint un ordre de surseoir à l'exécution et au jugement de La Rocque, autre accusé, fils d'un ministre de Vitré et de Rouen, qui a fait la préface de ces impudents livres. On dit que Chavance est parent ou allié du P. la Chaise, confesseur du roi, qui a obtenu la surséance. La veuve Cailloué, imprimeur de Rouen, est morte dans la Bastille, où elle était pour cette affaire. La veuve Charmot et son fils ont été criés à ban à leur porte, rue de la Vieille-Bouclerie, pour raison de ces impressions (1). »

(1) On connaît un de ces ouvrages intitulé : *Scarron apparu à madame*

De 1660 à 1756, c'est-à-dire en moins d'un siècle, huit cent soixante-neuf auteurs (1), imprimeurs, débitants d'ouvrages, gravures et estampes, furent arrêtés et mis à la Bastille, comme ayant publié des œuvres contraires aux mœurs, à la religion, au roi, au gouvernement. Dans ce nombre, un tiers au moins appartenait à l'imprimerie.

Il existe une déclaration de Louis XV, en date du 14 mai 1724 (2), qui fait défense de pratiquer d'autre exercice que celui de la religion catholique, sous peine, les hommes, des *galères perpétuelles;* les femmes, d'être *rasées et enfermées pour toujours.* L'imprimerie ne pouvait être oubliée au milieu de ces rigueurs, et l'article 13 porte que, de même que les médecins, chirurgiens, etc., *les libraires et imprimeurs ne pourront être admis à exercer leur art et profession sans rapporter une attestation du curé constatant leur bonne vie et mœurs et l'exercice qu'ils font de la religion catholique, attestation dont il doit être fait mention même dans la sentence des juges à l'égard de ceux qui doivent prêter serment.*

Le 11 septembre suivant, un arrêt du conseil d'État ordonnait l'exécution de ce règlement contre les nommés Caillau, libraires à Rouen, de la religion réformée.

Le 7 février 1752, l'*Encyclopédie ou Dictionnaire raisonné des sciences, des arts et des métiers*, dont deux volumes seulement avaient paru, est frappée d'anathème comme tendant à établir l'esprit d'indépendance et de révolte; il est fait défense

---

de Maintenon, et les reproches qu'il lui fait sur ses amours, Cologne, Jean le Blanc (Hollande), 1694, in-12 de 36 pages y compris la figure.

(1) Archives de la préfecture de police. Nous devons ces renseignements à l'obligeance de M. Labat, bibliothécaire et homme de lettres distingué, auteur d'un poëme inédit sur l'imprimerie.

(2) Reçue en parlement le 31 du même mois.

à tout imprimeur ou libraire de les réimprimer ou de les vendre, sous peine de mille livres d'amende et de telle autre peine qu'il appartiendra, même à peine de déchéance et de privation de la maîtrise.

Comme on le voit, toutes les persécutions de l'imprimerie lui vinrent alors par les querelles de religion, comme elles devaient lui venir plus tard par les querelles politiques.

C'est ainsi que les rois témoignaient tour à tour leurs sympathies ou leurs antipathies, leur confiance ou leurs soupçons à l'art typographique. Mais ces antipathies et ces soupçons, effet naturel des appréhensions qu'inspiraient l'activité et la violence des partis, ne diminuent en rien le bienfait des encouragements que l'imprimerie reçut à son origine, et ne purent arrêter un moment sa marche progressive. Chose étrange! l'imprimerie eut bien moins à souffrir des persécutions momentanées auxquelles elle fut en butte, que de la liberté sans limites et sans frein dont elle allait être bientôt dotée par la révolution de 1789!

CHAPITRE V.

L'IMPRIMERIE PENDANT LA RÉVOLUTION, SOUS LA RÉPUBLIQUE, LE CONSULAT ET L'EMPIRE.

SOMMAIRE.

I. Liberté absolue de l'imprimerie.—II. Abus de cette liberté. — III. Excès de la presse sous la terreur.— IV. Mesures restrictives sous le directoire.—V. Imprimeurs victimes des excès de la révolution — VI. Principaux établissements typographiques de cette époque. — VII. Consulat. — VIII. Révolution littéraire; Châteaubriand et de la littérature du XVIIIe siècle. — IX. Écrivains distingués pendant la révolution. — X. Inventions diverses. — XI. Actes honorables des gouvernements révolutionnaires. —XII. Empire; réorganisation de l'imprimerie. —XIII. Limitation du nombre des imprimeurs.—XIV. Législation de la presse périodique. — XV. Autres mesures préventives. — XVI. Librairie; ouvrages publiés à cette époque.—XVII. Des lettres et de l'imprimerie sous l'empire.

I. La révolution de 1789, en abolissant les priviléges, les maîtrises et les corporations (1), permit à chacun de venir à sa volonté prendre place dans le champ de l'industrie; mais

(1) L'assemblée constituante, dans la nuit du 4 août 1789, abolit les priviléges et, par décret du 2-17 mars 1791, supprima les maîtrises et jurandes. On lit aussi dans les dispositions préliminaires de la constitution de 1791 : « Il n'y a plus, pour aucune partie de la nation, ni pour aucun individu, aucun privilége ni exception au droit commun de tous les Français. — Il n'y a plus ni jurandes, ni corporations de professions, arts et métiers. » Cette suppression est consacrée de nouveau par la constitution de l'an III (article 355).

cette liberté sans limites ne tarda pas à avoir de graves inconvénients. Tant que les professions avaient été protégées par des règlements restrictifs, le nombre des bras étant limité, un travail suffisant avait pu être garanti à chacune d'elles : mais lorsqu'elles furent abandonnées à elles-mêmes, et pour ainsi dire livrées au hasard, les efforts individuels se dépensèrent en pure perte, une concurrence aveugle amena l'encombrement des produits et blessa à la fois les intérêts des maîtres et ceux des ouvriers. La ruine devint dès lors inévitable pour tous.

L'imprimerie, assimilée aux autres professions industrielles, fut cependant plus profondément atteinte qu'elles. Les anciens règlements disparurent de nos codes; la chambre syndicale fut dissoute. Les liens qui unissaient les membres de la communauté furent brisés pour jamais ; il n'y eut plus, pour l'admission des apprentis et des maîtres, ni examens, ni brevets, ni garanties. Chaque individu, pourvu qu'il payât patente (1), eut la liberté de se faire imprimeur ou libraire. Bientôt après, cette patente elle-même fut supprimée (2). L'ouvrier qui avait le moyen d'acquérir quelques livres pesant de caractères eut son imprimerie qui s'ouvrait un jour et se fermait le lendemain (3). La propriété littéraire elle-même ne

---

(1) L'article 7 du décret du 2-17 mars 1791 porte : « A compter du 1er avril prochain, il sera libre à toute personne de faire tel négoce, ou d'exercer telle profession, art ou métier qu'elle trouvera bon ; mais elle sera tenue de se pourvoir auparavant d'une patente. »

(2) 22 mars 1793. — La patente fut rétablie plus tard par décret du 4 thermidor an III (22 juillet 1795), et a toujours été maintenue depuis cette époque.

(3) Voici comment s'exprime Catineau-Laroche, auteur d'un écrit publié en 1807, sous le titre de *Réflexions sur la librairie* :

« Des imprimeurs honnêtes et instruits, dans l'aisance, intéressés à la

fut pas respectée. La pensée, longtemps comprimée, fit irruption de toutes parts et sous toutes les formes ; chaque libelliste eut sa presse et son journal. Qu'on juge ce que devait être l'imprimerie exercée par sept à huit cents individus, tous dépourvus de connaissances pratiques, sans instruction aucune et sans capitaux ! Quant aux anciens imprimeurs, sur les trente-six qui existaient alors, la plupart furent ruinés et abandonnèrent leurs établissements.

On conçoit les excès qui suivirent ce débordement d'écrits de tout genre. Les livres licencieux, les feuilles incendiaires, les pamphlets anarchiques inondèrent Paris et les provinces ; et l'imprimerie, qui venait de perdre ses prérogatives et les avantages de son organisation, laissa encore dans ce grand naufrage l'estime et la considération dont elle avait été jusqu'alors entourée. Aussi, dans cette première période, l'histoire de l'imprimerie se borne-t-elle à l'histoire des excès de la presse et à des répressions plus ou moins heureuses dont ils sont l'objet.

Examinons par quelle suite d'événements funestes elle tomba, en peu d'années, du plus haut point de considération et d'honneur au degré le plus bas de l'opprobre et de l'avilissement.

tranquillité de l'Etat, attachés à leur prince, jouissant de la considération publique, voilà le tableau de l'imprimerie à l'époque de la révolution. Alors, dans Paris seulement, mille presses s'élèvent, mille forcenés deviennent imprimeurs comme par enchantement : ils ébranlent, ils renversent l'Etat ; et combien, dans la confusion générale, sont frappés à mort par cette même arme qu'ils avaient saisie pour en percer leurs ennemis ! N'importe, le nombre des imprimeurs ne diminue pas : de là, la ruine des anciens, bientôt après la ruine des nouveaux ; de là, l'ignorance, la déconsidération, le mépris qui désolent une profession autrefois honorée, et qui méritait de l'être ; de là, nulle sûreté pour le commerce, nulle garantie pour les mœurs, pour le gouvernement. Voilà au juste l'état de l'imprimerie en France. »

Déjà à l'époque de la convocation des états généraux, les anciens règlements de l'imprimerie et de la librairie étaient en butte à des violations nombreuses, à des infractions réitérées. Le 6 mai 1789, un arrêt du conseil d'État rappela les imprimeurs et les libraires à l'observation de ces règlements, sous peine d'interdiction de leur état : « Le roi, y est-il dit, étant informé qu'on distribue dans le public plusieurs prospectus d'ouvrages périodiques pour lesquels il n'a été accordé aucunes permissions, a résolu de réprimer un abus aussi contraire au bon ordre qu'aux règlements de la librairie, dont Sa Majesté entend maintenir l'exécution, jusqu'à ce que, d'après les observations qui lui seront présentées par les états généraux (1), elle ait fait connaître ses intentions sur les modifications dont ces règlements peuvent être susceptibles. »

Cette faible barrière, élevée par un pouvoir qui perdait chaque jour de son prestige et de sa force, fut bientôt renversée. Le 26 août suivant, l'assemblée nationale, dans sa déclaration des droits de l'homme et du citoyen, reproduite en tête de la constitution de 1791 (art. 11), décréta la liberté de la presse en ces termes :

« La libre communication des pensées et des opinions est un des droits les plus précieux de l'homme. Tout citoyen peut donc parler, écrire, imprimer librement, sauf à répondre de l'abus de cette liberté dans les cas prévus par la loi. »

II. Ainsi accordée avec une restriction qui ne tarda guère à être illusoire, cette liberté ouvrit la porte aux plus graves abus. Deux mois après, le 10 octobre, Malouet en signalait les

---

(1) Dans la déclaration du roi du 23 juin suivant, il est dit (art. 16) : « Les états généraux examineront et feront connaître à S. M. le moyen le plus convenable de concilier la liberté de la presse avec le respect dû à la religion, aux mœurs et à l'honneur des citoyens. »

dangers, et demandait particulièrement la proscription des libelles et journaux qui calomniaient à l'envi les membres de l'assemblée nationale. Un député proposa même de décréter sur-le-champ une loi de la librairie. Mais cette proposition, comme celle qui fut faite dans la séance du 22 décembre suivant, ne fut pas prise en considération.

Le gouvernement, inquiet, prépara alors un projet de loi, et l'abbé Sieyès fut chargé de le présenter. Le 20 janvier 1790, il en donna, en effet, lecture à l'assemblée, et pour ne pas s'aliéner les suffrages des partisans trop nombreux de la liberté de la presse, il l'intitula : *Projet de loi contre les délits qui peuvent se commettre par la voie de l'impression et par la voie des écrits, des gravures, etc.* Dans son rapport Sieyès fait le plus pompeux éloge de l'imprimerie; il s'applique surtout à persuader à l'assemblée que l'intention du gouvernement n'est pas, ne peut pas être d'apporter des restrictions à la liberté de la presse, liberté qu'il appelle *un des droits naturels des citoyens.*

Le projet de loi admettait, pour la répression des délits de la presse, la procédure et le jugement par jurés. C'était un premier pas vers la grande institution du jury, aujourd'hui sanctionnée par les lois et si profondément entrée dans nos mœurs. Malgré cette disposition libérale et les précautions qu'employa Sieyès à faire valoir le projet, l'assemblée ne répondit point à l'espoir qu'il avait conçu de le lui faire agréer. Elle écouta avec attention l'orateur; elle l'interrompit plusieurs fois par des applaudissements; elle ordonna sans hésiter l'impression du rapport et du projet de décret; mais elle ajourna la discussion, et cet ajournement, à une époque où il y avait déjà encombrement dans les travaux législatifs, équivalait au rejet de la loi.

Six mois après, un administrateur au département de la police, M. Lescène-Desmaisons, évoquait le souvenir du projet de loi enfoui avec tant d'autres dans les cartons de l'assemblée, et adressait au comité des recherches un écrit intitulé : *Des Bases de la législation de la presse.* Il y disait entre autres choses : « La législation de la presse se réduit à un seul règlement : rendre l'imprimeur et le libraire responsables, l'un de citer l'auteur, l'autre son vendeur. Si celui sur lequel porte la responsabilité en dernière analyse injurie, une amende proportionnée à l'offense doit punir l'insulte. S'il calomnie, outre l'amende, une rétractation honteuse et la peine du carcan doivent punir son crime. Les calomnies contre le gouvernement, ou les écrits faits pour troubler l'ordre public, sont de la dernière espèce. »

Cet appel ne fut pas entendu, et sans doute l'assemblée n'eût pris de longtemps aucune mesure répressive, si Malouet, dans la séance du 31 juillet au soir, ne se fût élevé de nouveau contre la licence de la presse, et n'eût donné un exemple de l'audace de certains écrivains, en lisant à la tribune le fragment suivant d'un numéro de l'*Ami du peuple*, qui a pour titre : *C'en est fait de nous :*

« Citoyens de tout âge et de tout rang, les mesures prises par l'assemblée ne sauraient vous empêcher de périr : c'en est fait de vous pour toujours, si vous ne courez aux armes, si vous ne retrouvez cette valeur héroïque qui, le 14 juillet et le 5 octobre, sauva deux fois la France. Volez à Saint-Cloud, s'il en est temps encore : ramenez le roi et le dauphin dans vos murs; tenez-les sous bonne garde, et qu'ils vous répondent des événements. Renfermez l'Autrichienne et son beau-frère; qu'ils ne puissent plus conspirer; saisissez-vous de tous les ministres et de leurs commis, mettez-les aux fers; assurez-vous du chef de la municipalité et des lieutenants de maire, gardez à vue le général, arrêtez l'état-major, enlevez le poste d'artillerie de la rue Verte, emparez-vous de tous les magasins et moulins à poudre; que les canons soient répartis entre tous les districts, et que tous les districts se rétablissent et restent à jamais permanents ; qu'ils fassent révoquer ces funestes décrets. Courez, courez, s'il en est temps encore, ou bientôt de nombreuses légions ennemies fondront sur vous ; bientôt vous verrez les ordres privilégiés se relever ; le despotisme, l'affreux despotisme paraîtra plus formidable que jamais. *Cinq à six cents têtes abattues* vous auraient assuré repos, liberté et bonheur ; une fausse humanité a retenu vos bras et suspendu vos coups ; elle va coûter la vie à des millions de vos frères ; que vos ennemis triomphent un instant, et le sang coulera à grands flots ; ils vous égorgeront sans pitié, ils éventreront vos femmes, et, pour éteindre à jamais parmi vous l'amour de la liberté, leurs mains sanguinaires chercheront le cœur dans les entrailles de vos enfants. »

Cette lecture souleva l'indignation de l'assemblée qui rendit immédiatement le décret suivant :

« L'assemblée nationale, sur la dénonciation qui lui a été faite par un de ses membres, d'une feuille intitulée : *C'en est fait de nous*, et du dernier numéro des *Révolutions de France et de Brabant*, a décrété et décrète que, séance tenante, le procureur du roi au Châtelet sera mandé, et qu'il lui sera donné ordre de poursuivre, comme criminels de lèse-nation, les auteurs, imprimeurs, colporteurs d'écrits excitant le peuple à l'insurrection contre les lois, à l'effusion du sang et au renversement de la constitution. » (Séance du 31 juillet 1791.)

Le lendemain, sur la proposition de Rabaud, ces mots furent ajoutés au décret : « ..... Et tous écrits qui inviteraient

les princes étrangers à faire des invasions dans le royaume. »
Enfin, le 3 août, l'assemblée voulant assurer l'exécution de ce
décret, ordonna que son comité de constitution et son comité
de jurisprudence lui feraient leur rapport sur les moyens d'y
parvenir. Vaines précautions ! Le mal était déjà trop grand,
et le respect de l'autorité déjà trop oublié, pour que la presse
s'inquiétât seulement des lois dont elle était l'objet, et s'arrêtât
sur la pente fatale où elle s'était précipitée d'elle-même. Le
décret du 31 juillet ne fut pas plus tôt rendu qu'il tomba en
désuétude, et les plus coupables excès de la presse restèrent
impunis comme auparavant.

La constitution de 1791, tout en consacrant la liberté de
penser et d'écrire, avait essayé elle-même de mettre un frein
au déchaînement des passions violentes par la voie de l'imprimerie ; mais elle n'y avait pas mieux réussi que les législations précédentes : toutes ces faibles barrières disparurent
sous le souffle révolutionnaire.

III. Bientôt le peuple et l'armée elle-même furent corrompus
systématiquement par des écrits infâmes : c'étaient le *Père
Duchêne*, de l'ignoble Hébert ; l'*Ami du peuple*, de Marat,
de cet homme pour lequel il n'y a plus d'épithète ; le *Journal
des hommes libres*, par Duval ; le *Journal universel*, par Audouin, et beaucoup d'autres feuilles dont la lecture ne nous
inspire plus aujourd'hui que de la honte et du dégoût. Quarante journaux vomissaient chaque matin l'injure, la provocation, la calomnie. L'impunité était assurée et le fut
longtemps à toutes ces abominations. Rien n'échappait à la
fureur de ces vils pamphlétaires, ni la vertu la plus éprouvée, ni la gloire le mieux acquise. Détruire la société, non pas
seulement en France, mais en Europe, mais dans le monde
entier, telle était leur prétention, tel était le but qu'ils

avouaient, qu'ils poursuivaient avec une rage implacable, et qu'il s'en fallut bien peu qu'ils n'atteignissent.

Le théâtre, de son côté, travaillait de son mieux à cette œuvre de destruction ; des maximes philosophiques banales et surtout des attaques contre le catholicisme y défrayaient la plupart des pièces. Le drame était sentencieux jusqu'à la fadeur, la comédie épigrammatique. Chaque soir, aux grands applaudissements des démagogues, on tournait en ridicule la pureté des mœurs, la religion de ses pères, la légitimité du pouvoir et l'ordre social tout entier. On proclamait ce dernier inhabile à fonctionner plus longtemps, et, n'ayant ni la science ni la patience de le réformer par de sages lois, on s'évertuait à le démolir. Ce dévergondage effréné porta ses fruits. Un matin, le 10 août, le peuple sorti de cette école assiége la royauté dans son palais ; le 21 janvier, il l'accompagne à l'échafaud et l'immole en l'accablant d'outrages.

Et pour qu'on ne nie pas que le théâtre a joué un rôle considérable dans les orgies de la révolution, qu'il a mis toutes ses ressources au service des démolisseurs, que la scène française était la digne sœur de la tribune des jacobins, les orateurs applaudis dans l'une étaient en même temps les poëtes favoris de l'autre, et leurs déclamations n'avaient pas moins de succès devant le personnel gagé des clubs que devant les spectateurs payants des théâtres de la république. M.-J. Chénier gâta, à ce terrible jeu, son caractère et son talent. Tribun fougueux à la convention, il fut hors de là l'auteur irrité et emphatique de *Charles IX*, de *Calas* et de *Tibère*. Enfin, le comité de salut public autorisait et payait les pamphlets révolutionnaires qu'on envoyait aux armées.

Si quelques rares ouvrages étaient publiés dans le but d'éclairer les citoyens sur leurs devoirs et sur leurs véritables intérêts, des milliers d'autres, à quelques-uns desquels des imprimeurs, peu soucieux de leur dignité, osaient bien mettre leurs noms, prêchaient audacieusement le mépris de ces mêmes devoirs, et y substituaient on ne sait quels droits insensés qui n'avaient de limites que dans le caprice ou la satiété des individus.

On ignore le nombre d'imprimeries qui existaient à cette époque, si toutefois on peut appeler de ce nom des ateliers qui se bornaient le plus souvent à une seule presse et à quelques casses ne contenant que des caractères usés.

On connaît encore moins la quantité d'écrits qui parurent dans ce même espace de temps, tous imprimés sur du papier gris et repoussant, la plupart sans noms d'auteurs ni d'imprimeurs, et avec des caractères tellement détériorés par l'usage qu'ils en étaient souvent illisibles.

Il n'était plus question alors de demander aux imprimeurs et aux libraires quelque capacité professionnelle, la connaissance des lettres, une instruction même superficielle; l'ignorance la plus complète était le partage du plus grand nombre (1). L'imprimerie était littéralement livrée aux barbares. Cette tourbe, impatiente de s'enrichir et s'inquiétant peu de la délicatesse et de l'honnêteté des moyens, multipliait à l'envi les mauvais livres, lesquels imprimés sans soin, sur un papier dégoûtant et fourmillant de fautes grossières, empoisonnaient d'autant mieux les lecteurs, qu'on obtenait ces livres à vil prix, et que la dépravation du goût des acheteurs semblait conspirer à cet égard avec la cupidité des vendeurs;

---

(1) On citait un libraire qui annonçait les *Opéras de M. Cicéronis*, parce qu'il avait vu au frontispice d'un livre *M. T. Ciceronis opera*; un autre qui, dans une vente de livres, disait : *Voici les douze Césars de M. Suétone*; le même sans doute qui, au lieu de dire *opera*, disait *les opéras*.

aussi ce commerce infâme eut-il une activité prodigieuse. Il va sans dire que l'imprimerie ne s'alimentait alors ni des travaux de la science, ni de ceux de la littérature; son existence dépendait exclusivement de la fécondité des libellistes les plus éhontés, des pamphlétaires les plus extravagants. Déjà, dans la séance de l'assemblée nationale du 12 janvier 1790, Ch. de Lameth avait fait connaître un fait qui confirmait d'une manière éclatante l'extrémité fâcheuse à laquelle était réduite l'imprimerie parisienne. Un imprimeur lui avait avoué que, comme il ne gagnait rien à imprimer de bons ouvrages, il s'était déterminé à publier des libelles, et qu'il en sortait de ses presses vingt mille exemplaires par semaine, destinés à deux provinces seulement, l'Alsace et la Lorraine. Ch. de Lameth ajouta qu'il y avait très-peu d'imprimeurs à Paris qui n'en fissent autant. Pourtant, une voix s'éleva dans l'assemblée pour protester contre cette assertion : M. Leclerc soutint qu'elle ne devait s'appliquer qu'aux particuliers très-nombreux qui venaient d'élever des imprimeries, mais que pas un des trente-six imprimeurs anciens n'imprimait des libelles.

Une des principales et des plus actives ressources de l'imprimerie à cette époque fut aussi la création des assignats, décrétée le 19 décembre 1789. Anisson-Duperron, directeur de l'imprimerie royale, fut chargé de la fabrication des douze cents millions de la première émission, faite en vertu du décret du 29 septembre 1790. Réveillon, propriétaire de la manufacture de Courtalin, obtint, avec la fourniture du papier nécessaire à une nouvelle émission, l'autorisation de monter un établissement pour l'impression en lettres des petits assignats. Plus tard, Gatteaux (1), habile graveur en médailles, fut admis

(1) Les principaux artistes qui furent employés à la fabrication des

pour la gravure ; la manufacture de Mme Lagarde, associée de Réveillon, pour le papier ; et Didot aîné pour l'impression. Ce signe monétaire, si promptement discrédité et qui ne se soutenait qu'à l'aide de lois draconiennes, dut bientôt être multiplié à l'infini (1). Le tirage des assignats occupait nuit et jour un grand nombre d'ouvriers. Les fabriques qui étaient chargées de livrer le papier filigrane, portant menace de mort contre tout contrefacteur, avaient peine elles-mêmes à suffire aux besoins du gouvernement. Des masses considérables d'assignats, imprimés d'avance, restèrent sans emploi lorque ce papier fut complétement tombé et ne circula plus (2).

Nous avons montré jusqu'à quel point s'était élevée la licence de la presse dans ces temps où le désordre de la rue et des esprits était devenu, en quelque sorte, l'état normal du pays. Sous prétexte de *liberté*, on commettait impunément les excès les plus condamnables ; on portait les plus graves atteintes au bon sens et à la morale publique. Ce mot couvrait toutes les turpitudes.

Jusqu'au 10 thermidor (28 juillet 1794), la liberté de la presse était dans les lois ; mais, en fait, on ne peut pas dire

assignats furent, avec M. Gatteaux, MM. Aufry, Didot (Firmin et Henri), Tardieu, Berthollet, Augé, Droz, Gingembre, Grassal, Herhan, etc.

(1) A l'époque du 9 thermidor, il y avait en circulation pour 6 milliards d'assignats, et l'on en avait brûlé pour 2 milliards 268 millions. A la fin de 1794 et dans le courant de 1795, les dépenses de la guerre prirent un tel développement, que l'émission des assignats fut fixée, le 1er décembre de cette dernière année, à la somme de 40 milliards.

(2) On jugera, par les chiffres suivants, de la dépréciation énorme et rapide qu'éprouvèrent les assignats. A la bourse du 1er décembre 1795, le louis d'or valait 3,300 livres en assignats ; à la bourse du 1er janvier 1796, il valait 4,000 livres ; à la bourse du 1er février, il valait 5,300 livres ; et enfin, à celle du 1er mars, il valait 71,200 livres. Au 15 juillet de la même année (1796) les assignats n'avaient plus cours.

qu'elle existât réellement. Aussi artificieux que cruel, Robespierre ne disait pas, sans doute : « Il n'est plus permis d'imprimer; » mais l'échafaud attendait tous ceux qui auraient pris au sérieux cette liberté. Combien d'hommes, en effet, ont été envoyés à la mort, qui n'avaient commis d'autre crime que celui de publier leurs pensées ! Il est vrai que du moment qu'il s'agissait d'attaquer la religion, les opinions modérées et tolérantes et la royauté, la liberté d'écrire et d'imprimer n'était pas un vain mot ; mais elle était un vain mot ou plutôt elle était un piége pour quiconque, obéissant à ses convictions politiques et religieuses, essayait de défendre, au moyen de la presse, les saintes doctrines du christianisme, les institutions monarchiques, et de subordonner l'usage des droits du citoyen à l'accomplissement des devoirs de l'homme. La prison, la mort même faisaient justice de cette confiance dans la liberté de la presse : de telle sorte que la censure la plus rigoureuse, mais une censure avouée et légale, eût été préférable mille fois à cette liberté mensongère et captieuse.

IV. Depuis la chute de Robespierre, la presse ne donnait plus sans doute les mêmes sujets de plaintes ; néanmoins, les hommes sages demandaient qu'une loi restrictive vînt rassurer le pays et le mettre à l'abri des nouveaux excès de cette liberté. Le 19 frimaire an IV (10 décembre 1795), Boissy-d'Anglas fit au conseil des cinq-cents une motion d'ordre ayant pour but la nomination d'une commission de cinq membres, chargés de présenter un projet de loi sur la presse. Cette loi, tout en garantissant la liberté d'écrire contre les atteintes dont elle pourrait être l'objet, devait classer et préciser les différents délits qui résultent de l'abus de cette liberté, et indiquer les moyens de les réprimer. Cette proposition fut adoptée ; mais les commissaires nommés ne purent se mettre d'accord. On les somma vainement (séance du 2 ventôse an IV) de présenter, sous trois jours, un rapport sur cette question : les circonstances rendent-elles nécessaire une loi prohibitive sur la liberté de la presse? Ils ne s'accordèrent pas davantage. Le conseil passa outre et aborda directement la question. Il ne la fit point avancer d'un pas. Enfin, après des débats qui durèrent près d'un mois, la discussion fut fermée et le projet de loi indéfiniment ajourné. (Séance du 29 ventôse an IV.)

Cependant le journalisme, que cette attente d'une loi répressive avait fait rentrer un moment dans les limites de la modération, recommençait ses publications passionnées et poussait de nouveau à la désobéissance aux lois et à l'insurrection. Le directoire, justement alarmé, adressa au conseil des cinq-cents de nouvelles représentations. Son message, œuvre remarquable de logique et de bon sens, lu à la séance du 23 germinal an IV (12 avril 1796), entraîna le conseil, qui vota enfin une loi sur les publications périodiques. Voici la transcription de ce message, qui n'est pas encore même aujourd'hui dépourvu d'intérêt :

« Citoyens législateurs, la discussion qui s'est élevée dans le sein du conseil sur l'application actuelle de l'article 355 de la constitution (1) a prouvé votre inaltérable attachement aux principes conservateurs de la liberté de la presse, mais en même temps votre ferme résolution de réprimer ses abus. Toutefois, la sagesse conseille au législateur de s'attacher à prévenir le mal plutôt qu'à le punir. Ne pourrait-on pas y parvenir en prenant des mesures qui assurent l'entier effet de

---

(1) Cet article porte : « Il n'y a ni privilège, ni maîtrise, ni jurande ni limitation à la liberté illimitée de la presse.... — Toute loi prohibitive en ce genre, quand les circonstances la rendent nécessaire, est essentiellement provisoire. »

la responsabilité à laquelle se soumet de lui-même tout homme qui écrit ou qui publie des écrits ?

« Trop souvent le voile de l'anonyme a soustrait à l'action des lois les prédicateurs du royalisme, de l'anarchie et de la contre-révolution ; le crime cherche l'ombre, le grand jour le trahirait. Il s'enveloppe de l'obscurité, et ses traits sont d'autant plus dangereux que la main qui les trace reste inconnue et ne peut être saisie.

« Que tout imprimeur soit forcé de mettre son nom et l'indication de sa demeure au bas de l'ouvrage qu'il imprime; si l'écrit ne renferme rien que d'utile, il ne peut que s'honorer d'avoir servi la chose publique, d'avoir contribué à la propagation des lumières, et il doit se nommer avec gloire.

« L'écrit, au contraire, tend-il à troubler la société, à corrompre la morale, l'obligation de signer devient pour l'imprimeur un frein salutaire qui l'empêche de prêter son ministère à des écrivains séditieux et de faire de la presse un instrument de désordre et de corruption, lorsqu'elle ne doit être, en quelque sorte, que le fanal de la raison publique; si ce frein ne peut le retenir, ou s'il viole l'obligation qui lui est imposée, ce seul fait appelle sur lui l'action des lois, et le gouvernement dès lors est autorisé à le poursuivre.

« Par là vous attaquez le mal dans sa racine ; cependant ce n'est point assez, il faut encore empêcher qu'il ne se propage. Les distributeurs et colporteurs d'écrits qui ne porteraient pas de noms d'imprimeurs ou qui en porteraient de faux, devront donc être également recherchés, quand, dans ce dernier cas, ils refuseront d'indiquer ou ne pourront indiquer les personnes qui les leur ont remis ; et, sans cette mesure, il est évident que la première demeurerait véritablement nulle : le but principal de l'une et de l'autre est d'arrêter les abus de la liberté de la presse ; mais, pour le faire avec succès, il faut aussi que l'autorité puisse avoir au besoin un recours certain contre l'auteur qui, par ses écrits, aurait troublé l'ordre public.

« La signature de l'imprimeur sera le premier fil qui conduira à la découverte de l'écrivain qu'il s'agit d'atteindre. Il est à craindre néanmoins que les recherches ne deviennent le plus souvent infructueuses, que l'impunité ne soit assurée au coupable, par le refus de l'imprimeur de le déclarer ; la loi doit donc lui enjoindre de le nommer et de l'indiquer lorsqu'il en sera requis : s'il n'obéit point, il cesse alors d'être considéré comme artisan, comme le manufacturier des pensées d'un autre ; l'écrit dont il refuse de désigner l'auteur devient comme son propre ouvrage, et la responsabilité pèse sur sa tête.

« Ainsi, assujettir les imprimeurs à mettre leurs noms et l'indication de leurs demeures au bas des ouvrages qu'ils impriment, et à déclarer au besoin les auteurs ; faire poursuivre les distributeurs et afficheurs d'écrits qui ne porteraient pas de noms d'imprimeurs, ou qui seraient imprimés sous des noms supposés, et prononcer, contre les uns et les autres, des peines qui seront encourues, indépendamment de toutes circonstances, par le seul fait de distribution d'un écrit quelconque, dans lequel cette formalité sera omise, quand l'écrit ne contiendrait même rien de répréhensible, telles sont les mesures dont le directoire exécutif sent le besoin pour prévenir ou réprimer les délits qui se commettent par la voie de la presse, et sur lesquels, citoyens législateurs, il appelle votre sollicitude.

« *Signé* : Letourneur, président. »

Dans la séance du 28 germinal, Camus fit adopter la résolution demandée par le directoire. Désormais donc les auteurs d'ouvrages périodiques étaient tenus de les signer, et les imprimeurs rendus responsables de ceux qui ne porteraient pas de signatures. Cette résolution, communiquée le même jour au conseil des anciens, y fut approuvée malgré l'opposition de Dupont (de Nemours).

Bien qu'elle ne parlât ni de morale ni de religion et ne comprît parmi les écrits punissables que ceux qui contenaient des provocations à l'insurrection contre le gouvernement établi par la constitution de l'an III, à l'invasion des propriétés publiques, au pillage ou au partage des propriétés particulières, sous le nom de loi agraire ou de toute autre manière, cette loi ne laissa pas d'apporter quelque remède à la situation. Après l'affaire du camp de Grenelle (24 fructidor an IV), le directoire, par un nouveau message, demanda une loi plus sévère, et une commission fut nommée pour en dresser le projet. Mais l'opposition de quelques membres influents du corps législatif le fit écarter. Un an plus tard, après la conspiration royaliste du 18 fructidor an V (4 septembre 1797), le conseil des cinq-cents décréta, le lendemain 19, plusieurs mesures répressives, parmi lesquelles était comprise une disposition très-rigoureuse contre la presse. Les journaux, feuilles périodiques et les presses qui les imprimaient furent placés pendant un an sous l'inspection de la police, laquelle néanmoins pouvait les prohiber conformément à la constitution (1). En vertu de cette disposition, qui donnait à l'autorité un pouvoir dictatorial, des mandats d'amener furent immédiatement décrétés par le directoire contre les auteurs et imprimeurs d'un grand nombre de journaux, tous prévenus de conspiration contre la

(1) Article 355.

sûreté intérieure et extérieure de la république (1). Enfin, la loi du 9 vendémiaire an VI et l'arrêté du 3 brumaire de la même année, en assujettissant au timbre les journaux, gazettes, feuilles périodiques ou papiers-nouvelles, limitèrent encore le nombre de ceux qui avaient paru jusqu'alors.

V. Si l'imprimerie eut, comme on vient de le voir, une part considérable aux excès de la révolution, elle eut aussi ses victimes. Parmi ceux qui exerçaient cette profession, beaucoup perdirent leurs biens, ou leur liberté; plusieurs montèrent sur l'échafaud révolutionnaire.

Dans la nuit du 10 août 1791, Brune et Momoro, tous deux imprimeurs, furent arrêtés comme ayant pris part à l'affaire du champ de la fédération (17 juillet 1791). Brune, mis en liberté, par le crédit de Danton, abandonna l'imprimerie et se voua à la carrière des armes, qui devait le porter en peu d'années à la plus haute dignité militaire. Momoro, élargi en même temps, reprit sa profession, tout en se mêlant avec ardeur au mouvement révolutionnaire. Devenu successivement administrateur de Paris, commissaire national dans la Vendée, vice-président du club des Jacobins, président du club des Cordeliers, il fut arrêté de nouveau dans la nuit du 24 ventôse an II, traduit au tribunal révolutionnaire et de là conduit à la mort avec Hébert, rédacteur du *Père Duchêne*

---

(1) *Courrier des départements, Courrier républicain*, Journal de Perlet, *Mercure universel*, l'*Éclair*, *le Messager du soir*, *la Quotidienne, le Censeur des journaux, l'Auditeur national, Gazette française, Gazette universelle, le Véridique, le Postillon des Armées, le Précurseur, Journal général de France, l'Accusateur public, les Rapsodies, la Tribune* ou *Journal des Élections, le Grondeur, Journal des Colonies, Journal des Spectacles, le Déjeûner, l'Europe littéraire, la Correspondance, le Thé, le Mémorial, Annales universelles, le Miroir, les Nouvelles politiques, les Actes des Apôtres, l'Aurore, l'Étoile*, etc.

et plusieurs autres. Quelque temps auparavant, sa femme, fille de Fournier le jeune, fondeur et graveur de caractères, avait été portée en triomphe dans les rues de Paris, et placée sur le maître-autel de Notre-Dame où elle figura la déesse de la *Raison*. Momoro est auteur d'un Traité élémentaire d'imprimerie, ouvrage estimé.

Beaudevin, Collignon, Bonnin, Descamps, Bance père et fils, Joseph Girouard (imprimeur de la *Gazette de Paris*), Gattey, Froullé, Thomas Levigneur, Hennuy, Mauclair, Renou, et beaucoup d'autres dont les noms se trouvent au *Moniteur* de 1793, cet immense nécrologe des victimes de la terreur, périrent après Momoro, et de la même manière que lui.

Anisson-Duperron, ancien imprimeur de Louis XVI, directeur de l'imprimerie royale, fut traduit au tribunal révolutionnaire sous prétexte d'avoir imprimé un arrêté inconstitutionnel du département de la Somme, quoiqu'il en eût reçu l'ordre du secrétaire général du ministère de l'intérieur. Condamné le 5 floréal an II (25 avril 1794), il fut mis à mort et ses biens furent confisqués. Le 23 août 1792, il avait porté plainte à l'assemblée nationale de l'enlèvement fait par Marat, au nom de la commune de Paris, de quatre presses de l'imprimerie nationale, avec les accessoires nécessaires pour l'impression de ses pamphlets révolutionnaires (1).

Malgré la réclamation d'Anisson, les presses restèrent en la possession de Marat, qui écrivit en réponse au ministre de l'intérieur dans le style du temps, en le menaçant de se *plaindre au peuple* sur les machinations des ennemis de la patrie. Ce

---

(1) Ce ne fut pas, dit M. Auguste Bernard, l'un des contrastes les moins bizarres de cette époque que de voir *les types de Louis XIV* servir à l'impression des brochures les plus démagogiques. (*Notice historique sur l'Imprimerie nationale*, 1848, p. 60.)

fut probablement la cause qui fit monter Anisson sur l'échafaud.

En 1793 il avait proposé au comité de salut public de vendre à la nation la portion de l'imprimerie nationale dont il était propriétaire et une autre imprimerie qui lui appartenait aussi et lui servait de succursale. Le tout, estimé le 10 janvier 1794, par experts-arbitres, à 499,036 livres 17 sous (1), fut compris dans la confiscation. Vainement sa veuve réclama, tant en son nom qu'au nom de son jeune fils, contre cette spoliation, qui la mettait dans un absolu dénûment. Ses prières ne furent pas écoutées, et les biens du condamné, dans lesquels se trouvait la belle manufacture de papiers qu'il avait fondée à Buges, furent vendus au profit de la république.

D'autres, qui avaient joué un rôle dans les saturnales de 1793, mis hors la loi par décret de la convention, lors de la réaction thermidorienne, furent livrés à l'exécuteur pour être mis à mort dans les vingt-quatre heures. De ce nombre furent Mercier, directeur de l'imprimerie de la fabrication des assignats, et L. Nicolas, imprimeur de la commune, ex-juré du tribunal révolutionnaire et membre de la commune de Paris.

L'imprimeur Duplain, décrété d'arrestation, parvint à se soustraire par la fuite au supplice qui l'attendait. Signataire de l'horrible circulaire adressée aux départements, dans laquelle étaient préconisés les massacres du 2 septembre, et l'un des plus sanguinaires terroristes, il avait été administrateur de la police avec Jourdeuil, Sergent et Marat.

L'imprimerie compta aussi de nombreuses victimes dans les départements. Un imprimeur d'Angers, du nom de Pavie, qui, le 29 juillet 1791, avait fait hommage à l'assemblée nationale d'un ouvrage ayant pour titre *Géographie de la*

---

(1) M. Didot, article *Typographie*, de l'*Encyclopédie moderne.*

France, d'après la nouvelle division en 83 départements, hommage accueilli avec applaudissements, fut accusé d'avoir imprimé les proclamations de l'armée vendéenne et traduit au tribunal révolutionnaire. C'est en vain qu'une députation des administrateurs du département de Maine-et-Loire vint à la barre réclamer l'indulgence de la convention, en alléguant que Pavie n'avait fait que céder aux menaces des rebelles, Tallien fit passer à l'ordre du jour sur cette réclamation en disant sèchement que c'était au tribunal révolutionnaire à connaître de cette affaire. (Séance du 18 août 1793.)

Un imprimeur de Douai, nommé Derbaix, officier de la garde nationale, voulant dans une émeute défendre un citoyen dont la vie était menacée, fut attaqué lui-même par une bande de forcenés. Ayant eu le malheur de blesser grièvement et à son corps défendant un de ces misérables, il fut saisi, pendu à un réverbère, et son corps, traîné tout un jour dans les carrefours de la ville, fut jeté à la voirie. La jeune femme de cet infortuné devint folle de douleur.

Plus tard, d'autres imprimeurs furent frappés à Paris, à la suite de la conjuration royaliste du 18 fructidor. Au nombre des inscrits sur la liste de déportation figurent Crétot, éditeur du journal *Le Postillon des armées*; Dodoucet, qui ne recouvra sa liberté que le 11 pluviôse an VIII (31 janvier 1800); et Fiévée, imprimeur et littérateur, l'un des rédacteurs de la *Gazette de France*, lequel avait eu déjà ses presses brisées et détruites en mars 1793. Ce n'était pas la première fois que le peuple, excité par de certains meneurs ayant à exercer des vengeances privées, pillait et dévastait les imprimeries. Celle de Brune avait été, en 1791, totalement saccagée par les gardes nationaux mêmes de son bataillon : triste exemple qui a trouvé de nos jours des imitateurs, quoiqu'on ne puisse pas dire qu'ils aient satisfait en cette circonstance à un ressentiment particulier.

VI. Les imprimeurs consciencieux, au nombre desquels on peut compter tous les anciens imprimeurs brevetés, s'étaient tenus à l'écart. Quelques-uns cependant, faisant tête à l'orage, non-seulement n'abandonnèrent pas leurs ateliers, mais exécutèrent des œuvres remarquables qu'ils publièrent dès que le calme fut un peu rétabli. Parmi ces œuvres, il en était même de commencées avant la révolution, qui se continuèrent malgré la tourmente, et ne furent achevées que longtemps après. De ce nombre est l'*Encyclopédie méthodique*, recueil immense de tous les progrès accomplis jusqu'alors par l'esprit humain.

Plusieurs établissements d'imprimerie, par leur étendue, leur importance et le grand nombre de presses et de bras qui y fonctionnaient, méritent également d'être cités. Le principal était celui de Baudouin, député suppléant de Paris, nommé le 24 juin 1789 imprimeur de l'assemblée nationale. C'est lui qui fut chargé d'imprimer la liste des pensions, dont l'assemblée nationale accepta 1,200 exemplaires. Il désavoua, le 28 juin 1791, un prétendu interrogatoire du roi, portant le cachet et l'indication de l'*imprimerie nationale*, et pria l'assemblée de faire consigner ce désaveu dans le procès-verbal de sa séance. Cette réclamation témoigne que, dès ce temps-là, son établissement avait le titre officiel d'imprimerie nationale. Baudouin avait su, par de légers sacrifices, disposer favorablement les membres de l'assemblée en sa faveur. C'est ainsi qu'après leur avoir fait hommage du premier volume des procès-verbaux de leurs séances, imprimé sur vélin, il avait pris l'engagement d'imprimer à ses frais un volume préliminaire contenant les discours d'ouverture des états généraux. L'assemblée, ayant agréé ce don, en fit consigner la mention honorable au procès-verbal de la séance. Du reste, la charge officielle dont Baudouin était investi paraît avoir été pour lui une source de bénéfices assez considérables. Un décret, du 30 septembre 1791, lui alloua une somme de 217,000 livres, en règlement de mémoires, plus une somme de 30,000 livres, à titre de gratification.

En 1792, Baudouin fut dénoncé à la convention comme ayant reçu de l'argent de la liste civile. Appelé à la barre de l'assemblée, le 1er octobre de cette même année, il se défendit avec une énergie qui fut couronnée de succès. Voici un extrait du discours habile qu'il prononça :

« Représentants de la république française, vous avez entendu les magistrats de la commune de Paris vous dénoncer un homme investi depuis trois ans de la confiance des représentants de la nation. Je ne viens pas me justifier, je n'ai pas besoin de justification ; mais je serai jugé, j'espère. On m'accuse d'avoir reçu une somme de scélérats qui tenaient à la liste civile, que je n'ai jamais connus, et dont je n'ai jamais su la demeure ; je dénonce formellement ce fait. Citoyens, j'ai fait preuve de mon patriotisme, et l'homme qui, la nuit du 9 au 10 août, a fait un rempart de son corps, et a détourné l'effet du canon dirigé contre le peuple, ne peut s'être laissé corrompre par de vils intrigants ; j'interpelle à cet égard Osselin qui était avec moi. Ma conduite est sous vos yeux ; j'en atteste les membres de la convention, dont j'ai l'honneur d'être connu ; je les prie de déclarer s'ils m'ont vu dévier des principes de l'honneur et du plus pur patriotisme. J'ai remis à Bazire une déclaration que je l'ai prié de soumettre au comité de sûreté générale, auquel j'ai demandé, dès le 25 septembre, l'examen de ma conduite. Je demande que la commission extraordinaire soit nommément chargée d'examiner ma conduite, et qu'elle vous en rende compte. »

La demande de Baudouin fut accueillie et convertie en motion. La commission extraordinaire, n'ayant rien trouvé à sa charge, fit un rapport favorable, et la convention passa à l'ordre du jour.

Baudouin, comme on vient de le voir, ne manquait donc ni d'énergie ni de courage. Le 1er novembre 1792, il dénonça, de concert avec deux autres membres de la section des Tuileries (Grouvelle et Froidure), des provocations au pillage et à l'assassinat qui avaient été faites la veille sur divers points de Paris. En même temps, soit conviction, soit calcul, il affichait une haine extrême contre la royauté. Au mois d'octobre 1793, il envoya à la convention la médaille qu'il avait reçue en 1789, comme électeur : « Un républicain, dit-il alors, ne peut pas rester dépositaire d'un monument sur lequel se trouve l'effigie d'un tyran. » Mais sa délicatesse républicaine s'arrêta devant le sacrifice des écus qu'il avait gagnés, quoiqu'ils portassent la même effigie.

Comme entrepreneur de l'imprimerie nationale, Baudouin était logé dans les bâtiments de l'État. Il y avait si peu de tenue, de discipline dans ses vastes ateliers, et les opinions politiques s'y manifestaient avec tant de violence qu'elles étaient chaque jour la cause de désordres intérieurs, préjudiciables à l'établissement, et que l'autorité fut obligée d'exercer des poursuites contre l'espèce d'insurrection permanente dont il était le foyer. Les ouvriers menaçaient à chaque instant de déserter. Le 2 septembre 1792, Baudouin, ayant fait savoir à l'assemblée nationale qu'ils se disposaient tous à abandonner leurs travaux, pour s'enrôler au Champ-de-Mars, l'assemblée ordonna mention honorable de leur civisme, mais décréta qu'ils continueraient les travaux qui leur étaient confiés. Il ne fallut rien moins que ce décret pour les contenir. Le 9 mars 1793, Baudouin informa la convention que tous ses imprimeurs, mis en réquisition, s'étaient rendus à leurs sections. Il demanda, en conséquence, si ces citoyens devaient marcher à l'ennemi, ou si, conformément au décret du 2 septembre, leur poste était à l'imprimerie nationale. Mais cette demande donna lieu à des réclamations fort vives contre l'abus que Baudouin faisait de ses presses, en les employant à d'autres travaux que ceux qui regardaient exclusivement l'assemblée. On lui reprocha principalement d'imprimer les diatribes de Louvet, rédacteur du *Journal des Débats* (1). L'assemblée décréta que l'imprimeur chargé d'imprimer ses procès-verbaux ne pourrait imprimer aucune autre chose.

En septembre 1793, de nouveaux troubles éclatèrent dans l'établissement de Baudouin. La convention dut alors décréter que tous les ouvriers imprimeurs seraient à la réquisition du ministre de l'intérieur, pour être employés à l'imprimerie nationale dont les malveillants cherchaient à désorganiser les ateliers. Cette mesure fut étendue, par décret du 18 décembre 1793, aux fondeurs en caractères.

Plus tard, Tallien accusa Baudouin d'avoir altéré les procès-verbaux de l'assemblée; mais le comité des inspecteurs le justifia de cette imputation. Thuriot l'accusa à son tour d'être *intérieurement* un partisan de Roland et des feuillantistes, et fit rejeter la proposition de déclarer qu'il n'avait pas cessé de mériter la confiance de la convention. Enfin, en l'an III, Baudouin fut, avec un grand nombre de membres de la société des

---

(1) Baudouin donnait, dit-on, 10,000 livres à Louvet, pour rédiger son *Journal des Débats*.

Jacobins, dont il faisait partie, arrêté et incarcéré. Dans la suite, il fût mis en liberté.

On imprimait aussi, dans cet établissement, le *Bulletin national* ou *Bulletin de correspondance*, qui fut fondé le 10 août 1792. Cette feuille était destinée à recueillir les nouvelles de l'armée et les principaux actes du gouvernement, et à prévenir ainsi le peuple contre les rapports infidèles par lesquels on cherchait à l'alarmer. Elle fut tirée, dès le principe, à un très-grand nombre d'exemplaires, et envoyée à tous les départements et districts, pour être affichée aux chefs-lieux de district et autres lieux dont la population excédait 2,000 âmes. (Décret du 15 septembre 1792.)

Le ministre de la guerre l'adressa bientôt après à tous les bataillons (décret du 15 octobre 1792). Enfin, on la réimprima en placards et en brochures dans les départements. La rédaction en était confiée à une commission désignée sous le nom de *comité de correspondance*. Le *Bulletin national*, sous le directoire, fut l'objet de plaintes diverses. On disait notamment qu'il avait servi à répandre les principes sanguinaires de Robespierre et de ses complices. On le transforma pour le punir, et on lui donna le titre de *Bulletin décadaire* (séance du 3 pluviôse an IV, — 23 janvier 1796). C'est ce *Bulletin* qui, avant d'être réuni au *Moniteur* (7 nivôse an VIII), eut si souvent à enregistrer les exploits mémorables des premières armées de la république.

Jusqu'au 30 thermidor an II (17 août 1794), l'insertion au *Bulletin de correspondance* tint lieu de promulgation de plusieurs lois. Mais, à partir de cette époque, les lois d'intérêt public ou général durent toutes être insérées au *Bulletin des lois*, fondé par la loi du 14 frimaire an II.

On se ferait difficilement une idée des travaux extraordinaires que nécessitaient à cette époque l'impression et l'envoi des lois. On ne se bornait pas à les consigner au *Bulletin des lois* et à faire parvenir les numéros de ce bulletin dans les municipalités; elles étaient en outre imprimées à plus de cent mille exemplaires, envoyées à toutes les autorités, à un très-grand nombre d'abonnés particuliers, et, de plus, réimprimées en placards pour être affichées dans chaque localité, quelque petite qu'elle fût. Dans la séance du 24 pluviôse an II (24 février 1794), Barère résumait ainsi, devant la convention, toutes les difficultés de ce travail : « Le comité, disait-il, s'occupe de mettre en activité la commission de l'envoi des lois; il faut du temps pour organiser cette grande machine, c'est le plus bel ouvrage qu'ait fait la convention ; il doit éclairer vingt-sept millions d'hommes et leur faire connaître les lois de la république. » Et sur la proposition de Barère, la convention révoquait son décret du 27 frimaire, par lequel elle avait ordonné la vente des presses d'imprimerie qui existaient dans les quatre succursales de la loterie nationale (supprimée par décret du 25 brumaire), c'est-à-dire à *Commune-affranchie* (Lyon), Bordeaux, Lille et Nancy. Le ministre de l'intérieur fut chargé de faire venir ces presses à Paris, pour être au service de la commission de l'envoi des lois. Un million cinq cent mille livres furent affectées à ce service (1). De plus, dans sa séance du 11 ventôse an II (1er mars 1794), la convention décréta l'organisation de l'imprimerie des administrations nationales, à l'établissement de

---

(1) Un décret du 8 pluviôse an III (27 janvier 1795) confirma toutes ces dispositions en ces termes : « L'imprimerie établie pour l'expédition des lois, conformément au décret du 14 frimaire an II, continuera d'être régie et administrée au nom de la république, sous la dénomination d'imprimerie nationale, par l'agence de l'envoi des lois. »

laquelle elle destina le local occupé par l'administration des loteries. Par là, l'imprimerie particulière de Baudouin fut dépossédée du droit d'imprimer les lois et perdit son titre d'imprimerie nationale. Désormais réduite comme les autres imprimeries à chercher sa subsistance dans les travaux alors si ingrats et si précaires de la librairie, elle déclina sensiblement. Toutefois, en l'an VIII, Baudouin, dans l'annonce de son *Dictionnaire général de législation*, se qualifiait d'imprimeur du corps législatif et du tribunat. Un de ses fils, établi rue de Grenelle-Saint-Germain, prenait à la même époque le titre d'imprimeur de l'institut national des sciences et des arts.

Nous citerons, après Baudouin, l'établissement de Lamberté, qui était aussi, et à la même époque, un des plus considérables de Paris. Lamberté fut le coaccusé de Babœuf. Il avait imprimé plusieurs pièces relatives à la conspiration dont ce dernier était le chef. Ces pièces étaient, entre autres, *le Placard ; Soldat, arrête, et lis le journal de Babœuf;* et un écrit intitulé : *Doit-on obéissance à la constitution de* 1791 ? L'exaltation d'esprit qu'avait Baudouin, Lamberté l'avait également. Dans le discours qu'il prononça pour sa défense devant la haute cour de justice, il se laissa emporter aux invectives les plus violentes contre le gouvernement; et néanmoins il fut acquitté.

D'autres imprimeurs méritent encore d'être signalés. Ce sont Limodin, membre du bureau central de Paris; Seguy, traduit au tribunal révolutionnaire et acquitté le 5 prairial an III; Buisson, qui faillit être décrété d'arrestation pour avoir imprimé l'ouvrage de Lacroix (1), demandant l'appel au peuple

(1) Buisson imprima aussi un ouvrage intitulé : *Des assignats et des vols politiques* ou *Des proscriptions et confiscations*, ouvrage attribué à l'abbé Raynal.

sur le jugement de Louis XVI ; Chaigneau, qui imprima des *Eléments du commerce* par Forbonnais ; Fournier, éditeur de l'*Histoire des religions* ; Watar, imprimeur et propriétaire du *Journal des hommes libres* ; Rondonneau, tout ensemble imprimeur et chef du bureau des décrets au ministère de la justice, et, de plus, éditeur de différents recueils de lois, décrets, etc., rendus depuis 1789, collections encore aujourd'hui estimées ; Knapen enfin, libraire-imprimeur, et fils du dernier syndic de la communauté. Ce Knapen fit paraître, en 1790, le plan d'une *Société de gens de lettres et d'artistes*, que les événements ne permirent point malheureusement de réaliser, et, dans la même année, un *Journal de la langue française*, auquel il joignit un extrait hebdomadaire des travaux de l'assemblée nationale. On connaît de lui une lettre fort remarquable sur les moyens de secourir les indigents (1799).

VII. Sous le consulat, il ne fut apporté aucun changement important à la législation de l'imprimerie ; elle resta à peu près telle que l'avait faite le directoire. Seulement, par arrêté du 8 pluviôse an VIII (17 février 1800), les consuls s'arrogèrent le droit de supprimer ceux des journaux qui se permettraient d'insérer des articles contraires *au pacte social, à la souveraineté du peuple, à la gloire des armes et aux nations amies et alliées.*

Par un autre arrêté, en date du 4 vendémiaire an XII (27 septembre 1803), ils décidèrent que, pour assurer la *liberté de la presse*, aucun libraire ne pourrait vendre un ouvrage avant de l'avoir présenté à une commission de révision, laquelle devait le rendre au libraire, s'il n'y avait pas lieu à la censure.

L'autorité veilla aussi avec plus de soin que par le passé à l'exécution rigoureuse des lois répressives ; et l'on sait quelles étaient alors la sollicitude et la vigueur de la police générale qui s'étendait à tous les services, à toutes les branches d'industrie et s'attribuait, au besoin, le pouvoir de suppléer aux lois et aux institutions.

Hâtons-nous de reconnaître, toutefois, que durant cette période elle eut rarement lieu de sévir contre la presse. Nous ne connaissons qu'un seul journal, *l'Antidote*, qui ait été supprimé alors par arrêté du premier consul ; encore cette mesure paraît-elle avoir été pleinement justifiée par les tendances de ce journal dont Méhée, le même qui avait signé l'ordre des massacres de septembre, était le rédacteur. L'attention publique se portait de préférence alors sur le succès prodigieux de nos armes ; la polémique des journaux, les débats des assemblées n'avaient plus le pouvoir d'émouvoir et de passionner le public, et c'est à peine si, dans un espace de cinq années, les questions politiques le firent sortir deux ou trois fois de son indifférence.

Cette lassitude des esprits et l'espèce de discrédit dans lequel était tombé le journalisme réagirent sur l'imprimerie. Un grand nombre d'établissements qui, jusque-là, n'avaient vécu que de la vie des publicistes et des pamphlétaires, réduits à l'oisiveté, fermèrent leurs ateliers.

Le 8 prairial an IX, on ne comptait plus à Paris que trois cent quarante imprimeries, au lieu de six à sept cents qui y existaient quelques années auparavant.

Une diminution non moins grande se faisait remarquer dans le nombre de feuilles périodiques qui s'imprimaient à Paris, et dans celui des exemplaires qu'elles servaient à leurs abonnés. La comparaison des deux situations suivantes donnera une idée du changement qui s'opérait alors dans les esprits.

Au mois de germinal an VIII (mars 1800), il y avait à Paris :

19 journaux quotidiens qui envoyaient, chaque jour, dans les départements.................. 49,313 exemplaires;
21 journaux périodiques de sciences, arts ou littérature, envoyant chaque jour........................... 4,365 —

Total.......... 53,678 —

Au 30 floréal an IX (20 mai 1801), il y avait à Paris :

16 journaux quotidiens, qui envoyaient chaque jour dans les départements................... 33,931 exemplaires;
38 journaux périodiques de sciences, arts et littérature, envoyant chaque jour........................... 7,070 —

Total............ 41,001 —

Ainsi, dans le cours de quatorze mois, le nombre total des abonnements des journaux pour les départements diminuait de 12,677, c'est-à-dire de près d'un quart. La diminution particulière aux journaux politiques quotidiens était de 15,382 abonnements, c'est-à-dire d'environ un tiers, tandis que le nombre des abonnements aux journaux de sciences, d'arts et de littérature augmentait de 2,705, c'est-à-dire de plus de moitié.

Ces chiffres n'ont pas besoin de commentaires. Nous en tirerons seulement cette conséquence, à savoir que l'imprimerie se réformait, s'épurait et s'ennoblissait, en gagnant du côté de la science et de la littérature ce qu'elle perdait du côté du journalisme pur.

Les pertes qu'elle subissait étaient donc peu regrettables.

D'un autre côté, le corps des imprimeurs de Paris profitait de ces pertes mêmes, qui n'étaient que trop méritées. Les anciens imprimeurs avaient repris courage. On commençait à revenir aux traditions des anciens maîtres, à respecter l'art dans la typographie. Pierre et Firmin Didot, qui avaient attendu avec confiance le retour du calme, et n'avaient pas déserté la carrière un seul instant, donnaient le signal de cette réaction salutaire. Pierre Didot, que le directoire avait installé avec ses presses au palais des sciences et des arts (le Louvre), y exécute ces magnifiques éditions, in-folio, de *Virgile*, d'*Horace* et de *Racine* qui lui ont acquis une réputation universelle. Le *Virgile* fut présenté à la première exposition des produits de l'industrie française (an VI, 1797), où il excita l'admiration générale et fut jugé supérieur à celui qu'avait imprimé Bodoni en 1793 (1). Pierre Didot présenta aussi, à l'exposition de l'an IX, le premier volume de sa grande édition des *OEuvres de Racine*, dédiée au général Bonaparte, premier consul (2), et son *Horace* in-folio, ouvrages qui sont

(1) « Depuis la première exposition de 1797, la médaille d'or n'est pas sortie de leur maison. » (Voy. *Rapport du jury de l'exposition de* 1834 *et de* 1839.)

(2) Les caractères avaient été gravés par Firmin Didot ; le papier fourni par la fabrique de Montgolfier d'Annonay. L'ouvrage entier, formant trois volumes grand in-folio, orné de cinquante-sept estampes, était du prix de 1,200 fr., figures après la lettre, et de 1800 fr., figures avant la lettre.

Il en existe seulement deux cent cinquante exemplaires, et un exemplaire imprimé sur vélin, que possède la bibliothèque nationale, et dont M. Firmin Didot avait refusé la somme de 52,000 fr. offerte par Junot, duc d'Abrantès.

Les poinçons dont les frappes avaient servi à l'édition du *Virgile* et de l'*Horace* furent encore améliorés par Firmin Didot, et ont été jugés le *nec plus ultra* de la perfection par les membres du jury de Londres, qui, en 1851, lors de l'exposition universelle, se rendirent au *British Museum* pour y comparer les impressions d'Ibarra, de Bodoni, de Bulmer et de Bensley avec celle du *Racine*.

regardés comme les deux plus belles productions de la typographie. L'*Horace*, notamment, fut proclamé *le chef-d'œuvre de la typographie de tous les temps et de tous les âges.*

La correction de ces livres était si parfaite qu'on n'y trouva pas une seule faute. Il en était de même du *Virgile* qu'il avait publié précédemment.

Ces exemples ne furent pas perdus. Les ouvrages qui parurent ensuite furent mieux imprimés et leur texte surtout plus correct. Les hommes de lettres n'eurent plus de répugnance à livrer leurs manuscrits à l'impression. Un des imprimeurs les plus favorisés à cet égard fut Migneret, qui était resté presque inconnu jusqu'alors, et qui eut l'insigne honneur d'imprimer le premier ouvrage de Châteaubriand, *le Génie du christianisme.*

VIII. Chose étrange! c'était à l'époque où un peuple égaré renversait les monuments religieux élevés par la foi de ses pères, c'était au bruit des blasphèmes et, pour ainsi dire, en présence de l'athéisme triomphant, que l'auteur de ce livre s'était plu à retracer les augustes souvenirs de la religion. Et cet ouvrage, commencé dans des jours d'oppression et de douleur, paraît au moment où les persécutions cessent, où les maux se réparent, le jour même enfin où la religion dont la majesté s'est accrue par ses souffrances, revient d'un long exil dans ses sanctuaires si longtemps abandonnés. La première annonce du *Génie du christianisme* eut lieu, en effet, au *Moniteur* du dimanche 28 germinal an x, jour de la promulgation solennelle de la nouvelle loi sur les cultes.

On sait l'influence de cet ouvrage sur la littérature française. Il fut le point de départ d'une révolution nouvelle, mais aussi pacifique et consolante que la première avait été terrible et lamentable. Une œuvre pareille suffirait pour éclairer une époque dans l'histoire et rendre le consulat à jamais mémorable, lors même qu'il ne le serait pas à tant d'autres titres.

Disons ici un mot de cette littérature du XVIIIe siècle, dont le règne venait de finir et à laquelle on a donné, à juste titre, l'épithète de révolutionnaire.

C'est vers l'époque de la mort de Louis XIV que l'esprit des révolutions s'éveilla en France. Personne d'abord ne s'en effraya sérieusement, et, à la faveur de cette fatale sécurité, il grandit et se développa en se rendant aimable à ceux-là mêmes dont il devait bouleverser l'existence. Il se fit exclusivement littéraire. S'il venait à s'occuper du bonheur des peuples, c'était en formulant des théories qu'on traitait de chimériques, mais dont il ne laissait pas de demander au pouvoir la réalisation. De là, une littérature prêcheuse et dissertante, qui eut de brillantes qualités et de grands défauts. Voltaire, tout en y sacrifiant, regrettait la littérature calme et sévère du grand siècle. Il a écrit quelque part : « Les bons écrivains du siècle de Louis XIV ont eu de la force ; aujourd'hui on cherche des contorsions. » Les philosophes, dont il fut le modèle et le maître, n'eurent pas les mêmes scrupules, et se livrèrent à tout l'entraînement de la littérature contemporaine. Enfin, Rousseau vint imprimer à cette littérature une allure encore plus passionnée. Il porte dans la philosophie une éloquence factieuse ; c'est le tribun de la pensée qui ne craint pas plus de s'attaquer aux problèmes sociaux qu'à tous les grands de la terre. Il ébranle les intelligences, enflamme les imaginations, remplit d'enthousiasme l'inexpérience des générations nouvelles, et imprime de graves soucis sur le front des rois. Son style est chargé d'une électricité qui frappe et laisse une impression douloureuse. A Sainte-Hélène, Napoléon, après avoir lu pendant une matinée *la Nouvelle Héloïse*, termina sa lecture en prononçant ces mots : *Cet ouvrage a du feu, il remue, il inquiète.* Jamais plus juste appréciation n'a été faite du style de Jean-Jacques.

En effet, il inquiète par le mélange d'erreurs et de vérités qui s'entrechoquent dans ses livres. Il ne résout pas les questions, mais il les jette aux esprits avec une ardente impétuosité qui ne leur permet pas de rester calmes et froids. Aussi Jean-Jacques est-il l'homme qui a le plus fécondé d'imaginations. Depuis Bernardin de Saint-Pierre, que d'écrivains ont reçu l'empreinte de Rousseau!

Il y a donc eu une littérature révolutionnaire avant la révolution, de laquelle elle fut une des principales causes. Si elle a eu pour détruire une autorité si terrible, c'est que personne ne soupçonnait la portée des principes et des idées qui fermentaient dans les têtes et que les écrits propageaient. On allait en avant avec enthousiasme, avec bonne foi. Si on eût fait entrevoir à Voltaire, le plus monarchique des hommes, la possibilité de la chute du trône, il eût poussé un cri d'horreur. Rousseau n'a-t-il pas souvent répété que la plus belle des révolutions ne valait pas une seule goutte de sang? Ce langage était sincère, et Rousseau est mort sans avoir soupçonné quelles cruelles conséquences on donnerait à ses principes, et quels affreux disciples s'autoriseraient de son nom.

Lorsque la révolution française éclata, il fallut bien y reconnaître l'effet fatal des idées et des doctrines qui s'étaient ainsi développées. C'était la fille de la littérature du siècle, et elle devint à son tour la cause et le point générateur de cette autre littérature qui commence à Châteaubriand, littérature féconde en créations généreuses et hardies, mais qui porte sur le front l'empreinte de sa formidable origine.

IX. Pendant les dix dernières années du xviiie siècle, la littérature offrait peu de ressource à l'imprimerie. Ceux qui la représentaient avec quelque éclat étaient extrêmement rares, leurs œuvres se ressentent pour la plupart ou des idées violentes et fausses que la révolution avait popularisées, ou du besoin qu'on avait de réagir contre elles par des idées plus saines et plus douces. Mais tous, à quelques exceptions près, gardèrent le silence, du jour où l'expression de toute pensée même indifférente devint suspecte et dangereuse. Ce n'est qu'à partir de 1798 que toutes les langues se délient, que toutes les plumes littéraires se remettent en mouvement.

Au nombre des écrivains de cette période de dix années environ, il faut citer Bernardin de Saint-Pierre qui écrit la *Chaumière indienne* (1791) et les *Harmonies de la nature* (1796): l'un, charmant conte moral; l'autre, délicieuses rêveries que l'auteur donna pour les lois probables de l'univers; Florian, qui publie *Gonzalve de Cordoue* (1791), et Volney qui, dans un ouvrage bien écrit, mais écrit dans un esprit irréligieux, chante les ruines du monde (1791), assis encore sur les ruines de sa patrie; Andrieux qui s'arrête à sa comédie des *Étourdis*, jouée en 1788, et se tait jusqu'en 1802, époque à laquelle il donne *Helvétius;* Beaumarchais qui achève son œuvre de démolition sociale au moyen de la liberté du théâtre, par *la Mère coupable,* jouée en 1792; Ducis, qui écrit et fait jouer *Othello* (1792); Legouvé qui, par trois tragédies, de petits poëmes assez médiocres, tels que *la Sépulture, les Souvenirs, la Mélancolie* (1798), prélude à son meilleur ouvrage, *le Mérite des femmes* (1801); Parny qui versifie de dégoûtantes obscénités pendant que la guillotine bat monnaie sur la place de la révolution, et qui se trouve prêt à publier en 1799 sa *Guerre des Dieux;* l'abbé Barthélemy qui, après la publication de son

Voyage d'Anacharsis (1788), n'écrit plus que quelques mémoires d'académie, et les *Mémoires* de sa propre vie (1792-93); Laharpe, qui professe à l'Athénée la littérature dont il est en mesure de publier les leçons, sous le titre de *Lycée*, en 1799; Marie-Joseph Chénier, le plus fécond peut-être et le moins ému de tous ces écrivains et de tous ces poëtes, qui compose *Charles IX, Henri VIII, la Mort de Calas, Timoléon*, etc., sans parler d'une foule de poésies lyriques, dans les quatre plus sanglantes années de la révolution; André Chénier enfin, son malheureux frère, auquel il n'a manqué, pour être plus illustre, que de vivre aussi longtemps que lui. Tels sont les hommes qui ont trouvé assez de loisirs, ou assez de sang-froid, pour attester qu'alors que tout périssait en France, institutions politiques, religion, liberté de la pensée, respect de l'autorité, la littérature seule ne périssait pas, et faisait encore de temps à autre entendre sa voix consolatrice du fond de ce chaos où s'étaient engloutis pêle-mêle les hommes et les choses.

X. L'imprimerie, bien qu'à peu près inactive, comparativement à ce qu'elle avait été et à ce qu'elle fut depuis, se signala à cette époque désastreuse par deux découvertes d'une haute importance et dues à la famille Didot : 1° la *machine à papier continu*, invention qui devait faire plus tard une sorte de révolution dans l'imprimerie et la librairie; 2° la *stéréotypie* (1), ou l'art de reproduire à l'infini un texte sans faute et sans nouveaux frais de composition.

---

(1) Les *Tables de logarithmes* de Callet furent le premier essai stéréotype de Firmin Didot (1795). Cet imprimeur publia ensuite une collection in-18 dont le premier volume, *Virgile*, parut en 1799 et figura avec honneur à l'exposition de l'industrie. Cette collection fut imprimée d'après un nouveau stéréotypage que Didot avait inventé en 1796 et qu'on a reconnu supérieur à celui d'Herhan, qui date de la même année. Depuis cette époque, la stéréotypie a reçu de nouveaux perfectionnements.

C'est aussi pendant la révolution que fut perfectionné, de manière à le rendre usuel, l'art d'écrire par signes et avec assez de promptitude pour pouvoir suivre la parole. Les discours prononcés alors en public étaient si nombreux et avaient la plupart un si grand retentissement, qu'on cherchait avec ardeur les moyens d'en reproduire instantanément les paroles, au fur et à mesure qu'elles étaient exprimées, et ces recherches furent enfin couronnées de succès.

Les écritures abréviatives et rapides, dont nous avons déjà parlé, étaient connues dans l'antiquité, et il ne serait pas impossible que nous dussions aux *notarii* la connaissance de quelques-uns des plus beaux monuments de l'éloquence romaine ; mais les notes tironniennes et les autres procédés employés par les anciens s'étaient perdus dans la suite des âges. C'était donc une nouvelle étude à faire, un nouvel art à créer.

Il est vrai que dans le xviie siècle plusieurs systèmes de sténographie avaient été publiés en Angleterre, en France, en Allemagne; mais lorsque l'impérieux besoin de les mettre en pratique se fit sentir, ils furent jugés insuffisants et il fallut recourir à d'autres moyens analogues.

La tachygraphie de Coulon-Thévenot et la sténographie de Taylor, importée d'Angleterre par Bertin, furent d'abord employées avec avantage.

En l'an viii parut une nouvelle méthode, appelée *okygraphie*, que l'auteur, nommé Honoré Blanc, présentait comme plus complète, comme d'un usage plus facile que toutes celles dont on avait fait l'essai jusqu'alors. Cette méthode, disait-il, joignait l'agrément à l'utilité, en offrant à ses adeptes tout l'attrait d'une langue mystérieuse. Malgré ces prétendus avantages, elle fut abandonnée après quelques mois d'épreuve.

Depuis cette époque, on inventa beaucoup d'autres systèmes d'écriture abréviative, parmi lesquels nous citerons ceux de Conen de Prépéan et de M. Hippolyte Prévost. La sténographie de Taylor fut améliorée; enfin, la tachygraphie de Coulon-Thévenot reçut aussi des perfectionnements, et semble avoir prévalu sur toutes les autres méthodes : elle est presque généralement adoptée par nos modernes Tirons, qu'on appelle cependant toujours sténographes, car, malgré les dénominations diverses que les inventeurs ont données à leurs différents procédés, l'art d'écrire par abréviations et aussi vite que l'on parle a retenu le nom de *sténographie*.

Au commencement de l'an vi, il avait été aussi question d'une autre découverte qui, si elle eût réussi, pouvait avoir des conséquences incalculables. Il s'agit de la *pasigraphie*. Au moyen de cet art, on ne se bornait pas à l'exécution des tachigraphies, sténographies, ou écritures uniquement abrégées ou expéditives, mais on se proposait encore d'exprimer les sons de toute langue connue, et même de toute langue qu'on n'aurait point apprise. La *pasigraphie* (des deux mots grecs πᾶς, tout, et γράφω, j'écris) atteignait son but, disait l'inventeur, par des procédés fort simples. Ses éléments consistaient en douze caractères et en douze règles générales qui ne devaient jamais souffrir d'exception. L'avantage en eût été tel, pour les correspondants de divers pays, que si, par exemple, un Français et un Anglais, ne sachant que leur langue maternelle, eussent appris à écrire en *pasigraphie*, le Français eût pu lire et comprendre en *français* ce que l'Anglais n'eût écrit et conçu qu'en *anglais*, et réciproquement. Les mêmes lignes pouvaient être lues et entendues à la fois en *anglais*, en *allemand*, en *italien*, en *espagnol*, en *russe*, quoique l'écrivain ne les eût tracées que dans sa langue naturelle, et qu'il ne sût pas un mot des autres. Or, dans l'espace de très-peu d'heures, un homme intelligent pouvait pasigraphier son propre idiome en consultant la méthode, ses douze caractères et ses douze règles invariables. Assurément, c'était là une belle et utile invention; malheureusement, cet art si vaste, réduit à des combinaisons si faciles, ne fut jamais mis en pratique. Vainement l'inventeur, Maimieux, s'étayant du patronage et des conseils de l'abbé Sicard, instituteur des sourds-muets, fit imprimer sa méthode et en offrit des exemplaires au conseil des Anciens et au conseil des Cinq-Cents; vainement, pour montrer les moyens d'application de cette méthode, Sureau fit un ouvrage en écriture pasigraphique qu'il présenta au conseil des Anciens : les seuls encouragements que reçurent ces deux hommes sont un magnifique discours de Garat sur les langues parlées ou écrites, dont l'ouvrage de Sureau était le prétexte, et une médaille décernée à l'inventeur par le lycée des Arts. Nous ne pensons pas que cette découverte ait été depuis cette époque l'objet d'aucune expérience ni d'aucune étude.

XI. Pour continuer d'être juste envers la révolution, nous devons rappeler ici ceux de ses actes, si rares qu'ils aient été, qui ont tourné à l'avantage des lettres, des sciences et de l'imprimerie.

Le 15 octobre 1790, l'Assemblée nationale ordonna le payement, par le trésor public, d'une somme de 20,000 livres à la maison Didot, pour achever l'impression des œuvres de Fénelon, commencée en vertu d'un traité fait en 1783, au nom du clergé de France.

Sous la terreur, quelques esprits se préoccupaient sérieusement du bien-être du peuple, et demandaient, entre autres choses, la propagation de l'instruction publique. La Convention, dans sa séance du 13 juin 1793, décréta qu'un concours serait ouvert pour la composition des livres élémentaires destinés à l'enseignement public, et que des récompenses nationales seraient accordées à ceux qui auraient présenté les meilleurs livres élémentaires sur les sciences, les lettres et les arts. Dans la même année, elle fit imprimer au nom du gouvernement une traduction des œuvres de Bacon, et prit des mesures pour faire procéder à une révision du *Dictionnaire de l'Académie* et en assurer la réimpression.

Le 2 prairial an II (21 mai 1794), elle reçut à sa barre un citoyen qui lui fit hommage du tableau d'une école formée par lui pour enseigner aux femmes l'art de l'imprimerie et abréger les formalités de l'apprentissage. Le comité d'instruction publique ayant rendu un témoignage favorable des travaux de cette école, la demande d'encouragement faite par le fondateur fut renvoyée aux comités réunis de salut public et d'instruction publique.

Plus tard, le Directoire adressa au conseil des Cinq-Cents un message relatif à un établissement national, dit *calcographie*. Un rapport fut fait sur cette proposition, dans la séance du 1er pluviôse an V ; mais le conseil, tout en reconnaissant l'utilité de cet établissement, en ajourna l'institution jusqu'à la paix.

Sur la proposition de Daunou, la Convention décréta l'impression aux frais de l'État, et à 3,000 exemplaires, du dernier ouvrage de l'illustre et malheureux Condorcet, l'*Esquisse d'un tableau historique des progrès de l'esprit humain*.

Le 27 germinal an III, la même assemblée ordonna qu'une somme de 360,000 fr. serait annuellement répartie entre les savants et les artistes qui auraient le plus contribué à honorer et éclairer la patrie. Sur ce crédit des pensions furent accordées à l'auteur du *Voyage du jeune Anacharsis*, à l'oratorien Dotteville, traducteur de Tacite; à Wailly, à Naigeon, au peintre Vien, à Gail, au poëte Sedaine, au grand orientaliste Silvestre de Sacy.

C'est sous la Convention qu'on inventa le télégraphe, et ce fut par les ordres de cette assemblée qu'il fut immédiatement mis en pratique. Elle approuva, dans la séance du 26 juillet 1793, le rapport lu à cet effet sur les expériences auxquelles cette invention avait été soumise, et elle accorda à Chappe, l'inventeur, le titre d'ingénieur-télégraphe, aux appointements de lieutenant du génie. Elle chargea en même temps son comité de salut public d'examiner quelles étaient les lignes qu'il importait d'établir au plus tôt.

On doit aussi à la Convention la réorganisation de l'observatoire de Paris (31 août 1793); la formation du bureau des longitudes, où elle appela les géomètres Lagrange et Laplace, les astronomes Lalande et Cassini (7 messidor an III); la création de l'école des langues orientales (10 germinal an III); l'organisation de l'école polytechnique (15 fructidor an III); celle de l'institut national (3 brumaire an IV).

Déjà, par deux décrets en date du 8 mai et du 8 décembre 1790, l'Assemblée constituante avait adopté en principe l'uniformité des poids et mesures. Le 26 mars 1791, elle avait décrété, conformément à la proposition de l'académie des sciences, que la grandeur du quart du méridien terrestre serait la base du nouveau système, dont la loi du 1er août 1793 donna l'ébauche, et qui fut définitivement constitué par les lois du 18 germinal an III et du 19 frimaire an VIII.

La première exposition des produits de l'industrie française remonte au temps du Directoire; c'est François de Neufchâteau, alors ministre de l'intérieur, qui en conçut l'heureuse idée. Cette exposition eut lieu pendant les cinq jours complémentaires de l'an VI et la première décade de l'an VII (1798). L'imprimerie y obtint les plus glorieux succès. On y vit figurer les magnifiques éditions imprimées chez Pierre Didot, et qui lui méritèrent une des douze médailles d'or.

Mais cet utile projet d'une exposition publique, si propre à féconder les progrès de l'industrie, ne fut régularisé et ne devint une institution nationale que sous le consulat, pendant le ministère du savant Chaptal (1). L'exposition de l'an IX (1801) fut très-brillante, et la typographie, dans la personne de Didot, y recueillit encore de nouvelles palmes.

Loin d'être le signal de nouvelles mesures de rigueur contre l'imprimerie, l'avénement du gouvernement impérial apporta au contraire quelque adoucissement dans la législation. En vertu des articles 64 et 65 de la constitution impériale du 28 floréal an XII, une commission de sept membres, nommés par le sénat et choisis dans son sein, fut chargée de veiller à la liberté de la presse, et les auteurs, imprimeurs ou libraires pouvaient recourir directement à cette commission dans le cas où ils se seraient crus fondés à se plaindre d'empêchements mis à l'impression ou à la circulation d'un ouvrage.

XII. L'empire laissa subsister pendant quelques années les trois à quatre cents imprimeries exploitées dans la capitale, sans règlements de police intérieure ni de discipline. Elles étaient pour la plupart dirigées par des chefs ou incapables ou sans ressources, et l'atelier ouvert la veille était souvent fermé le lendemain par les rigueurs d'un créancier. La perte du crédit suivait celle de la considération. Ces désastres attestaient la détresse de l'imprimerie, et cependant on

---

(1) Elle fut d'abord annuelle; maintenant elle est quinquennale.

hésitait à y porter remède, dans la crainte d'être accusé de vouloir attenter à la liberté de la presse et de l'industrie.

La surveillance de l'imprimerie était alors tout administrative ; elle n'était limitée par aucun règlement, et appartenait au ministère de la police générale, dans lequel on avait créé, lors de sa réorganisation, une division de la librairie et de la presse. Cette division, en l'absence d'une législation spéciale, était en quelque sorte omnipotente. On lui avait cependant imposé une étrange obligation : c'était celle de s'entendre, pour l'examen des ouvrages, avec la commission sénatoriale instituée pour *sauvegarder la liberté de la presse*. Or, on sait que cette commission n'était guère que nominale, et n'a jamais, par aucun acte, manifesté son existence.

Quoi qu'il en soit, la surveillance exercée alors fut efficace, et on n'eut pas à constater, pendant plusieurs années, un seul procès de presse.

En 1806, les journaux et les recueils périodiques, ainsi que les pièces de théâtre, furent soumis à un bureau de censure. Mais c'est seulement en 1810 que cessa légalement pour l'imprimerie le règne de cette liberté absolue qui n'avait été trop souvent que celui d'une regrettable licence. Ainsi qu'il arrive ordinairement après des révolutions violentes, ce qu'on avait abattu la veille, il fallut le rééditier le lendemain. Les maîtrises, les jurandes, les priviléges, les franchises avaient été détruits, et cependant c'est dans leurs principales dispositions, dans celles du moins qui étaient d'ordre public, qu'on dut aller chercher les bases d'une législation nouvelle.

Napoléon avait reconnu le besoin de rétablir en tout ou en partie ces monuments dus à la sagesse de nos pères, et que le peuple avait brisés avec une sorte de fureur. Il savait que les institutions d'ordre sont de première nécessité pour un gouvernement, et qu'il importait surtout de réglementer une profession qui pouvait devenir d'un instant à l'autre un véritable danger pour l'État. De tous côtés, d'ailleurs, arrivaient à son oreille des plaintes et des cris de détresse sur la nécessité de remédier à la situation de l'imprimerie, et il résolut de faire cesser cet état d'anarchie.

L'organisation de l'imprimerie et de la librairie fut soumise à l'examen du conseil d'État, dès l'année 1808. Aucun des projets en discussion ne répondant à sa pensée, Napoléon fit appeler Fiévée, écrivain distingué, avec qui il entretenait une correspondance intime sur les hautes questions politiques; il le chargea d'examiner les trois projets soumis à la discussion du conseil d'État, et, au besoin, d'en formuler un lui-même.

Le plan de Fiévée fut accueilli avec faveur par l'empereur, qui ordonna l'impression immédiate du projet, et sa distribution au conseil d'État pour être mis en délibération. Les procès-verbaux de la discussion nous ont transmis les opinions des hommes éminents qui siégeaient dans ce conseil ; elles sont toutes le commentaire le plus excellent du texte de la loi qui constitua définitivement l'imprimerie.

Le comte Regnaud de Saint-Jean-d'Angely disait, à l'occasion de la limitation du brevet, « que le nombre des imprimeurs doit être limité, attendu que beaucoup de personnes se sont jetées dans cette profession sans la connaître et sans en calculer les suites ; qu'en conséquence les libraires et les imprimeurs se sont tellement multipliés, qu'il ne reste pas à chacun de moyens suffisants de subsistance, et que ce commerce, étant mal conduit, perd l'avantage qu'il devrait donner à la France sur l'étranger. Au reste, je ne propose pas, continue-t-il, de réduire le nombre *actuel*, car *il ne faut ôter à personne l'état qu'il a pris sous la foi de la législation existante;* il importe cependant d'écarter ceux qui, dépourvus de ressources et de connaissances, dénaturent maintenant l'art et bouleversent une branche de commerce très-intéressante en France. »

De son côté, Napoléon apportait à cette grave discussion le tribut de sa haute intelligence et de son génie d'organisation : « *L'imprimerie est un arsenal qu'il importe de ne pas mettre entre les mains de tout le monde,* disait-il ; nul ne pourra donc exercer sans être breveté et assermenté, *et le nombre sera fixé* dans chaque département. L'imprimerie n'est point un commerce ; il ne doit donc pas suffire d'une simple patente pour s'y livrer ; il s'agit *d'un état qui intéresse la politique,* et dès lors la politique doit en être juge. »

Le comte Berlier ayant demandé que la *limitation ne s'opérât que par le temps* (1), Napoléon répondait « que l'expérience décidait la question. On a établi, dit-il, plus d'agents de change, plus d'avoués qu'il n'en était besoin. Qu'est-il arrivé ? Ils ont su se créer des *affaires.* De même, si l'on souffre qu'il y ait trop d'imprimeurs, il est à craindre que, pour occuper leurs presses, ils ne se prêtent à imprimer des ouvrages dangereux.

« L'imprimerie est une entreprise, la librairie est un commerce.

« L'imprimerie est une entreprise, c'est-à-dire qu'elle ne mène à sa suite aucune spéculation. On va chez un impri-

---

(1) C'est par voie d'extinction que l'édit de Louis XIV, du mois d'août 1686, réduisit à trente-six le nombre des imprimeurs de Paris ; car, en 1697, il y en avait encore cinquante-sept. Napoléon, plus tranchant que Louis XIV, voulut que la réforme qu'il décrétait reçût immédiatement son exécution.

meur, on fait le prix par feuille d'impression, de tel format, de tel caractère, tiré à tel nombre ; l'imprimeur ne peut rien gagner au delà du bénéfice convenu d'avance ; fût-il le plus grand spéculateur du monde, il ne gagnerait pas plus que celui qui ne sait que les deux premières règles de l'arithmétique ; il peut être savant, habile, mais il n'est ni négociant, ni marchand ; il ne fait aucune spéculation, il est entrepreneur.

« Puisque les bénéfices ne dépendent pas de lui, mais des spéculations de ceux qui l'emploient, il est clair *qu'en bonne administration, le nombre des imprimeurs doit être fixé ; car lorsqu'une profession ne peut faire vivre qu'un nombre d'individus, et que le gouvernement ne limite pas ce nombre, il est impossible de compter sur la probité de ceux qui l'exercent ; la misère présente étourdit sur la crainte des conséquences futures,* et l'IMPRIMERIE EST UNE ARME TERRIBLE QU'IL NE FAUT PAS LAISSER ENTRE LES MAINS DES MALHEUREUX.

« En portant le nombre à cinquante pour Paris, ils vivront honorablement sans aller à la fortune ; il est impossible qu'un de ces imprimeurs puisse vivre lui et sa famille, payer un loyer et ses impôts, avec une imprimerie moindre de quatre presses.

« En réduisant le nombre des imprimeries, outre que l'on fait une chose bonne en administration, on fait une chose excellente en politique : la surveillance devient plus facile. Des hommes qui ont un état fixe et honorable sont moins disposés à agir contre les lois, 1° parce qu'ils risquent davantage ; 2° parce que l'aisance est une garantie de la probité.....

« *Le nombre des imprimeurs étant borné,* celui des apprentis est calculé sur le besoin probable d'ouvriers, et c'est ainsi que l'administration parvient à garantir même à l'artisan la sûreté de vivre dans l'état qu'il a embrassé. Aujourd'hui le maître travaille de ses mains, baisse les prix, se prête à donner aux avoués des quittances de 500 feuilles, tirées pour mémoires ou affiches, tandis qu'il n'en imprime que 100 ; il aide au vol pour avoir du pain, tandis que l'ouvrier en manque.

« Telle est la situation secrète d'un état que quelques personnes légères disent être en prospérité. Je suis convaincu que plus les professions sont fixées, moins il y a de malheureux, et que *l'effet infaillible de la liberté illimitée est d'augmenter le nombre des pauvres;* à cet égard les expériences sont faites. »

Quant à la patente, le conseil reconnaissait que l'imprimerie était non un commerce, mais un art dont le total du bénéfice pouvait être calculé. Aussi n'imposait-on la patente aux imprimeurs que pour ne pas déroger au système général des finances.

« Ce sera l'imprimerie, ajoutait Napoléon, qui sera brevetée et non l'imprimeur ; que celui-ci seulement soit autorisé, et qu'il en soit comme des notaires et des avoués qui n'entrent que dans des *places vacantes,* et qui n'y entrent que par nomination. » Il était décidé même que « dans le cas où ni le fils ni la veuve d'un imprimeur ne seraient aptes, *ils seraient autorisés à vendre l'imprimerie* comme leur propriété. »

Napoléon combattit énergiquement l'attribution de l'imprimerie et de la librairie à la police, et l'on ne peut retenir un sentiment d'admiration en le voyant opiner pour la liberté, alors que tant d'autres s'ingéniaient à l'enchaîner.

« On objecte, disait-il, que la police n'est pas moins destinée à prévenir le mal qu'à le réprimer ; qu'il faut lui en donner les moyens ; qu'elle n'en usera que d'une manière toute paternelle. Qu'elle prévienne le mal par voie de surveillance, elle le peut, elle le doit ; mais le principe qu'elle doit aussi le prévenir par voie d'autorité conduit directement à l'arbitraire. Cette sollicitude paternelle ne serait qu'un affreux despotisme. Le souverain doit gouverner d'après des règles fixes et non d'après des caprices. »

Enfin parut le décret du 5 février 1810, qui institua une direction de l'imprimerie et de la librairie, placée sous l'autorité du ministre de l'intérieur (1), rétablit la censure, fixa le nombre des imprimeurs pour la ville de Paris, déclara (article 5) que les imprimeurs et les libraires seraient désormais brevetés et assermentés, et réserva au ministre de l'intérieur le droit de retirer le brevet à tout imprimeur pris en contravention.

XIII. Ce décret remit en vigueur quelques-unes des dispositions des anciens règlements, en promulgua de nouvelles, et annonça (art. 49) qu'il serait statué *par un règlement particulier* sur ce qui concernait la réception des imprimeurs et la police de leur profession. L'article 3 limita le nombre des titulaires. Les quatre cents imprimeurs qui exerçaient dans la capitale, sans règlement particulier, sans discipline, furent réduits à soixante (2).

---

(1) Le comte Portalis fut nommé directeur général de l'imprimerie et de la librairie le 12 février 1810. Il fut remplacé le 11 janvier 1811 par le baron de Pommereuil.

(2) Un arrêté du ministre de l'intérieur, en date du 30 janvier 1811, désigna les soixante imprimeurs conservés. Ce furent MM. Agasse (H.), Ballard, Bailleul, Baudouin, Belin, Boiste, Bossange, Brasseur aîné, Cellot (L.-M.), Chaigneau aîné, Chanson, Clô (Ange), Colas, Courcier, Couturier, Crapelet, Delaguette (veuve), Delalain, Demonville, Dentu, Didot (Firmin), Didot aîné (Pierre), Doublet, Dubray, Dumesnil Lesueur (veuve), Égron, Eberhart, Éverat, Fain, Feugueray, Gillé, Gratiot, Gueffier, Hacquart, Haussmann, Huzard (Mme), Imbert, Jeunehomme, Lebègue, Leblanc, Ledoux, Lefebvre, Le Normant, Lottin de Saint-Germain, Mame, Michaud, Migneret, Moreaux, Nauzou, Patris, Perroneau, Pillet, Plassan, Porthmann, Prudhomme, Richomme, Setier, Stone, Testu, Valade.

Les imprimeurs titulaires de brevets furent alors obligés d'indemniser ceux qui avaient été supprimés et d'acquérir leur matériel, condition très-onéreuse, qui pesa longtemps sur leurs affaires, mais qui devait du moins les garantir, ainsi que leurs successeurs, contre la suppression ultérieure et arbitraire de leurs brevets.

En présence de l'avenir qui était réservé à l'imprimerie, les plus heureux furent ceux qu'on indemnisait. En effet, l'indemnité pour chaque imprimerie supprimée fut fixée à 4,000 fr., par décret du 2 février 1811, somme considérable en raison du grand nombre de suppressions. Chacun des imprimeurs conservés eut donc à sa charge un soixantième de la somme totale, qu'on devait répartir ensuite entre tous les imprimeurs dépossédés, dans la proportion de l'importance et de l'activité de leurs établissements. Le matériel, évalué par experts, devait aussi être payé en égales portions par les nouveaux titulaires, sauf à s'entendre entre eux pour le partage.

Ces conditions furent trouvées sans doute trop dures par les imprimeurs qu'on avait cependant voulu favoriser en les conservant, car on résolut presque aussitôt d'augmenter le nombre des imprimeurs conservés. Un décret du 11 février 1811 le porta à quatre-vingts (1).

Le point capital de ces nouveaux règlements de l'imprimerie fut l'obligation du brevet et la détermination du nombre des imprimeurs à Paris (2).

---

(1) Voici les noms des vingt nouveaux imprimeurs de Paris, nommés titulaires par décret du 2 mars 1811 : Bertrand-Pottier, Charles, Cordier, Cussac, Dehannoy, Didot jeune, Dondey-Dupré, Froullé, Hardy, Herhan, Hocquet, Laurens aîné, Le Clere (Ad.), Maugeret, Nicolas, Poulet, Renaudière, Rougeron, Sajou, Scherff.

(2) Jusqu'en 1686, le nombre des imprimeries avait été illimité en France,

Le brevet, dans sa nouvelle forme, n'était qu'une autorisation d'exercer l'imprimerie, et n'offrait pas, comme les anciennes lettres de maîtrise, ces garanties de capacité et d'instruction qui rendaient si honorable la profession de l'art typographique.

Quant à la limitation du nombre des imprimeurs, c'était une mesure nécessaire. Il y a toujours eu plus d'imprimeries qu'il n'en était besoin pour exécuter tous les travaux. La raison en est simple : c'est que le nombre des presses n'a jamais été limité. Dans les quatre-vingts imprimeries brevetées depuis le règlement de 1810, à peine la moitié des presses ont été occupées aux meilleures époques.

comme il l'est encore aujourd'hui dans presque tous les pays, quel que soit le degré de liberté qu'on y accorde à la presse.

D'après le relevé des imprimeurs exerçant à Paris en 1534, fait sur les listes publiées dans les ouvrages de La Caille, de Lottin et de Panzer, leur nombre n'excédait pas vingt-quatre. Ces vingt-quatre imprimeurs étaient : Augereau, Josse Bade, Blaublom (ou Cyaneus), Bonnemère, Guill. Bossozel, Prigent Calvarin, Chevallon, Simon de Colines, Nicolas Couteau, Robert Estienne, Gromors, François Gryphe, Higman, Denis Janot, Kerbriant, Yolande Bonhomme, veuve de Thielman Kerver, Philippe Le Noir, Nyverd, Regnault, Roigny, Pierre Sergent, Vascosan, Vidouë, Chrétien Wéchel. Mais il faut remarquer que ces vingt-quatre imprimeurs étaient aussi libraires jurés de l'université, et que ces derniers avaient été fixés à vingt-quatre, nombre officiel qui subsista longtemps avant et après l'invention de l'imprimerie. On tolérait cependant un certain nombre de libraires non jurés, et il en fut de même des imprimeurs, car, à la mort de Géring, il y avait, comme nous l'avons dit, plus de quarante imprimeurs à Paris. Les lettres patentes de Louis XIII, du mois de juin 1618, défendirent d'en recevoir plus d'un par année. Mais le nombre des imprimeurs ne fut fixé, du moins en vertu de dispositions législatives, que par l'édit de Louis XIV, du mois d'août 1686, qui le réduisit, pour Paris, à trente-six ; et ce nombre fut maintenu par les arrêts du conseil des 22 juillet 1704, 13 décembre 1706, 31 mars 1739, 16 décembre 1764, et jusqu'à la révolution de 1789, qui abrogea tous les anciens règlements.

Au 8 prairial an IX, il y avait à Paris 455 libraires, 340 imprimeurs, 158 relieurs, 41 brocheurs, 327 graveurs, 85 imprimeurs en taille-douce, 49 marchands d'estampes, 71 bouquinistes.

Il en était de même autrefois, si l'on s'en rapporte aux écrits du temps. Dans un Mémoire des imprimeurs de Paris, daté de 1711, il est dit que « sur deux cents presses en état de travailler, tant chez les imprimeurs que chez les veuves, il n'y en a pas cinquante occupées. » C'est sans doute encore ce défaut d'activité des presses qui motivait les réclamations suivantes, adressées, en 1721, à l'autorité par des imprimeurs :

« Le trop grand nombre de personnes qui exercent une même profession ôte nécessairement à la plus grande partie le moyen d'en tirer sa subsistance. L'indigence ne manque pas de produire la négligence du beau et les contraventions. C'est un malheur de toutes les professions, et dont les imprimeurs n'ont pas été exempts. Mais, comme l'imprimerie est un art qui produit le mal avec la même facilité que le bien, la misère de l'imprimeur est d'une conséquence infiniment plus périlleuse pour la religion et pour l'État, par la nécessité où elle peut le réduire de prêter des presses oisives à des ouvrages dangereux. Une longue et triste expérience de cette vérité fit naître dans le XVIe siècle une infinité de règlements qui ne purent arrêter le cours de ce désordre, par l'impossibilité de surveiller un trop grand nombre d'imprimeries (1). »

Les mêmes plaintes se faisaient entendre, près d'un siècle plus tard, deux ans à peine avant la promulgation du règlement de 1810. Dans un écrit plein de sens (2) sur la librairie et les arts et professions qui en dépendent, deux hommes de

---

(1) Extrait du procès-verbal de l'assemblée générale de la communauté des imprimeurs de Paris, tenue par ordre de M. le chancelier, les 26 et 27 mars 1721, concernant la levée de la fixation du nombre des imprimeries.

(2) *Observations et projet de décret sur la librairie et les arts et professions auxiliaires*, Paris, 1808, in-4º.

talent et d'expérience, MM. Bonet de Treiches et Catineau La Roché, s'exprimaient ainsi :

« La réduction des imprimeurs à un nombre tel *qu'ils puissent vivre de leur art*, et que la surveillance à exercer sur eux soit moins difficile, est une mesure dont la nécessité est évidente. Les imprimeurs, aujourd'hui *trop nombreux, sont presque tous dans l'indigence*. Peu leur importe que l'ouvrage prospère, soit ou non dangereux, ils ne sont pas difficiles dans le choix de la besogne ; il faut vivre avant tout. *Les anciens règlements avaient prévu cet état de misère et de dégradation* qui porte sans cesse au délit. »

Ces sages observations furent suivies de succès ; toutefois, en fixant à soixante, puis à quatre-vingts le nombre des imprimeurs de Paris, les règlements de 1810 firent encore une large part à la concurrence. Ce nombre aurait pu certainement être réduit davantage sans le moindre inconvénient.

Une ordonnance de police (3 mars 1810) vint compléter quelques dispositions du nouveau règlement. Chaque imprimeur de Paris fut tenu d'avoir un registre timbré, coté et parafé pour y inscrire, par ordre de date, le titre de chaque ouvrage qu'il voulait imprimer et le nom de l'auteur, s'il lui était connu. Le délai pour le dépôt de cinq exemplaires, prescrit par l'article 48 du décret du 5 février, fut fixé à quarante-huit heures.

La réduction du nombre des imprimeurs à Paris avait laissé des presses, fontes, caractères et autres ustensiles d'imprimerie en la possession de quelques imprimeurs supprimés ; plusieurs de ces objets étaient aussi passés dans les mains d'autres individus non brevetés. Le gouvernement s'en inquiéta, et, par un décret du 27 novembre 1810, il fut ordonné à tout possesseur ou détenteur d'ustensiles d'imprimerie d'en faire la déclaration dans le délai d'un mois. Cet ordre s'appliquait aussi aux imagiers, dominotiers et tapissiers qui se servaient de caractères dans leurs travaux. Il fut rigoureusement exécuté, et l'autorité prescrivit les recherches les plus actives à ce sujet, tant elle craignait l'abus qu'on pourrait faire de ces dépôts clandestins.

Les livres imprimés à l'étranger appelèrent aussi l'attention du pouvoir. Le 14 décembre 1810, un décret, assimilant ces livres aux marchandises d'une valeur purement matérielle, fixa à 150 francs par cent kilogrammes le droit à percevoir sur les livres venant de l'étranger et imprimés, soit en langue latine, soit en langue française.

Enfin, le même jour, un décret nomma les censeurs impériaux et détermina leurs attributions. La commission de censure fut composée de neuf membres. Il y eut, en outre, six inspecteurs à Paris pour constater les contraventions, un inspecteur par département et un commissaire spécial pour constater les délits.

XIV. Quelques dispositions spéciales furent prises à l'égard des journaux. Leur surveillance fut laissée dans les attributions du ministère de la police générale, et il y eut dans ce ministère, sous le nom de *bureau de l'esprit public*, une commission d'écrivains, chargée de la rédaction des journaux, et dont la mission consistait surtout à commenter les actes et la politique de l'empereur, en un mot, à diriger l'esprit public (1).

---

(1) Cette commission comptait dans son sein les noms les plus distingués. Voici comment elle était composée : MM. Etienne, Esmenard, Lemontey, Jay, Tissot, Arnault, Michaud, Jouy, Lacretelle, qui, tous, devinrent membres de l'académie française, et de MM. Sauvo, Barrère de Vieuzac, de Montlosier, Fabien Pillet, Merle, Lefebvre, Ourry, de

Un décret, du 3 août 1810, décida qu'il n'y aurait plus qu'un seul journal dans chaque département, et qu'il serait imprimé sous l'autorité et avec l'approbation du préfet. Ce magistrat pouvait provisoirement autoriser la publication de feuilles d'annonces ou d'affiches destinées exclusivement aux ventes d'immeubles, feuilles à l'égard desquelles le ministre de l'intérieur devait se faire présenter un rapport spécial.

Ce rapport eut lieu, en effet, et motiva un décret (14 décembre 1810) qui concédait le droit de posséder une feuille d'annonces à vingt-huit villes seulement pour tout l'empire. Dans ce nombre était comptée Rome, cette ancienne maîtresse du monde, à qui il n'était pas permis, sans une autorisation du nouveau César, d'annoncer les mouvements de son commerce.

Le même décret autorisait une vingtaine de publications littéraires, qui étaient soumises à une rétribution destinée à former un fonds particulier qu'on devait affecter à l'encouragement des savants, des artistes et des gens de lettres. On ignore si ce fonds commun a donné lieu à quelque répartition. Il est assez probable que l'annonce de cette mesure avait pour objet de cacher, sous une apparence de libéralité, ce que le décret pouvait avoir de trop rigoureux en lui-même.

Cette nouvelle et sévère législation était naturellement appliquée aux nombreuses possessions de la France. Le 9 avril 1811, elle fut rendue obligatoire pour la Hollande elle-même, le pays par excellence de la liberté et l'on peut dire de l'abus de la presse.

Lancy, Dussault, Beuchot, Martainville, Malte-Brun, baron Trouvé. Les rédacteurs en chef des journaux étaient : MM. Sauvo, pour le *Moniteur universel;* Etienne, pour le *Journal des Débats;* Jay, pour le *Journal de Paris*, et Tissot, pour la *Gazette de France.*

Enfin, un décret impérial, daté de Compiègne, du 17 septembre 1811, séquestra la propriété des journaux. Cet acte ne fut pas inséré au *Moniteur*, mais reçut cependant son exécution. C'est sans contredit la plus grave mesure qui ait jamais frappé la presse, et elle ne peut s'expliquer que par cette pensée constante de l'empereur, qu'il importait de prévenir les délits bien plus encore que de les réprimer. En 1814, le prince de Talleyrand, président du gouvernement provisoire, fit retirer l'original de cette pièce des archives impériales, et le fit livrer aux flammes (1).

XV. Dans cette même année 1811, le 29 avril, un autre décret impérial avait ordonné la perception d'un centime par feuille d'impression sur tous les ouvrages connus en librairie sous le nom de *labeurs*, quel que fût le format du volume, si ces ouvrages n'appartenaient à aucun auteur vivant ni à ses héritiers. Il n'était fait grâce qu'aux seuls ouvrages appelés de *ville* ou *bilboquets*. Le produit de cet impôt devait être affecté aux dépenses de la direction générale de l'imprimerie et de la librairie; mais nous ignorons s'il a été exactement perçu jusqu'au moment où il a été abrogé implicitement par la loi de finances ou du budget de 1814.

Puis vint le tour de la librairie proprement dite.

Par décret du 11 juillet 1812, les libraires furent également tenus de se munir d'un brevet; mais leur nombre resta illimité. Comme les imprimeurs, ils furent soumis à la surveillance la plus active de la part de la police. Pour tous les écrits qui touchaient à la politique, la censure se montrait ombrageuse, inexorable; les critiques, même les plus modérées, dès qu'il s'agissait du chef de l'État, ne pouvaient

(1) *Bulletin du Bibliophile*, janvier 1845, page 170 à 175, in-8°.

trouver grâce; toute allusion qui paraissait équivoque était sévèrement interdite (1).

En outre, le ministre de la police générale avait le droit d'arrêter la circulation ou la publication de tout ouvrage, même après avoir été censuré (2); seulement, dans ce dernier cas, l'éditeur était admis à réclamer le remboursement des frais d'impression.

Cependant il est juste de remarquer que le souvenir des publications anarchiques était encore tout récent. Si la censure impériale entrava, dans certains cas, la manifestation de pensées grandes et généreuses, si elle brisa quelquefois les plumes éloquentes de Châteaubriand et de Mme de Staël, d'un autre côté elle comprima les vieux débris de la philosophie subversive du XVIIIe siècle, qui avait précipité la France dans un abîme à peine fermé, et que nous avons été naguère sur le point de voir se rouvrir.

XVI. La guerre non plus que la terreur ne sauraient encourager

---

(1) Un homme de lettres, connu par plusieurs publications estimées pour l'instruction de la jeunesse, avait soumis à la censure un manuscrit dans lequel il rapportait le fameux entretien d'Auguste avec Agrippa et Mécène, relatif à l'intention réelle ou supposée que le premier avait d'abdiquer l'empire. Cet entretien, qui a fourni à Corneille la matière d'une de ses plus belles scènes, fut bâtonné sans pitié par un des censeurs. Indigné de cette suppression, l'auteur réclama auprès de Pommereul, directeur de la librairie, qui répondit : « Le censeur a bien fait, je ne veux pas que ce morceau soit imprimé. »

A la même époque, un manuscrit avait été remis à Lemontey, de l'Académie française; il contenait cette superbe tirade de Saurin dirigée contre les conquérants, et que Voltaire ne pouvait s'empêcher d'admirer. Lemontey la supprima en disant qu'elle prêtait à l'allusion.... Mais il ajouta qu'il avait cru devoir la transcrire pour lui-même.

(2) Le ministre de la police n'usa de ce droit qu'une seule fois : ce fut à l'occasion du livre de Mme de Staël : *l'Allemagne*, dont l'édition, saisie au moment de la mise en vente, fut détruite en totalité.

les spéculations : aussi, l'heure de la prospérité commerciale n'était encore venue pour aucune de nos grandes industries. La librairie surtout languissait. C'est à peine si on connaît une ou deux importantes publications entreprises à cette époque. Citons cependant le *Musée français*, publié par Robillard-Péronville et dont l'exécution dura huit années : magnifique ouvrage, ne renfermant pas moins de 344 planches gravées par les plus habiles artistes du temps. Citons encore le *Dictionnaire des Sciences médicales*, commencé par Panckoucke et qui ne fut achevé que longtemps après, sous la Restauration.

Depuis les belles éditions du *Virgile*, de l'*Horace* et du *Racine*, in-folio, imprimées au Louvre, par Pierre Didot, et publiées en l'an ix, jusqu'à la fin de l'empire, c'est-à-dire pendant un espace de plus de quatorze années, la typographie française ne produisit aucune œuvre d'art vraiment remarquable. On peut regarder, toutefois, comme une honorable exception l'*Oraison dominicale*, imprimée à l'avénement de l'empire, en 150 langues différentes, à l'imprimerie impériale, recueil qui fut offert au pape à Fontainebleau, en audience particulière, par M. Marcel, alors directeur général de cette imprimerie (1).

Ce spécimen d'impression figura à l'exposition des produits de l'industrie française de 1806.

A cette même exposition, la médaille d'or fut accordée à Pierre et à Firmin Didot, ainsi qu'à Bodoni, célèbre imprimeur de Parme, pour les beaux ouvrages qu'ils avaient présentés.

(1) Voici le titre de ce recueil : « *Oratio dominica, CL linguis versa, et propriis cujusque linguæ characteribus plerumque expressa ; Edente J.-J. Marcel, typographei imperialis administro generali, Parisiis, typis imperialibus, anno repar. sal. 1805, imperiique Napoleonis primo.*

Costaz, rapporteur du jury d'exposition, s'exprimait ainsi sur ce dernier imprimeur : « Il est à remarquer à l'honneur de M. Bodoni, qu'il a exécuté tous ses travaux dans un pays où il était seul, abandonné à ses propres moyens, et où la typographie était avant lui plus négligée que dans aucun pays de l'Europe. »

XVII. L'époque impériale a laissé de beaux monuments et de glorieux souvenirs. Sans contredit, elle fut féconde en hommes politiques distingués, en administrateurs habiles, en grands capitaines; on y vit briller des artistes éminents, David, Guérin, Girodet, etc.; de profonds jurisconsultes, Portalis, Tronchet, Merlin; des savants célèbres, Laplace, Lagrange, Lacépède, Monge, Chaptal, Berthollet; mais il faut avouer qu'elle fut assez stérile en bons écrivains. Quelques productions spirituelles de Picard, d'Andrieux, d'Alex. Duval, quelques ouvrages philosophiques de Gérando, de Dupont de Nemours, quelques livres d'histoire de Sainte-Croix, de Daru, tel est à peu près le bagage littéraire de cette époque. A côté de ces ouvrages, on ne trouve guère que des romans, des brochures politiques selon les vues du gouvernement, quelques journaux littéraires, des poésies sans valeur, pleines pour la plupart de lieux communs et de fades adulations. La haute littérature et l'histoire, pour se développer, avaient besoin de plus de liberté que n'en accordait la censure.

Cependant il est un livre de ce même temps qui non-seulement nous dédommageait à lui seul de la pauvreté de tous les autres, mais qui doit faire pardonner à l'homme qui l'a conçu et dicté, l'usage qu'il a fait de sa puissance pour entraver la liberté de penser et d'écrire : c'est l'immortel recueil de lois qui nous régit encore, que des nations étrangères, que quelques-uns de nos ennemis même ont adopté en tout ou en partie et que le monde connaît sous le nom de *Code Napoléon*.

Tout était à refaire dans la société, l'éducation et les lois. Le Code civil nous rendit les unes, la création de l'université impériale (17 mars 1808) pourvut à la restauration de l'autre. A cet égard, du moins, on n'accusera pas l'empereur d'avoir été l'ennemi des fortes études et de la diffusion des lumières; et quand la création de l'université ne serait qu'un témoignage de l'impulsion puissante que Napoléon, s'il lui eût été permis de gouverner en paix son empire, eût donnée aux sciences et aux lettres, ce témoignage suffirait presque pour absoudre l'empereur, aux yeux de la postérité, de son système de répression au sujet des produits de la presse politique.

En effet, dans les lycées et jusque dans les fonctions publiques grandissait une nouvelle génération d'écrivains qui devait avant peu ranimer en France l'esprit littéraire. Une grande administration, celle des droits réunis, était même, chose assez bizarre, une sorte de pépinière de jeunes gens qui partageaient leur temps entre l'alignement des chiffres et la culture des lettres, à l'exemple de Français de Nantes, leur directeur, grand ami et protecteur des lettres qu'il cultivait lui-même avec passion. Voici de cet administrateur, aussi distingué par les qualités du cœur que par celles de l'esprit, un trait qui montre avec quelle indulgence et quelle mansuétude il gouvernait les jeunes gens de mérite placés sous ses ordres.

Un de ses jeunes employés, M. de Latouche, neveu d'un sénateur, le comte de Richebourg, était peu exact à son bureau, où il n'arrivait guère qu'à deux heures pour repartir à quatre. Le chef de bureau se plaignit et fit son rapport au directeur général, qui manda dans son cabinet le coupable. « Eh bien! Monsieur, on dit que vous ne venez qu'à deux heures à votre bureau?..... — Il est vrai, monsieur le comte, j'arrive un peu tard; la rue Sainte-Avoye est si loin du faubourg Saint-Honoré où je demeure! — Mais, Monsieur, on part une heure plus tôt. — C'est ce que je fais, Monsieur le comte; mais ces boulevards, avec les caricatures, vous arrêtent à chaque pas; une heure est bientôt passée. J'arrive devant le café *Hardi*, mes amis me font signe, il faut bien déjeuner. — Mais enfin, en deux heures, Monsieur, on a raison de tout cela, et, parti à neuf heures de chez vous, vous pourriez encore être rendu à onze. — Oui, Monsieur le comte; mais au boulevard du Temple on rencontre les parades, les marionnettes. — Les marionnettes! reprend vivement Français de Nantes. Comment, Monsieur! vous vous arrêtez aux marionnettes! — Hélas! oui, Monsieur le comte. — Eh! mais, comment cela se fait-il? je ne vous y ai jamais rencontré? » Ainsi finit la mercuriale. On ne sait pas si le retardataire en fut plus exact. Ajoutons que l'administration des droits réunis était devenue aussi une espèce de maison de retraite, où les hommes de lettres peu aisés obtenaient des sinécures qui les mettaient à l'abri du besoin. Napoléon le savait et n'improuvait pas la conduite du directeur général.

Le poëte Parny, le compositeur Dalayrac, Collin d'Harleville, M. Lebrun (auteur de *Marie Stuart*) furent admis dans l'administration des droits réunis en même temps que des émigrés rentrés et des révolutionnaires convertis. Droz, qui devint plus tard membre de l'académie française et de l'académie des sciences morales et politiques, avait dit dans son célèbre ouvrage, *l'Art d'être heureux* : « Je voudrais un emploi obscur. » Ce vœu fut bientôt réalisé. Français de Nantes offrit une place auprès de lui à Droz, qui l'accepta et sut dignement la remplir.

Andrieux acquitta envers ce nouveau Mécène la dette de la poésie. Voici ce qu'il dit de lui dans des vers aussi vrais que spirituels :

> Rencontre-t-il quelques nochers débiles
> Qu'ont submergés nos tempêtes civiles,
> Il les console, il leur ouvre le port,
> Sans s'informer par quel vent, quel orage,
> Ni sur quel bord chacun d'eux fit naufrage.....

Une preuve convaincante du goût de l'empereur pour les lettres et de sa haute intelligence des plus nobles besoins de l'esprit est la demande qu'il fit, lors de l'expédition d'Égypte, d'une imprimerie pour être mise à la disposition de la commission scientifique attachée à l'expédition. Organisée à Paris par M. Marcel, directeur de l'imprimerie nationale, cette imprimerie fut installée au Caire, où elle fonctionna tant que dura l'occupation française. Bonaparte veillait lui-même à ce que rien ne manquât à cet établissement, auquel il avait donné le nom d'*imprimerie nationale égyptienne*.

Dès cette époque (1798), il pensait à former une *bibliothèque de camp*, qui devait le suivre constamment dans ses voyages. Il avait même, avant de partir pour l'Orient, indiqué par écrit les ouvrages qui devaient composer cette bibliothèque.

La même pensée le préoccupait encore dix ans plus tard. En 1808, il transmit du château de Marrasc, près de Bayonne, des instructions pour faire imprimer à son usage particulier une bibliothèque de voyage (1), composée d'ouvrages *sans*

(1) Dans les instructions dictées par l'empereur, il est dit à l'article

marge, pour ne point perdre de place, à dos brisé et détaché, et avec des couvertures le plus minces possible (1).

TRAGÉDIES : « Ne mettre de Corneille que ce qui est resté ; ôter de Racine *les Frères ennemis*, l'*Alexandre* et *les Plaideurs ;* ne mettre de Crébillon que *Rhadamiste, Atrée et Thyeste ;* de Voltaire que ce qui est resté. » — Dans une note · « Il ne faut mettre de Rousseau ni l'*Émile* ni une foule de *lettres, mémoires , discours, dissertations* inutiles. » Même observation pour Voltaire.

(1) Dans une lettre de M. de Méneval, du 26 février 1808, on lit : « L'empereur demande instamment des livres pour la bibliothèque de son cabinet, etc. Sa Majesté m'a aussi chargé de faire connaître à M. Barbier l'importance qu'il attache à avoir pour sa bibliothèque de voyage de belles éditions et de belles reliures. *Il est assez riche pour cela.* Ce sont ses expressions. »

Dans une autre lettre de M. de Méneval à M. Barbier, on lit : « Les romans que vous nous faites parvenir sont la plupart détestables, et ne font qu'un saut de la valise du courrier dans la cheminée. Il ne faut plus nous envoyer de ces ordures-là..... Envoyez le moins de vers que vous pourrez, à moins que ce ne soit de nos grands poëtes ; c'est vous dire de n'en pas envoyer souvent. Je ne peux vous cacher que l'empereur n'est pas content de sa bibliothèque de voyage, et j'ai beaucoup de peine à persuader Sa Majesté de toutes les difficultés qu'offre la réunion des livres qu'elle désire y voir, d'une belle impression et d'une reliure élégante et uniforme..... »

Barbier objecte les difficultés que présente la formation d'une bibliothèque élégante, composée en ouvrages petit format de livres choisis d'*histoire* et de *littérature*. « Je puis, dit-il, vous citer un exemple frappant à l'appui de mes assertions. M. Naigeon a passé la plus grande partie de sa vie à former une riche collection de livres. Je l'ai examinée souvent. Il n'existe rien en ce genre de plus riche, soit pour la beauté du papier, soit pour la magnificence des reliures. Se voyant malade et gêné dans ces derniers temps, il a vendu son cabinet à M. Firmin Didot, pour une somme de 80,000 fr. Le cabinet de M. Firmin Didot est donc un des plus beaux de Paris, puisqu'il possédait déjà des livres très-précieux ; je crois cependant que l'on n'en tirerait pas cent volumes pour la petite bibliothèque de Sa Majesté. Quant à ces cent volumes, on aurait peine à croire le temps qu'a exigé leur réunion. Ce sont des exemplaires qui ne paraissent dans les ventes qu'à de longs intervalles ; je sais que M. Naigeon en a attendu quelques-uns pendant dix et douze ans. »

On lira avec intérêt les détails sur le goût de l'empereur en fait de littérature, et sur la composition de sa bibliothèque, etc., dans les *Souvenirs sur la bibliothèque de l'empereur,* par M. Louis Barbier.

Le 12 juin 1809, l'empereur, qui était à Schœnbrunn, apprenant que les ouvrages qu'il avait demandés n'avaient pu être placés dans sa bibliothèque de campagne, à cause de la grandeur du format, dicta à M. de Méneval, son secrétaire intime, une note à ce sujet destinée à Barbier, son bibliothécaire. Voici cette note, qui est curieuse à plus d'un titre :

« L'empereur sent tous les jours le besoin d'avoir une bibliothèque de voyage, composée d'ouvrages d'histoire. Sa Majesté désirerait porter le nombre des volumes de cette bibliothèque à trois mille, tous du format in-18, comme les ouvrages de la collection in-18 du Dauphin, ayant de quatre à cinq cents pages, et imprimés en beaux caractères de Didot, sur papier vélin mince. Le format in-12 tient trop de place, et d'ailleurs les ouvrages imprimés dans ce format sont presque tous de mauvaises éditions.

« Les trois mille volumes seraient placés dans trente caisses, ayant trois rangs, chaque rang contenant trente-trois volumes.

« Cette collection aurait un titre général et un numéro général, indépendamment du titre de l'ouvrage et du numéro des volumes de l'ouvrage. Elle pourrait se diviser en cinq ou six parties :

1° CHRONOLOGIE ET HISTOIRE UNIVERSELLE.

2° HISTOIRE ANCIENNE, par les originaux, et HISTOIRE ANCIENNE par les modernes.

3° HISTOIRE DU BAS-EMPIRE par les originaux, et HISTOIRE DU BAS-EMPIRE par les modernes.

4° HISTOIRE GÉNÉRALE ET PARTICULIÈRE, comme l'*Essai* de Voltaire.

5° HISTOIRE MODERNE DES ÉTATS DE L'EUROPE, DE FRANCE, D'ITALIE, etc.

« Il faudrait faire entrer dans cette collection *Strabon*, les *Cartes de d'Anville*, la *Bible*, quelque *Histoire de l'Eglise*.

« Voilà le canevas de cinq ou six divisions, qu'il faudrait étudier et remplir avec soin.

« Il faudrait qu'un certain nombre d'hommes de lettres, gens de goût, fussent chargés de revoir les éditions, de les corriger, d'en supprimer tout ce qui est inutile, comme notes d'éditeurs, etc., tout texte grec ou latin, ne conserver que la traduction française, excepté quelques ouvrages en italien.

« L'empereur prie M. Barbier de tracer le plan de cette bibliothèque, et de lui faire connaître le moyen le plus avantageux et le plus économique de faire ces trois mille volumes.

« Lorsque les trois mille volumes d'*histoire* seraient achevés, on les ferait suivre par trois mille autres d'*histoire naturelle*, de *voyages*, de *littérature*, etc. »

Barbier envoya en novembre 1809 un rapport sur la formation de la bibliothèque historique composée de trois mille volumes in-18 d'environ cinq cents pages chacun. A ce rapport était joint l'aperçu de la dépense.

« Dans le cas où on imprimerait à cinquante exemplaires, la dépense pour l'impression et la reliure en veau serait de 4,080,000 francs, y compris le papier et les honoraires des hommes de lettres chargés de la révision des ouvrages et de la correction des épreuves. Pour les frais de reliure en maroquin, 355,000 francs; total 4,435,000 francs.

« En imprimant à cent exemplaires, la dépense totale, y compris la reliure, s'élèverait à 5,475,000 francs.

« Il faudrait ajouter à l'une ou à l'autre de ces sommes un million pour la confection des cartes géographiques.

« Les trente caisses en bois d'acajou pour contenir les 3,000 volumes coûteront 10,000 francs environ.

« En prenant : 1° cent vingt compositeurs d'imprimerie ; 2° vingt-cinq hommes de lettres pour les travaux littéraires, les retranchements à faire, la correction des épreuves ; 3° un chef très-versé dans la pratique de l'imprimerie, on aurait un volume et demi par jour, ou cinq cents volumes par an ; il faudrait donc six ans pour l'exécution des 3,000 volumes.

« Si au lieu de cent exemplaires on en tirait trois cents, pour en mettre deux cents dans le commerce, les deux cents exemplaires, vendus à cinq francs le volume, rapporteraient trois millions. »

Des essais furent faits ; mais Napoléon n'eut pas le temps de donner suite à cette entreprise.

En 1811, le comte Daru, comme intendant de la liste civile, avait proposé, à l'occasion de la naissance du roi de Rome, de faire imprimer, format in-8°, une collection des meilleurs auteurs sur le modèle des ouvrages *ad usum Delphini*. La commission qui fut formée se composait de Cuvier, Daru, Delambre, Barbier, Silvestre de Sacy, Dacier et Nougarède ; le résultat d'un grand nombre de réunions fut la rédaction d'un catalogue (1).

Au milieu des camps, et en quelque sorte à la lueur des feux du bivouac, Napoléon traçait le plan d'un ouvrage historique qu'il voulait faire exécuter, la continuation de l'*Histoire de France*, par Velly, sous la direction de l'abbé Halma, bibliothécaire de l'impératrice Joséphine.

Enfin, on ne doit pas oublier que c'est sur l'initiative de l'empereur et en vertu de ses ordres qu'une commission de savants fut créée pour exécuter, aux frais de l'État, le grand et magnifique ouvrage intitulé : *Description de l'Égypte*.

---

(1) M. Didot, *Encyclopédie moderne*.

Dans les derniers temps de son règne, l'empereur rendit un immense service à la librairie en accordant des *licences*, à l'aide desquelles les libraires purent faire sortir de France, pour n'y jamais revenir, une quantité si considérable de livres, qu'on l'évalue au chiffre fabuleux de 18,736,959 francs (1). Presque toutes les anciennes éditions disparurent dans cette colossale exportation, qui prépara pour l'avenir de nouveaux travaux à l'imprimerie.

Cependant, les revers éprouvés en 1813 et 1814 par Napoléon avaient ranimé les espérances de ses adversaires; des écrits dirigés contre lui circulaient secrètement en France. Alors la surveillance exercée sur l'imprimerie et la librairie devint plus rigoureuse et redoubla d'activité; mais elle ne put arrêter la marche des événements, et le colosse impérial se brisa contre la coalition européenne.

Pendant les cent jours, Napoléon ayant ressaisi le pouvoir, voulut rétablir la liberté de la presse déjà promise par la charte que Louis XVIII venait d'octroyer. Un décret impérial, du 24 mars 1815, supprima les censeurs et la direction même de la librairie et de l'imprimerie. Mais ce décret fut une lettre morte : quelques jours après, dans les plaines de Waterloo, la puissance de l'empereur s'écroulait une seconde fois et avec elle une partie des institutions qu'il avait fondées.

Ainsi l'on peut dire que, malgré les mesures réparatrices dont nous avons parlé, l'empire ne fut guère plus favorable à l'imprimerie que ne l'avait été la république. L'activité renaissante de l'industrie, les progrès de l'instruction, les avantages

---

(1) M. Bossange père, qui, pendant cinquante ans (de 1789 à 1837), s'est maintenu au premier rang parmi les libraires de Paris, est un de ceux qui ont le plus contribué au succès de cette opération.

que semblait lui assurer la réduction si considérable du nombre des ateliers, rien ne put lui rendre l'état de bien-être et d'honneur dans lequel elle avait vécu si longtemps sous la protection de ses antiques priviléges et de sa vieille organisation.

CHAPITRE VI.

L'IMPRIMERIE SOUS LA MONARCHIE CONSTITUTIONNELLE.

SOMMAIRE

I. Dispositions favorables à l'imprimerie au commencement de la Restauration. — II. La censure est établie. — III. Son abolition. Nouvelle législation. — IV. Rétablissement de la censure. — V. Charles X. La censure est levée. Présentation aux Chambres de la *loi d'amour*; elle est retirée. La censure est remise en vigueur. — VI. Poursuites rigoureuses contre l'imprimerie. — VII. Ordonnances du 25 juillet 1830. Révolution. — VIII. Progrès de l'imprimerie et de la librairie sous la Restauration. — IX. Souffrances de l'imprimerie au début du règne de Louis-Philippe. — X. Liberté de la presse. Lois de septembre. — XI. Excès de la presse anarchique. Poursuites. — XII. Activité de l'imprimerie. Romans-feuilletons. Contrefaçon. — XIII. Association des imprimeurs de Paris. Société fraternelle des protes. Cercle de la librairie. — XIV. Nouveaux progrès de la typographie. — XV. Encouragements aux lettres et à l'imprimerie.

I. La Restauration s'annonça sous des auspices favorables à l'imprimerie. La proclamation royale du 2 mai 1814 promettait la liberté de la presse, et en soumettait seulement la concession aux restrictions nécessaires à la tranquillité publique. La charte vint sanctionner cette promesse ; son article 8 était ainsi conçu : « Les Français ont le droit de publier et de faire imprimer leurs opinions, en se conformant aux lois qui doivent réprimer les abus de cette liberté. »

Les imprimeurs, encouragés par cette première et importante concession, essayèrent d'en obtenir d'autres du roi

Louis XVIII. Une députation, choisie dans leur sein et conduite par Royer-Collard, directeur de l'imprimerie et de la librairie, exposa les griefs de ces deux industries à M. le chancelier d'Ambray. Le résultat de cette conférence fut une ordonnance du roi, rendue le 28 décembre 1814, qui, en diminuant les attributions de l'imprimerie royale, supprimait, à partir du 1er janvier 1815, le privilége général dont elle avait joui jusqu'alors exclusivement.

L'article 15 de cette ordonnance porte : « Il sera loisible à nos ministres de traiter, soit avec le directeur de l'imprimerie royale, soit avec tout autre imprimeur du commerce, pour les impressions nécessaires au service de leurs bureaux. »

C'était là la vraie, la plus salutaire liberté.

On a accusé l'imprimerie d'avoir mal répondu à ce bienfait; on a dit qu'elle s'était déclarée, contre l'autorité qui venait de l'affranchir, en état de guerre ouverte, en répandant des flots de mauvais livres; on prétendit même que nulle force politique n'aurait pu résister à ce débordement, et que les restrictions apportées à la liberté de la presse avaient été une nécessité pour le gouvernement, une question de vie ou de mort pour la restauration.

Rien n'est plus facile que de démontrer la fausseté de ces accusations. La presse n'a pas pu se montrer ingrate et malveillante avant les premières mesures restrictives, elle n'en a pas eu le temps, puisque ces mesures ont presque immédiatement suivi les actes de son émancipation. Il faut donc chercher ailleurs les causes du changement subit qui s'est manifesté dans les dispositions du pouvoir à l'égard de l'imprimerie, et ces causes on les trouve incontestablement dans les préjugés et les haines des hommes de l'ancienne émigration, alors tout-puissants dans les conseils de la royauté.

Ils n'avaient pas oublié les avis contenus dans la lettre adressée par M. de Calonne, en 1792, à la noblesse française au moment où, réunie aux troupes du duc de Brunswick qui venait d'envahir la Lorraine, elle se croyait sur le point de rentrer en France.

« La plupart des gens de lettres, disait M. de Calonne, seront pour vous des ennemis redoutables ; ils feront la guerre des sophismes, et multiplieront autour de vous les fléaux de l'imprimerie, seule plaie dont Moïse ait oublié de frapper l'Égypte. »

« Ne vous dissimulez pas, ajoute-t-il, qu'il existe une lutte terrible entre l'imprimerie et l'artillerie. Quel en sera le fruit pour le triste genre humain ? La Providence, qui place ces deux inventions à la même époque dans la marche des temps et des événements, a-t-elle voulu proportionner le remède au mal ? »

L'artillerie ! Voilà donc le remède que l'on proposait contre la liberté de la presse !

C'est, il n'en faut pas douter, ce déplorable esprit de haine et de violence qui donna lieu à la lutte terrible engagée, dès les premiers temps de la restauration, entre le gouvernement d'une part et la presse de l'autre, et dans laquelle nous savons lequel des deux adversaires a succombé. Le malheur fut que, durant ce conflit, l'imprimerie, confondue par le pouvoir avec la presse politique ou journalisme, porta la peine de cette assimilation fâcheuse et en souffrit doublement.

II. Comme nous l'avons dit, la liberté de la presse, lorsqu'elle reçut sa première atteinte, venait d'être proclamée par la restauration. Sous prétexte de réglementer la publication des ouvrages et la police extérieure de la presse, on se hâta de supprimer une liberté dont les lois existantes ne paraissaient pas devoir réprimer efficacement les écarts, et la censure tint lieu d'une législation spéciale qu'on croyait imprudent d'établir encore.

La charte de Louis XVIII est du 4 juin 1814, et c'est le 5 juillet de la même année, c'est-à-dire un mois après, que fut présentée aux Chambres la loi sur la presse, qui établissait des mesures préventives, la censure même pour tous les écrits au-dessous de 20 feuilles. « En présentant cette loi, disent les ministres dans leur rapport, nous avons pensé que notre premier devoir est de donner les lois que la constitution ne sépare pas de la liberté de la presse, et sans lesquelles ce droit constitutionnel resterait sans effet. »

Cette loi, votée par les Chambres et rendue exécutoire le 21 octobre 1814, porte, entre autres restrictions, que les journaux et écrits périodiques ne pourront paraître qu'avec l'autorisation du roi.

Une ordonnance qui parut presque aussitôt (le 24 octobre) ajouta encore à cette législation une disposition sévère :

« Le brevet pourra être retiré à tout imprimeur qui aura été convaincu, par un jugement, de contravention aux lois et règlements (1). »

Ainsi le simple oubli d'une formalité pouvait amener la ruine d'une maison florissante, la perte d'un établissement qu'on avait fondé ou acquis à grands frais. Ici comme toujours le pouvoir oubliait qu'il vaut mieux prévenir que châtier, et qu'une bonne organisation (2) du corps des imprimeurs eût

---

(1) Le décret impérial du 5 février 1810 n'emportait la privation du brevet que dans le cas où l'imprimeur aurait été convaincu, par un jugement, d'avoir publié un écrit portant atteinte *aux devoirs des sujets envers le souverain et à l'intérêt de l'Etat*.

(2) La même ordonnance promettait un règlement qui n'a jamais été donné.

été plus efficace que les lois les plus dures contre l'imprimerie.

Cette même ordonnance rangeait l'imprimerie et la librairie dans les attributions de la chancellerie et réglait le nombre des censeurs.

Toutefois, les dispositions par lesquelles la loi du 21 octobre 1814 autorisait la censure n'étaient que temporaires; elles devaient expirer à la fin de la session de 1816. Louis XVIII, mu par un sentiment de justice, devança ce terme à l'égard d'une certaine espèce d'écrits. Ainsi, par ordonnance du 21 juillet 1815, il affranchit de la censure les ouvrages de fonds, quelles qu'en fussent la nature et l'étendue, et, des pouvoirs que la loi lui avait conférés sur la presse entière, il ne conserva que celui qui regardait la publication des journaux et écrits périodiques.

C'était une première satisfaction accordée à l'opinion publique, et le roi qui s'était montré si empressé de remplir ses promesses aurait sans doute consenti à lever les dernières entraves de la presse, si la Chambre des députés avait partagé ses vues. Mais elle refusa de prendre en considération la motion d'un de ses membres, M. de Castelbajac, tendant à supplier le roi de présenter un projet de loi qui, conformément à la charte, assurât aux Français l'exercice du droit de publier et de faire imprimer leurs opinions, en précisant les abus de cette liberté.

Enhardi par ce refus, le ministère demanda la prorogation de la censure des journaux jusqu'au 1er janvier 1818. MM. Royer-Collard, de Villèle, Corbière et plusieurs autres membres influents s'opposèrent en vain à cette demande; elle fut agréée et convertie en loi le 28 février 1817.

A partir de cette époque jusqu'à la chute de la Restauration, la presse fut soumise alternativement à la censure ou à une législation spéciale. Nous allons la suivre dans ces vicissitudes.

III. Une nouvelle loi (30 décembre 1817) avait autorisé le maintien de la censure jusqu'à la fin de la session des Chambres de 1818. A l'expiration de ce terme, une ère de liberté parut enfin s'ouvrir pour la presse. Mais on vota et promulgua presque aussitôt trois lois pour la répression des crimes et délits qu'elle pouvait commettre : la première, du 17 mai 1819, contient les dispositions pénales; la seconde, du 26 du même mois, règle le mode de procédure; la troisième, du 9 juin suivant, est relative aux journaux et écrits périodiques, qu'elle dispense de la censure préalable, mais qu'elle assujettit au cautionnement.

Le cautionnement fut fixé à Paris, à 10,000 fr. de rentes pour les journaux quotidiens, et à 5,000 fr. pour les journaux périodiques;

Dans les provinces, à 2,500 fr. de rentes pour les villes de cinquante mille âmes et à 1,500 fr. pour les villes au-dessous.

La moitié de ces rentes était exigée pour les écrits périodiques paraissant à des termes moins rapprochés.

Cette législation, toute sévère qu'elle était, avait cependant un bon côté : l'abolition de la censure. L'opinion publique s'en montra satisfaite. Aussi ne s'émut-elle que médiocrement lorsque, peu de temps après, le gouvernement fit dissoudre la société des Amis de la presse, dont faisaient partie plusieurs membres considérables de la Chambre des députés, entre autres M. le duc de Broglie.

Les puissances étrangères, qui pesaient alors de tout le poids de leurs armées sur le gouvernement de la France, ne le virent pas sans inquiétude entrer dans cette voie libérale.

Leurs ministres, réunis en congrès à Carlsbad, reçurent ordre de se concerter sur les moyens de généraliser les mesures propres à contenir les écrivains politiques. Le plan qu'ils arrêtèrent fut envoyé, pour être transformé en loi, à la diète de Francfort, qui arrêta, le 20 septembre 1819, les dispositions à prendre à ce sujet, et soumit à la censure toutes les gazettes politiques et les feuilles périodiques.

Cette loi fut immédiatement promulguée dans tous les États de la confédération.

Le czar prit des mesures analogues pour la Pologne, où toutes les gazettes et même les écrits non périodiques furent censurés.

Le gouvernement espagnol poussa la rigueur jusqu'à interdire l'entrée du royaume aux journaux de Paris et de Londres, sans aucune exception.

La Suède et l'Angleterre seules résistèrent à cet entraînement et respectèrent la liberté de la presse. Mais de tous les autres pays la France était encore un des plus favorisés. On doit même reconnaître, à l'honneur de son gouvernement, qu'elle ne céda ni à l'exemple ni aux représentations diplomatiques, s'il est vrai, comme on l'a dit à cette époque, que les puissances alliées aient jugé à propos de lui en adresser.

IV. Mais, à la mort du duc de Berry, le gouvernement, alarmé sur les conséquences de cet odieux attentat qui révélait l'audace des factions, demanda aux Chambres des moyens de répression plus énergiques. Deux projets de loi leur furent présentés à la fois. « L'horreur publique, disait le duc de Richelieu à cette occasion, ne s'est pas arrêtée au crime ; elle a remonté aux doctrines qui l'ont armé. Une voix universelle s'est élevée jusqu'au trône, pour lui demander de préserver la patrie des dangers qui pourraient encore la menacer. »

Les deux lois furent votées et parurent ensemble au *Moniteur* le 31 mars 1820, dix-sept jours seulement après l'assassinat du duc de Berry.

L'une de ces lois donnait au gouvernement le droit de suspendre, en certains cas, la liberté individuelle ; l'autre suspendait la libre circulation des journaux et écrits périodiques consacrés en tout ou en partie aux nouvelles et aux matières politiques. Toutes deux étaient temporaires et leur action devait cesser à la fin de la session de 1820.

Une ordonnance royale régla les conditions de l'autorisation des journaux et organisa la censure, qui fut appliquée avec un tel empressement, que trois jours après la promulgation de la loi, le 3 avril, les nouveaux censeurs purent entrer en fonctions.

Jusque-là, les procès de presse avaient été peu nombreux ; les tribunaux avaient été surtout fort indulgents à l'égard des imprimeurs (1). La censure, même lorsqu'elle était en vigueur, s'était montrée tolérante. A partir de 1820, les écrits les plus inoffensifs ne purent être publiés sans entraves, et l'on rechercha avec avidité les occasions de sévir contre la presse.

Ces mesures, justifiées en quelque sorte par le crime odieux de Louvel, causèrent dans le pays la plus vive émotion. La résistance s'organisa de toutes parts. Des souscriptions, en tête desquelles on lisait les noms les plus recommandables, s'ouvrirent dans toutes les villes en faveur des citoyens qui seraient victimes de la mesure d'exception sur la liberté individuelle, et les listes, malgré les recherches de la justice, se couvraient de signatures. Les sociétés secrètes se recrutaient

---

(1) L'imprimeur Patris, condamné le 14 mars 1817 pour un écrit imprimé dont il n'avait pas voulu faire connaître l'auteur, est le seul qui ait été puni avec quelque sévérité.

dans toutes les classes et travaillaient à la ruine du gouvernement. Des conspirations éclatèrent bientôt sur plusieurs points du pays. La conspiration de La Rochelle en fut comme le signal. A peine en connut-on le lugubre dénoûment (1821), que d'autres complots furent découverts presque simultanément à Saumur, à Belfort, à Colmar, à Marseille, à Nantes et dans plusieurs autres villes (1822).

Cependant le gouvernement redoublait de vigilance et de rigueur. Le 26 juillet 1821, il obtint des Chambres une nouvelle loi, en vertu de laquelle la loi du 31 mars 1820, relative à la censure, était prorogée jusqu'à la fin du troisième mois qui devait suivre l'ouverture de la session de 1821. Au commencement de cette session, deux nouvelles lois furent proposées, l'une desquelles prorogeait jusqu'à la fin de la session de 1826, c'est-à-dire pour six ans, les lois des 31 mars 1820 et 26 juillet 1821 qui établissaient la censure. La discussion de ces lois souleva à la Chambre des débats très-orageux. Le gouvernement jugea à propos d'y mettre un terme, en retirant ses projets. Mais, quelques mois plus tard, il en présenta d'autres qui, cette fois, furent adoptés. Ce sont les lois du 17 mars 1822 sur la police de la presse, et du 25 du même mois, relative à la répression des délits et aux poursuites.

La loi du 17 mars ne contenait pas de dispositions plus rigoureuses que les précédentes; mais si elle n'autorisait pas la censure permanente, elle laissait au gouvernement la faculté de la rétablir dès qu'il le jugerait à propos. L'article 4 de cette loi était ainsi conçu :

« Si, dans l'intervalle des sessions des Chambres, des circonstances graves rendaient momentanément insuffisantes les mesures de garantie et de répression établies, les lois des 31 mars 1820 et 26 juillet 1821 pourront être remises immédiatement en vigueur en vertu d'une ordonnance du roi délibérée en conseil et contre-signée par trois ministres.

« Cette disposition cessera de plein droit un mois après l'ouverture de la session des Chambres si, pendant ce délai, elle n'a pas été convertie en loi.

« Elle cessera pareillement de plein droit le jour où serait publiée une ordonnance qui prononcerait la dissolution de la Chambre des députés. »

Ainsi, la liberté de la presse n'existait que sous le bon plaisir du gouvernement. Elle dura néanmoins à ces conditions plus de deux années sans être interrompue : c'était sa plus longue période d'existence depuis le commencement de la Restauration. Mais quelques jours avant la mort du roi Louis XVIII, sans que rien eût paru motiver ou faire prévoir une pareille mesure, la censure fut rétablie (15 août 1824).

Au nombre des réclamations élevées contre l'ordonnance de censure, on fit valoir surtout l'absence des *circonstances graves* indiquées par la loi. Ces réclamations toutefois furent faites avec modération. Les regrets sincères que laissait la mort de Louis XVIII tempérèrent ceux qui résultaient de la perte d'une liberté devenue chère au pays, en raison même des efforts qu'on avait faits pour la lui ravir.

V. Charles X, à son avénement, révoqua l'ordonnance du 15 août, ne jugeant pas nécessaire, était-il dit dans les considérants du nouvel acte, de maintenir plus longtemps la mesure qui avait été prise dans des circonstances différentes contre les abus de la liberté des journaux (ordonnance du 29 septembre 1824).

C'était là de la bonne politique, et qui faisait bien augurer du nouveau règne. Malheureusement, le gouvernement ne fut pas longtemps sans rentrer dans la voie des restrictions. Le

29 décembre 1826, il présenta aux Chambres un projet sur la police de la presse qui dépassait, par son excessive sévérité, tout ce qui avait été fait jusqu'alors. Il établissait, en principe, la responsabilité des imprimeurs, et les rendait passibles des plus énormes amendes pour un oubli, pour la plus insignifiante contravention. Il imposait, en outre, le timbre aux brochures : de telle sorte que le plus mince vaudeville imprimé eût coûté à l'auteur de 1,500 à 1,800 francs. D'un autre côté, les journaux littéraires étaient soumis au cautionnement. « Ne croit-on pas voir, dit Châteaubriand à cette occasion, les Welches brisant les monuments des arts, ou les Arabes brûlant la bibliothèque d'Alexandrie ? »

Ce projet, qui décelait une horreur profonde de la publicité, et qui, converti en loi, eût été aussi fatal aux lettres qu'aux libertés publiques, les ministres n'eurent pas honte de le représenter comme une *loi de justice et d'amour*, nom que, par dérision, le peuple lui a conservé. Il souleva à la Chambre des députés la plus vive opposition : Casimir Périer, Benjamin Constant, Méchin, le général Sébastiani, Humann et plusieurs autres orateurs démontrèrent dans vingt séances l'inutilité, le danger même d'une législation si exorbitante. De tous les départements des pétitions arrivèrent à la Chambre. Vingt-huit furent déposées sur le bureau du président dans une seule séance. Celle du commerce de la librairie et de l'imprimerie de Paris était signée par deux cent trente imprimeurs et libraires. Les ouvriers imprimeurs, ceux de tous les états qui se rattachent à la typographie imitèrent leurs patrons, et supplièrent la Chambre de ne pas les priver de leur unique moyen d'existence. Vains efforts ! la loi, dans la séance du 12 mars 1827, fut adoptée par la Chambre élective à une majorité de deux cent trente-trois voix contre cent trente-quatre.

Il est impossible de décrire la consternation que la nouvelle de ce vote répandit dans les provinces. Heureusement, le parti libéral, qui était déjà puissant à cette époque, ne se découragea point. On adressa des pétitions à la Chambre des pairs, où la loi venait d'être portée (19 mars 1827). Mais comme ce genre de réclamation avait été sans effet à la Chambre des députés, on prit bientôt après des résolutions plus énergiques, et on commença, pour la première fois, à organiser la résistance par le refus de l'impôt.

De leur côté, les savants et tous les écrivains, regardant ce projet de *loi d'amour* comme la ruine des lettres et un outrage à leur dignité, l'Académie française, dans sa séance du 16 janvier 1827, arrêta, sur la proposition d'un de ses membres, M. de Lacretelle, qu'elle adresserait une supplique au roi pour faire connaître à Sa Majesté les craintes et les vœux de l'Académie dont le roi était lui-même le protecteur (1).

Le ministère, irrité, fit prononcer la révocation de M. de Lacretelle des fonctions de censeur dramatique, et celle de M. Villemain des fonctions de maître des requêtes au conseil d'État. Il fit rendre aussi une déclaration royale, en vertu de laquelle Joseph Michaud, de l'Académie française, cessait de faire partie des lecteurs du roi.

L'Académie des sciences de Lyon imita le noble exemple donné par l'Académie française, et vota une supplique au roi dans le même but.

Châteaubriand qui déjà, en 1824, avait publié un écrit sur

---

(1) Cette décision n'était pas sans précédent. En 1778, à l'occasion d'un règlement de librairie qui semblait oppressif et ruineux, l'Académie avait délibéré d'humbles représentations, qui furent transmises au roi par M. de Duras, et qui obtinrent une réponse consignée dans les registres de l'Académie.

la liberté de la presse, lorsque la censure facultative était établie, ne voulut point attendre l'ouverture des débats à la Chambre des pairs pour exprimer son opinion. Dans un nouvel écrit en faveur de cette liberté, il qualifiait de *loi vandale* le nouveau projet ; il en signalait toutes les conséquences ; il en faisait surtout ressortir le but inique (1). « On sent, disait-il à la fin de cet écrit, que les partisans de ce projet anéantiraient l'imprimerie, s'ils le pouvaient, qu'ils briseraient les presses, dresseraient des gibets pour les écrivains. Ne pouvant rétablir le despotisme de l'homme, ils appellent de tous leurs vœux le despotisme de la loi. »

La Chambre des pairs, plus libérale cette fois que la Chambre élective, accueillit le projet avec une défaveur marquée, et elle en ajourna la discussion plusieurs fois et sous divers prétextes. Le pouvoir céda enfin ; la loi fut retirée aux applaudissements de la France entière (17 avril 1827).

On ne saurait imaginer, si l'on n'en avait été le témoin, l'enthousiasme qui éclata dans le pays à la nouvelle de cette solution inespérée. Plusieurs jours de suite, Paris et les principales villes de la France furent illuminées, et jusque dans les moindres villages il y eut des réjouissances publiques, comme aux jours des plus grandes solennités nationales.

Cette joie ne fut pas de longue durée : deux mois après, le 24 juin 1827, la censure qui, aux termes de l'article 4 de la loi du 17 mars 1822, était facultative, fut rétablie pour un an.

(1) Les journaux annoncèrent que les presses françaises allaient répandre jusqu'au nombre de 500,000 exemplaires l'éloquent plaidoyer de Châteaubriand en faveur de la liberté qu'on voulait leur ravir. M. Fournier, imprimeur, fit à ce sujet la réflexion suivante : « Si nous étions en ce moment régis par la loi projetée, dont chaque article renferme dans son sein un germe de mort pour l'imprimerie et pour la librairie, les frais de timbre de cette publication s'élèveraient à 500,000 francs. »

VI. Jamais les procès de presse ne furent plus nombreux que sous la Restauration. Jusqu'à l'année 1820, les imprimeurs étaient rarement cités comme complices des auteurs, et plus rarement encore condamnés. Mais, à partir de 1820, les poursuites s'étendirent jusqu'à eux. Les plus circonspects n'étaient pas à l'abri des vexations de la police, et ce qui leur paraissait innocent et légal était, à ses yeux, l'objet de dénonciations et de procès. Dans la seule année 1825, et à Paris seulement, il n'y eut pas moins de vingt-cinq jugements sur délits de presse, et ce nombre ne fit que s'accroître pour chacune des quatre années suivantes. Les jugements infligeaient ordinairement de fortes amendes, indépendamment des autres peines prononcées ; ainsi, l'imprimeur Renaudière fut condamné à 1,000 francs d'amende pour un article du *Censeur européen*, journal qu'il imprimait; M. Heitz, imprimeur à Strasbourg, à 1,000 francs d'amende et un an d'emprisonnement pour avoir traduit et publié en langue allemande une brochure de M. Kœcklin, député, sur les événements de Belfort. L'éditeur de *l'Abeille de la Moselle*, pour une cause à peu près semblable, et MM. Dentu père et fils, de Paris, imprimeurs et éditeurs de la *Biographie des députés* (1825), subirent une condamnation : le premier à deux mois d'emprisonnement et 1,000 francs d'amende, et les seconds solidairement à 1,700 francs d'amende.

Enfin, de 1825 à 1830, les condamnations prononcées contre les imprimeurs Barthélemy, Decourchant, Plassan, Fain, David, Selligues, Albin et plusieurs autres prouvent que la police n'avait ni ralenti ses investigations, ni calmé ses rigueurs.

La librairie compta encore plus de victimes que l'imprimerie. Pour une seule édition des *Chansons de Béranger*, cinq libraires furent mis à la fois en jugement. L'un d'eux, M. Boquet, subit une condamnation à 2,000 francs d'amende. Il ne se passait pas de jour sans qu'une saisie ou une citation à comparaître devant le tribunal correctionnel vînt frapper quelque maison de librairie ; plusieurs même perdirent leurs brevets : de ce nombre furent, en 1822, les libraires Corréard et Théry.

Quant aux poursuites contre les journaux, on y mettait encore moins de modération : le gouvernement frappait en aveugle jusqu'à ses meilleurs amis. Dans les derniers temps du règne de Charles X, un procès fut intenté au *Journal des Débats*, et le directeur de ce journal, M. Bertin, dont les cheveux avaient blanchi dans l'exil volontaire où il avait suivi les Bourbons, alla s'asseoir sur le banc des criminels. Dans sa sollicitude pour ceux à qui il avait donné toute sa vie des preuves du plus rare dévouement, M. Bertin s'était écrié : « Malheureux roi ! malheureuse France !.... » Au cri d'alarme poussé par le loyal serviteur des insensés répondirent par la persécution ; ils l'accusèrent d'avoir fait remonter le blâme jusqu'à la majesté royale, et voulurent le faire condamner. Heureusement, le tribunal ne fut pas de cet avis, et acquitta M. Bertin. Bientôt après, le trône fut brisé, et cette catastrophe prouva que, loin d'être un acte d'hostilité contre les Bourbons, les avertissements du noble vieillard étaient ceux d'un ami.

Les poursuites contre la presse politique s'expliquent encore jusqu'à un certain point par la crainte qu'elle inspirait alors au pouvoir ; mais ce qu'on ne peut comprendre, c'est l'excessive sévérité avec laquelle on frappait l'imprimerie pour les fautes les plus légères, pour les plus insignifiantes contraventions. Tout était à son égard motif à condamnation : un oubli, un malentendu, un retard de quelques heures dans le dépôt d'un ouvrage. En 1826, l'imprimeur Henry est condamné à 2,000 francs d'amende et aux frais, pour n'avoir pas fait le dépôt des exemplaires d'un mémoire judiciaire, sorte d'ouvrage que jusque-là on avait cru dispensé de cette formalité. En 1827, un imprimeur lithographe, M. Ducarme, est condamné à 4,000 francs d'amende, parce qu'il n'avait rempli ni la formalité du dépôt, ni celle relative à l'indication du nom de l'imprimeur, dans un écrit lithographié fort inoffensif, intitulé *Système des langues*. Cependant ce qui eût pu atténuer le délit aux yeux des juges, c'est que cet imprimeur ignorait qu'il existât une ordonnance récente (1) assujettissant les ouvrages de la lithographie aux formalités exigées pour les œuvres de la typographie.

Mais il est un autre fait qui prouve bien mieux encore l'esprit d'hostilité systématique avec lequel on sévissait contre l'imprimerie et le peu de discernement qu'on mettait dans les poursuites. M. Firmin Didot avait imprimé (1825) un ouvrage en langue espagnole pour l'Amérique méridionale; la déclaration préalable avait été faite à la direction de la librairie, ainsi que, après l'impression, le dépôt de cinq exemplaires portant le nom de l'imprimeur. Toutefois, M. Didot ne s'étant pas cru obligé de mettre aussi le nom de l'imprimeur sur les exemplaires destinés à l'Amérique du Sud, la police en jugea différemment. Les exemplaires expédiés furent saisis à Bor-

---

(1) Voici le texte de cette ordonnance, qui est datée du 8 octobre 1817 :

« Art. 1er. Nul ne sera imprimeur lithographe s'il n'est breveté et assermenté.

« Art. 2. Toutes les impressions lithographiques seront soumises à la déclaration et au dépôt, avant la publication, comme les autres ouvrages d'imprimerie. »

deaux par la douane, au moment de leur embarquement, et renvoyés à Paris. L'imprimeur eut à subir un jugement pour ce fait et fut condamné à une légère amende.

Un homme qui a laissé les plus fâcheux souvenirs de son passage aux affaires, M. Franchet, alors directeur général de la police, était l'âme de cette politique odieuse, qui semblait avoir pris à tâche l'humiliation et la ruine de l'imprimerie. Il espéra intimider la presse tout entière, en frappant, pour une simple contravention, deux imprimeurs de Paris (1). Leurs brevets leur furent retirés par ordonnance royale, les scellés mis sur leurs presses, et on ne leur laissa de caractères que les échantillons propres à faciliter la vente d'un matériel destiné à être mis au creuset, et qui devait être vendu à l'encan sur la place du Châtelet. Ces rigueurs excessives rappelaient le fameux édit de François Ier (2), rendu dans un accès de mauvaise humeur qu'avait causé à ce prince la publication de quelques écrits injurieux contre la messe et le clergé, et où il était fait *défense à tous les imprimeurs généralement d'imprimer* AUCUNE CHOSE, *sous peine de la hart* (3).

M. Firmin Didot, député d'Eure-et-Loir, en appuyant à la Chambre (séance du 26 avril 1828) une pétition qui demandait le jugement par jurés des délits de la presse, flétrit comme elle le méritait une législation en vertu de laquelle des vexations aussi criantes pouvaient être impunément

---

(1) MM. Paul Dupont et Constant Champie. Le premier n'était coupable que d'une simple contravention, c'est-à-dire de n'avoir pas déposé au bureau de la librairie cinq exemplaires du deuxième tirage d'un écrit non politique dont le premier tirage avait été déposé ; fait reconnu par le tribunal qui l'avait acquitté en première instance.

(2) 13 janvier 1534.

(3) Ces défenses n'eurent aucun effet, ayant été révoquées presque aussitôt par un acte royal du 26 février suivant.

commises. Voici en quels termes il fit connaître les obligations auxquelles l'imprimeur était tenu de satisfaire.

« Un imprimeur doit lire, quelque mauvaise que soit l'écriture et sur quelque matière que ce soit, tous les manuscrits qu'on lui présente, travail qui, dans un établissement de quelque importance, demanderait l'emploi de six personnes. S'il est malade, on lui attribue la faculté de communiquer à des commis son intelligence et son attention. Quand il croit pouvoir sans inconvénient imprimer un manuscrit, il faut que ses ouvriers, fussent-il au nombre de deux cents, lui fassent connaître les changements, les phrases, les membres de phrases qu'ajoutent ou que retranchent les auteurs sur les première, seconde et troisième épreuves; enfin, jusqu'au moment où l'ouvrage est sous presse, il doit tout voir : un mot, une syllabe, une lettre même ; car il pourrait encore être martyr d'une diphtongue. Si, malgré la plainte du procureur du roi, un tribunal juge qu'un ouvrage n'est pas répréhensible, et qu'un second tribunal juge l'ouvrage coupable, aucun des juges du tribunal qui paraît s'être trompé ne court le risque de perdre son état. Il n'en est pas ainsi de l'imprimeur. L'imprimeur est donc un être doué d'une intelligence surnaturelle; il doit être présent partout; il doit tout voir, tout savoir; enfin, on le suppose infaillible. »

Dans la séance du 28 juin suivant, M. Firmin Didot appelle de nouveau l'attention de la Chambre sur l'état précaire que la législation a fait à l'imprimerie.

« Toutes les lois sur la presse, dit M. Firmin Didot, sans qu'aucune apporte jamais aucun avantage aux imprimeurs, leur apportent de nouveaux préjudices, de nouvelles chances pour la perte de leur brevet. Si leur nom n'est pas sur le journal, ils encourent l'amende de 3,000 francs. La loi nouvelle leur inflige une nouvelle amende de 500 francs. Faudrat-il donc encore qu'ils soient passibles de la perte de leur brevet pour un oubli ou pour un accident typographique? La loi que nous votons est la neuvième, et je prévois que la dixième loi sur la presse attaquera encore les imprimeurs. »

Benjamin Constant alla plus loin : dans la même séance, il déclara *inique*, *exécrable*, la législation existante sur les imprimeurs.

VII. Depuis 1820, la Restauration marchait inévitablement à sa perte : ses prétentions au pouvoir absolu, au retour de l'ancien régime pur et simple, étaient manifestes et lui aliénaient rapidement tous les cœurs. Un moment, cette marche fatale fut suspendue sous une administration loyale et animée de bonnes intentions. La loi de tendance, le monopole des autorisations, la censure étaient repoussés avec horreur de tout le monde, quand vint la loi du 18 juillet 1828, qui, déférant aux exigences de l'opinion publique, proscrivait ces honteuses combinaisons. Le gouvernement, il est vrai, avait appelé le fisc à son secours : par cette loi, les journaux étaient assujettis à un droit de timbre plus considérable que par le passé ; le prix du transport était aussi augmenté, et enfin l'obligation de fournir un cautionnemenent exorbitant (120,000 fr. pour Paris) venait encore aggraver la condition du journalisme. Mais tel avait été précédemment l'état précaire de la presse, que ce régime, tout rigoureux qu'il était, semblait doux et en quelque sorte paternel.

Ce temps d'arrêt fut de courte durée. L'administration de M. de Martignac tit place à un ministère composé d'hommes dévoués au roi, il faut le dire, mais plus que jamais résolus à ramener le pays aux formes gouvernementales d'un autre siècle. Le mauvais génie de la Restauration avait repris sur elle son empire : au mois d'août 1829, sa victoire fut complète et définitive. Un an après, la Restauration avait vécu.

Dans cette année 1829, si fatale pour lui, le gouvernement devenait de jour en jour plus impopulaire, tandis que, de jour en jour, l'opposition pénétrait davantage dans le cœur des populations. Au mois de septembre, une association, dite *Association bretonne*, s'étant formée pour le refus de l'impôt, on vit tout à coup un grand nombre de riches propriétaires, des fabricants, des négociants, et jusqu'à de simples cultivateurs entrer dans la ligue, et souscrire sans hésiter ses périlleux statuts. Il y eut même, en certaines localités, un commencement d'exécution suivi de poursuites judiciaires.

Mais en dépit de tous ces avertissements, le pouvoir persiste. L'adresse dite des *deux cent vingt et un* (mars 1830) ne le rend pas plus souple, ne lui ouvre pas les yeux. Loin de là, il continue d'affronter l'opinion, proroge les Chambres, puis enfin dissout la Chambre des députés. Mais l'opposition parlementaire, qu'il a voulu briser, a puisé dans l'élection de nouvelles forces. Les *deux cent vingt et un* sont réélus, et, avec eux, plusieurs nouveaux députés qui s'associent à leurs actes et professent hautement leurs principes.

C'est alors que des bruits de coup d'État commencent à circuler dans Paris et se propagent dans les départements. L'inquiétude toutefois est tempérée par l'espoir et la confiance qu'on a dans les mandataires du peuple, dans leur ferme propos de sauvegarder nos libertés. On se flatte qu'en présence d'une aussi puissante opposition, le gouvernement réfléchira sur le danger de ses projets liberticides et en suspendra l'exécution.

En attendant, il préparait la glorieuse expédition d'Alger, non sans spéculer sur les sentiments généreux qu'elle éveillerait, pour faire prendre le change à l'opinion. En effet, on suivait avec le plus vif intérêt les phases et les progrès d'une conquête qui était comme un reflet de nos anciennes gloires. Alger pris, l'allégresse fut générale, et tous les soupçons, toutes les craintes s'évanouirent complétement.

Ce moment solennel fut précisément celui que le ministère Polignac choisit pour accomplir ses funestes desseins. Le 25 juillet, quatre ordonnances furent signées par le roi :

La première, suspendant la presse périodique ;

La deuxième, prononçant la dissolution de la Chambre ;

La troisième, donnant une nouvelle loi d'élections ;

La quatrième, enfin, convoquant une Chambre nouvelle pour le 28 septembre suivant.

Il est curieux et triste tout à la fois de voir par quels misérables prétextes, par quels sophismes hypocrites les ministres essayèrent de justifier une violation si insolente de la charte que le roi avait jurée.

« Ce serait nier l'évidence, disaient-ils dans leur rapport, que de ne pas voir dans les journaux le principal foyer d'une corruption dont les progrès sont chaque jour plus sensibles, et la première source des calamités du royaume. . . . .

« A toutes les époques, la presse n'a été, et il est dans sa nature de n'être qu'un instrument de discorde et de sédition.

« Son art consiste, non pas à substituer à une trop facile soumission d'esprit une sage liberté d'examen, mais à réduire en problème les vérités les plus positives ; non pas à provoquer sur les questions politiques une controverse franche et utile, mais à les présenter sous un faux jour et à les résoudre par des sophismes.

« La presse a jeté ainsi le désordre dans les intelligences les plus droites, ébranlé les convictions les plus fermes, et produit, au milieu de la société, une confusion de principes qui se prête aux tendances les plus funestes. C'est par l'anarchie dans les doctrines qu'elle prélude à l'anarchie dans l'État. »

Après avoir ainsi longuement calomnié la presse, les ministres reconnaissaient que, bien qu'on eût agi contre elle avec une extrême rigueur, on n'avait jamais pu parvenir à la dompter, et ils poursuivaient en ces termes :

« Contre tant de maux enfantés par la presse périodique, la loi et la justice sont également réduites à confesser leur impuissance. . . . .

« La répression aurait dû être prompte et forte : elle est restée lente, faible et à peu près nulle. Lorsqu'elle intervient, le dommage est commis; loin de le réparer, la punition y ajoute le scandale du débat.

« La poursuite juridique se lasse, la presse séditieuse ne se lasse jamais. L'une s'arrête parce qu'il y a trop à sévir, l'autre multiplie ses forces en multipliant ses délits. . . . . . »

Ici commence la partie la plus difficile, la plus épineuse du rapport; on ne veut pas avouer que les ministres violent la charte, et le roi son serment; on feint de croire qu'on ne sort pas de la légalité, du droit constitutionnel qu'on a d'en agir ainsi; on donne au texte, pourtant si clair, de l'article 8 de la charte une interprétation judaïque et absurde; on découvre dans l'article 14 que Louis XVIII y a déposé, pour lui et pour ses successeurs, tous les germes d'un pouvoir omnipotent et absolu.

« Il n'est qu'un seul moyen de satisfaire aux vœux des hommes paisibles, des gens de bien, des amis de l'ordre, *c'est de rentrer dans la charte.* Si les termes de l'article 8 sont ambigus, son esprit est manifeste. Il est certain que la charte n'a pas concédé la liberté des journaux et des écrits périodiques. Le droit de publier ses opinions personnelles n'implique sûrement pas le droit de publier, par voie d'entreprise, les opinions d'autrui. L'un est l'usage d'une faculté que la loi a pu laisser libre ou soumettre à des restrictions ; l'autre est une spéculation d'industrie qui, comme les autres et plus que les autres, suppose la surveillance de l'autorité publique. . . . .

« L'article 14 de la charte a investi Votre Majesté d'un pouvoir suffisant, non sans doute pour changer nos institutions, mais pour les consolider et les rendre plus immuables. D'impérieuses nécessités ne permettent plus de différer l'exercice de ce pouvoir suprême. Le moment est venu de recourir à des mesures qui rentrent dans l'esprit de la charte, mais qui sont en dehors de l'ordre légal dont toutes les ressources ont été inutilement épuisées. »

Ce rapport était suivi des ordonnances publiées à Paris le 26 juillet, au matin. C'était un dimanche ; la population, encore sous l'impression des heureuses nouvelles récemment arrivées d'Afrique, passe en un instant de la joie et de la confiance à la consternation et au désespoir. Cependant on ne songe pas encore à la lutte ; la foule est morne et découragée. Mais lorsque le préfet de police, ajoutant aux actes du pouvoir la menace et le défi, publie le soir ses ordonnances sur les écrits imprimés, l'indignation éclate de toutes parts, et déjà le peuple s'agite et gronde dans les rues. Une première collision entre lui et l'armée a lieu dans les environs du Palais-Royal.

Pendant ce temps-là, ou plutôt dès le milieu de cette même journée du 26, les gérants et rédacteurs des journaux de Paris se réunissent et signent une protestation contre les ordonnances, protestation qu'ils jurent de soutenir au besoin par la force.

Le lendemain 27, au matin, le peuple engage sérieusement le combat. Le tribunal de commerce de Paris s'y associe par un arrêt du même jour, où il déclare que les ordonnances du 25 sont contraires à la charte et ne sont obligatoires pour personne. La lutte continue le 28, plus acharnée et plus sanglante, et se termine le 29 par la victoire complète des lois sur l'usurpation.

Le 31 juillet, à la Chambre des députés, dans une séance extraordinaire, à laquelle assistait M. Firmin Didot, l'un des députés réélus, on prononça la déchéance de Charles X, et l'on conféra la lieutenance générale du royaume au duc d'Orléans. Le premier acte de ce prince fut de proclamer par ordonnance une amnistie pleine et entière de toutes les condamnations prononcées pour délits de presse.

Ainsi finit la Restauration, pour n'avoir, comme on l'a dit, rien oublié, rien appris, et surtout pour avoir renié ce principe qu'elle avait reconnu, et auquel elle avait juré fidélité :

« Les Français ont le droit de publier et de faire imprimer leurs opinions. »

Quoique la révolution de 1830 fût, en général, pure de tous excès, plusieurs imprimeurs en souffrirent pourtant, soit dans leur propriété, soit dans leur industrie. Le 30 juillet, des ouvriers pressiers et quelques ouvriers mécaniciens employés à la construction des mécaniques, les uns par égarement ou enivrement, les autres par un calcul personnel et par conséquent plus coupable, s'introduisirent violemment dans les imprimeries de MM. Lachevardière, Tillard, Huzard, etc., et à l'imprimerie royale, où, par un abus odieux de la force brutale, ils brisèrent les machines.

Mais cet acte de barbarie fut réprouvé par la majorité des ouvriers typographes de Paris. Le lendemain même, 31 juillet, un grand nombre d'entre eux placardèrent cet avis, qui leur fait le plus grand honneur :

PROTESTATION DES OUVRIERS DE PARIS CONTRE LES FOMENTATEURS DE TROUBLES.

« Nous, soussignés, ouvriers des divers ateliers et manufactures de Paris,

« Reconnaissant que la destruction des machines et des mécaniques entraînerait infailliblement la ruine du commerce, source de notre gloire nationale; qu'il n'y a que des traîtres à la patrie capables de nous insinuer de si perfides conseils,

« Déclarons protester hautement contre toute action dont le but serait d'attenter à la propriété de qui que ce soit, voulant conserver intact l'honneur que nous avons acquis en repoussant par la force l'odieux despotisme, etc. »

De nouvelles agitations parmi les ouvriers imprimeurs ayant troublé Paris et inspiré des inquiétudes, ainsi que le constate le *Moniteur*, M. Firmin Didot publia l'avis suivant, le 4 septembre 1830 :

FIRMIN DIDOT, *ancien typographe, aux anciens compagnons de ses travaux.*

« Mes amis,

« Vous m'avez vu, chez mon père, faire l'apprentissage dans toutes les parties de la typographie, soit comme graveur et fondeur en caractères, soit comme compositeur et pressier, soit comme libraire. Ouvrier ou chef d'établissement, je vous ai estimés ; et je puis dire que vous-mêmes estimez et aimez mes fils, qui ont suivi mon exemple. J'ai donc le droit de vous parler librement en cette circonstance.

« Quelques ouvriers ont, dans des jours de gloire pour leurs camarades, brisé ou détérioré des presses mécaniques, soit dans l'établissement de l'imprimerie royale, soit dans des maisons particulières. Ils n'ont eu, sans doute, d'autre intention que de s'assurer du travail. Nous allons voir s'ils ont bien calculé, et s'ils calculent bien en vous détournant vous-mêmes de vos travaux et en vous faisant participer à des rassemblements qui ne sont pas coupables, mais qui troublent le repos public :

« 1° Vos rassemblements excitent de l'inquiétude parmi les citoyens. Les libraires, dont le commerce a surtout besoin de calme, d'ordre et de confiance, suspendent les travaux dont ils avaient chargé les imprimeurs.

« 2° Si la France n'avait pas de presses mécaniques, tandis que les peuples voisins et la Belgique conserveraient les leurs, nos voisins et la Belgique s'empareraient de presque tout le commerce de la librairie française, et leurs ouvriers seuls travailleraient.

« 3° Ce ne serait pas seulement à eux-mêmes que les ouvriers pressiers auraient fait du tort, ils auraient ruiné les ouvriers compositeurs, les graveurs et les fondeurs en caractères, les assembleurs, les brocheurs et les relieurs. Ils auraient ruiné dans toute la France les fabricants de papier.

« 4° En empêchant les journaux de paraître, vous jetez l'alarme dans les départements. Les journaux ne doivent s'imprimer que tard dans la nuit, et se distribuer à la pointe du jour : par conséquent les presses mécaniques sont indispensables à ceux qui sont tirés en grand nombre. Je sais tout ce que vous pouvez dire sur les triples et quadruples compositions de ces journaux ; mais généralement les presses mécaniques ont plutôt accru que diminué les travaux des ouvriers compositeurs. Ce n'est que par elles seules que nos journaux vont atteindre bientôt l'énorme dimension des journaux de l'Angleterre.

« 5° Les ouvriers pressiers, dont le nombre d'ailleurs est triple de celui qui existait dans ma jeunesse, et le double de ce qu'il était du temps de Napoléon (si toutefois quelques-uns d'entre eux ont contribué à la destruction des presses mécaniques), ont commis, j'ose le dire, une mauvaise action ; ils n'ont pas réfléchi qu'en détruisant les presses mécaniques ils détruisaient les instruments qui doivent servir à propager, pour un prix très-modique, l'instruction du peuple français.

« Restez donc, mes amis, dans vos ateliers : c'est le seul moyen de faire renaître la confiance si nécessaire aux entreprises de la librairie et aux travaux de l'imprimerie ; songez que, si chacun est libre de travailler quand bon lui semble, nul n'a le droit d'empêcher les autres de travailler.

« Au reste, confiez-vous à la sagesse du roi, et à son amour pour le peuple français. »

VIII. Disons néanmoins à l'honneur de la Restauration qu'elle se montra quelquefois paternelle et juste pour l'imprimerie. L'ordonnance du 28 décembre 1814, que nous avons déjà citée, et celle du 12 janvier 1820 (1) concernant le nouveau

(1) « Le privilége général d'exécuter toutes les impressions au compte de l'État exclusivement attribué à l'imprimerie royale avant le 1er janvier 1815, demeure supprimé........ » (Ordonnance du 12 janvier 1820, article 1er.)

régime de l'imprimerie royale, contenaient des dispositions bienveillantes pour l'imprimerie particulière. Elles furent révoquées, il est vrai, en 1823 (1); mais il n'en faut pas moins louer l'esprit de justice et de réparation qui les avait dictées.

On avait même paru vouloir un moment revenir aux bons procédés de l'ancienne monarchie à l'égard de l'imprimerie. Le gouvernement, pour honorer l'art, honora quelquefois les imprimeurs. Ainsi, à la réorganisation de l'ordre de Saint-Michel, le roi nomma M. Didot aîné chevalier de cet ordre, à la première promotion, qui était cependant peu nombreuse (1er janvier 1817). Plus tard, plusieurs imprimeurs, parmi lesquels MM. Firmin Didot, Panckoucke, Crapelet, etc., reçurent la décoration de la légion d'honneur. Il y eut des imprimeurs du roi comme il y en avait eu anciennement. M. Jules Didot était imprimeur du roi et de la Chambre des pairs. M. Ambroise Firmin Didot fut nommé imprimeur du roi le 29 décembre 1829; ce fut le dernier brevet accordé. Ces titres honorifiques étaient donnés non-seulement à des imprimeurs de Paris, mais à des imprimeurs de province et même des colonies. Un sieur Fleurot, imprimeur à la Martinique, obtint, en 1824, le titre et la qualité d'imprimeur du roi.

Pihan de La Forest était imprimeur du Dauphin, qui l'accueillait dans son intimité et le traitait avec bienveillance. Ce prince honorait aussi d'une estime particulière M. Panckoucke, suivait avec intérêt les progrès de ses belles entre-

---

(1) « A compter du 1er octobre 1823, l'imprimerie royale est remise en régie pour le compte de l'État, sous l'autorité du garde des sceaux. » (Ordonnance du 23 juillet 1823.)

prises typographiques et se plaisait à lui donner des témoignages de sa satisfaction.

Le duc de Berry imita quelquefois cet exemple. En 1817, il nomma son imprimeur stéréotype M. Herhan, inventeur d'un procédé stéréotype très-ingénieux et déjà avantageusement connu dans l'imprimerie.

En 1814, lors de la réorganisation de l'imprimerie royale, le gouvernement nomma directeur de cet établissement M. Anisson-Duperron (1), nom respecté et aimé dans la typographie parisienne. Plus tard, en 1823, lorsque, par un déplorable retour à la législation de l'empire, cette imprimerie fut remise en régie pour le compte de l'État, c'est un ancien imprimeur du roi, juge au tribunal de commerce, M. Michaud, qui en eut la direction, et les imprimeurs de Paris applaudirent également à ce choix.

Déjà, à la première nomination des membres du tribunal consulaire de Paris, après la rentrée des Bourbons, M. Hacquart, imprimeur, et plus tard député, avait été nommé par le roi président de ce tribunal.

D'autres traits attestent que la restauration ne dédaignait pas de rendre hommage à l'imprimerie. M. Pierres, ancien imprimeur ordinaire de Louis XVI, avait laissé plusieurs manuscrits fort importants sur l'art typographique. En 1819, le ministre de l'intérieur en fit l'acquisition au nom de l'État et les fit déposer à la bibliothèque royale, afin que ces documents précieux ne fussent pas perdus pour l'imprimerie française.

En visitant l'exposition des produits de l'industrie qui eut lieu au Louvre en 1819, Louis XVIII donna une attention

---

(1) Ordonnance du 30 décembre 1814.

particulière aux produits de la typographie. Il remarqua surtout la magnifique édition de la *Lusiade de Camoëns,* ornée de belles gravures, et exécutée par M. Firmin Didot en 1817, aux frais du comte de Souza, noble et savant Portugais.

Il remarqua aussi les tableaux typographiques de M. Molé jeune, graveur-fondeur de caractères, et se plut à louer leur belle exécution. M. Molé ayant fait hommage au gouvernement de cette collection qui se composait de 206 caractères français, italiques, grecs, hébreux, rabbiniques, arabes, syriaques, samaritains, etc., tous gravés de sa main, le roi la fit transporter au Conservatoire des arts et métiers, afin, dit-il, qu'elle y fût conservée comme un monument des progrès de la typographie sous son règne.

Ces faits, quelque insignifiants qu'ils paraissent, sont cependant une preuve des bons sentiments qui animaient encore parfois les membres de la famille des Bourbons, à l'égard de l'imprimerie. Ils viennent à l'appui de l'opinion que nous avons émise au commencement de ce chapitre, que les persécutions subies par l'imprimerie sous la Restauration étaient plutôt l'œuvre des conseillers de la couronne que celle de la couronne elle-même.

La Chambre des députés manifesta aussi par moments des dispositions bienveillantes pour la même industrie.

Au commencement de 1817, les libraires de Paris lui demandèrent dans une pétition :

1° La libre importation en France de tout livre étranger ;

2° Le maintien du droit de 150 fr. par quintal métrique sur tous les ouvrages français originairement publiés en France et réimprimés à l'étranger ;

3° La vérification des ballots de librairie venant de l'étranger, soit aux principaux points des frontières, soit à la direction générale de la librairie à Paris.

La Chambre prit cette demande en sérieuse considération et en ordonna le renvoi à la commission centrale chargée du budget.

Lorsqu'une commission fut nommée en 1825 pour examiner les éléments du projet de loi relatif à la propriété littéraire, la Chambre, sur la demande des imprimeurs et libraires de Paris, décida que MM. Firmin Didot et Renouard feraient partie de cette commission. Cette déférence aux vœux du commerce intéressé témoignait des dispositions bienveillantes de cette assemblée.

Mais le commerce des livres et particulièrement l'imprimerie trouvèrent à cette époque leur appui le plus ferme et le plus constant parmi les savants et les hommes de lettres. Ainsi la pétition de 1817 des libraires de Paris fut apostillée avec empressement par MM. Delambre, Cuvier, Gay-Lussac, Biot, Hallé, Chaptal, Quatremère de Quincy et plusieurs autres.

On a vu avec quel zèle l'Académie française défendit la cause de l'imprimerie et de la librairie lors de la discussion du projet de loi présenté à la Chambre des députés le 29 décembre 1826, voté par elle le 12 mars 1827, et retiré par le gouvernement avant d'avoir subi l'épreuve de la Chambre des pairs. Plusieurs de ses membres préférèrent perdre de hautes positions administratives, plutôt que d'abandonner dans cette circonstance décisive l'intérêt des lettres et celui des deux branches de commerce qui en partagent naturellement les destinées.

En 1818, lorsque le premier projet, non réalisé, d'une bibliothèque populaire fut conçu, les hommes de lettres, les savants et beaucoup de fonctionnaires s'intéressèrent à son succès et s'empressèrent d'y souscrire au nombre de plus de quinze cents.

Nous ne finirions pas, si nous voulions rappeler ici tous les témoignages d'estime et d'affection donnés en particulier par des membres des corps savants aux imprimeurs et aux libraires, victimes des poursuites du pouvoir. Il est peu de maisons de Paris, parmi celles qui ont traversé cette période à la fois brillante et dangereuse pour la librairie, qui ne conservent le souvenir d'un de ces actes d'obligeance qui suffisent quelquefois pour sauver de la ruine et du déshonneur.

Il est juste aussi de reconnaître que, malgré les persécutions dont nous avons parlé, la restauration fut une véritable époque de transformation pour l'imprimerie : à aucune autre, en effet, l'imprimerie et les arts divers qui s'y rattachent ne firent autant de progrès, ne réalisèrent des conquêtes plus importantes.

Les plus belles éditions, notamment celles du Louvre, avaient été imprimées par les vieux procédés qu'on savait, il est vrai, appliquer avec une rare perfection, mais qui remontaient jusqu'à la naissance de l'imprimerie. A bien peu de chose près, toutes les méthodes étaient, après deux siècles et demi, ce que les avaient faites les premiers inventeurs.

A partir de 1815, une révolution complète s'opère dans l'art typographique, et chaque jour signale de nouvelles et heureuses expériences, devant lesquelles tombent successivement tous les procédés surannés.

Les caractères s'améliorent dans leur forme et présentent une coupe plus nette et plus gracieuse, des proportions plus régulières; on trouve le moyen de les fondre dans un moule multiple (1), en même temps que la stéréotypie perfectionnée les

(1) M. Henri Didot, qui avait exposé, en 1806, un nouveau moule à refouloir, au moyen duquel il fondait une à une, et avec la plus grande netteté, les lettres de deux points, avait résolu, dès cette époque, de mul-

immobilise et permet de faire des éditions exemptes de toutes les fautes qui proviennent de la dispersion et du dérangement des caractères, et à la fois beaucoup plus économiques.

Les vieilles presses en bois font place aux presses en fonte, imprimant tout un côté de la feuille en une seule fois et avec une perfection à laquelle on n'aurait jamais pu atteindre avec des plateaux de bois.

Ces presses en fer sont elles-mêmes bientôt remplacées par des mécaniques à cylindres, marchant à la vapeur, imprimant sur chaque côté à la fois des pages de la plus grande dimension, et qui semblent vouloir multiplier la pensée aussi rapidement qu'elle est conçue.

Les rouleaux en gélatine remplacent les anciennes balles, tampons informes avec lesquels on n'obtenait que très-difficilement un travail soigné, et dont la préparation faisait perdre chaque matin à l'ouvrier un temps précieux.

Les encres elles-mêmes sont modifiées, mais avec moins de bonheur peut-être. Les vignettes sont multipliées par le clichage.

La fabrication du papier à la main avec des pâtes battues lentement par des maillets de bois disparaît devant les machines à papier continu, dont la pâte est broyée au moyen de cylindres tournants.

La composition typographique elle-même tenta de se mé-

---

tiplier ses produits, sans que cette multiplication leur fît perdre de leur perfection, et cela depuis le caractère microscopique jusqu'aux grosses de fonte, depuis le filet jusqu'aux vignettes de la plus grande dimension. Pendant dix ans, la solution de ce problème fut le but constant de ses efforts, qui furent enfin couronnés d'un plein succès. Le premier ouvrage publié avec les caractères de la fonderie polyamatype de M. Henri Didot est l'*Imitation de J.-C.*, traduite par Bauzée, de l'Académie française, imprimée en 1816 par Didot jeune, frère de M. Henri Didot.

tamorphoser en assemblant par des moyens mécaniques les lettres que l'intelligence de l'homme semble appelée seule à réunir.

Sans nul doute, ces tentatives ne furent pas toutes également heureuses. Les nouvelles encres jaunirent, ainsi que le papier mécanique dont la blancheur avait paru si séduisante. Les presses à cylindres imprimèrent d'abord moins bien que les anciennes. Mais peu à peu l'expérience se fit, et on parvint à rendre ces divers travaux complétement irréprochables.

Les inventions, les améliorations capitales qui, en moins d'un quart de siècle, vinrent renouveler presque entièrement les anciens procédés, préparaient à l'imprimerie les plus brillants succès sous le rapport de l'art.

Plusieurs causes contribuèrent encore à ce résultat.

La profession des armes avait perdu son prestige; les forces vives de la nation se portaient à l'envi vers les carrières industrielles, et entre toutes les autres l'imprimerie fut une de celles qui prirent le plus grand développement.

La paix avait ravivé la passion des lettres, le goût des études et de la lecture. Les esprits étaient, en quelque sorte, tourmentés par la fièvre d'écrire.

Un certain nombre d'hommes de lettres, recommandables par leur mérite et leur caractère personnel, firent paraître des ouvrages de science et de littérature, qu'ils avaient écrits dans la solitude pendant les orages révolutionnaires ou durant les guerres de l'empire.

Les éditions de Paris de 1815 et 1816 furent presque toutes remarquables.

On réimprima d'abord les classiques et les divers ouvrages tombés dans le domaine public; et, comme il arrive ordinairement, en France surtout, à peine un éditeur avait-il publié avec succès un de ces ouvrages, que ses confrères s'empressaient de le reproduire dans d'autres formats. Le besoin de s'instruire était si vif, la passion de la lecture si générale, même parmi les classes laborieuses, que toutes ces éditions trouvaient un écoulement facile.

Une première édition des *Œuvres complètes de Voltaire* (1), d'un caractère et d'un format ignobles, mais à bon marché, eut un succès immense, qui amena une lutte fort vive entre les idées religieuses et les idées philosophiques.

Un mandement des vicaires généraux de Paris, touchant la réimpression des œuvres de *Voltaire* et de *Rousseau*, produisit un effet tout contraire à celui que le clergé s'était proposé. Le public rechercha ces ouvrages avec fureur. Tout ce qui restait des anciennes éditions fut enlevé en quelques semaines. Quarante éditions nouvelles parurent à la fois, de tous prix et de tous formats. Les presses pouvaient à peine suffire aux demandes qui en étaient faites. Les magasins des éditeurs étaient littéralement assiégés par une foule de souscripteurs, moins poussés, il est vrai, par l'amour des lettres que par le désir de faire acte d'opposition. Chaque fois que la censure était ou suspendue ou abolie, il se manifestait dans les esprits un mouvement de réaction violente contre la compression passée, ce qui donnait à l'imprimerie une activité extraordinaire. Tous les jours il paraissait de nouvelles brochures politiques, dirigées contre les actes du gouvernement, et qui étaient enlevées avec une sorte de frénésie. La vente de ces pamphlets avait lieu dans l'ancienne galerie de bois, au Palais-Royal ; chaque soir, la boutique du libraire en vogue qui les

---

(1) Voltaire, édition Touquet.

débitait (1) était assiégée comme la porte d'une salle de spectacle le jour d'une représentation extraordinaire.

Un apologue spirituel des vicissitudes de la charte, les *Aventures de la fille d'un roi*, eut sept éditions successives et rapporta près de 10,000 francs à son auteur, alors peu favorisé de la fortune (2).

Les journaux, malgré les empêchements du pouvoir, se multiplièrent rapidement et communiquèrent leur essor aux travaux de l'imprimerie. On publia d'abord des revues qui paraissaient par semaine ou par mois ; la *Minerve*, la *Bibliothèque historique* eurent un succès prodigieux. Le premier de ces recueils fit naître à ceux qui le rédigeaient la pensée de créer un journal d'opposition. Le *Constitutionnel* parut, et six mois étaient à peine écoulés que, sans qu'il eût été fait aucun apport de fonds, ses fondateurs (3) réalisaient chacun 80,000 francs de bénéfice. Un tel résultat, joint au besoin qu'on avait de lire chaque matin un journal politique, donna successivement naissance à plusieurs autres feuilles, qui, dans ces premiers temps, prospérèrent toutes également.

L'imprimerie trouva encore des travaux dans la publication des écrits relatifs à la guerre littéraire des *classiques* et des *romantiques*. Commencée sous l'empire, cette querelle se continua, malgré les graves événements survenus en 1814, et fut une des polémiques qui firent le plus de bruit, pendant tout le temps de la Restauration.

---

(1) Delaunay.

(2) M. Vatout, de l'académie française, mort en 1849, dans l'exil, où il avait suivi le roi Louis-Philippe. Il était alors simple expéditionnaire dans les bureaux du ministère de la police.

(3) Étienne, Jay, et Fain, alors propriétaire de l'une des imprimeries les plus importantes de Paris.

D'ailleurs, plus on s'éloignait de l'époque héroïque de l'empire que le pouvoir haïssait et qu'il semblait prendre à tâche d'ensevelir dans l'oubli, plus l'opinion publique s'y rattachait et plus elle s'efforçait d'en raviver les souvenirs. Aucun moyen d'opposition n'était alors aussi généralement exploité, aucun n'était plus personnel et par conséquent plus sensible au pouvoir. De là, ces nombreux mémoires et ces récits exclusivement consacrés à perpétuer la gloire des armes impériales, et qui réveillaient au plus haut degré les sympathies du public. Il n'est personne qui ne se souvienne encore du succès des *Victoires et Conquêtes*, de ce livre qui pénétra jusque dans les moindres villages de la France.

Tous ces écrits furent pendant longtemps une source féconde où l'imprimerie puisa les éléments de sa prospérité. Le nombre des ouvrages publiés en 1811 s'élevait à 1,015, donnant seulement un tirage de 18,451,713 feuilles ; un an après, en 1812, on comptait 4,648 ouvrages imprimés, ayant fourni 72,080,642 feuilles (1).

Voici un exemple de la progression des travaux de l'imprimerie sous la Restauration :

En 1814, on imprima 45,675,039 feuilles.
1815 — 55,549,149 —
1820 — 80,921,302 —
1825 — 128,010,483 —
1826 — 144,561,094 —

Ainsi, dans l'année 1814, trois cent soixante-quinze ans environ après l'invention de l'imprimerie, la France n'était parvenue à produire que 45,675,039 feuilles imprimées. Depuis

(1) *Notions statistiques*, par M. Daru, 1827.

1814 jusqu'en 1826, l'accroissement est de 98,886,055 feuilles, c'est-à-dire plus que le double de celui obtenu dans les trois cent soixante-quinze années précédentes. En douze années du XIXe siècle, l'imprimerie a donc progressé autant qu'elle aurait pu le faire en huit siècles (1) ; on comptait alors 1,550 presses en activité : 850 à Paris et 700 dans les départements.

Dans ces calculs ne sont pas comprises les publications périodiques qui, dès 1830, ont dû doubler la production et la porter à un million de feuilles au moins par jour.

Mais bientôt les réimpressions trop nombreuses produisirent un véritable encombrement. Les boutiques et les magasins de librairie regorgeaient de livres, et, contrairement à ce qui avait eu lieu en 1815, c'étaient les acheteurs cette fois et les lecteurs qui faisaient défaut.

IX. La révolution de 1830 n'améliora pas immédiatement le sort de l'imprimerie et de la librairie; elle l'aggrava au contraire, car elle amena une crise commerciale qui dura plusieurs années et fut fatale à toutes les industries, mais principalement à celle des livres. Comme nous l'avons dit, on avait été si peu circonspect dans la fabrication, la quantité d'ouvrages dans les magasins des libraires et des imprimeurs était si considérable, que toutes les maisons de librairie menaçaient d'être englouties dans un naufrage général.

Heureusement, le gouvernement leur vint en aide, en décidant que, sur les trente millions prêtés alors au commerce, la somme de un million deux cent quatre-vingt-quatre mille francs serait allouée, au même titre et sur dépôt d'ouvrages, à la librairie.

---

(1) *Rapport du jury*. — Exposition de 1854.

Quelques imprimeries eurent également part à ce prêt, moyennant hypothèque d'une partie de leur matériel. C'était justice, car l'imprimerie recevait le contre-coup de toutes les folles entreprises des éditeurs, dont plusieurs profitèrent des circonstances critiques où l'on était pour ne pas acquitter leurs engagements. Ce secours les sauva du désastre et leur permit d'attendre des jours meilleurs.

Mais, dans cette même année 1830, l'imprimerie faillit être atteinte du coup le plus funeste qui pût lui être porté. Mu par on ne sait quel esprit d'innovation, Benjamin Constant présenta à la Chambre des députés, dans la séance du 11 septembre, une proposition tendant à ce qu'il fût libre à tout citoyen d'exercer la profession d'imprimeur et de libraire. C'était ramener l'imprimerie à la déplorable situation où elle s'était trouvée en 1793, et peut-être la livrer aux mêmes excès. Dans le développement de sa proposition, Benjamin Constant admettait toutefois que des garanties de moralité et d'intelligence seraient exigées de ceux qui voudraient exercer la profession d'imprimeur. La commission nommée pour l'examen de cette proposition se mit immédiatement à l'œuvre, mais elle fut deux mois avant de pouvoir présenter son rapport, tant le sujet lui parut important et plein de difficultés. Enfin, dans la séance du 8 novembre, M. Pelet de la Lozère, rapporteur, lut à la tribune un projet de loi élaboré par la commission et qui établissait le principe du libre exercice des deux professions, sauf déclaration préalable. Ce même projet exigeait des imprimeurs un cautionnement qui variait, suivant la population des villes, de deux mille à vingt-cinq mille francs, et créait une pénalité sévère contre les imprimeries clandestines. Une discussion longue et diffuse s'éleva sur ce projet, qui devait, dans l'esprit de la commission, servir de transition à un affranchissement plus complet de l'imprimerie. Firmin Didot, membre de la commission, combattit en partie le projet; mais il céda trop facilement, à notre avis, aux raisonnements des partisans du droit commun en matière d'industrie, par son assentiment à la suppression du brevet. La discussion, malgré le talent qu'y apportèrent MM. Salverte, Barthe, de Tracy, Dupin aîné, n'avançait pas; à chaque article s'élevaient de nouvelles difficultés. Enfin, et avant de voter sur l'ensemble de la loi, M. Charles Dupin vint exprimer ses doutes sur l'efficacité des dispositions arrêtées, et déclarer que, dans cette incertitude, il mettrait dans l'urne une boule noire. Cet exemple trouva beaucoup d'imitateurs, et la Chambre rejeta la proposition à la majorité de cent quatre-vingt-treize voix contre quatre-vingt-dix-huit.

Échappée comme par miracle au désastre que lui réservait la proposition de Benjamin Constant, l'imprimerie souffrait toujours de la crise qui était l'état permanent du commerce en général. Les droits que la Chambre sauvegardait à cette industrie étaient d'ailleurs illusoires, car on autorisa des prête-noms, c'est-à-dire qu'on permit que les imprimeurs titulaires cédassent, contrairement aux anciens règlements (1), le droit d'imprimer, sous leur nom et sans responsabilité, à des individus non brevetés et qu'on désigna sous le nom de *marrons*. Il se forma ainsi un nombre de succursales égal au moins à celui des imprimeries légalement établies, et qui menaça l'existence de ceux qui avaient refusé d'entrer

---

(1) D'après l'article 64 de l'édit de 1686, et l'article 11 du règlement de 1723, « les imprimeurs ou leurs veuves ne pouvaient prêter leur nom à qui que ce soit pour tenir imprimerie, à peine de confiscation des imprimeries et de 500 livres d'amende, et de pareille somme contre ceux qui se seraient servis du nom des imprimeurs. »

dans cette voie funeste. Mais l'autorité, vaincue enfin par les réclamations de ces derniers et aidée des arrêts de la cour souveraine, résolut de porter remède à cet abus. En 1833, une commission fut nommée au ministère de l'intérieur pour aviser aux moyens de supprimer les succursales d'imprimerie, comme nuisibles aussi bien à l'ordre public qu'à la propriété privée.

Malheureusement, le Gouvernement, qui ne savait pas toujours résister à l'influence de puissants personnages, devenus solliciteurs, soit par pure obligeance, soit dans un intérêt électoral, augmenta indirectement le nombre des imprimeries, en accordant des brevets pour exercer dans tous les alentours de Paris, et en quelque sorte à chaque barrière (1). Il y eut successivement des imprimeries établies à Montrouge, Vaugirard, Montmartre, Belleville, Sèvres, etc., etc., au grand détriment des quatre-vingts ateliers de Paris, prétendus privilégiés, mais qui ne pouvaient que difficilement lutter avec ces établissements *extra muros*, dont les loyers, les droits de patente et les frais généraux étaient beaucoup moins considérables.

Un dernier genre d'avilissement attendait l'imprimerie.

Quelques imprimeurs, en proie à la fièvre de la spéculation et de l'agiotage, eurent l'étrange pensée de mettre leurs ateliers en actions, et, afin de mieux attirer les capitaux, d'affecter des primes à quelques numéros de ces actions, lesquelles devaient être tirées en loterie. Le tout était proclamé par force

---

(1) « Nous voyons chaque jour, écrivait M. Guyot, l'autorité accorder de nouveaux brevets selon son bon plaisir, et le nombre des imprimeurs s'augmenter partout en disproportion sensible avec le besoin des localités. Tout le mal qui existe et qui s'accroît de jour en jour ne vient que de l'absence des règlements, qui peuvent seuls nous faire sortir de l'anarchie, de l'isolement et de la déconsidération dont nous gémissons tous. » (Lettres du 26 juillet 1838 et du 28 août 1840.)

annonces dans toutes les feuilles publiques, et dut faire frémir dans la tombe les vieux typographes qui avaient porté si loin le respect et le culte de leur profession.

Le Gouvernement s'émut de ces loteries qui se substituaient à celles qu'on venait de supprimer. Une loi les défendit (1).

De tels faits indiquent suffisamment combien la situation de l'imprimerie était déplorable.

Vainement les imprimeurs demandèrent que les impressions des ministères fussent rendues à l'industrie privée; leurs réclamations ne furent pas écoutées, ou plutôt, si on feignit de les prendre en considération, ce ne fut que pour gagner du temps et leurrer les pétitionnaires (2).

---

(1) Loi du 21 mai 1836.
(2) M. Firmin Didot, membre de la Chambre des députés, à qui la place de directeur de l'imprimerie royale avait été proposée par M. Dupont (de l'Eure), alors ministre de la justice, répondit à cette offre par la lettre suivante :

« Mon honorable collègue,

« J'accepterai la place de directeur de l'imprimerie royale aux conditions suivantes :

« 1° Qu'il sera rendu par degrés, et le plus tôt possible, aux imprimeurs de Paris et des départements, toutes les impressions qui, sans nuire à la sécurité du Gouvernement, doivent appartenir au commerce et lui ont appartenu;

« 2° Que je puisse m'adjoindre quatre commissaires de mon choix pour cette opération, qui doit être faite avec justice sous tous les rapports;

« 3° Qu'il sera livré à un prix modéré, à tous les imprimeurs de France qui en feront la demande, des fontes de caractères orientaux et étrangers;

« 4° Que je ne recevrai point de traitement.

« Je vous salue avec la plus haute estime et la considération que vous méritez.

« Firmin Didot, *député d'Eure-et-Loir.*

« 9 août 1830. »

Ces offres si désintéressées et si loyales ne furent point agréées.

On se borna à nommer une commission chargée d'examiner les griefs de l'imprimerie particulière. Parmi les membres de cette commission, choisis par arrêtés en date du 4 et du 8 décembre 1830, étaient MM. Firmin Didot et Gratiot, imprimeurs, et M. Renouard père, ancien libraire et maire du 11e arrondissement. Les travaux de la commission n'ayant pas été rendus publics, nous ignorons si elle fut favorable ou non au projet de réforme. Il est certain, toutefois, qu'à partir de cette époque le Gouvernement resta sourd à toutes les plaintes et à toutes les réclamations de l'imprimerie.

D'autre part, la gêne de la librairie était arrivée, en 1833, à son dernier période. Aussi, les libraires qui avaient participé à l'emprunt de trente millions, se voyant hors d'état de satisfaire aux engagements qu'ils avaient contractés envers le Gouvernement, demandèrent à se libérer en faisant l'abandon des ouvrages déposés par eux en garantie. Ces ouvrages, aux prix des catalogues, représentaient une valeur de trois millions sept cent mille francs. Vendus à cette époque, ils auraient rapporté tout au plus deux ou trois cent mille francs. M. Laffitte, se rendant l'organe des réclamations de la librairie, fit, le 11 mai 1833, une proposition à la Chambre des députés tendant à la libération des emprunteurs. Il demanda, en conséquence, que les trois cent mille ouvrages du dépôt fussent distribués dans les bibliothèques des départements et autres établissements publics, et qu'on formât une bibliothèque de quatre mille volumes dans tous les chefs-lieux d'arrondissement qui n'en avaient pas et dont la population était au-dessus de cinq mille âmes.

Cette demande souleva à la Chambre une vive opposition. Dans la discussion, un député ayant avancé que la prise en considération de la proposition de M. Laffitte ne manquerait pas d'être improuvée par les libraires et imprimeurs qui n'avaient pas pris part à l'emprunt, ceux-ci s'empressèrent d'adresser à la Chambre (15 juin 1833) une requête pour combattre cette objection et pour appuyer, au contraire, l'avis de M. Laffitte en faveur de leurs confrères. Cette requête, si honorable à tous égards pour ceux qui l'ont formulée, est une preuve solennelle de la bonne harmonie qui, de tout temps, a régné entre les membres du corps de la librairie parisienne, et qui est une des plus louables traditions de son ancienne organisation.

La Chambre, malgré cette demande, ne crut pas devoir adopter la proposition de M. Laffitte.

X. Mais si l'imprimerie et la librairie ne furent pas favorisées dans les premières années du règne de Louis-Philippe, il n'en est pas de même de la presse périodique. Elle avait fait la révolution de 1830 ; le nouveau Gouvernement ne pouvait l'oublier. Aussi la charte proclama-t-elle, comme principe fondamental, que le droit de publier et de faire imprimer ses opinions, en se conformant aux lois, ne pourrait jamais être entravé par la censure (1).

Le Gouvernement fit plus : jugeant trop sévère la loi du 25 mars 1822, qui avait été remise en vigueur, il présenta aux Chambres un projet de loi qui en mitigeait les dispositions les plus rigoureuses. La nouvelle loi, votée sans obstacle par les Chambres, fut promulguée le 29 novembre 1830.

Déjà, le 8 octobre précédent, le jugement des délits de la presse avait été attribué au jury. Cette concession, depuis

---

(1) La charte constitutionnelle porte, art. 7 : « Les Français ont le droit de faire imprimer leurs opinions en se conformant aux lois. La censure ne pourra jamais être rétablie. »

longtemps réclamée par l'opinion publique, fut d'autant plus appréciée, qu'elle garantissait désormais les propriétaires de journaux et les imprimeurs contre le retour de ces condamnations ruineuses auxquelles ils avaient été précédemment exposés de la part des tribunaux correctionnels.

Restait le cautionnement des journaux, dont l'élévation était encore l'objet de quelques plaintes. Une loi du 14 décembre de la même année le réduisit considérablement.

Le Gouvernement, on le voit, venait de lui-même au-devant des vœux des amis de la presse. Mais celle-ci, qui avait pris sous la Restauration l'habitude d'une vie toute militante, se montra peu digne de ces faveurs. Le premier usage qu'elle fit de son indépendance fut d'attaquer sans mesure le pouvoir qui la lui avait donnée. Si l'on avait pu croire un instant à la justice et à la modération du journalisme, l'illusion fut bientôt détruite, car, dès le commencement de 1831, les Chambres durent revenir sur leurs concessions primitives, et rétablir en grande partie l'ancienne législation.

Deux lois parurent le 8 avril 1831 : l'une modifiant l'article 1er de la loi du 14 décembre 1830 sur le cautionnement des journaux (1) ; l'autre réglant la procédure en matière de délits de presse, d'affichage et de criage publics.

Malheureusement ces lois ne suffirent pas encore pour contenir la presse. Les excitations à la révolte, émanées de certains journaux, continuèrent et portèrent bientôt des fruits sanglants. Les déplorables événements des mois de juin 1832 et d'avril 1834 dénoncèrent hautement leur funeste influence.

---

(1) L'article 1er de la loi du 8 avril 1831 porte : « Si un journal ou écrit périodique paraît plus de deux fois par semaine, soit à jour fixe, soit par livraison et irrégulièrement, le cautionnement sera de 2,400 francs de rente. »

Le nombre de ces journaux ou écrits, la plupart empreints de l'esprit communiste, augmenta encore en 1835. La justice, après l'attentat de Fieschi, en fit saisir plusieurs. C'est alors qu'on dut craindre un moment une réaction pareille à celle qui suivit l'attentat de Louvel en 1820 ; à cette époque trois lois d'exception furent rendues, moins contre la licence que contre la liberté de la presse. Mais le gouvernement de juillet n'imita pas ces tristes précédents; il voulut seulement arrêter les débordements de la presse révolutionnaire, et enlever aux partis le privilége d'attenter, par ce moyen, à des institutions qu'il aurait été difficile d'attaquer de toute autre manière. Une loi fut présentée à la Chambre des députés, loi sévère, il est vrai, mais qui était reconnue nécessaire.

Les excès de la presse avaient d'ailleurs soulevé à la Chambre une telle réprobation, que le projet du Gouvernement y trouva un grand nombre d'adhérents. Firmin Didot, dont nous aimons à citer l'opinion toutes les fois qu'il s'agit de presse ou d'imprimerie, y donna, presque sans restriction, son assentiment. Voici un extrait de son discours : « Les agressions journalières contre la constitution de l'État, les outrages sanglants et criminels contre la personne du roi (dit-il plein d'une généreuse indignation), ces agressions, ces outrages et leurs conséquences, voilà ce qui motive la répression d'une presse coupable. Qui de nous, prêt à lire une de ces gazettes éparses sur nos bureaux, et reconnaissant au titre seul qu'elles devaient outrager la Majesté royale, ne les a pas quelquefois rejetées avec indignation ?.... Les véritables ennemis de la liberté de la presse, ce sont les journalistes qui se rendent coupables de tels écrits..... S'ils trouvent la loi sévère, je ne suis pas touché de leurs plaintes ; les seules qui me touchent sont celles des écrivains qui savent se renfermer dans les limites de la raison et de la liberté. »..... Les amendements proposés par M. Didot furent tous adoptés ; il fit réduire notamment le cautionnement des journaux quotidiens de 120,000 fr. à 100,000 fr.

La nouvelle loi punissait de la détention et d'une amende de 10,000 francs à 50,000 francs, toute provocation tendant à compromettre la sûreté de l'État, ainsi que l'offense au roi, et portait que, dans l'un et l'autre cas, les coupables pourraient être déférés à la Chambre des pairs.

Cette loi, promulguée le 9 septembre 1835, fut suivie presque immédiatement d'une ordonnance concernant le cautionnement des journaux et des écrits périodiques (18 novembre 1835).

XI. On avait espéré un moment qu'une pénalité si redoutable préviendrait le retour de tentatives criminelles contre la personne du roi ou contre son gouvernement. Vain espoir ! Peu de temps après, le régicide Meunier commettait un nouvel attentat.

Au mois de mai 1839, Paris fut encore le théâtre de troubles d'une extrême gravité. On vit, par les débats qui eurent lieu devant la cour des pairs, que les fauteurs de ces troubles s'étaient inspirés des doctrines du *Journal des hommes libres*, du *Moniteur républicain* et de plusieurs autres productions de la presse clandestine. Une foule de journaux et de brochures anarchiques, publiés par des sociétés secrètes, circulaient clandestinement dans toute la France. Le tableau qu'on fit à cette époque de l'ensemble de ces œuvres anarchiques était effrayant. Les meilleurs esprits en furent épouvantés et commencèrent à désespérer de l'avenir du pays.

Le *Moniteur républicain* était le plus violent. Il provoquait ouvertement à l'assassinat du roi : « Louis-Philippe, osait-il dire, est la clef de voûte de l'état anti-social où se trouve la France : c'est donc à lui que nous devons nous attaquer. Une fois jeté à bas, tout l'édifice croule avec lui..... Ainsi, notre principale tâche sera d'attaquer Louis-Philippe ; les gens de sa race, les gens de sa suite viendront après..... Ce serait encore risquer la partie que l'entamer autrement qu'en frappant de grands coups ; et, puisqu'il faut nous expliquer, nous ne concevons rien de possible, si l'on ne commence par attaquer la tête de la tyrannie, en d'autres termes, par tuer Louis-Philippe et les siens. » Ces atroces provocations amenèrent de nouveaux attentats contre la vie du roi.

Telle était, cependant, la longanimité du pouvoir qu'il ne sévit que rarement, et toujours avec modération, contre les écrits même qui lui étaient le plus opposés. Durant les dix premières années du règne de Louis-Philippe, c'est à peine si deux ou trois condamnations par an furent prononcées pour délits de presse. Il y eut même une année, 1840, où aucun procès de cette nature ne fut soumis à la décision du jury. Si, à partir de 1841, les procès de presse devinrent plus fréquents, c'est que l'hostilité au gouvernement de juillet était plus audacieuse et plus violente ; et cependant les prévenus étaient souvent acquittés par le jury.

Les poursuites pour simples contraventions aux règlements sur l'imprimerie furent plus rares encore. La seule affaire qui ait eu quelque gravité est celle du sieur Worms, imprimeur, condamné, en 1842, à 1,000 francs d'amende, pour avoir imprimé un numéro du *Journal des journaux* sans avoir fait la déclaration préalable.

Du reste, ce qui témoigne bien mieux des ménagements du pouvoir, c'est que, pendant les dix-huit années du gouvernement de juillet, quatre brevets d'imprimeur seulement furent retirés (1) ; et encore faut-il remarquer que ceux qui en furent privés avaient subi plusieusrs condamnations.

XII. Le sort de l'imprimerie, de nos jours, étant malheureusement inséparable de celui de la presse périodique, nous avons dû parler d'abord de celle-ci, dont les phases se lient plus étroitement à l'histoire générale du pays. Cette tâche accomplie, il nous deviendra plus facile de suivre la marche et le progrès de l'imprimerie proprement dite pendant la période dont nous nous occupons en ce moment.

On a vu précédemment que le malaise de l'imprimerie, après la révolution de 1830, dura plusieurs années, malgré la liberté d'action dont elle jouissait et le secours qu'elle avait reçu du Gouvernement. En 1835, elle reprit un peu d'activité par suite des ouvrages à gravures sur bois et à vignettes (2). Mais ce genre de travaux, dont la spéculation ne tarda pas à s'emparer, n'eut qu'un succès passager, et l'imprimerie serait retombée bientôt dans l'état précaire où elle se trouvait quelques années auparavant, si la production littéraire, s'augmentant d'année en année, n'eût fini par prendre, vers la fin du règne de Louis-Philippe, des proportions réellement inouïes. L'imprimerie eut donc, à cette époque, comme toutes les

---

(1) Ceux de MM. Mie, Hubert Saint-Brice, à Paris; Lebreton, à Bordeaux; Groc, à Mirande.

(2) *Vignette*, diminutif de *vigne* (*vinea*), ornement que, sous forme de pampre de raisins, les miniaturistes mettaient quelquefois en tête des manuscrits qu'ils décoraient. L'emploi des vignettes en bois remonte à 1495 : ce fut Alde Manuce qui, dit-on, en fit usage le premier. Il est probable que ce sont les graveurs sur bois qui donnèrent à Gutenberg la première idée des types mobiles, car, de son temps, les imagiers de l'Allemagne vendaient des figures au bas desquelles se trouvaient des indications qui faisaient partie de la planche, comme on le voit dans le *Speculum humanæ salvationis*.

autres industries, un moment de prodigieuse activité. Aussi un spirituel bibliographe disait-il plaisamment que le papier qui s'imprimait annuellement en France suffirait à mettre le pays sous enveloppe.

On peut juger de cette activité par les chiffres suivants :

De 1830 à 1848, c'est-à-dire pendant une période de dix-huit ans, la librairie a édité, en moyenne annuelle, 5,862 ouvrages ou brochures, éditions nouvelles ou réimpressions, non compris les publications périodiques, telles que journaux, revues, etc., soit un total de 105,516 ouvrages. En supposant aussi, en moyenne, trois volumes à chaque ouvrage, les 105,516 ouvrages représentent près de 300,000 volumes, et, si l'on porte chaque édition à 1,200 exemplaires, ce qui n'est certes pas exagéré, on arrive au chiffre total de 360 millions de volumes.

Dans le grand nombre d'ouvrages importants qui parurent sous le règne de Louis-Philippe, nous citerons les *Voyages de la commission scientifique du Nord*, 29 vol. grand in-8°, avec 762 planches grand in-folio, publiés par ordre du roi, ainsi que les *Galeries historiques de Versailles*, 13 vol. in-fol., que nous croyons être l'ouvrage à vignettes le plus considérable qui ait été imprimé ; l'*Univers pittoresque*, publié par MM. Firmin Didot frères, 63 vol., avec 3,000 gravures ; l'*Histoire des villes de France* ; l'*Histoire du Consulat et de l'Empire*, non encore terminée, etc., etc. Quelques publications illustrées et à bon marché ont eu beaucoup de succès ; entre autres, le *Magasin pittoresque*, commencé sous la restauration, et le *Musée des familles*, publiés par livraisons, comptaient beaucoup de souscripteurs ; le premier de ces recueils a eu, dit-on, jusqu'à cinquante mille abonnés. Autrefois, la livraison était d'un volume, rarement au-dessous ;

aujourd'hui le volume lui-même est subdivisé en une vingtaine de livraisons de une ou deux feuilles chacune. Triste extrémité commandée par le malheur des temps, mais qui permettait à un éditeur d'exécuter des publications d'une certaine importance avec de faibles capitaux, en lui donnant le moyen de recueillir chaque semaine l'argent qu'il avait déboursé.

Les revues périodiques alors en vogue étaient : la *Revue des Deux-Mondes*, à qui la première place ne saurait être contestée parmi nos publications littéraires ; la *Revue de Paris*, l'*Artiste*, la *France littéraire*, et la *Revue britannique*, qui subsistent encore et ont toutes de nombreux lecteurs.

Les journaux quotidiens et les recueils périodiques soumis au timbre, qui se publient à Paris, ont atteint, en 1846, le chiffre de 268 ; mais il y en avait, en réalité, plus de 400, parce qu'un assez grand nombre n'étaient pas soumis à cet impôt.

La province elle-même était assez riche en feuilles politiques ou littéraires. Elle en avait près de 600, fort inégalement réparties ; 20 appartenaient au département du Nord ; 12 à celui de la Seine-Inférieure ; 8 à celui des Bouches-du-Rhône, tandis que d'autres n'en possédaient qu'une seule.

Chaque année voyait naître au moins cent cinquante journaux. De 1833 à 1845, il en fut créé seize cents à Paris ; mais on conçoit que la plupart de ces feuilles ne pouvaient pas réunir un assez grand nombre d'abonnés pour couvrir leurs dépenses ; aussi, après quelques mois, quelques années au plus d'existence, cessaient-elles de paraître.

La moyenne par jour du tirage, pour les journaux de Paris, était, en 1846, de 394,600 feuilles, dont 202,956 étaient envoyées en province ou à l'étranger, et 101,644 distribuées dans l'intérieur de la ville.

L'accroissement considérable des travaux eût ouvert à l'imprimerie et à la librairie une nouvelle ère de prospérité et de richesse, si aux causes de souffrance que nous avons déjà signalées n'étaient venus se joindre d'autres empêchements plus graves, parmi lesquels nous citerons : la création du roman-feuilleton, qui retire de la librairie, pour les donner à la presse proprement dite, des productions littéraires fort importantes; le haut prix que les écrivains en renom mirent à la cession de leurs manuscrits; la contrefaçon étrangère.

Nous ne nous étendrons pas sur le tort que le roman-feuilleton a fait et fait encore à l'imprimerie et à la librairie. On le comprend aisément : au lieu d'être imprimés, sinon avec luxe, du moins avec quelque soin, les ouvrages, même les plus considérables, sont publiés à vil prix, sans correction, sur de mauvais papier, dans les colonnes d'un journal. La plupart des livres ainsi édités sont perdus pour le commerce de la librairie. En effet, après avoir été répandus à profusion dans le journal même, puis offerts ultérieurement à titre de primes aux abonnés, leur réimpression en édition de luxe serait en pure perte; on n'en trouverait plus le débit.

On sait, d'autre part, combien la rémunération des auteurs pèse sur les entreprises de librairie.

Dans aucun autre pays du monde, sans même excepter l'Angleterre, les œuvres de la littérature ne sont aussi largement rétribuées qu'en France. Les rois et les hommes d'État se sont efforcés de tout temps parmi nous d'élever, d'honorer, de récompenser le mérite littéraire. C'est sans aucun doute à cette attention constante donnée aux intérêts de la littérature, et à l'importance qu'on y attache, qu'il faut attribuer, avec le grand nombre de livres que nous possédons, le goût prononcé des Français pour la lecture, et, par suite, les dépenses élevées que les auteurs imposent souvent à la librairie pour la rémunération de leurs ouvrages. Autrefois, du moins, les écrivains, ceux même qui vivaient de leur plume, préféraient de beaucoup leur réputation à leurs bénéfices. Aujourd'hui, la gloire littéraire ne suffit plus aux écrivains. Les préfaces, les articles de journaux, les procès nous ont fait à cet égard les révélations les plus complètes et les plus étranges. Des manuscrits se tarifient à tant la ligne de telle longueur; on pourrait dire à tant le mètre. Vers la fin du règne de Louis-Philippe, les œuvres des écrivains en renom n'étaient livrées à la librairie qu'aux conditions les plus onéreuses. On parle de manuscrits cédés aux prix énormes de deux, trois et quatre cent mille francs. Quel que soit le mérite d'un ouvrage, il est aisé de comprendre les embarras d'un éditeur, lorsqu'il s'agit de récupérer, sur la vente des volumes, indépendamment de ses frais d'impression, des avances aussi considérables.

Malgré la loi du 19 juillet 1793 et le décret du 5 février 1810, la contrefaçon, tant à l'intérieur qu'à l'étranger, était restée le fléau aussi bien des auteurs que de la librairie française. Elle avait pris, en 1837, des proportions vraiment effrayantes.

Une commission, formée des principaux libraires de Paris, fut présentée, dans les premiers jours de 1838, aux ministres de l'intérieur et de l'instruction publique. Après avoir exposé les souffrances de la librairie, les membres de cette commission demandèrent l'adoption de mesures énergiques qui empêchassent non-seulement la contrefaçon à l'intérieur, mais, surtout, l'introduction en France des contrefaçons étrangères. Les deux ministres accueillirent cette demande avec bienveillance, et firent savoir à la commission que le Gouvernement s'occupait activement, avec les puissances étrangères, de négociations relatives à la contrefaçon.

Cette communication rassura les éditeurs, qui ne négligèrent rien, toutefois, pour hâter une solution. Des pétitions furent présentées à la Chambre des députés, et y donnèrent lieu à de longues discussions. On dut à ces réclamations pressantes les dispositions prohibitives sur la contrefaçon insérées dans la loi de douane du 6 mai 1841, et la poursuite des négociations entamées près des puissances étrangères.

Malheureusement, cette loi, ne pouvant avoir aucune action au dehors, fut impuissante, et, d'un autre côté, les négociations avec l'étranger traînèrent en longueur. Malgré les efforts des libraires pour se garantir des effets de cette piraterie odieuse, dont la Belgique fut le principal théâtre, leurs intérêts continuèrent à en souffrir, et, plus que jamais, ils en sentirent le préjudice, pendant les cinq ou six années qui précédèrent la chute du trône de Louis-Philippe.

Telles ont été les causes du peu d'avantages que l'imprimerie et la librairie de Paris ont retiré de leur prodigieuse activité, dans le temps même où le commerce et l'industrie de France avaient atteint le plus haut degré de prospérité. Cependant, parmi les quatre-vingts imprimeries de Paris, quelques-unes adonnées à des spécialités, telles que la librairie classique ou élémentaire, l'agriculture, l'art militaire, l'administration, participèrent à cet heureux développement de toutes les effaires. Mais si, à cause même de leur spécialité, elles n'eurent pas le mouvement incroyable qu'on remarquait alors dans les autres ateliers typographiques, elles s'aperçurent moins aussi de la cessation des travaux, et de la nouvelle crise que nous préparait la révolution de 1848.

Quoi qu'il en soit, et malgré ces exceptions, on peut dire qu'en somme le sort de l'imprimerie, sous la monarchie constitutionnelle, ne fut pas beaucoup plus heureux que sous l'empire et la restauration. L'autorité ne savait pas toujours protéger des droits acquis, ni faire exécuter strictement les lois. Non-seulement les règlements qui avaient été promis ne furent pas donnés, mais on étendit et on confirma les priviléges et le monopole de l'imprimerie royale.

Deux ministres éclairés (1), pour venir au secours d'une industrie souffrante, avaient ordonné que *la Collection des documents inédits sur l'histoire de France* serait confiée à des imprimeries particulières ; cette mesure fut improuvée par la cour des comptes, et ces impressions durent plus tard, sur les réclamations réitérées du garde des sceaux, retourner à l'imprimerie royale.

XIII. Le règlement promis par le décret du 5 février 1810 se faisant toujours attendre, les imprimeurs de Paris se formèrent en association le 30 août 1839. Leur but était de suppléer à l'absence d'une chambre syndicale, et d'aviser en commun aux moyens de prévenir la ruine de leur industrie. De sages mesures ont déjà été prises par cette association. On lui doit, entre autres, la formation d'un tarif des prix de composition, arrêté le 10 juillet 1843, sur son initiative, entre une commission mixte composée de maîtres imprimeurs et d'ouvriers compositeurs. Dès qu'elle fut constituée, les membres qui la composaient sollicitèrent, auprès de l'autorité compétente, la régularisation de cette chambre. Mais ils en espérèrent en vain la reconnaissance officielle : tout ce qu'ils obtinrent, c'est une permission verbale, qu'ils peuvent, d'un

---

(1) MM. Guizot et de Salvandy.

instant à l'autre, se voir retirer. Ajoutons pourtant que, chaque année, au mois de janvier, la chambre, en assemblée générale, désignant ceux de ses membres qui doivent composer le comité d'administration de la société, le Gouvernement a paru plusieurs fois donner une sanction tacite à cette élection, en laissant insérer au *Moniteur*, comme une nouvelle d'intérêt public, l'annonce des nouveaux officiers de l'association.

Plus tard, en 1847, une société fraternelle des protes s'est également formée avec l'autorisation du ministre de l'intérieur. Elle a principalement pour objet d'établir des liens d'amitié entre les protes des diverses imprimeries de Paris, de s'occuper des progrès de l'art typographique, et d'assurer à chacun de ses membres des secours en cas de maladie ou d'infirmités.

Enfin, un cercle de la librairie, de l'imprimerie, de la papeterie et de toutes les industries qui se rattachent à la publication des œuvres de la littérature et des arts, s'est formé le 1er mai 1847. Cette société a pour but :

1° D'établir, entre tous ceux qui la composent, des rapports habituels et journaliers utiles aux développements et à la sécurité de leurs relations commerciales;

2° De maintenir entre tous ses membres des sentiments d'union et de confraternité;

3° De constituer une représentation réelle, complète, de toutes les industries qui contribuent, directement ou indirectement, à la publication et à la propagation des œuvres de la littérature, des sciences et des arts;

4° D'assurer ainsi aux intérêts généraux de ces industries, notamment en ce qui concerne les questions de contrefaçons intérieures et étrangères, une défense régulière, puissante par l'unité de son action, et véritablement efficace par le concours de tous.

Ces bons rapports entre toutes les professions qui se rattachent à la librairie de Paris peuvent être regardés comme une honorable tradition de l'ancienne corporation de l'imprimerie et de la librairie, et de l'administration paternelle de sa chambre. Ils nous semblent aussi le plus sûr moyen de garantir l'industrie toute entière des atteintes dont elle pourrait être menacée, notamment dans la question du brevet.

Il serait à désirer que les imprimeurs de province comprissent les avantages de cette union, et se formassent en sociétés par groupes de villes ou par département. Des communications régulières pourraient être établies entre ces sociétés et la chambre des imprimeurs de Paris, et ces rapports seraient, nous n'en doutons pas, extrêmement favorables à la prospérité comme aux progrès de la typographie française. Qui peut prévoir, en effet, le développement que prendrait l'industrie des livres en France, où l'on écrit tant de livres, si, par suite de l'accord dont nous parlons, on parvenait non-seulement à détruire la contrefaçon, mais encore à empêcher toute spéculation particulière qui serait reconnue contraire aux intérêts généraux de la librairie ?

XIV. Si les progrès de l'art typographique, sous le règne de Louis-Philippe, ont été moins importants que ceux obtenus sous la restauration, il faut en chercher uniquement la cause dans le degré de perfection même où cet art était déjà parvenu. Désormais, pour réaliser de nouveaux progrès, l'imprimerie sera forcée de s'allier à d'autres arts, et c'est seulement, comme nous le verrons bientôt, avec le secours de l'électricité et de la chimie qu'il lui sera possible d'agrandir le champ de ses découvertes.

Au surplus, les expositions de 1834, 1839 et 1844 ont montré qu'elle n'avait pas cessé d'occuper dans l'industrie une des premières places. Celle de 1844, notamment, fit le plus grand honneur à la typographie. On y admira des livres à vignettes sur bois, imprimés avec un soin merveilleux ; de nouvelles presses mécaniques perfectionnées ; un ingénieux système de typographie musicale ; enfin, la découverte de la litho-typographie, qui consiste à reproduire de vieux livres et de vieilles gravures par un procédé de décalque. La gravure se présentait, de son côté, avec des lettres de fantaisie, des encadrements et des fleurons supérieurs à tous ceux qui avaient paru jusqu'alors.

C'est à cette exposition qu'on vit, pour la première fois, des essais d'électrotypie, procédé qu'on appelle aussi électrochimie ou galvanoplastie, applicable à la reproduction des médailles, bas-reliefs, bustes, statues, et par le moyen duquel on peut également obtenir, et des clichés typographiques véritables, et la reproduction des planches gravées et même des épreuves typographiques.

D'autres progrès se sont encore manifestés à cette exposition. Grâce à l'emploi de procédés autrefois inconnus, la reliure, par exemple, est devenue bien plus riche sans coûter plus cher. La dorure, les tranches ornées de dessins et rehaussées de miniatures, y sont prodiguées avec un luxe naguère peu commun. Parmi les nombreux et magnifiques produits de cette industrie, le roi admira, entre autres, un livre d'heures relié par Gruel, pour la reine Christine.

Dans cette même visite, il fut à la fois surpris et très-satisfait d'apprendre que les papeteries françaises fabriquaient maintenant plus de cinq cents lieues de papier par jour, et il examina avec beaucoup d'intérêt des caractères chinois gravés et fondus à Paris, et destinés à la Chine, où des caractères semblables et de même origine étaient déjà employés (1).

XV. Les encouragements ne manquèrent ni aux lettres, ni à l'imprimerie, pendant le règne du roi Louis-Philippe.

Les missions scientifiques, ordonnées par son gouvernement, se succédaient sans interruption, et il n'est pas une partie du monde connu qui, alors, n'ait reçu la visite de quelque savant français. Il y eut aussi des missions purement littéraires. En 1833, M. Francisque Michel fut envoyé en Angleterre, où il passa deux ans à faire, dans les bibliothèques, des recherches relatives à notre histoire et à notre ancienne littérature.

Lorsque les explorations et les recherches étaient terminées, l'impression des documents recueillis s'exécutait quelquefois à l'imprimerie royale, et les exemplaires étaient distribués en dons par l'État ou vendus à son profit. C'est ce qui eut lieu pour la *Collection des documents historiques sur l'histoire de France*. Mais, le plus souvent, l'État se bornait à faciliter les publications, soit en les imprimant gratuitement pour l'auteur, soit en allouant une indemnité à l'éditeur. C'est ainsi qu'il accorda 80,000 francs pour la publication des *Voyages* de Jacquemont (2).

Il est juste aussi de reconnaître que, dans des circonstances

---

(1) Ces caractères sortaient de la fonderie de M. Marcellin Legrand.

(2) Le gouvernement de juillet n'est pas, toutefois, le premier qui ait ainsi favorisé les publications utiles. Lorsque le magnifique ouvrage sur l'Égypte fut publié, l'État resta propriétaire de l'ouvrage; il en fit des dons à des particuliers, à des princes, et le plaça dans les bibliothèques publiques; mais il en fit vendre aussi beaucoup d'exemplaires, dont le produit servit à rémunérer les collaborateurs de ce grand monument. La même chose est arrivée, à une époque plus récente, pour le *Voyage en Morée*.

pareilles, les Chambres s'associaient avec empressement à la munificence de l'État. En voici un exemple remarquable. Un ministre de l'instruction publique, M. Guizot, ayant demandé à la Chambre des députés un crédit de 100,000 francs, pour favoriser la publication de documents précieux et inédits qui existaient dans nos bibliothèques ou nos archives, la Chambre éleva ce crédit à 150,000 francs (1).

En 1842, le même ministre proposa de publier, aux frais de l'État, la collection des œuvres de Laplace, comme un hommage national à la mémoire d'un des plus grands géomètres des temps modernes. Cette impression fut en effet ordonnée par une loi, et aussitôt exécutée, sous la direction d'une commission.

L'année suivante, un pareil hommage était rendu à la mémoire de Fermat, génie sublime que les étrangers nous envient, et dont le nom, peu populaire en France, attendait depuis longtemps une juste réparation. Enfin, un peu plus tard, on se préparait à agir envers Lavoisier comme on avait agi envers les deux autres.

Louis-Philippe, personnellement, vint, plus d'une fois, en aide aux hommes de lettres et aux artistes. Déjà MM. Casimir Delavigne, Vatout, Alexandre Dumas, avaient trouvé en lui un protecteur généreux. En 1835, il fit mettre à la disposition de l'Académie française une somme de 2,000 francs, destinée à être répartie entre les descendants du grand Corneille.

Toutes les fois qu'il paraissait un ouvrage de quelque valeur, Louis-Philippe y souscrivait pour ses bibliothèques; et

(1) Plusieurs ouvrages importants ont été publiés par suite de cette mesure, entre autres un écrit de M. Mignet et du général Pelet sur la succession et la guerre d'Espagne; la *Guerre des Albigeois;* les ouvrages de M. Porienne; les *Capitulaires*, par Bérard, etc.

ces souscriptions s'élevaient parfois à vingt et trente exemplaires. Le nombre d'ouvrages dont il a ainsi fait l'acquisition, dans un but d'encouragement, est incalculable. On a pu s'en convaincre à la vente qui a eu lieu dernièrement des livres échappés à la dévastation des maisons royales, en février 1848.

On a dit que Louis-Philippe aimait l'argent, en un mot qu'il était avare. Les faits, plus éloquents que la calomnie, prouvent surabondamment qu'il n'a jamais épargné les fonds de sa liste civile, ni ses propres revenus, toutes les fois qu'il s'est agi de l'intérêt des lettres et des arts. Ses palais, ceux de son domaine privé comme ceux dont il n'avait que l'usufruit, étaient encombrés littéralement de livres et de tableaux. Mais il est une création qui sera l'éternel honneur de son règne, c'est le Musée de Versailles, œuvre vraiment royale, et à laquelle Louis-Philippe consacrait avec joie, chaque année, des capitaux considérables.

En 1841, une société s'étant formée dans le but de seconder les artistes, en facilitant la vente de leurs œuvres, le roi, la reine et leurs enfants s'empressèrent de souscrire.

Enfin, en janvier 1848, quelques jours avant la catastrophe qui devait mettre un terme et au règne et aux bienfaits de Louis-Philippe, ce prince avait mis à la disposition du maire de la ville de Rambouillet une somme d'argent pour l'aider à créer une bibliothèque publique dans cette ville. En même temps, il envoyait à ce fonctionnaire un exemplaire des *Galeries du palais de Versailles*, et un autre des *Souvenirs historiques des résidences royales*.

Plus qu'aucun roi du monde, Louis-Philippe était fait pour apprécier et encourager l'art de l'imprimerie. Il aimait cette profession, et nul monarque n'a peut-être fait imprimer autant que lui (1). Il revoyait lui-même ses épreuves, les corrigeait fort bien, et tous les ouvrages qu'il commandait étaient exécutés par des imprimeries privées. Il ne lui a manqué, pour être le protecteur particulier de la typographie, que des conseillers qui s'y intéressassent eux-mêmes davantage. Autrefois, les plus simples, les plus minutieux détails de l'organisation intérieure des ateliers occupaient la sollicitude du parlement et des ministres; mais, sous le règne de Louis-Philippe, les exigences et les luttes du gouvernement représentatif ne laissaient guère aux hommes d'État le temps de descendre à de tels détails.

Les journaux ont parlé de deux volumes manuscrits, reliés en maroquin rouge, qui ont été trouvés aux Tuileries après la prise de ce palais, en février 1848. Ces volumes, intitulés *Mémoires de Louis-Philippe*, ont été rapportés au gouvernement provisoire, et déposés à la bibliothèque de l'Hôtel-de-Ville. Ils se terminent par une phrase qui donne lieu à un singulier rapprochement : Louis-Philippe y exprime l'émotion qu'il éprouva quand les commissaires de la Convention vinrent proclamer la république en face des armées ennemies.

Longtemps avant son avénement au trône, et jusqu'au 24 février 1848, ce prince s'occupait chaque jour, et pendant le peu de loisir que lui laissaient les affaires publiques, d'un ouvrage immense, qui aurait donné un aliment considérable à l'imprimerie. C'est une collection des portraits gravés de tous les hommes marquants, à partir des temps les plus re-

---

(1) Voici les titres de quelques-uns des ouvrages qui ont été imprimés par les ordres et aux frais du roi Louis-Philippe : *Palais-Royal*, 1 vol. in-f°; — *Galerie des tableaux du Palais-Royal*, 2 vol. in-f°; — *Notices historiques sur les résidences royales*, 5 vol. in-8°, — *Galerie de Versailles*, 2 vol. in-f°, par Gavard.

culés jusqu'aux temps modernes. Quarante volumes in-folio étaient déjà classés et s'augmentaient incessamment des portraits qu'on achetait dans tous les États de l'Europe, à chaque vente publique ou particulière. Une notice historique accompagnait chaque portrait. Cette collection, sans contredit la plus curieuse qui jamais ait été conçue, a péri ou a été dérobée en partie, dans le sac du Palais-Royal, avec les tableaux et autres objets d'art.

On peut, au point de vue de la philosophie et de l'histoire, excuser ces grands événements, ces batailles sanglantes qui, tout en ayant coûté la vie à des milliers d'hommes, ont eu, en définitive, des résultats heureux pour la civilisation ou la grandeur d'un pays. Mais on ne saurait trop flétrir ces révolutions intérieures, dues à de misérables ambitieux, qui n'apportent avec elles aucune compensation et anéantissent des chefs-d'œuvre, dont la perte est à jamais irréparable.

Louis-Philippe aimait tellement les livres, il en faisait tant de cas, qu'il ne croyait pouvoir offrir à personne un témoignage plus flatteur et plus digne de son estime particulière. Dans sa jeunesse, il avait visité la Norvége, où le souvenir de ce voyage est resté. En 1844, voulant donner à ce pays une nouvelle marque d'intérêt, il envoya au gouvernement norvégien, à Christiania, des exemplaires de divers grands ouvrages publiés en France, parmi lesquels figuraient le *Pilote français*, qui se compose d'une collection de cartes des côtes de France, et l'*Atlas du génie maritime*, œuvre récente qui n'avait encore été offerte à aucun gouvernement. Ces deux ouvrages ont été déposés à la bibliothèque de la marine royale norvégienne à Frédériksvaern. Les autres livres, dont la Norvége est redevable à la munificence de Louis-Philippe, ont été distribués entre les bibliothèques de l'Université de Christiania, de l'Académie royale des sciences à Drontheim, et divers établissements scientifiques du pays.

A l'exemple du roi, les princes et les princesses de la famille d'Orléans aimaient, protégeaient et cultivaient eux-mêmes la littérature et les arts. La princesse Marie avait déjà un talent hors ligne comme statuaire, lorsqu'une mort prématurée vint l'enlever à sa famille et à ses nombreux admirateurs.

Un dernier trait montrera l'estime que Louis-Philippe faisait des gens de lettres et des recommandations qui émanaient d'eux. Un jeune homme, bien né et bien doué, dit-on, sous le rapport de l'intelligence (Barbès), avait été condamné à mort pour crime politique. Sa demande en grâce, de l'avis du conseil des ministres, venait d'être rejetée. Vainement la sœur du condamné, et les personnages recommandables qu'elle avait su intéresser au sort de son frère, avaient sollicité une commutation de peine. Le roi, enchaîné par les objections de son conseil, restait inébranlable. Mais ce que les larmes d'une sœur et les sollicitations puissantes de ses protecteurs n'avaient pu faire, quelques lignes d'un poëte l'obtinrent. M. Victor Hugo, qui s'intéressait au condamné, apprenant au théâtre que l'exécution devait avoir lieu le lendemain, tenta un dernier effort. Il fit, en quatre vers, un appel touchant aux sentiments paternels du roi, et, dès le soir même, la grâce était accordée.

Voici ces vers, qui font allusion à la mort de la princesse Marie et à la naissance du comte de Paris :

> Par votre ange, envolée ainsi qu'une colombe,
> Par le royal enfant, doux et frêle roseau,
> Grâce, encore une fois! grâce au nom de la tombe!
> Grâce, au nom du berceau !

Ce trait de générosité et beaucoup d'autres que l'on pourrait citer honoreront toujours la mémoire de Louis-Philippe ; l'histoire lui tiendra compte également des encouragements qu'il accorda aux sciences et aux arts. Nous n'avons pas à discuter ici les causes qui ont amené la révolution de 1848 ; nous dirons seulement, pour rentrer dans notre sujet, que la presse politique, après avoir obtenu pendant ce règne une liberté qu'elle n'avait pas sous la restauration, se laissa entraîner à une opposition systématique, dont elle ne prévoyait peut-être pas les conséquences, et contribua ainsi puissamment à hâter la chute du gouvernement de juillet.

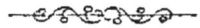

CHAPITRE VII.

L'IMPRIMERIE SOUS LA RÉPUBLIQUE DE 1848

SOMMAIRE.

I. Gouvernement provisoire; ses actes en ce qui concerne l'imprimerie, et leurs effets. — II. Ouvriers typographes; appui que le gouvernement provisoire, dans leur intérêt, donne à l'imprimerie. — III. Suspension de journaux; la presse sous l'administration du général Cavaignac. — IV. Élection du président de la république; dégâts dans deux imprimeries de Paris; proposition pour la suppression des brevets d'imprimeur et de libraire. — V. Brevets retirés; avis officieux donnés à la presse. — VI. L'imprimerie à l'exposition de 1849 et à l'exposition universelle de 1851; progrès constatés et nouvelles découvertes. — VII. Deux décembre; régime de la presse; mesures relatives à la contrefaçon étrangère. — VIII. Rétablissement de l'empire. — IX. Renseignements statistiques.

I. Le gouvernement provisoire, nommé par acclamation populaire à la Chambre des députés, le 24 février 1848, était en partie composé d'hommes de lettres et de journalistes. Il ouvrit les portes de l'administration à ses amis, et leur donna les principaux emplois. Avec de tels éléments, l'administration devait naturellement s'occuper de la presse et de l'imprimerie; aussi les actes qui les concernent l'une et l'autre furent-ils très-nombreux à cette époque.

M. Ledru-Rollin, à peine installé au ministère de l'intérieur, rendit un arrêté (27 février) pour l'établissement, près de son cabinet particulier, d'un *bureau de publicité*. Son but était de centraliser et de communiquer à tous les journaux, sans distinction, les nouvelles de l'intérieur et de l'étranger qui pouvaient intéresser la république. A cet effet, tous les journaux de Paris, des départements et de l'étranger devaient être réunis dans ce bureau, duquel dépendait aussi l'atelier d'autographie existant au ministère de l'intérieur (1).

Le gouvernement provisoire, voulant se rendre la presse favorable, commença par annuler toutes les condamnations prononcées pour délit de presse (29 février). Mais en même temps qu'il proclamait cette amnistie, il essaya d'arrêter la propagation des innombrables écrits qui se publiaient sans nom d'auteur ni d'imprimeur, dont personne, par conséquent, ne répondait, à la faveur desquels se commettaient les faux les plus audacieux, et qui étaient une arme terrible entre les mains des ennemis du peuple. Des peines sévères durent être portées à cette occasion contre les afficheurs ou distributeurs de ces écrits. Cette mesure eut de plus l'avantage, pour les imprimeurs, de dissiper les craintes qu'ils avaient pu concevoir sur le maintien du privilége des brevets; car, en voyant ceux-là mêmes qui, à une autre époque, avaient été les plus empressés à demander la liberté absolue d'imprimer, montrer par leurs premiers actes combien cette liberté leur semblait dangereuse, les imprimeurs furent pleinement rassurés : tant il est vrai que les hommes d'opposition sont tenus,

---

(1) Nous ne croyons pas que cette organisation ait servi à autre chose qu'à la publication des fameux *Bulletins* qui occupèrent alors si vivement l'attention publique, et dont la rédaction fut généralement attribuée à madame Georges Sand.

en général, de modifier leurs idées le jour où ils arrivent au pouvoir, sous peine d'être écrasés du poids de leur responsabilité.

De leur côté, les journalistes formulèrent des plaintes et des espérances. Le 2 mars, ils envoyèrent une députation à l'Hôtel-de-Ville pour demander qu'on affranchît du timbre les journaux et autres écrits périodiques. Cette demande fut accordée provisoirement pendant les dix jours qui devaient précéder la convocation des assemblées électorales. Mais plus tard, sur les nouvelles instances des réclamants, que ne satisfaisait point une concession aussi limitée, le Gouvernement consentit à la suppression définitive du timbre. Une proclamation annonça en ces termes cette importante faveur : « La presse, cet instrument si puissant de civilisation, de liberté, et dont la voix doit rallier à la république tous les citoyens, la presse ne pouvait rester en dehors de la sollicitude du gouvernement provisoire. Résolu comme il l'est à maintenir tous les impôts pour acquitter les engagements et assurer le service de l'État, il ne pouvait considérer comme un simple revenu fiscal une taxe essentiellement politique. Le timbre des écrits périodiques ne saurait être continué à un moment où la prochaine convocation des assemblées électorales exige l'expression libre de toutes les opinions, de tous les sentiments, de toutes les idées.... »

L'abrogation de la loi du 9 septembre 1835, qui, par sa sévérité, gênait les allures de la presse révolutionnaire, suivit de près la suppression du timbre des journaux. Le décret qui rapporta cette loi (6 mars) était motivé principalement « sur la réprobation unanime que les lois de septembre, violation flagrante de la constitution jurée, avaient excitée dès leur présentation. » Ces lois y étaient qualifiées d'attentat contre la liberté de la presse, parce qu'elles avaient inconstitutionnellement changé l'ordre des juridictions, enlevé au jury la connaissance des crimes et des délits de la presse, et appliqué, contre tous les principes du droit, à des faits appelés contraventions, les peines qui ne doivent frapper que les délits.

En supprimant les lois de septembre, le décret remettait en vigueur, jusqu'à ce qu'il eût été statué par l'assemblée constituante, les lois des 17 et 26 mai 1819, celle du 25 mars 1822, sur la répression et la poursuite des délits de presse; celles des 18 juillet 1828 et 14 décembre 1830, sur les conditions de publication des journaux et écrits périodiques, dans toutes leurs dispositions non abrogées par le gouvernement provisoire. Il n'y eut d'exception que pour le cautionnement des journaux, dont il ne fut pas dit un seul mot dans le décret, et on en conclut qu'il se trouvait implicitement supprimé.

Les annonces judiciaires, qui, aux termes de la loi, devaient être faites exclusivement dans les journaux désignés par les cours royales, donnèrent lieu à d'autres réclamations. Le gouvernement provisoire céda également sur ce point, et, par un décret en date du 8 mars, il arrêta que, dans le cas prévu par l'article 696 du Code de procédure civile, les annonces pourraient être insérées, au choix des parties, dans l'un des journaux publiés dans le département où étaient situés les biens annoncés, et que néanmoins toutes les annonces relatives à la même série devraient être faites dans le même journal.

Enfin, les derniers vestiges de l'ancienne législation de la presse disparurent (22 mars) devant le décret relatif au jugement des délits commis, par la voie des journaux ou par tout autre moyen de publication, contre les fonctionnaires ou contre tout citoyen revêtu d'un caractère public. La connaissance de ces délits fut réservée au jury seul, ainsi que l'action civile, qu'il fut défendu de poursuivre indépendamment de l'action publique.

Ayant tout fait pour la presse à l'intérieur, le pouvoir ne dut pas faire moins pour celle du dehors. Le 2 mai, il décréta la liberté de la presse et l'abolition de la censure dans les colonies.

La suppression du timbre et du cautionnement des écrits périodiques donna naissance à une multitude de journaux. Les anciens eux-mêmes virent augmenter de beaucoup leur tirage. Des crieurs vendaient toutes ces feuilles dans les rues de Paris, comme à l'époque de la première révolution, et les passants, inquiets et préoccupés de la gravité des événements, ne résistaient guère à l'envie d'acheter un numéro. On vit même renaître un instant quelques-uns des pamphlets les plus odieux de la première révolution, notamment le *Père Duchêne*, lequel, après une si longue interruption, avait à peine changé sa couleur et son style. Le nombre des porteurs qui attendaient les feuilles du soir près des ateliers de M. Boulé, où s'imprimaient la plupart des nouveaux journaux, était si considérable et envahissait tellement les rues environnantes, qu'on eût dit, chaque soir, qu'une émeute grondait dans le quartier.

II. Deux ou trois imprimeries, vouées spécialement à l'impression des feuilles publiques, gagnèrent seules à cette disposition des esprits et aux facilités que le gouvernement provisoire, avec autant d'empressement que d'imprudence, avait accordées à la presse périodique. Aussi l'activité de leurs ateliers répondait-elle à l'agitation de la rue, et redoublait en proportion des inquiétudes et des alarmes des citoyens. En revanche, la grande majorité des imprimeurs de Paris, tous ceux qui n'emploient leurs presses qu'aux ouvrages de la librairie, du commerce, de l'industrie, et à cette sorte d'impressions connues sous le nom d'ouvrages de ville, furent privés tout à coup de toute espèce de travaux, et, malgré leurs efforts, obligés de renvoyer une partie de leurs ouvriers (1).

On sait quel rôle jouèrent les ouvriers de Paris dans la plupart des faits qui accompagnèrent ou suivirent la révolution de février, et l'influence qu'ils prétendirent exercer jusque sur les actes du gouvernement provisoire. Dès les premiers jours, et immédiatement après l'installation du gouvernement provisoire à l'Hôtel-de-Ville, les ouvriers de chaque corps d'état lui envoyèrent des députations pour le complimenter et lui exprimer les vœux et les espérances que leur faisait concevoir la révolution accomplie. La députation des ouvriers typographes fut reçue le 25 mars, par M. Barthélemy Saint-Hilaire, au nom du gouvernement. Elle lui présenta deux projets, l'un relatif à l'établissement de bibliothèques communales, l'autre concernant l'impression des livres destinés à ces bibliothèques. Elle demanda en outre que, momentanément, le gouvernement confiât aux presses à bras une partie des travaux que les divers ministères font imprimer par les presses mécaniques.

M. Barthélemy Saint-Hilaire, au nom du gouvernement provisoire, félicita les délégués de l'heureuse idée qu'ils avaient conçue, en ce qui concerne les bibliothèques communales; il leur dit que ce projet avait déjà attiré l'attention du gouvernement, qui était tout disposé à entrer dans leurs vues; mais il montra plus de réserve sur la question de substituer les

---

(1) Sur 4,556 ouvriers typographes employés à Paris au commencement de 1848, 1,217 ouvriers, soit 27 p. %, ont été congédiés dans les quatre premiers mois de la crise.

presses à bras aux presses mécaniques; il se contenta de protester du désir qu'avait le gouvernement de venir en aide, autant qu'il dépendrait de lui, à la classe si nombreuse et si intéressante des ouvriers typographes. « Soyez certains, dit-il en terminant, que le gouvernement ne négligera rien pour mettre un terme à vos douleurs. »

Quoique, faute de travail, ils fussent réduits à un état de gêne voisin de la pauvreté, les ouvriers accompagnaient ordinairement leurs requêtes d'un don patriotique, auquel chacun d'eux contribuait selon ses moyens. Les typographes apportèrent aussi leur offrande. « C'est l'obole du pauvre, dit l'organe de la députation. Nous aurions donné plus si nous avions travaillé plus. Mais c'est du moins une preuve de notre dévouement. »

Préoccupés des événements politiques qui naissaient alors les uns des autres et se multipliaient avec une incroyable rapidité, confiants peut-être, comme beaucoup d'autres, dans les promesses de la commission qui siégeait au Luxembourg, sous le vain prétexte et avec la prétention insensée d'organiser le travail, les ouvriers typographes supportèrent avec patience le malaise, suite de leur désœuvrement forcé, et de l'épuisement de leurs ressources. Ceux qui avaient le bonheur d'appartenir à des sociétés de secours mutuels trouvèrent quelque soulagement dans les allocations journalières qu'ils en recevaient; mais le plus grand nombre ne durent leur salut qu'au dévouement des patrons, lesquels furent secondés, en cette douloureuse occurrence, par quelques sages mesures du gouvernement provisoire. En effet, pour rendre un peu d'activité au travail, momentanément suspendu, il essaya d'abord de donner un témoignage d'intérêt aux écrivains et aux artistes, par la création d'un jury d'examen chargé de désigner au ministre de l'intérieur les ouvrages auxquels il serait utile de souscrire. Malheureusement, cette mesure qui, appliquée avec discernement, aurait pu avoir d'excellents résultats, fut détournée de son but honorable, dans l'intérêt des passions du moment. Aussi ne servit-elle qu'à favoriser la publication d'un certain nombre de brochures politiques sans importance, et dont il ne reste plus trace aujourd'hui.

De son côté, le ministre de l'instruction publique témoignait de sa sollicitude pour les entreprises de librairie classique et les diverses industries qui s'y rattachent : « Répandez autour de vous, disait-il aux recteurs (14 mars), toutes les assurances nécessaires au rétablissement de l'activité de la librairie universitaire.... Que le mouvement et la paix renaissent donc dans nos écoles et dans les ateliers qui les desservent. La république, en excitant l'émulation de la jeunesse studieuse, doit contribuer à la prospérité de la librairie. Les encouragements au mérite et à l'intelligence appellent les livres. »

En même temps, malgré les embarras financiers du moment et les énormes dépenses auxquelles il était tenu de pourvoir, le gouvernement provisoire ouvrait un crédit de 100,000 fr. destiné à l'encouragement des belles-lettres, et un autre pour la continuation de la réimpression des œuvres scientifiques de Laplace.

L'intervention du pouvoir étant quelquefois plus directe, était aussi plus immédiatement efficace. C'est ainsi que, dès les premiers jours de la crise, le maire de Paris avait fait annoncer par les journaux, par affiches et par lettres aux chefs d'atelier, que les ouvriers typographes sans emploi trouveraient du travail à l'imprimerie nationale ; et, en effet, quelques-uns d'entre eux furent admis temporairement dans cet établissement, et y restèrent jusqu'au moment où ils purent rentrer dans les imprimeries particulières.

Le fait suivant témoigne aussi des bonnes intentions des hommes du gouvernement à l'égard de l'imprimerie. On se rappelle que, par suite d'une défiance qui était alors générale, l'argent était devenu si rare, qu'il était presque impossible d'obtenir l'échange des billets de banque, et que tous les payements ne se firent plus qu'en papier. Dans ces circonstances, les chefs d'atelier qui avaient des payements à faire chaque semaine, pour le salaire de leurs ouvriers, se virent exposés aux plus graves embarras. Quelques-uns, entre autres le directeur de l'imprimerie administrative, eurent recours au gouvernement provisoire, qui donna ordre à la Banque de France d'échanger ses billets contre des écus, et cela jusqu'à concurrence de la moitié des sommes que les chefs d'atelier avaient à payer chaque semaine pour le solde des ouvriers.

Une mesure également favorable à plusieurs imprimeries fut la création (1), près du comptoir national d'escompte de Paris, d'un sous-comptoir de garantie pour la librairie, la papeterie, l'imprimerie, la fonderie en caractères, et les autres professions qui s'y rattachent.

Mais c'est surtout grâce aux efforts et au dévouement des maîtres imprimeurs et de quelques libraires (2) que la plupart

---

(1) Arrêté du 11 avril 1848.

(2) Au lendemain même de la révolution, le 26 février, MM. L. Hachette et Cie adressèrent à trois imprimeurs une lettre les invitant à organiser immédiatement, pour le compte de leur librairie, trois presses à bras, auxquelles ils assuraient du travail pendant trois mois.

Parmi les hommes qui ont contribué à conjurer les dangers de la situation, on doit citer aussi le secrétaire général du gouvernement provisoire M. Pagnerre, qui, malgré ses hautes fonctions et les travaux dont il était surchargé, n'abandonna point sa librairie.

des établissements typographiques de Paris ne furent point fermés. Ils gardèrent, du moins en partie, leurs ouvriers, tandis que, dans beaucoup d'autres industries, ces malheureux étaient obligés, pour vivre, d'aller demander un maigre salaire aux ateliers nationaux.

Ce concours de vues sages et intelligentes sauva l'imprimerie de Paris. Il prouva tout ce que l'esprit de corps bien dirigé peut donner de force à une industrie, et combien elle trouve de ressources en elle-même dans les crises les plus périlleuses.

En général, dans ces temps d'agitations et de troubles, les ouvriers typographes parurent moins enclins au désœuvrement et au désordre que les ouvriers des autres industries. Beaucoup d'entre eux même luttèrent courageusement contre l'anarchie (1). On aime à rappeler surtout que M. Corbon, ouvrier typographe, puis secrétaire particulier et chef du cabinet de M. Garnier Pagès, ensuite représentant du peuple pour la ville de Paris, et vice-président de l'assemblée constituante, montra, lors de l'attentat du 15 mai, une louable énergie et un grand courage.

III. Les nombreuses concessions que le gouvernement provisoire s'était laissé ravir par l'esprit révolutionnaire, loin de satisfaire et de pacifier les partis, avaient accru le mal et fait enfin éclater la catastrophe sanglante de juin. L'illusion, désormais, n'était plus possible ; et, comme il arrive presque

---

(1) Le jour où l'on brisait les presses mécaniques dans certains ateliers, dans d'autres, notamment à l'imprimerie administrative, les ouvriers formaient eux-mêmes un corps de garde pour défendre leurs ateliers contre les tentatives de leurs camarades égarés, justifiant ainsi l'utilité de la mesure qui leur assure une part dans les bénéfices de la maison.

toujours dans les temps de révolution, on dut s'efforcer de reconstruire ce qu'on avait détruit à la hâte, et moins par conviction que par nécessité politique. La presse et les clubs appelèrent, les premiers, l'attention du pouvoir.

Déjà, au moment où l'insurrection de juin commençait à se développer dans Paris, et de passer de la menace à l'exécution, le général Cavaignac, alors investi de tous les pouvoirs, avait jugé nécessaire d'adopter des mesures propres à défendre la société, non-seulement contre ses ennemis armés, qui occupaient les rues, mais contre ceux qui les avaient excités, et leur avaient mis les armes à la main. Un des premiers actes du général fut la suspension de onze journaux (1), dont la rédaction et l'esprit, abstraction faite de toute opinion, lui semblèrent de nature à prolonger la lutte qui ensanglantait la capitale.

Aussitôt le calme rétabli, l'assemblée constituante mit empêchement à la publication des nombreuses feuilles créées depuis la révolution de février, publiées sans cautionnement, et qui ne présentaient au gouvernement ni responsabilité, ni garantie. A cet effet, elle décréta « que les dispositions des lois existantes sur le cautionnement des journaux seraient appliquées rigoureusement à compter de ce jour, 9 août 1848,

---

(1) Ces journaux étaient : *la Presse, la Révolution, la Vraie République, l'Organisation du travail, l'Assemblée nationale, le Napoléon républicain, le Journal de la Canaille, le Lampion, la Liberté, le Père Duchêne, le Pilori.*

Cette mesure de salut public, qui fut d'abord approuvée sans restriction par l'assemblée nationale, y trouva plus tard des détracteurs. Mais, si l'on se reporte aux dangers et aux inquiétudes du moment, on restera convaincu qu'elle était nécessaire, et, loin d'en faire un reproche au général Cavaignac, on le loûera de s'être montré tout ensemble aussi énergique et aussi impartial.

jusqu'au 1er mai 1849. » Seulement, elle réduisit considérablement le taux du cautionnement (1). Ces nouvelles dispositions devaient être abrogées de plein droit à partir du 1er mai 1849 ; mais, par les décrets des 21 avril et 27 juillet 1849, elles furent prorogées jusqu'à la promulgation d'une loi organique sur la presse.

De plus, l'assemblée, voulant coordonner l'ancienne législation, que le gouvernement provisoire avait fait revivre implicitement le 6 mars, en abrogeant la loi du 9 septembre 1835, fit la loi du 11 août 1848, sur la répression des crimes et délits commis par la voie des journaux. Cependant, tout en modifiant les textes, cette loi ne changea rien aux principes ni à la pénalité des lois de 1818 et de 1822, qu'elle venait remplacer.

La constitution du 4 novembre 1848, à l'exemple des chartes de 1814 et de 1830, sanctionna, sous certaines réserves, la liberté de la presse. « Les citoyens (art. 8) eurent le droit de manifester leurs pensées par la voie de la presse ou autrement, droit qui n'avait pour limites que les lois ou la liberté d'autrui et la sécurité publique. La presse, en aucun cas, ne pouvait être soumise à la censure. Enfin (art. 83 et 84), la connaissance des délits, ainsi que la fixation des dommages-intérêts réclamés pour faits ou délits de presse, furent attribuées au jury. »

Telles furent les modifications que subit le régime de la presse en 1848.

---

(1) Le cautionnement fut fixé, pour un journal quotidien ou paraissant plus de deux fois par semaine, à 24,000 fr. dans les départements de la Seine, de Seine-et-Marne et de Seine-et-Oise ; dans les autres départements, à 6,000 fr. pour les villes de 50,000 âmes et au-dessus, et à 3,600 fr. pour les villes au dessous.

IV. L'élection du 10 décembre, qui donna cinq millions et demi de suffrages au prince Louis-Napoléon Bonaparte, ne fut suivie d'aucune mesure importante concernant la presse périodique. C'est seulement à l'époque des troubles du 13 juin 1849, qu'une nouvelle suspension de journaux fut prononcée, en vertu de l'état de siége, ce qui donna lieu à un incident regrettable, et que nous devons rapporter.

Pour assurer l'exécution de l'arrêté de suspension, ordre avait été donné à un bataillon de la garde nationale, assisté d'un détachement de troupes de ligne, d'occuper militairement les bureaux et les ateliers d'impression des journaux momentanément interdits. L'objet principal de cet ordre était d'empêcher la publication des feuilles ; malheureusement, l'exécution en fut marquée par les plus déplorables excès. Soit que l'ordre eût été mal compris, soit que, dans un moment de surexcitation et d'aveuglement, on en eût sciemment exagéré la portée, les gardes nationaux commandés se livrèrent à des actes de violence condamnables dans deux imprimeries, et y causèrent des dégâts qui s'étendirent jusqu'à des parties de matériel autres que celles affectées au service des journaux (1).

Lorsque, à d'autres époques, de graves atteintes avaient été portées à la propriété de quelques imprimeurs, on n'avait pu, du moins, en accuser que des hommes du peuple, égarés par les passions révolutionnaires. Ce qui donne aux dévastations de 1849 un autre caractère, ce qui les rend encore plus déplorables, c'est qu'elles ont été commises par des agents du

---

(1) L'expertise faite a évalué les dégâts commis dans l'imprimerie de M. Boulé à 78,065 fr. 87 c., et ceux commis dans l'imprimerie de M. Proux, à 40,444 fr. 64 c.

pouvoir, par ceux-là mêmes qui devaient s'interposer pour les prévenir, si, comme autrefois, ces violences avaient eu pour cause l'ignorance et l'aveuglement.

Le mouvement insurrectionnel du 13 juin une fois comprimé, le gouvernement songea à mettre un frein à la presse, qui, depuis l'abrogation des lois de septembre, avait méconnu toutes les règles de la justice et de la modération. On avait surtout reconnu et signalé comme un danger public la facilité avec laquelle de détestables écrits, radicalement hostiles à l'ordre et à la morale, se répandaient dans les ateliers et dans les campagnes. Pour remédier à cette situation, une loi fut présentée (27 juillet 1849), qui, entre autres dispositions, contenait des pénalités sévères contre le colportage.

Cette législation, que le ministre de l'intérieur prit soin de commenter et d'expliquer par de nombreuses circulaires, fut immédiatement et rigoureusement appliquée dans tous les départements de la France. Un an après (16 juillet 1850), elle fut complétée par une loi qui fixa le cautionnement des journaux, exigea la signature de l'auteur au bas de tout article de discussion politique, philosophique ou religieuse, publié dans un journal, et frappa d'un droit de timbre les journaux ou écrits périodiques qui traitaient de matières politiques, ainsi que les romans-feuilleton.

A partir de ce jour, le nombre des journaux diminua considérablement, et les feuilles qui restèrent durent élever d'une manière sensible leurs prix d'abonnement.

Malgré la réaction naturelle qui s'attaquait, au début de la république, à tous les actes de la monarchie, et les dispositions que montraient certains hommes du pouvoir à revenir aux errements de cette institution, le gouvernement provisoire n'avait pas un instant eu la pensée de décréter la liberté absolue de l'imprimerie. C'est seulement en 1851 que quelques représentants du peuple (1) jugèrent à propos d'évoquer cette question épineuse, et signèrent une proposition ayant pour objet de déclarer libres les professions d'imprimeur et de libraire, et d'abroger, en conséquence, les articles 11 et 12 de la loi du 21 octobre 1814.

Cette proposition trouva peu de faveur dans l'assemblée. La commission nommée pour l'examiner s'y montra même unanimement opposée, et M. Moulins, rapporteur, la combattit en homme convaincu des dangers qu'aurait pour le pays la liberté absolue de l'imprimerie.

« En principe, dit M. Moulins, il appartient à la société de réglementer, pour en assurer l'usage, pour en prévenir les abus, toutes les industries qui touchent à l'ordre public et aux bonnes mœurs, d'en concéder ou d'en retirer l'exercice, dans des conditions déterminées. Or, est-il une industrie plus puissante, pour le mal comme pour le bien, exerçant, suivant les circonstances où elle se produit, une plus heureuse ou une plus détestable influence sur l'ordre et les mœurs, que l'industrie de l'imprimerie et de la librairie? Est-il une responsabilité morale, ou même pécuniaire, plus nécessaire à reconnaître et à constater que celle de l'imprimeur et du libraire? La société a donc le droit d'intervenir, pour les autoriser, dans la désignation des personnes appelées à exercer ces deux professions. Telle est l'origine, parfaitement légitime, de la réglementation portée dans les articles 11 et 12 de la loi du 21 octobre 1814. Ce n'est pas un privilége, un monopole qu'elle établit dans l'intérêt et au profit d'un cer-

---

(1) MM. Dain, Michel (de Bourges), Madier de Montjau, Crestin. Derriey, Richardet et Sommier.

tain nombre de citoyens ; c'est une garantie qu'elle impose, au seul point de vue de la sûreté générale.

« Cette garantie a-t-elle dépassé la mesure ? a-t-elle donné lieu à de véritables abus ? a-t-elle arrêté le développement de l'imprimerie et de la librairie, comprimé l'essor de la presse ? Les faits parlent plus haut que toutes les démonstrations.

« L'art de la typographie s'est amélioré, perfectionné, s'améliore et se perfectionne chaque jour. Telle a été, malgré le prétendu monopole, la concurrence entre les imprimeurs, que les prix d'impression ont baissé à Paris. La librairie a particulièrement souffert de l'excès de la concurrence, de la production intérieure, sans compter la contrefaçon étrangère.

« Quant à la presse, on sait si elle a grandi en importance, en puissance, pendant nos trente-six années de gouvernement représentatif !

« On invoque l'exemple de l'Angleterre ; mais qui ne connaît la différence des deux pays et des deux nations ? Dans une société fortement constituée, comme la société anglaise, par la double autorité des mœurs et des lois, animée du respect des traditions, gouvernée par des institutions séculaires, on comprend que les industries de l'imprimerie et de la librairie puissent être livrées à la concurrence sans inconvénient grave, sans dommage pour le repos du pays. Mais, en France, dans notre société si vivement attaquée, si agitée, avec la vivacité et la mobilité du caractère national, sous l'empire d'une constitution politique sujette à révision, proclamer l'affranchissement absolu des professions d'imprimeur et de libraire, dépouiller le gouvernement de la faculté de concéder les brevets, et même de les retirer après condamnation, ce serait supprimer une garantie plus que jamais nécessaire, ou tout au moins affaiblir les moyens de défense dont la société peut encore disposer.

« Deux lois ont été, en moins d'un an, édictées pour réprimer ou atténuer les effets du colportage. Pourrions-nous, sans inconséquence, dans les graves circonstances qui ont motivé ces dispositions, en présence d'un avenir qui peut nous réserver les mêmes épreuves, qui doit au moins nous inspirer les mêmes sollicitudes, déclarer que les professions d'imprimeur et de libraire pourront être exercées partout et par tous sans brevets, sans garanties? Car telle est la proposition. — Poser ainsi la question, c'est la résoudre.

« Indépendamment des considérations contraires au principe et à l'opportunité de la proposition, resterait encore la difficulté pratique qui arrêta la chambre des députés en 1830, qui l'empêcha d'adopter la proposition de M. Benjamin Constant, qu'elle avait déjà prise en considération.

« Des établissements considérables d'imprimerie, de librairie, se sont formés sous la foi de la législation existante; des achats de matériel ont été faits, des engagements de toute nature ont été contractés. Pourriez-vous, sans indemnité, livrer à la concurrence les industries qui ont eu à s'imposer de tels sacrifices, de telles avances de fonds? L'indemnité ne serait-elle pas due, en droit rigoureux, tout au moins aux imprimeurs de Paris, qui furent astreints à payer, en 1811, chacun une contribution de 4,000 francs et un soixantième de la valeur estimative des presses au profit des imprimeurs supprimés? L'équité permettrait-elle de la refuser aux imprimeurs des départements, aussi frappés dans leurs fortunes et leurs moyens d'existence?

« Comment serait-elle payée? Le trésor public serait-il grevé d'une charge qui, en 1830, n'était pas évaluée à moins de cinq millions ? En supposant, comme la commission de la chambre des députés le demandait alors, que tout imprimeur, nouvellement établi, fût soumis à une contribution destinée à indemniser les imprimeurs en exercice au moment de la promulgation de la loi, comment un chiffre aussi élevé pourrait-il être atteint et couvert ? Comment, dans quelles conditions, la contribution devrait-elle être répartie ? Ne résulterait-il pas de toutes les difficultés inhérentes au changement de régime que l'on propose une perturbation particulièrement, immédiatement préjudiciable aux nombreux et intéressants ouvriers employés par les deux industries ? »

L'assemblée, conformément à l'avis de la commission et aux conclusions du rapporteur, rejeta la proposition. Il faut espérer enfin que la question de l'existence des brevets d'imprimeur est définitivement jugée ; il faut espérer qu'on ne contestera plus la nécessité d'une législation spéciale pour une profession à laquelle se rattachent de si graves intérêts.

Ce fut sans doute pour rassurer les titulaires sur les conséquences des propositions qui pourraient être faites ultérieurement dans le même but, qu'un décret du président de la république vint confirmer, le 24 mai 1851, tous les brevets d'imprimeur et de libraire délivrés jusqu'à ce jour.

V. Jamais d'ailleurs l'utilité des règlements qui protégent l'imprimerie contre ses propres excès n'avait été plus manifeste que depuis la révolution de février. Alors que, sous le gouvernement provisoire, la liberté la plus absolue était laissée à la presse, et que les écrivains politiques en abusaient à l'envi, les imprimeurs avaient généralement redoublé de prudence, et continué à se soumettre scrupuleusement aux règlements de leur profession. Dans le cours des deux premières années, 1848 et 1849, il y eut à peine deux ou trois condamnations correctionnelles prononcées contre eux; encore n'avaient-elles pour objet que l'omission du dépôt préalable, au parquet du procureur de la république, de brochures ayant trait à la politique (1). Les poursuites contre la presse périodique furent également très-rares pendant ces deux années. Il n'y en eut aucune, que nous sachions, sous le gouvernement provisoire. *Le Peuple Constituant* et *la Réforme* furent les premières feuilles poursuivies devant la cour d'assises : la première, en raison d'un article signé LAMENNAIS ; la seconde, à l'occasion de la reproduction d'un article de M. Proudhon, intitulé *le Terme*. Chacun sait toutefois que ces poursuites n'étaient que trop justifiées par la nature et la violence des écrits incriminés.

De 1848 à 1851, sur les 1,100 brevets d'imprimeur existant en France, 9 furent retirés par suite de condamnations judiciaires, nombre assez considérable assurément, mais qui ne surprendra personne si l'on considère l'état d'effervescence où se trouvaient alors les esprits et le grand nombre des publications dangereuses. Le seul brevet retiré à Paris est celui de M. Boulé, l'un des imprimeurs qui, après février, publiaient le plus de journaux politiques.

Le pourvoi formé alors par M. Boulé donna lieu à une décision qui mérite d'être rappelée. Le brevet avait été retiré par arrêté du ministre de l'intérieur, en date du 14 mai 1850. M. Boulé prétendit qu'il était de principe constitutionnel que les fonctions conférées par le gouvernement ne pussent être

---

(1) De légères amendes furent prononcées pour de semblables contraventions contre les imprimeurs suivants : M. Plon, pour n'avoir pas fait le dépôt au parquet de l'*Almanach pour rire* de 1850; M. Dondey-Dupré, pour une brochure intitulée : *Pie IX devant Dieu*; M. Schneider, pour un écrit ayant pour titre : *Pétition à l'assemblée législative*.

retirées que par le gouvernement, l'autorité qui institue ayant seule le droit de destituer. Or, ajoutait-il, les brevets d'imprimeur, d'après l'article 11 de la loi de 1814, devant être conférés *par le roi*, il a été dans la volonté du législateur de réserver au chef de l'État seul le droit d'accorder et de retirer les brevets d'imprimeur. Le conseil d'État donna raison à ce système de défense, et, après deux audiences (8 et 15 mai 1851), malgré les conclusions contraires du ministère public, il annula l'arrêté du 14 mai 1850. Mais, quelques jours après, le brevet fut légalement et définitivement retiré à l'imprimeur par un décret présidentiel.

Ce qui a le plus contribué à prévenir les contraventions et à maintenir les imprimeurs de Paris dans la voie de la légalité et de la prudence, c'est, à notre avis, le soin qu'ont pris les parquets de la cour d'appel et du tribunal de première instance, de leur donner des avertissements officieux pour les rappeler, lorsqu'il en était besoin, à l'exécution des règlements. Le premier avertissement de cette nature fut donné le 24 juin 1848, au moment même où l'insurrection éclatait dans Paris. Le procureur général adressa dans ce but trois dépêches au préfet de police, en l'invitant à en donner immédiatement connaissance aux imprimeurs. On lisait dans une de ces dépêches : « La législation sur la police de l'imprimerie et des journaux, dont l'exécution a pu être négligée, à cause de la liberté laissée aux citoyens aux époques voisines des élections générales, n'a pas cessé d'être en vigueur. Vous voudrez bien faire connaître aux imprimeurs de la ville de Paris et du ressort de la préfecture de police que je veillerai très-exactement à l'exécution de toutes les dispositions de ces lois d'ordre public. Je vous invite à faire exercer une active surveillance sur les imprimeries..... Les imprimeurs savent que, dans des jours difficiles, l'intérêt public leur impose encore plus strictement le devoir de prendre connaissance des écrits qu'ils impriment et de s'abstenir d'imprimer des écrits contenant des provocations à des crimes ou à des délits, à la désobéissance aux lois ou à toute autre infraction. Contre les imprimeurs qui méconnaîtront ces prescriptions légales, je n'hésiterai pas à requérir l'application de toutes les dispositions répressives en vigueur. »

En 1849, le procureur de la république près le tribunal de première instance de la Seine donna plusieurs fois, mais directement ou par les journaux, des avis analogues aux imprimeurs. Il rappela notamment, à plusieurs reprises, que l'article 8 de la loi du 18 juillet 1848 impose aux propriétaires-éditeurs ou gérants responsables des journaux ou écrits périodiques la condition de déposer au parquet, au moment de la publication, un exemplaire signé en minute de chaque numéro du journal ou de l'écrit périodique. Il se plaignait de ce que cette obligation n'était pas remplie avec exactitude.

Enfin, après la promulgation de la loi du 27 juillet 1849 sur la presse, ce magistrat publia un nouvel avis, pour inviter les imprimeurs à se conformer, à partir du 31 juillet, aux prescriptions de l'article 7 de la nouvelle loi (1), sous peine d'être poursuivis par le tribunal correctionnel.

On ne peut qu'applaudir à l'intention qui dicta ces avis, et il est singulièrement à souhaiter que l'administration y per-

---

(1) L'article 7 de la loi du 27 juillet 1849 est ainsi conçu · « Indépendamment du dépôt prescrit par la loi du 21 octobre 1814, tous écrits traitant de matières politiques ou d'économie sociale, et ayant moins de dix feuilles d'impression, autres que les journaux ou écrits périodiques, devront être déposés par l'imprimeur au parquet du procureur de la république du lieu de l'impression, vingt-quatre heures avant toute publication et distri-

sévère. De pareilles mesures, toutes de bienveillance et de conciliation, sont de nature à préserver beaucoup d'imprimeurs des dangers auxquels ils sont exposés pour un seul moment d'oubli ou de négligence. Elles contrastent, il faut en convenir, d'une manière frappante avec les procédés des parquets d'une autre époque, plus jaloux de rechercher les contraventions, afin de les punir, que de rappeler les circonstances où l'on risque d'y tomber, afin de les prévenir. Cette tactique maladroite a fait un tort infini à tous les gouvernements qui se sont succédé de 1815 à 1848, et a compromis la magistrature des parquets, au point de mettre en suspicion son équité, et d'attirer la haine sur quelques-uns de ses membres les plus éminents. Il est permis de croire que ces mauvais jours et ces mauvaises pratiques ne reviendront plus, et, quoique l'excès de zèle gagne quelquefois en France les meilleurs esprits, et qu'il soit de bon ton d'y servir le gouvernement plus qu'il ne demande à être servi, nous avons le ferme espoir que les parquets continueront à différer en cela de leurs prédécesseurs, et aimeront mieux mettre en garde les imprimeurs contre les délits que d'attendre qu'ils soient consommés, pour le vain honneur de requérir contre eux des condamnations.

VI. C'est au milieu des préoccupations politiques et de la crise commerciale qui suivirent la révolution de février que s'ouvrit la douzième exposition des produits de l'industrie française. Il est digne de remarque que, malgré le mauvais

---

bution. — L'imprimeur devra déclarer, au moment du dépôt, le nombre d'exemplaires qu'il aura tirés. — Il sera donné récépissé de la déclaration. — Toute contravention aux dispositions du présent article sera punie, par le tribunal de police correctionnelle, d'une amende de cent francs à cinq cents francs. »

état des affaires et toutes les craintes qu'inspirait encore l'avenir, elle fut une des plus brillantes. Comme en 1839 et 1844, la typographie y tenait son rang avec honneur; elle s'y distingua même par de nouveaux progrès, principalement en ce qui regarde la gravure, laquelle, modifiée dans la forme des types, rend désormais la lecture plus facile, tout en permettant aux caractères de mieux résister à l'action de la presse. On y remarquait, en outre, un procédé qui permet de contourner les filets en vignettes élégantes, qu'on peut mélanger de textes, et qui imitent, à s'y méprendre, tous les jeux de la plume (1). Pour l'impression elle-même, elle signala son perfectionnement par l'usage de glacer le papier avant le tirage: ce qui donne à l'encre plus d'éclat et au contour des lettres plus de pureté. On fut frappé surtout des améliorations considérables obtenues, même à la presse mécanique, dans le tirage des gravures sur bois. Quant à la typographie polychrome, déjà si avancée à l'époque de la précédente exposition, elle eut encore plus d'éclat à celle dont nous parlons; des récompenses furent décernées par le jury d'exposition à plusieurs imprimeurs. Quatre d'entre eux reçurent la médaille d'or: MM. Plon frères, de Paris, pour leurs éditions illustrées par la gravure sur bois; — Paul Dupont, de Paris, pour l'exécution de son livre intitulé *Essais pratiques d'imprimerie*, et pour la reproduction des vieux livres et des anciennes gravures par le procédé de la litho-typographie; — Silbermann, de Strasbourg, pour ses impressions typo-polychromes; — A. Mame, de Tours, pour ses éditions populaires, qui joignent à une élégance remarquable l'avantage du bon marché (1 franc par volume en moyenne).

(1) Cette invention est due à M. Derriey.

M. Desrosiers, de Moulins, pour ses deux beaux ouvrages, *l'Ancienne Auvergne* et *l'Ancien Bourbonnais*, reçut la médaille d'argent et la décoration de la Légion d'honneur.

Le jury d'exposition, par une innovation digne d'éloges, accorda cette fois une place dans son rapport aux contre-maîtres et ouvriers qui avaient le mieux secondé leurs patrons dans l'exécution des ouvrages les plus remarquables. Sur sa proposition, des médailles et des mentions honorables furent décernées : à M. Lainé, prote de MM. Firmin Didot frères, et à MM. Bramet, prote, Maréchal, compositeur, Dalaud et Fistet, ouvriers de l'imprimerie Paul Dupont. Ce dernier les avait signalés lui-même dans son ouvrage intitulé *Essais pratiques d'imprimerie*, comme ayant le plus contribué à la parfaite exécution de ce livre.

En 1851, c'est-à-dire deux ans à peine après la clôture de l'exposition française, une autre exposition, à laquelle furent conviées toutes les nations du globe et qui reçut pour ce motif le nom d'exposition universelle, s'ouvrait à Londres. La France qui, la première, avait conçu l'idée de ce concours de tous les peuples à une seule solennité industrielle, dut laisser à l'Angleterre la gloire de son exécution. Elle n'en répondit pas avec moins d'empressement à l'appel qui lui était adressé de l'autre côté du détroit. Toutes ses industries figurèrent à ce vaste concours, dont les juges étaient choisis parmi les membres des divers jurys nationaux ; et, de l'aveu même des nations rivales, elle y obtint le plus brillant succès, notamment dans les œuvres de goût.

Mais la typographie française et les autres professions qui s'y rattachent avaient à l'exposition universelle de nombreux représentants. On y comptait 9 imprimeurs typographes, 12 libraires, 3 imprimeurs en taille-douce, 8 imprimeurs lithographes, 7 fondeurs en caractères, 28 fabricants de papier, 3 éditeurs de musique, 8 relieurs : ensemble 78 exposants.

Parmi les nations qui ont produit à l'exposition de Londres des spécimens de leur typographie, deux pays seulement se sont placés au premier rang : l'Autriche et la France. Ainsi, l'Allemagne, qui peut à bon droit revendiquer l'honneur d'avoir vu naître le père de l'imprimerie, et la France, qui fut la première à s'initier au nouvel art, se retrouvent encore, après quatre siècles, à la tête de l'imprimerie dans le monde.

L'Autriche, sous plus d'un rapport, a conquis la prééminence. Mais il faut remarquer qu'elle doit cet avantage à un seul établissement, l'imprimerie impériale de Vienne; tandis que la France doit, en grande partie, à son imprimerie particulière le rang auquel elle s'est élevée dans cette occasion solennelle. En effet, notre imprimerie nationale s'était bornée à envoyer à Londres le livre d'épreuves typographiques, déjà exposé en France en 1844, et trois volumes de la collection orientale, savoir : *le Livre des Rois*, le premier volume de l'*Histoire des Mongols*, et le premier volume du *Rhagatava Purana*. Ces ouvrages sont fort remarquables sans doute; mais ils ne purent rivaliser avec la riche collection de l'imprimerie impériale d'Autriche.

Parmi les nombreux ouvrages d'origine française exposés au Palais de Cristal, on remarquait les livres à gravures sur bois imprimés par M. Claye (1) et par MM. Plon frères; les deux grands ouvrages de M. Desrosiers, de Moulins (2), for-

---

(1) Entre autres, l'*Histoire des peintres*, par M. Ch. Blanc.
(2) *L'Ancienne Auvergne* et *le Bourbonnais*, déjà exposés en France en 1849.

mant 4 volumes in-f°, enrichis de 150 planches, entièrement exécutés dans son établissement et qui ont coûté près de 300,000 francs ; les produits de l'immense établissement de M. Mame, de Tours, d'où sortent chaque jour 10,000 volumes, sans que la modicité du prix nuise en rien à la beauté de l'exécution (1) ; ceux de MM. Firmin Didot frères ; de l'imprimerie administrative, etc., etc.

Les nombreuses épreuves de typographie polychrome présentées par M. Silbermann, de Strasbourg, celles contenues dans les *Essais pratiques d'imprimerie* (2) attiraient particulièrement l'attention des étrangers, lesquels admiraient surtout la dégradation des teintes presque aussi douce et aussi harmonieuse que si elle était due au pinceau d'un artiste.

Six médailles d'honneur furent décernées à la typographie française par le jury de l'exposition universelle : à MM. Claye, Paul Dupont, Plon frères, de Paris ; Desrosiers, de Moulins ; Mame, de Tours et à l'imprimerie nationale. M. Plon reçut, en outre, du président de la république, la décoration de la Légion d'honneur, lorsque le prince distribua lui-même solennellement les récompenses aux exposants français, le 25 novembre 1851, dans le vaste amphithéâtre du Cirque olympique des Champs-Élysées.

L'imprimerie impériale de Vienne obtint la seule grande médaille qui fut accordée à l'imprimerie. Elle dut cet honneur aux véritables richesses typographiques qui sortent de cet établissement. Ses produits lithochromiques excitèrent surtout l'admiration. C'est avec un égal sentiment qu'on remarquait

---

(1) Ces ouvrages, ornés de gravures en taille-douce, élégamment cartonnés, sont destinés à la propagation des principes religieux et moraux.

(2) Par Paul Dupont. 1849

les merveilleux résultats obtenus par la galvanoplastie et autres procédés modernes appliqués à la gravure et au clichage stéréotype. A côté de ce grand succès de l'établissement impérial, l'imprimerie particulière d'Autriche se trouvait entièrement effacée. Cependant, il est juste de tenir compte des efforts heureux en général faits par M. Haas, de Prague, pour soutenir la réputation de son ancien établissement.

Quant à l'Angleterre, où l'imprimerie, comme toutes les autres industries, est complétement libre, elle ne s'est guère signalée que par ses belles éditions de la Bible, ouvrage dont elle distribue chaque année des millions d'exemplaires. On remarquait principalement les belles Bibles polyglottes de MM. Bagster et fils, auxquels on doit un genre d'impressions en couleurs, qui est l'alliance de la typographie et de la gravure ordinaire, et qui, appliqué aux figures et aux paysages, donne des planches réellement charmantes, malgré un ton violacé d'un aspect souvent désagréable; puis les impressions de caractères et gravures sur bois de MM. Bradbury et Evand. M. Parker, libraire de l'université d'Oxford, avait exposé aussi des ouvrages sur l'architecture du moyen âge, remarquables par la belle exécution des gravures sur bois qui les accompagnent.

Les imprimeurs des autres pays de l'Europe, sur les œuvres desquels les regards se sont également fixés, étaient principalement : MM. Decker, imprimeur de l'académie royale de Berlin, éditeur d'une nouvelle édition des *OEuvres de Frédéric le Grand*, et d'une très-belle édition de la Bible en allemand; — Hirschfeld, Brockaus, tous deux de Leipsick; — Westermann, de Brunswick; — Chirio et Mina, de Turin; — Hanicq, de Malines (Belgique).

La Hollande, cette patrie des Elsevier, n'avait présenté qu'un très-petit nombre de livres d'une déplorable médiocrité. L'Espagne, patrie de Joachim Ibarra, l'un des plus illustres imprimeurs du dernier siècle, s'était complétement abstenue. La Russie avait envoyé un seul spécimen, imprimé à Saint-Pétersbourg, et renfermant plusieurs caractères russes et orientaux, avec une vignette en bois qui représentait tous les peuples de la Russie; le tout d'une belle exécution.

La Grèce, cet antique foyer de la civilisation, à peine remise des efforts inouis qui ont amené dans ces derniers temps sa régénération politique, n'avait envoyé aucun produit de ses presses encore peu nombreuses; mais les inscriptions qu'on lisait sur ses bannières exprimaient son espoir dans l'avenir.

Parmi les ouvrages venus des autres parties du monde, les plus remarquables sans contredit étaient une collection égyptienne de 165 volumes de tous formats, imprimés au Caire en arabe, en turc et en persan. Quelques-uns étaient ornés d'arabesques exécutées avec goût. On ne voyait pas sans étonnement, au nombre de ces livres, des traductions d'ouvrages français tels que la *Géographie de Malte-Brun;* le *Traité des bons Conseils; Des soins à donner aux petits Enfants; l'Ami des Enfants,* par Berquin; le *Petit Poucet,* etc.

L'imprimerie américaine avait envoyé, avec une foule de journaux d'une impression assez médiocre, un livre d'épreuves en beaux caractères de la fonderie de M. Palsgrave, de Montréal. On examinait aussi avec intérêt plusieurs ouvrages imprimés en Australie, par MM. William Pratt et Henri Dowling, d'Hobart-Town, et William-John Row, de Sidney.

L'exposition universelle constata non-seulement les récents progrès de la typographie chez tous les peuples, mais surtout le perfectionnement vraiment merveilleux apporté à ses moyens mécaniques. La célérité étant pour l'imprimerie, à cause des besoins incessants, une condition première de succès, on dut chercher, par tous les moyens possibles, à la remplir ; et aujourd'hui les procédés sont tels, que la société biblique de Londres, qui a une imprimerie à elle, a pu, dans la seule année 1849, distribuer 18,245,411 exemplaires d'écrits édifiants et fonder 657 nouvelles bibliothèques (1).

Le même perfectionnement a eu lieu dans la fonte des caractères et dans la fabrication des moules mécaniques.

Mais, ce qui est plus important, c'est le grand nombre de types divers qui figuraient à cette exposition. On peut dire que presque toutes les langues du monde y étaient représentées, soit dans les spécimens de l'imprimerie nationale de Paris et de l'imprimerie impériale d'Autriche, soit dans ceux de la fonderie générale de Paris; de M. Marcellin Legrand et de M. Derriey, de Paris; de M. Decker, de Berlin; de MM. Caslon, Besley, Figgins, Mavors-Watts, de Londres, ainsi que dans les Bibles imprimées par la société biblique de cette ville.

Tous les arts qui se rapprochent plus ou moins de la typographie, tels que la stéréotypie, la lithographie, la gravure, puis les nouvelles découvertes scientifiques, la galvanoplastie, la galvanographie, etc., dont nous parlerons ailleurs, avaient apporté à cette grande exhibition leurs produits perfectionnés. La fonderie ducale de Rubeland, dans le

---

(1) Depuis cinquante ans qu'elle existe, le nombre des écrits religieux publiés par cette société dépasse cinq cents millions d'exemplaires.

Brunswick, présenta des planches stéréotypes admirablement fondues en fer, où le phosphate de fer, dit M. Didot, membre du jury international, est d'une telle pureté, qu'il permet d'obtenir en fonte de fer la reproduction des déliés des lettres, ainsi que le prouvent les pages et l'exemplaire de la huitième édition de la Bible imprimée à Nordhausen, en 1848, par MM. Muller.

On remarqua aussi divers systèmes de télégraphie électrique appliqués à l'imprimerie.

Enfin, la photographie, cet ingénieux et nouveau moyen de reproduire, par le concours de la lumière, toute image quelconque, soit sur des plaques de métal, soit sur papier préparé, s'était présentée à l'exposition avec tous les perfectionnements qu'elle avait obtenus jusqu'alors et qui vont toujours croissant. Ses productions peuvent maintenant figurer dans les livres, comme des planches gravées ou lithographiées. Une société, dite d'*héliographie*, s'est même formée naguère dans le but de fabriquer et de fournir aux libraires des épreuves photographiques pour cette sorte d'ornementation. Paris et Lille ont déjà des établissements de ce genre. Celui de Paris fonctionne activement. Une belle collection, exécutée par M. Blanquart-Evrard, et intitulée *Album photographique*, se publie en ce moment à la librairie de M. Roret. Cet album n'est pas la seule publication entreprise par M. Blanquart-Evrard. Dans ses *Mélanges photographiques*, il reproduit avec succès les gravures célèbres, et il s'en trouve déjà dans le commerce des copies fort remarquables.

Les belles épreuves photographiques qui ont été admirées à Londres, au Palais de Cristal, ont fait naître la pensée à la commission royale de l'exposition d'orner de dessins photographiques les exemplaires de son rapport offerts aux gouvernements des pays qui ont pris part à l'exposition. Les objets les plus remarquables par leur perfection ou leur utilité ont été reproduits ainsi, et l'on cite les photographes français et anglais qui ont concouru à l'exécution de cette heureuse pensée.

L'administration française avait pris, à l'occasion de l'exposition universelle, une mesure très-louable. Elle avait envoyé à Londres des ouvriers de toutes les professions, pris parmi les plus intelligents, les plus dévoués, les plus capables, afin qu'ils pussent juger, d'après leur propre expérience, de l'état des industries rivales de la nôtre, en étudier les moyens et les ressources, et puiser dans cet examen des sujets d'étude et d'émulation. Il n'est personne, en effet, de plus propre à reconnaître les qualités et les défauts des divers systèmes de fabrication que l'ouvrier qui les met en œuvre, et qui en pèse, pour ainsi dire, jour par jour, heure par heure, les avantages et les inconvénients.

Il aurait été surtout très-curieux pour les hommes qui se sont voués à la profession de l'imprimerie ou qui s'intéressent à ses progrès, d'avoir des renseignements exacts sur les productions typographiques des différents peuples, ainsi que sur leurs moyens d'exécution. Malheureusement cette étude n'a pu être faite d'une manière générale et complète, un grand nombre de peuples ayant fait défaut à l'exposition, tandis que d'autres n'avaient envoyé que des spécimens presque insignifiants de leur imprimerie.

Sans doute des résultats plus satisfaisants seront obtenus à l'exposition universelle qui, d'après le décret impérial du 8 mars 1853, doit avoir lieu à Paris en 1855, et qui réunira dans cette capitale non-seulement les produits de l'industrie, mais encore ceux de l'agriculture et des beaux-arts. La typographie ne manquera pas à l'appel. Depuis que cette exhibition générale est décrétée et que l'annonce en a été officiellement transmise aux différents gouvernements, des préparatifs se font dans les pays étrangers aussi bien qu'en France pour donner à ce vaste concours un véritable caractère d'universalité. Il est permis d'espérer que là se révéleront sinon de nouvelles découvertes, du moins des perfectionnements utiles, des progrès inattendus; on y verra ce qu'une sage émulation peut produire, ce que le génie de l'homme peut enfanter quand il a pour mobiles l'amour de l'art, la gloire nationale, le bonheur de l'humanité, auquel l'exposition universelle de 1855 peut contribuer puissamment, car elle resserrera plus étroitement l'union que la paix, le commerce, l'industrie, les relations scientifiques et littéraires, grâce au concours actif de l'imprimerie, tendent de jour en jour à maintenir entre toutes les nations de la terre.

VII. Les événements de décembre 1851, en faisant disparaître toutes les causes d'inquiétude, effacèrent les derniers vestiges de la crise industrielle de 1848. L'imprimerie et la librairie se ressentirent bientôt du retour de la confiance et de la reprise des affaires; mais il n'en fut pas de même de la presse politique, qui vit, au contraire, ses obligations s'accroître, en même temps que ses libertés s'amoindrir.

Après le 2 décembre, les journaux furent tenus de soumettre leurs épreuves à l'administration. Chaque feuille passait, dans la nuit, sous les yeux d'un bureau de censure placé au ministère de l'intérieur (1), et n'était publiée le matin que

---

(1) Il faut reconnaître cependant que le chef du bureau de censure, M. Gimet, s'est acquitté de cette tâche difficile avec une prudence et une modération qui méritèrent d'unanimes éloges.

débarrassée de tout ce qui paraissait dangereux dans les circonstances graves où la société se trouvait alors. Pendant les premiers jours, et afin de mieux assurer la stricte exécution des ordres donnés à ce sujet, les ateliers où s'imprimaient les grands journaux étaient occupés militairement.

Cette situation exceptionnelle dura pour les journaux de Paris jusqu'au 30 janvier 1852, c'est-à-dire près de deux mois. Alors la surveillance de l'imprimerie et de la librairie, et tous les services qui en dépendent, passèrent du ministère de l'intérieur, où ils étaient restés depuis 1848, au ministère de la police générale, qui avait été rétabli par décret du 22 du même mois, et où ils furent réunis sous le titre de *direction générale de l'imprimerie et de la librairie* (1). Du reste, rien

---

(1) Voici quelles ont été les diverses phases administratives du service général de l'imprimerie et de la librairie depuis sa réorganisation en 1810 :

5 février 1810. Rétablissement de la direction générale de l'imprimerie et de la librairie, au ministère de l'intérieur.

25 octobre 1814. Cette direction passe à la chancellerie de France.

24 mars 1815 (cent jours). Décret supprimant la direction générale et les censeurs. — La librairie et l'imprimerie sont réunies au ministère de la police générale.

29 décembre 1818. Le ministère de la police générale est supprimé; le service de l'imprimerie et de la librairie entre, avec la police générale, au ministère de l'intérieur, sous le nom de direction départementale.

9 janvier 1822. La direction départementale est remplacée par la direction de la police et de la librairie.

6 janvier 1828. Création au ministère de l'intérieur de la direction des belles-lettres, sciences et beaux-arts, dans laquelle entrent le service de l'imprimerie et de la librairie.

16 décembre 1829. L'imprimerie et la librairie sont séparées de la direction des beaux-arts. Elles ne forment plus au ministère de l'intérieur qu'une simple division, dont les attributions sont encore amoindries sous la royauté de juillet.

6 juillet 1848. L'imprimerie et la librairie passent dans la division de la sûreté générale au ministère de l'intérieur.

25 janvier 1852. Le rétablissement du ministère de la police générale

ne fut changé dans les formalités et les obligations qu'ont à remplir les imprimeurs vis-à-vis de l'administration.

Le rétablissement de la direction générale de l'imprimerie et de la librairie fut accueilli avec une vive satisfaction par les imprimeurs, surtout à Paris. Quelques-uns regrettèrent cependant que le gouvernement n'eût pas fait de distinction entre la presse politique et l'imprimerie proprement dite, et qu'on n'eût pas rattaché celle-ci, comme on l'avait fait en 1828, à la direction des beaux-arts; mais tous, sans exception, se félicitèrent d'avoir à traiter de leurs affaires avec un homme de lettres, ancien journaliste, aussi remarquable par sa modération que par l'aménité de son caractère.

Une nouvelle loi sur la presse était attendue depuis le 2 décembre : elle parut le 17 février 1852, sous forme de décret présidentiel; c'est celle qui nous régit encore aujourd'hui. D'après cette loi, aucun journal ou écrit périodique, traitant de matières politiques ou d'économie sociale, ne peut être créé sans l'autorisation préalable du gouvernement; — la même autorisation est nécessaire pour que les journaux publiés à l'étranger puissent entrer et circuler en France; — le droit de timbre des journaux et écrits périodiques est aug-

---

rend de nouveau à cette administration la direction générale de l'imprimerie et de la librairie.

21 juin 1853. Cette direction, après la suppression du ministère de la police, passe à celui de l'intérieur, où elle fait partie de la direction de la sûreté générale.

Les directeurs ont été successivement : MM. Portalis (1810); Pommereuil (1811); Royer-Collard (1814); Lemontey, Villemain (1815, 1816); Mounier (1820); Franchet-Desperey (1824); Siméon (1828); Rives (1829); Hippolyte Royer-Collard (1830); Cavé (1832); Panisse (1848); Doussy (1849); Latour-Dumoulin, homme de lettres, nommé directeur par décret présidentiel du 6 avril 1852; enfin, en 1853, M. Collet-Meygret, ancien journaliste à Lyon et ancien préfet.

menté; — les écrits non périodiques traitant de matières politiques ou d'économie sociale, publiés en une ou plusieurs livraisons ayant moins de dix feuilles d'impression, sont soumis au timbre; — le cautionnement des journaux est augmenté; — la connaissance des délits, qui était attribuée, depuis 1830, aux cours d'assises, est déférée aux tribunaux correctionnels; — enfin, disposition capitale, et qui domine toute la législation, le droit de suspension des journaux, après deux avertissements, et même de suppression par décret est réservé au gouvernement.

Plusieurs dispositions de ce décret organique avaient laissé de l'incertitude dans les esprits : on se demandait notamment de quelle manière le gouvernement entendait appliquer son droit de suspension et de suppression. La presse entière attendait avec impatience des explications, ne sachant pas jusqu'à quel point il lui était permis de discuter les actes du pouvoir. Le 28 mars, sous la forme d'une circulaire aux procureurs généraux, le ministre de la justice donna le commentaire attendu. Le passage le plus important de cette circulaire est celui qui commente le chapitre III, sur les délits et contraventions non prévus par les lois antérieures. « La discussion loyale des actes du pouvoir, dit le ministre, l'examen consciencieux des matières soumises à l'élaboration publique du corps législatif seront toujours acceptés par le gouvernement, qui doit vouloir et qui veut en effet être éclairé. Mais ni les passions politiques, ni la haine ou l'affection envers les personnes qui participent à l'action du pouvoir et à la confection des lois ne peuvent se produire sous un prétexte plus ou moins spécieux. » Malgré cette déclaration, la presse se montra peu rassurée et n'osa guère plus qu'auparavant se livrer à la discussion des actes du gouvernement.

Des réclamations s'étaient aussi élevées sur l'article 6 du décret organique, qui assujettit au timbre les journaux ou écrits périodiques, sans distinguer entre ceux qui traitent de matières politiques et ceux qui sont exclusivement consacrés aux sciences, aux arts et à la littérature. L'administration du timbre interpréta naturellement en faveur du trésor l'absence de dispositions relatives à ces derniers écrits, interprétation qui les eût tués, si elle avait été admise. Ce fut alors que la chambre des imprimeurs de Paris délégua plusieurs de ses membres pour soutenir près du ministre des finances, M. Bineau, les éditeurs de publications scientifiques ou littéraires. Ils lui furent présentés par M. Paul Dupont, député. Le ministre accueillit avec bienveillance les observations de ces délégués, et reconnut la justice de leur demande. On lut donc le lendemain dans *le Moniteur* le *Communiqué* suivant :

« Depuis la publication du décret organique sur la presse, on a manifesté la crainte que les écrits et publications littéraires ou scientifiques ne fussent désormais assujettis au droit de timbre. Telle n'a pas été l'intention du gouvernement. Au moment, au contraire, où une législation plus sévère permet de réprimer les écarts de la presse politique, le gouvernement sera heureux de favoriser les productions qui n'ont d'autre but que les progrès des lettres, des sciences et des arts. Le ministre des finances vient de donner des ordres pour que les journaux et écrits périodiques exclusivement consacrés aux lettres, aux sciences, aux arts et à l'agriculture continuent à être exemptés du droit de timbre. »

Cette décision fut confirmée par un décret du 28 mars 1852.

Le décret du 17 février n'a guère eu d'autre but que de réglementer la presse politique. Cependant, une de ses dispositions est relative à l'exercice de la librairie. L'article 11 de la loi du 2 octobre 1814 avait bien exigé de ceux qui exercent la profession de libraire, la possession personnelle d'un brevet; mais cette prescription rencontrait dans son application des difficultés, le législateur ayant omis de formuler une sanction pénale pour le cas de contravention. Le décret organique, article 24, a comblé cette lacune, en rendant passible d'une peine d'un mois à deux ans d'emprisonnement et d'une amende de cent à dix mille francs, tout individu qui exercerait le commerce de la librairie, sans avoir obtenu le brevet exigé par l'article 11 de la loi de 1814.

La librairie compte à Paris environ quinze cents établissements, et, de ce nombre, près de la moitié fraudaient la loi. Ce désordre dut cesser avant le 17 mai 1852, terme de rigueur pour la régularisation de la position des libraires qui n'avaient pas été antérieurement autorisés.

Un décret, en date du 24 mars 1852, vint régler ce qu'il pouvait y avoir d'incomplet encore dans la police de l'imprimerie. Ce décret assimile les imprimeurs en taille-douce aux imprimeurs en caractères mobiles, et les oblige à être brevetés et assermentés. Il astreint à l'autorisation et à la surveillance du ministre de la police générale ou des préfets les possesseurs de presses autographiques et de presses à copier, si nécessaires au commerce, et que le gouvernement avait tolérées jusqu'alors pour des impressions privées. Enfin, il soumet également à une surveillance continuelle et assujettit à certaines formalités les fondeurs de caractères, les clicheurs ou stéréotypeurs, les fabricants de presses de tout genre et les marchands d'ustensiles d'imprimerie.

Un second décret du même jour dispose qu'à l'avenir les brevets seront conférés par le ministre de la police générale.

Telles sont, en résumé, les modifications qui ont été apportées à la législation de la presse et de l'imprimerie, après l'acte du 2 décembre 1851.

La crainte des avertissements et de la suppression eut pour effet de forcer les journaux à mettre dans leur langage cette modération dont ils s'étaient trop écartés depuis longues années. Quant aux imprimeurs, objet d'une surveillance plus rigoureuse, ils mirent un soin particulier à satisfaire aux obligations que la loi leur imposait. L'administration supérieure semble leur avoir tenu compte de cette sage conduite; car elle s'est montrée, en plusieurs circonstances, réellement bienveillante pour la presse et pour l'imprimerie.

Ainsi, lorsqu'un grand nombre de journaux des départements furent victimes de la susceptibilité exagérée des préfets, qui, pour des motifs frivoles, prodiguaient les avertissements, le gouvernement modéra le zèle excessif de ces agents et leur retira une arme qui menaçait de blesser ses amis plus souvent encore que ses ennemis. Le droit de juger des cas où l'avertissement pourrait être donné fut réservé au ministre de la police générale, et il n'y a qu'à louer M. de Maupas de l'extrême modération avec laquelle il en usa (1).

L'imprimerie elle-même dut reconnaître que les dispositions du pouvoir lui étaient devenues plus favorables. Longtemps privée des encouragements et des récompenses qui étaient décernés aux arts et à l'industrie, elle trouva enfin dans les conseils du gouvernement un appui près du chef de

---

(1) Voici, au reste, un exemple de l'abus qu'on faisait en province de l'avertissement préalable : *L'Echo de Vésone*, journal qui se publie à Périgueux, fut frappé d'un avertissement pour avoir reproduit en note deux extraits de lettres écrites par le préfet de la Dordogne lui-même. Ces extraits, n'ayant aucun trait à la politique, avaient été littéralement copiés sur les originaux.

l'Etat. A l'occasion de la fête du 15 août 1852, le ministre, sur la proposition de M. Latour-Dumoulin, directeur général de l'imprimerie et de la librairie, comprit sur sa liste de promotions pour la Légion d'honneur quatre noms appartenant à l'imprimerie (1). Ces choix, agréés par Louis-Napoléon, sont un témoignage de l'intérêt que le gouvernement porte à la profession même de l'imprimeur. Ce retour à des sentiments plus bienveillants envers l'imprimerie se manifesta d'une manière plus générale dans une circonstance où cette profession était exposée à un péril imminent.

Vers la fin de sa session de 1852, le corps législatif fut saisi d'un projet de loi tendant à frapper la fabrication du papier d'un impôt de 25 à 30 pour cent de sa valeur, projet dont l'adoption eût été désastreuse pour l'imprimerie et les nombreux ouvriers qu'elle occupe. Les fabricants de papier, les imprimeurs, les libraires, se hâtèrent de présenter au gouvernement des observations sur ce projet. M. de Maupas, qui reçut leurs délégués, les écouta avec beaucoup de sympathie, et contribua puissamment au succès de leur réclamation. Le projet fut retiré. Espérons qu'on n'y reviendra plus, et que c'en est fait à jamais d'un impôt qui, peu productif pour le trésor, apporterait une perturbation profonde dans plusieurs branches de l'industrie française.

Il est une autre question que le gouvernement paraît déterminé à résoudre promptement, et de la manière la plus satisfaisante pour les intérêts de la librairie ; c'est celle de la suppression de la contrefaçon littéraire. Le décret du 28 mars 1852, qui assimile la contrefaçon des ouvrages

---

(1) MM. Guiraudet et Paul Dupont, imprimeurs, M. Monpied prote, et M. Delalain, libraire.

étrangers à celle des ouvrages français, doit amener incessamment l'extinction de cette industrie illicite, qui a pris, depuis quelque temps, dans un pays voisin du nôtre, un très-grand développement. Déjà, sous le règne de Louis-Philippe, les libraires de Paris, dans une pétition à la chambre des députés, avaient demandé cette assimilation. C'était, du reste, un exemple de probité et de bonne foi que la France ne pouvait manquer de donner la première, puisqu'elle avait pris elle-même l'initiative des conventions diplomatiques relatives à la propriété littéraire (1).

Si le gouvernement, comme tout le fait présumer, parvient à fermer pour jamais cette plaie honteuse de la contrefaçon, ce sera un immense service qu'il aura rendu au pays tout entier ; car le nombre de volumes que la contrefaçon répand en Europe aux dépens de nos éditeurs est, dit-on, cinq fois plus grand que celui des éditions originales. Qu'on juge du mouvement et de la vie qui seraient donnés à nos ateliers, si les presses françaises étaient seules appelées à pourvoir à cette énorme consommation.

VIII. On a vu que, depuis soixante ans, l'imprimerie a toujours ressenti les contre-coups des révolutions qui ont eu lieu en France, et que tous les gouvernements qui se sont succédé ont apporté des changements plus ou moins graves à sa législation. Au milieu de tant de mesures, le plus souvent contradictoires, dont elle a été l'objet, il serait difficile de

---

(1) L'imprimerie, qui conservera toujours pour M. Latour-Dumoulin un sentiment bien vif de reconnaissance, lui est notamment redevable de plusieurs conventions conclues avec différents Etats de l'Europe, pour la garantie réciproque de la propriété littéraire. C'est lui encore qui a préparé le traité, actuellement en voie d'exécution avec la Belgique, et dont la librairie française attend le résultat avec une si juste impatience.

juger de l'influence que les diverses phases qu'elle a éprouvées ont exercée sur sa situation matérielle. Tantôt pauvre et languissante sous un régime de liberté absolue, tantôt s'élevant à une prospérité inouïe sous la compression des lois les plus dures de la Restauration, elle doit nécessairement porter en soi la raison de ces anomalies. C'est que l'imprimerie, ayant toujours été solidaire des fautes de la presse politique, sous tous les régimes, a vu s'étendre jusqu'à elle la défiance que celle-ci provoquait, tandis que, d'un autre côté, sa sécurité s'accroissait en proportion des mesures préventives dont la presse était l'objet.

Le décret du 17 février 1852 a fait ressortir une fois de plus le même contraste. Ce décret arme le gouvernement d'un pouvoir formidable contre les journaux; il lui donne les moyens de les contenir, de les briser à son gré. Cependant, on ne peut pas dire que cette sévérité ait causé, jusqu'ici, à l'imprimerie, aucun préjudice appréciable. Il résulte, au contraire, de documents authentiques, que la production typographique de 1852 a dépassé de beaucoup, en importance, celle des années antérieures.

Quant à la presse politique, quoiqu'elle paye la peine de ses excès, nous sommes loin d'être insensibles à ses souffrances. Le régime qu'on lui a fait est dur, assurément; mais il est exceptionnel, et, à ce titre, il ne peut être que temporaire. Les écarts de la publicité périodique ne nous ont malheureusement pas guéris du goût très-vif que nous avons pour elle; et, si elle demeurait plus longtemps muette, il serait à craindre que son silence ne tournât, tôt ou tard, au profit de la publicité clandestine. Le gouvernement a prévu sans doute ce résultat. Quelques-uns de ses actes ont déjà témoigné de ses intentions plus bienveillantes à l'égard de cette presse.

Il a fait savoir qu'il n'entendait pas se priver des lumières qui jaillissent de la discussion franche, loyale des intérêts publics ; d'où on peut inférer que la presse sera mise en état de rendre de nouveaux services au pays. Le calme profond dans lequel est la France permet d'espérer que nous pourrons bientôt, sans péril, renaître à cette vie politique dont le gouvernement représentatif nous a fait contracter la douce habitude.

Le rétablissement de l'Empire, proclamé avec enthousiasme au moment où nous écrivons ces lignes, vient confirmer nos espérances. Fort de huit millions de suffrages, le gouvernement impérial pourra, moins que tout autre, redouter la presse. Il doit lui suffire, et la loi lui en laissera toujours les moyens, d'être prêt à réprimer toute polémique déloyale, toute excitation au désordre, si des journaux, après de si rudes leçons, tentaient encore de revenir aux tristes errements d'une autre époque.

Nous citons avec empressement, comme un acte favorable à l'imprimerie, la remise faite, à l'occasion de l'avénement de Napoléon III, de toutes les peines prononcées pour contraventions ou délits de presse, et, par conséquent, l'annulation des avertissements reçus jusqu'alors par les journaux (1er décembre 1852).

Un autre décret, concernant la presse, a paru le 5 janvier 1853. Il règle l'emploi des amendes encourues par les journaux. D'après les lois en vigueur, le gérant du journal était tenu, dans les trois jours de tout jugement ou arrêt définitif de condamnation pour crime, délit ou contravention de presse, d'acquitter le montant des condamnations qu'il avait encourues ou dont il était responsable, et, à défaut de payement dans le délai fixé, le journal devait cesser de paraître, sous les peines portées par l'article 5 du décret du 17 février 1852. En outre, ces amendes, aux termes de l'avis du conseil d'État du 3 janvier 1807, étaient définitivement acquises au trésor, et ne pouvaient être restituées. Le décret du 5 janvier 1853 a eu pour but de faire verser ces amendes à la caisse des consignations, pour y rester déposées pendant trois mois, afin que si, dans ce délai, le droit de faire grâce était exercé, les sommes déboursées pussent être rendues aux consignataires. Cette nouvelle disposition est évidemment à l'avantage de la presse.

Espérons qu'on ne s'en tiendra pas là, dans ce retour vers l'imprimerie. Un moment même nous avons pu compter que le règlement promis par le décret du 5 février 1810 (1), allait enfin être donné à l'imprimerie. La suppression du ministère de la police générale, et la réunion du service de l'imprimerie et de la librairie au ministère de l'intérieur, direction de la sûreté générale, ont fait encore une fois abandonner ce projet; mais on nous assure qu'il est question de le reprendre, et ce bruit, que nous accueillons avec plaisir, nous semble d'un heureux augure. Il serait par trop cruel que l'imprimerie, qui a tant de souffrances à guérir, ne participât point, comme toutes les autres institutions, à la prospérité que l'Empire vient de rendre à la France. Sous l'influence de la tranquillité publique, le

---

(1) Extrait du décret du 5 février 1810 : « Art. 49. Il sera statué par des *règlements particuliers* sur ce qui concerne : 1° les imprimeurs et libraires, leur réception et leur police; 2° les libraires étaleurs, lesquels ne sont pas compris dans les dispositions ci-dessus; 3° les fondeurs en caractères; 4° les graveurs; 5° les relieurs et ceux qui travaillent dans toutes les parties de l'art ou du commerce de l'imprimerie et de la librairie. » — Extrait de l'ordonnance du 24 octobre 1814 : « Art. 1er. Les brevets d'imprimeur et de libraire délivrés jusqu'à ce jour sont confirmés. Les conditions auxquelles il en sera délivré à l'avenir seront déterminées par un *nouveau règlement*. »

règne de Napoléon III ne peut être que favorable aux lettres, et l'on sait que l'imprimerie a toujours profité la première de leurs succès.

IX. Le produit des presses françaises, qui était, en 1812, de 72 millions de feuilles, non compris les journaux, s'était élevé, en 1826, époque d'une grande activité pour la librairie, au double de ce chiffre, c'est-à-dire à 144 millions. Réduit, en 1831, à moins de 80 millions, il a repris sa progression à partir de 1835, et s'élevait, en 1847, à 110 millions. Pour 1852, on ne l'estime pas à moins de 165 millions de feuilles, non compris les journaux.

Le nombre des livres, brochures et journaux imprimés ou réimprimés en France, pendant cette dernière année, s'élève à.......................... 8,261 écrits.
Il était, pour 1851, de......... 7,350 —

Différence............. 911 ouvrages en plus.

Sur les 8,261 écrits publiés en 1852,
4,321 ont été imprimés à Paris,
3,925 dans les départements,
et   15 en Algérie.
1,626 sont des réimpressions ou nouvelles éditions;
6,635 doivent être considérés comme des écrits nouveaux.
7,682 sont en langue française, parmi lesquels il faut comprendre 64 écrits imprimés dans les divers idiomes de la France.
579 sont en langues mortes ou étrangères, savoir :

En allemand 90
    anglais.................... 44
    arabe........... 4

En espagnol	110
grec	66
hébreu	6
italien	28
langue latine	203
portugais	15
polonais	4
langues orientales	3
livres polyglottes	6

Au nombre des 7,682 publications en langue française, il faut comprendre 164 journaux, en partie nouveaux, dont 40 appartiennent aux départements;

Et 94 écrits imprimés par le procédé lithographique.

Enfin, on a annoncé, comme ayant été publiés en France dans le cours de 1852 :

4,519 gravures et lithographies,

171 cartes géographiques et plans,

1,367 morceaux de musique vocale,

1,076 œuvres de musique instrumentale.

Voici comment se répartit le travail des presses françaises pour les dix dernières années :

En 1843	6,009 ouvrages;
1844	6,577
1845	6,521
1846	5,916
1847	5,530
1848	7,234
1849	7,378
A reporter	45,165

Report............ 45,165 ouvrages;
En 1850................. 7,208
 1851................. 7,350
 1852................. 8,261

Total...... 67,984 ouvrages,

soit, en moyenne, 6,798 ouvrages par année (1).

On a constaté que, dans l'espace de dix années (1842 à 1851), il avait paru en France 20,000 ouvrages au moins sur la science sociale (fouriérisme, communisme et socialisme de toutes nuances et de toutes les époques), non compris ceux qui sont sortis des presses clandestines ; — près de 2,000 ouvrages sur les sciences occultes, telles que la cabale, la chiromancie, la nécromancie, etc. ; — 75 volumes sur le blason, la noblesse et la généalogie ; — 6,000 romans et nouvelles; et 800 relations de voyages, etc. Dans ces dix années, il est sorti des presses françaises plus de 4,000 ouvrages traduits de langues modernes. Les livres traduits de l'anglais y sont au moins pour le tiers; puis viennent ceux traduits de l'allemand et de l'espagnol. Les langues portugaise et suédoise sont celles qui ont le moins exercé la plume des traducteurs.

Le mouvement des transactions de notre librairie avec les

---

(1) Une chose pourrait surprendre au premier abord, c'est l'augmentation considérable du nombre des ouvrages en 1848. Mais cette augmentation ne signifie nullement qu'il y a eu accroissement de travaux d'impression. Il a été imprimé en effet un plus grand nombre d'écrits divers, ce qui s'explique par la quantité de pamphlets, libelles, etc., auxquels ont donné lieu les événements de 1848. Quant au chiffre réel des affaires traitées par la typographie dans cette dernière année, on a constaté au contraire une diminution de vingt-sept pour cent sur le chiffre de l'année précédente.

pays étrangers, pendant l'année 1851, présente une augmentation notable sur celui des années antérieures (1).

Nos exportations se sont élevées, en 1851, aux chiffres suivants :

Librairie. { Livres en langues mortes ou étrangères .... 922,607 fr.
 Livres en langue française....... 5,557,220 } 6,479,827 fr.

(Augmentation, sur 1850, 748,887 fr.)

Gravures et lithographies................ 5,087,435

(Augmentation, sur 1850, 443,630 fr.)

Musique gravée....................... 210,960
Caractères d'imprimerie................ 289,980

TOTAL des exportations....... 12,068,202 fr.

Les pays avec lesquels nos relations ont été les plus actives, sont :

Pour la librairie : — la Belgique, 1,266,539 fr., c'est-à-dire le 6ᵉ du total de nos exportations ; — l'Angleterre, 713,490 fr. ; — les États-Sardes, 627,865 fr. ; — le Mexique, 487,347 fr. ; — la Russie, 316,650 fr. ; — les États-Unis, 315,785 fr. Puis viennent la Suisse, l'Espagne, l'Association allemande, la Toscane, le Pérou, la Turquie, le Portugal, les Deux-Siciles, etc.

(1) Nous empruntons ces renseignements au rapport fait le 14 janvier 1853, à l'assemblée générale du cercle de l'imprimerie, de la papeterie, de la librairie, etc.

Pour les gravures et lithographies : — la Belgique, 1,042,010 fr.; — l'Angleterre, 872,225 fr.; — les États-Unis, 648,315 fr.; — l'Espagne, 570,100 fr.; — les États-Sardes, 348,740 fr.; viennent ensuite le Mexique, l'Association allemande, la Russie, la Turquie, la Suisse, etc.

Les pays avec lesquels l'industrie de la musique a fait le plus d'affaires, en 1851, sont : la Belgique, les États-Unis, l'Angleterre, la Russie et l'Espagne.

Les exportations les plus considérables, en caractères d'imprimerie, ont été faites en Angleterre, dans les États-Sardes, au Brésil, en Espagne et en Belgique.

Les produits de même nature, importés en France, pendant l'année 1851, se divisent ainsi :

Livres en toutes langues, mortes ou vivantes. 811,592 fr.
Gravures, lithographies et cartes géographiques... 127,020
Musique gravée............................. 5,184
Caractères d'imprimerie, neufs et vieux...... 9,544

TOTAL des importations...... 953,340 fr.

Après Paris, qui compte 80 imprimeries brevetées, les villes qui en ont le plus sont : — Lyon, 18; — Bordeaux, 17; — Toulouse, 13; — Rouen, 12; — Marseille, 10; — Nantes, 9; — Orléans, 9; — Lille, 9; — Montpellier, 9; — Metz, 8; — Besançon, 7; — Avignon, 7; — Strasbourg, 6, etc.

Quoique le nombre des brevets pour Paris soit limité à 80, on y a recensé, en 1847, 87 imprimeries (1), 7 étant exploitées comme succursales d'imprimeries brevetées.

(1) *Statistique de l'industrie de Paris,* publiée en 1851, par les soins de la chambre de commerce.

Sur les 87 établissements recensés (1), 11 figurent en même temps sur le tableau des imprimeries lithographiques.

73 occupent plus de 10 ouvriers ;
13 — de 2 à 10 —
1 occupe............. 1 seul ouvrier.

Les ouvriers employés dans ces 87 établissements sont au nombre de 4,536. Le total des affaires est de 15,247,211 francs. Ce qui donne une moyenne de 175,255 fr. par établissement, et de 3,361 fr. par ouvrier.

Le chiffre total des affaires (15,247,211 fr.) est réparti dans des proportions très-diverses entre les 87 imprimeries :

6 font pour 500,000 fr. d'affaires et plus ;
18 — de 200,000 à 500,000 fr.
27 — de 100,000 à 200,000
19 — de 50,000 à 100,000
9 — de 25,000 à 50,000
6 — de 10,000 à 25,000
2 — pour moins de... 10,000

En 1848, le développement des écrits périodiques ayant compensé, en partie, la diminution des affaires de librairie, le total des affaires est descendu à 11,130,000 fr., et la réduction n'a été, comme nous l'avons dit, que de 27 pour cent.

Pour trouver un terme de comparaison avec les résultats constatés pour 1847, il faut remonter jusqu'à l'année 1822, c'est-à-dire jusqu'à une époque de 25 années. D'après un tableau publié précédemment, et auquel on doit reconnaître un

---

(1) L'imprimerie nationale n'est pas comprise dans ces calculs.

caractère officiel (1), les 80 imprimeurs de Paris ont fait, en 1822, pour 8,749,329 francs d'affaires, et occupaient un personnel de 3,010 ouvriers. La moyenne d'affaires, par industriel, était de 109,367 fr., et, par ouvrier, de 2,907 fr.

L'augmentation serait donc, de l'année 1847 sur 1822, en prenant les deux enquêtes pour base, de 6,497,882 fr. sur les affaires, et de 1,526 ouvriers sur le personnel.

(1) *Recherches statistiques sur la ville de Paris.*

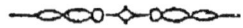

CHAPITRE VIII.

L'IMPRIMERIE DANS LES DIVERSES CONTRÉES DE LA TERRE.

SOMMAIRE.

Introduction. — I. ALLEMAGNE (1450). Mayence, Bamberg, Strasbourg, Cologne, Augsbourg, Nuremberg, Leipsick. — *Hongrie* (1473). Bude. — *Bohême* (1475). Pilsen, Prague. — II. ITALIE (1465). Subiaco, Rome, Venise, Milan, Naples, Messine, Palerme, Padoue, Parme. — III. FRANCE (1470). Paris, Lyon, Toulouse, Troyes, Rouen, Tours. — IV. BELGIQUE (1472). Alost, Anvers, Louvain, Bruges, Bruxelles. — V. HOLLANDE (1472). Utrecht, Harlem, Leyde, Amsterdam. — VI. SUISSE (1472). Munster-en-Ergau, Bâle, Genève. — VII. POLOGNE (1474). Cracovie, Vilna, Lublin, Varsovie. — VIII. ÉTATS-SARDES (1474). Turin, Gênes, Chambéri, Cagliari. — IX. ESPAGNE (1474). Valence, Barcelone, Saragosse, Madrid. — X. ANGLETERRE (1474). Westminster, Oxford, Saint-Albans, Londres. — *Écosse* (1507). Edimbourg. — *Irlande* (1551). Dublin. — XI. DANEMARK (1482). Odensée, Copenhague. — *Islande* (1530). Holum. — *Norvége* (1644). Christiania. — XII. SUÈDE (1483). Stockholm, Upsal. — XIII. PORTUGAL (1489). Lisbonne, Leyria, Braga. — XIV. PRUSSE (1506). Francfort-sur-l'Oder, Kœnigsberg, Berlin. — XV. RUSSIE (1560). Moscou, Saint-Pétersbourg. — XVI. AMÉRIQUE (1544). Mexico, Lima. — *États-Unis* (1659). Cambridge-en-Massachussets, Boston, Philadelphie, New-York. — XVII. HINDOUSTAN (1563). Goa, Tranquebare, Serampour, Columbo, Calcutta, Madras, Bombay. — XVIII. TURQUIE (1493 1727). Thessalonique, Andrinople, Constantinople. — *Égypte* (1798-1822). Le Caire, Boulak. — XIX. CHINE (1590-1776). Macao, Péking. — XX. OCÉANIE (1818-1822). Taïti, îles Sandwich. — XXI. GRÈCE (1820). Chios, Cydonie, Hydra, Nauplie, Missolonghi, Athènes. — XXII. ALGÉRIE (Afrique française) (1830). Alger, Oran, Constantine.

La typographie venait de naître ; c'était encore un mystère auquel un petit nombre d'adeptes étaient initiés sous le serment de n'en rien divulguer, lorsque la prise de Mayence

(1462) dispersa les premiers imprimeurs dans les diverses contrées de l'Europe.

Quelques-uns continuèrent d'abord à garder sur leurs travaux le plus profond secret ; ils appelaient la typographie une œuvre surnaturelle, *l'art d'écrire sans main et sans plume.* C'est sans doute là ce qui, pendant quelque temps, fit croire aux personnes superstitieuses que les premiers imprimeurs travaillaient à l'aide de moyens cabalistiques.

Mais les nuages qui enveloppaient l'art typographique à son origine ne tardèrent pas à se dissiper entièrement, et la miraculeuse invention fut révélée partout. Dès lors, elle fut si bien appréciée, on pressentait avec tant d'enthousiasme la révolution qu'elle allait opérer dans le monde, que les moindres cités réclamaient des ateliers typographiques, et que le génie du nouvel art volait, pour ainsi dire, de clocher en clocher.

L'élan était général, et l'on vit à cette époque plusieurs imprimeurs qui changèrent fréquemment de résidence pour satisfaire aux travaux qui leur étaient demandés. Partout on les accueillait avec empressement : les papes, les évêques, les rois, les princes, tous les personnages distingués s'honoraient d'en être les protecteurs. On montait des imprimeries dans les monastères, dans les palais des grands. L'imprimerie se propagea avec une rapidité si incroyable, qu'avant la fin du xve siècle elle était déjà établie dans les principales villes d'Europe.

Nous allons signaler sa marche et ses progrès dans chacune des contrées de la terre, en suivant l'ordre chronologique.

I. ALLEMAGNE (1450). L'immortel honneur d'avoir donné naissance à l'imprimerie appartient à l'Allemagne. Conçue par Gutenberg à Strasbourg, théâtre de ses premiers essais, cette admirable invention fut complétée et pratiquée d'abord à Mayence (1450) par Gutenberg et ses deux associés, Fust et Schœffer.

Aux faits que nous avons mentionnés précédemment dans notre chapitre sur la découverte de l'imprimerie, nous ajouterons quelques détails supplémentaires qui auraient interrompu notre narration, et qui trouvent ici naturellement leur place.

Mayence. De plusieurs actes authentiques il résulte que Gutenberg, né à Mayence, se rendit, dès sa jeunesse, à Strasbourg, où il résidait encore en 1444. On ne sait pas précisément en quelle année il revint à Mayence; mais il paraît que, pendant quelque temps, il y continua seul ses tentatives. Au mois d'août 1450, il forma une association avec Jean Fust banquier (1), qui, aux termes du contrat, lui prêta d'abord 800 florins d'or, à six pour cent d'intérêt, somme garantie par tout le matériel typographique, et convint, en outre, de lui payer annuellement 300 florins pour les frais généraux de l'établissement. En décembre 1452, Fust, en faisant admettre Schœffer dans la société, prêta encore à Gutenberg 800 florins. Mais, sur la fin de 1455, il exigea le payement de ses avances, qui, avec les intérêts, s'élevaient à 2,020 florins.

Voici, d'après l'original allemand, le résumé de ce procès, qui amena la dissolution de la société.

« Fust assigne en justice Gutenberg, pour répéter la somme de 2,020 florins d'or, provenant de 800 florins qu'il avait

(1) On a dit à tort que Jean Fust était orfévre; c'est son frère Jacques Fust qui exerçait cette profession. Quelques auteurs parlent d'un Jean Meydenbach qui aurait aussi été associé avec Gutenberg à Mayence, mais dont le nom ne se trouve cependant sur aucun monument typographique. Un autre Meydenbach (Jacques) était imprimeur à Mayence en 1491.

avancés à Gutenberg, selon la teneur du billet de leur convention ; de même que de 800 autres florins qu'il avait donnés à Gutenberg, en sus de sa demande, pour achever l'ouvrage, et de 36 autres florins dépensés, et des intérêts qu'il lui a fallu payer, n'ayant pas lui-même les fonds suffisants.

« Gutenberg répliqua que les premiers 800 florins ne lui avaient point été payés, selon la teneur du billet, tous et à la fois ; qu'ils avaient été employés au préparatif du travail ; qu'il s'offrait de rendre compte des derniers 800 florins ; qu'il ne croyait pas être tenu de payer les intérêts.

« Le juge ayant déféré le serment à Fust, et celui-ci l'ayant prêté, Gutenberg fut condamné à payer les intérêts, de même qu'autant du capital que le compte par lui rendu prouverait qu'il en aurait employé à son profit particulier. Ce dont Fust demanda et obtint acte du notaire impérial Helmasperger, le 6 novembre 1455 (1). »

Pierre Schœffer signa comme témoin l'acte du serment, sous le nom de *Pierre Girnsheim*, clerc du diocèse de Mayence.

On a prétendu que Gutenberg, après la perte de son procès, avait abandonné la typographie. Cette opinion n'est pas fondée. Loin de se décourager, il avait monté une seconde imprimerie à Mayence, avec l'aide de Conrad Humery, syndic de la ville. La pièce suivante (2) en est une preuve convaincante.

« Moi, le docteur Conrad Humery, je reconnais par les présentes que le très-haut prince mon cher maître l'archevêque Adolphe m'a fait remettre les formes, les caractères, les

---

(1) XIIe *Dissertation* du bibliophile Jacob : *Procès de Gutenberg.*
(2) Wurdtwein, *Bibliotheca moguntina.*

outils et instruments faisant partie du métier, laissés par Jean Gutenberg après sa mort, instruments qui m'appartiennent, et sont encore aujourd'hui en ma possession, et, par contre, je m'engage à n'imprimer, avec ces formes et caractères, qu'à Mayence seulement, et nulle part ailleurs. Quant à la vente de ces objets, tout bourgeois de Mayence aura la préférence, à égalité de prix, sur un étranger.

« En foi de quoi j'appose mon sceau à ces présentes données en l'année 1468, le vendredi après la Saint-Mathias (26 février). »

Il paraît que Humery, qui dirigeait cette imprimerie pendant les dernières années de la vie de Gutenberg, la céda peu de temps après la mort de celui-ci.

On a dit aussi qu'il y eut, entre Fust et Gutenberg, à la suite de leur procès, une transaction par laquelle l'ancien matériel fut cédé à Gutenberg, et même les impressions commencées du *Catholicon* et de la *Bible* dite aux trente-six lignes, qu'il acheva par ses procédés en 1460, tandis que Fust se réservait l'impression de la Bible aux quarante-deux lignes, qu'il n'avait peut-être pas encore commencée, mais qu'il était assuré, au moyen des procédés plus expéditifs inventés par Schœffer, son gendre et son associé, de publier avant celle de Gutenberg, et qui parut, en effet, en 1455 ou 1456. On ajoute que les trois premiers cahiers d'une Bible, pour l'impression desquels ils avaient déjà dépensé 4,000 florins (12,000 francs), furent probablement anéantis comme des essais trop imparfaits. Mais toutes ces conjectures semblent peu admissibles.

Pendant leur association, Gutenberg et Fust imprimèrent des ouvrages xylographiques, tels que le *Donat*, et peut-être aussi quelques livres en caractères mobiles sculptés sur bois

ou sur métal. Paul Pater (1) écrivait en 1720 : « Je me sou-
« viens d'avoir vu autrefois à Mayence des types en bois,
« faits en racine de buis, perforés au milieu, afin de pouvoir
« être enfilés et joints facilement ensemble; c'étaient des
« débris de l'imprimerie de Fust. »

Enfin, suivant l'opinion la plus accréditée, le premier, ou du moins le plus important ouvrage imprimé en caractères mobiles fondus, fut une Bible latine, que l'on croit être celle dite aux quarante-deux lignes. Elle ne porte, non plus que douze ou treize autres anciennes Bibles, ni date, ni nom d'imprimeur, ni indication de lieu ; mais la souscription d'un enlumineur de Mayence, écrite sur l'exemplaire de la bibliothèque impériale de Paris, et datée de 1456, prouverait qu'elle n'est point postérieure à cette époque, et qu'elle aurait pu être imprimée ou commencée pendant l'association de Gutenberg, de Fust et de Schœffer, ce qui semble d'ailleurs résulter du récit de Trithème. Quelques bibliographes, s'appuyant du témoignage d'Ulric Zell, reportent l'impression de cette Bible à 1450; elle serait alors l'œuvre de Gutenberg et de Fust seulement.

Quoi qu'il en soit, elle fut évidemment commencée avant l'impression des *Lettres d'indulgence* du pape Nicolas V, imprimées à Mayence et datées de 1454 et 1455.

Après la dissolution de la société, Fust et Schœffer imprimèrent le *Psautier*, portant la date de 1457, et commencé sans doute avec Gutenberg; le *Rational* de Durand, de 1459, etc.

Gutenberg continua, de son côté, à pratiquer la typographie,

---

(1) *De Germaniæ miraculo,* dans les *Monumenta typographica,* de Wolf, tome II.

et, suivant Lignamine (1), son imprimerie était aussi active que celle de Fust; mais il est difficile de signaler ses impressions, car son nom ne se trouve sur aucune. On regarde cependant comme sortis de ses presses plusieurs ouvrages sans date, la *Bible* dite aux trente-six lignes, et le *Catholicon* de Balbus, ce dernier avec l'indication de Mayence, imprimés tous les deux vers 1460. Le *Tractatus de celebratione missarum* paraît bien avoir été imprimé par Gutenberg; un exemplaire qui, de la bibliothèque des Chartreux de Mayence passa dans celle de l'université, puis dans la bibliothèque publique de cette ville, portait une note manuscrite en latin annonçant que le volume avait été donné à la Chartreuse par Jean de Bonne Montagne (Gutenberg) comme produit de son art admirable; on y lisait aussi la date de 1463 et le nom de Jean Nummeister, sans doute son associé, qui plus tard alla s'établir à Foligno en Italie (2). On lui a quelquefois attribué, sur la foi d'un ancien manuscrit (3), l'impression, en 1462, d'un factum de Dietrich d'Isenburg contre Adolphe de Nassau; mais la bienveillance que ce prince témoigna plus tard à Gutenberg semble démentir cette assertion. Il est probable que toutes les pièces relatives aux contestations élevées entre les deux compétiteurs à l'archevêché et principauté de Mayence sortirent des ateliers de Fust et Schœffer.

Pour compléter ces détails sur les premiers livres imprimés à Mayence, nous ajouterons que plusieurs bibliographes pensent que la *Bible* aux quarante-deux lignes, les *Lettres*

---

(1) *Chronica summorum pontificum imperatorumque*, etc., publiée en 1474, à Rome, par Ph. de Lignamine, imprimeur en cette ville.

(2) Fischer, *essai sur les monuments typographiques de Gutenberg*, Mayence 1802.

(3) Wurdtwein, *Bibliotheca moguntina*.

d'indulgence et même le *Psautier* de 1457 sont imprimés en caractères mobiles de bois. Cette opinion, à l'égard du *Psautier*, paraît vraisemblable à M. Brunet. Mais il est plus généralement admis que ces impressions ont été faites en caractères fondus ; M. Didot croit même que le *Psautier* de 1457, quoique publié par Fust et Schœffer, après leur séparation d'avec Gutenberg, fut imprimé en caractères de fonte dus au procédé que celui-ci avait d'abord imaginé, et que le *Rational* de Durand, de 1459, fut le premier ouvrage exécuté avec des caractères fondus par le procédé de Schœffer.

Après Mayence, les premières villes d'Allemagne où l'imprimerie fut exercée paraissent être Bamberg (1462), Strasbourg (1) et Cologne (1466). Elle passa bientôt à Augsbourg (1468), à Nuremberg (1470), à Lubeck et à Spire (1471), etc.

Dès 1465, elle avait franchi les limites de son pays natal, et s'était propagée dans différentes villes d'Italie, de France, des Pays-Bas, d'Espagne, de Suisse et d'Angleterre, lorsqu'elle forma de nouveaux établissements en Allemagne : à Leipzig (1481), à Vienne, à Munich (1482), à Magdebourg (1483), à Stuttgard (1486), etc.

L'aptitude des Allemands pour le nouvel art mérite d'être remarquée : ils en furent les propagateurs, et, pendant plus d'un demi-siècle, la liste des imprimeurs, dans tous les pays, abonde en noms germaniques.

Les princes d'Allemagne témoignèrent aussi la haute estime qu'ils avaient pour l'imprimerie. Dès son origine, l'é-

---

(1) Strasbourg faisait alors partie de l'Allemagne ; cette ville n'a été incorporée à la France que sous Louis XIV, en 1681.

lecteur de Mayence, Adolphe II, touché des malheurs qu'avait éprouvés Gutenberg, prit soin de sa fortune, et l'admit au nombre des gentilshommes de sa maison. L'empereur Frédéric III accorda, dit-on, en 1466, des armes de noblesse à Jacques Mentel, célèbre imprimeur de Strasbourg. En 1470, le même monarque autorisa les imprimeurs à porter des robes brodées en or et en argent, et leur octroya des blasons (1). Plus tard (1571), l'empereur Maximilien II donnait aussi des armoiries à Paul Manuce, quoiqu'il exerçât son art en Italie. Enfin, un simple particulier d'Augsbourg, Huldrich Fugger, riche négociant, mit à la disposition du célèbre Henri II Estienne, imprimeur à Paris, des sommes considérables pour qu'il ne ralentît pas ses travaux.

Nous ne suivrons pas l'imprimerie dans toutes les villes d'Allemagne où elle s'introduisit pendant le xve siècle; nous ne signalerons ici que celles qui offrent les plus anciens monuments de l'art typographique, dont nous ferons en même temps connaître les auteurs.

Bamberg (Bavière). Le premier qui exerça l'art typographique en cette ville, Pfister, dont on a voulu, dans ces dernières années, faire un compétiteur de Gutenberg, était un de ces xylographes qui publiaient des livres d'images avec texte explicatif, le tout gravé en bois. Après l'invention de l'imprimerie, l'exécution xylographique de ces petits livres

---

(1) Le blason des compositeurs portait un aigle; celui des typographes un griffon, avec un casque ouvert surmonté d'une couronne; l'aigle et le griffon tenaient dans leurs serres un tampon d'imprimerie. Voir *De prima scribendi origine*, de Herman Hugo, avec les notes de Trotz, Utrecht, 1758, in-8º, traduit en français sous le titre de *Dissertation historique sur l'invention des lettres et des caractères d'écriture*, Paris, 1774, in-12.

continua pendant un certain temps ; mais quelquefois le texte était composé en caractères mobiles. Un recueil de quatre-vingt-cinq fables en allemand, in-folio de 88 feuillets, connu sous le nom de *Liber similitudinis* (1), portant l'indication de Bamberg, et la date de 1461, et sorti indubitablement de l'atelier de Pfister, contient 101 gravures en bois, accompagnées de textes imprimés typographiquement, selon plusieurs bibliographes, mais que d'autres regardent comme une œuvre xylographique. Il n'en est pas de même des histoires de Joseph, de Daniel, de Judith et d'Esther, en allemand, in-folio. Ce livre, appelé des *Quatre histoires,* et dont Camus a donné une description détaillée (2), contient 61 figures avec texte, en tout 60 feuillets. La souscription porte qu'il fut imprimé à Bamberg, par Pfister, en 1462. Tout le monde convient que le texte est en caractères mobiles ; mais, comme ces caractères sont identiques à ceux d'une Bible latine dite aux trente-six lignes, en deux volumes in-folio, que l'on croit imprimée vers 1460, quelques auteurs, notamment MM. Léon de Laborde (3) et Aug. Bernard (4), ont aussi attribué l'impression de cette Bible à Pfister. Ils se fondent sur le passage d'un manuscrit latin de 1459, conservé dans la bibliothèque de Varsovie, où l'auteur, Paul de Prague, assure que, de « son temps, quelqu'un sculpta à Bamberg une Bible entière sur

---

(1) On n'en connaît qu'un seul exemplaire, dont nos conquêtes avaient doté la bibliothèque nationale de Paris, et qui a été rendu à celle de Wolfenbutel.

(2) *Notice d'un livre imprimé à Bamberg en* 1462, Paris, an VII (1799).

(3) *Nouvelles recherches sur les origines de l'imprimerie. Début de l'imprimerie à Mayence et à Bamberg,* 1840.

(4) *De l'origine et des débuts de l'imprimerie en Europe,* 1853.

des lames, et l'imprima, en quatre semaines, sur parchemin. »

Mais on comprend que, dans un si court laps de temps, il était impossible d'imprimer 2 volumes in-folio, composés de 881 feuillets ou 440 feuilles, lorsque les plus habiles typographes de cette époque primitive ne tiraient par jour que trois cents exemplaires d'une feuille. Évidemment, il ne s'agit ici que d'une *Biblia pauperum*, livre d'images représentant des traits de l'Ancien et du Nouveau Testament, avec texte. En effet, il en existe une de ce genre, en 18 feuillets (1), dont le texte est imprimé, comme celui des *Quatre histoires*, avec des caractères identiques à ceux de la Bible en 2 volumes, dite aux trente-six lignes.

Quant à cette Bible elle-même, la plupart des bibliographes la croient imprimée par Gutenberg, après sa séparation d'avec Fust; et, pour expliquer l'identité des caractères employés par Pfister, ils pensent que Gutenberg les lui avait prêtés ou vendus. D'autres ont même prétendu qu'il y avait eu deux éditions de cette Bible, l'une exécutée par Gutenberg, l'autre par Pfister, avec les caractères un peu usés qu'il avait reçus de lui; mais cette dernière conjecture n'est appuyée sur aucune preuve.

Quoi qu'il en soit, Bamberg paraît être la première ville après Mayence où l'imprimerie ait été pratiquée; mais elle ne s'y maintint pas au delà de 1462, et n'y reparut qu'en 1481, lorsque Jean Sensenschmid quitta Nuremberg pour s'établir à Bamberg.

Strasbourg. C'est dans cette ville que Gutenberg conçut l'idée de l'imprimerie. Comme il s'y rendit très-jeune, plu-

---

(1) Elle est annexée à l'exemplaire du livre des *Quatre histoires* que possède la bibliothèque impériale de Paris.

sieurs auteurs anciens et modernes ont cru qu'il en était natif; mais tous les actes officiels de Strasbourg où il est nommé l'appellent Gutenberg *de Mayence*.

Nous avons déjà parlé de son séjour à Strasbourg, de l'association qu'il y contracta, et du procès qui s'ensuivit, d'où il semble résulter qu'il y exécuta des impressions typographiques, bien qu'aucun monument ne vienne corroborer ces présomptions, et que tout l'avantage, sous ce rapport, reste à Mayence.

Dans une séance de l'institut de Strasbourg, Kock ayant dit que cette ville était le berceau de l'imprimerie : « Oui, répondit vivement Schaab, mais c'est un berceau sans enfant. »

Malgré ce mot, plus spirituel que vrai, nous persistons à croire que les premiers travaux de Gutenberg à Strasbourg ne furent pas aussi stériles qu'on le prétend, et qu'il put y imprimer quelques ouvrages non-seulement xylographiques, mais même en caractères mobiles de bois ou de métal, ouvrages inconnus ou perdus aujourd'hui.

En reportant à Strasbourg l'origine de l'imprimerie, là encore les envieux de Gutenberg ont cherché à lui ravir la gloire de l'invention pour l'attribuer à Jean Mentel ou Mentelin.

Jean Schott, petit-fils de Mentel, du côté maternel, a fait pour son aïeul ce que Jean Schœffer avait fait pour le sien. Il assure que l'empereur Frédéric III accorda, en 1466, des armoiries à Mentel, *primo typographiæ inventori*, avec cette devise : *Virtutem mente coronat*. Schott plaça ces armoiries, pour la première fois, sur la *Géographie* de Ptolémée, qu'il imprima en 1520.

Il est possible que l'empereur Frédéric ait conféré des armes à Mentel comme à un habile imprimeur, mais non comme au *premier inventeur de la typographie*. Au reste, nous avons déjà remarqué que Jean Schœffer, après avoir déclaré dans une épître dédicatoire, adressée en 1505 à l'empereur Maximilien Iᵉʳ, que Gutenberg avait inventé l'imprimerie, obtint cependant du même souverain, en 1518, un privilége qui décernait cet honneur à Jean Fust. Ces actes, s'ils sont authentiques, attestent, par leur contradiction même, que ce n'est.pas là qu'il faut chercher la vérité.

Schott a trouvé des auxiliaires dans quelques auteurs alsaciens, qui ont appuyé ses prétentions mensongères.

Jean Gebwiler, recteur des écoles de Strasbourg, s'exprime ainsi dans son panégyrique de Charles-Quint (*Panegyris carolina*, 1521) : « Parmi les personnes dont le nom fait l'hon-
« neur de l'Alsace, Jean Mentelin tient un rang distingué
« pour l'art de la *chalcographie*, c'est-à-dire l'art d'imprimer
« les livres avec des types d'étain, dont parmi les mortels il
« fut le premier inventeur, bien que les Mayençais veulent en
« attribuer l'honneur à leur concitoyen Faust. »

Le *Lexicon Juris*, imprimé par Schott, 1541, dit au mot *Librarii* : « On appelle maintenant *Librarii* ceux qui impri-
« ment les livres. Cet art, dont notre Alsace a été gratifiée
« avant toutes les autres nations, fut inventé à Strasbourg
« par Jean Mentelin, prototypographe et aïeul des Schott, en
« l'année 1442, bien que sa mise au jour ait été assez ingé-
« nieusement attribuée à Mayence. »

L'auteur anonyme du *Chronicon argentorense* (1) raconte une histoire analogue à celle de Laurent Coster de Harlem :

---

(1) Manuscrit conservé dans la bibliothèque de Strasbourg et dont on attribue la rédaction à Daniel Specklin, né en 1536, et qui fut intendant de la ville.

« L'art de l'imprimerie fut découvert pour la première fois et
« mis au jour à Strasbourg, par Jean Mentelin, qui confia à
« son domestique, Jean Gensfleisch, de Mayence, sa nouvelle
« invention ; car il lui savait un esprit ingénieux, et il espérait
« en son aide pour perfectionner son invention. Mais il fut
« indignement trompé par ce Gensfleisch, lequel s'entendit
« avec Jean Gutenberg, qui était très-riche, et qui *avait eu*
« *vent* de ce que faisait Mentelin ; Gensfleisch dévoila donc
« tous les secrets de cet art à Gutenberg, dans l'espoir d'une
« grande récompense ; toutefois, ils n'osèrent pas le mettre
« en pratique à Strasbourg en présence de Mentelin, et ré-
« solurent de le transporter à Mayence. Mais Dieu ne souffrit
« pas que cette perfidie fût impunie, et rendit aveugle
« Gensfleisch. »

On voit que le chroniqueur fait ici deux personnages de Gensfleisch et de Gutenberg, erreur qui se retrouve dans d'autres écrits.

Il fait de Pierre Schœffer un gendre de Mentelin. Il dit avoir vu les premiers caractères sculptés en bois dont Mentelin se servait, qui étaient perforés pour être assemblés et maintenus, comme plus tard Paul Pater, que nous avons cité, en avait vu de semblables à Mayence. Si le fait est vrai, ces caractères en bois trouvés à Strasbourg pouvaient provenir des premiers essais que Gutenberg fit dans cette ville.

Enfin, un médecin de Paris, nommé Jacques Mentel, et se disant de la famille de l'imprimeur strasbourgeois, publia, en 1650, un livre intitulé : *De vera typographiæ origine*, où il présente, comme des preuves irréfragables, les récits fabuleux que nous venons de mentionner, et proclame son trisaïeul l'inventeur de l'art typographique. Il prétend que les premiers imprimeurs de Rome, de Venise, de Naples, de Paris furent ses élèves; il pense même que l'impression des *Epistolæ cynicæ*, faite en Sorbonne par Géring, Crantz et Friburger, fut peut-être exécutée à Strasbourg par les mêmes typographes avant qu'ils vinssent à Paris, ce qui est entièrement faux. Il n'est pas plus exact en citant les vers que leur avait adressés Erhard Windsberg, et qu'ils ont placés à la fin du livre. Le poëte y félicite l'Allemagne d'avoir inventé l'imprimerie ; au mot *Alemannia*, le partisan de Mentel substitue *Argentina* (Strasbourg).

Depuis longtemps, les prétentions en faveur de Mentel sont tombées dans l'oubli; mais il n'en est pas moins considéré comme un des plus habiles et des plus anciens imprimeurs de Strasbourg. On peut croire, avec plusieurs auteurs, qu'il fut associé aux premiers travaux de Gutenberg dans cette ville, et initié par lui à l'art typographique; qu'il le revit plus tard, soit à Mayence, soit à Strasbourg, où, dit-on, Gutenberg se réfugia après la prise de Mayence.

Gabriel Naudé (1) avance que Mentel fut instruit par Faust, qui, se sauvant de Paris, où on lui avait intenté un procès pour la vente de ses livres, vint aussi à Strasbourg, ce qui n'est guère probable.

La première édition du *Speculum quatruplex* de Vincent de Beauvais, en 10 volumes in-folio, est due à Mentel, qui n'a mis son nom qu'au *Speculum historiale* formant quatre volumes; le dernier est daté de 1473; mais on ne doute pas qu'il n'eût déjà imprimé d'autres ouvrages (2). Il existe une *Bible* en allemand, dont un exemplaire contient la souscription écrite par l'enlumineur, datée de 1466, et portant que le livre

(1) *Addition à l'Histoire de Louis XI*.
(2) Peut-être le *Liber de arte predicandi*, sans date, mais avec son nom imprimé.

a été imprimé par le vénérable Jacques Mentel, de Strasbourg (1).

En admettant même, d'après la *Chronique* de Lignamine, que Mentel imprimât à Strasbourg dès 1458, ces impressions seraient encore postérieures à celles de Mayence et à celles que Gutenberg aurait pu exécuter à Strasbourg, qu'il ne quitta au plus tard qu'en 1450.

Henri Eggesteyn, typographe strasbourgeois, contemporain de Mentel, imprima, en 1471, le *Gratiani decretum*, 2 volumes in-folio, et les *Constitutiones* de Clément V, où il dit avoir déjà imprimé d'*innombrables* volumes. Une *Bible* latine in-folio est signalée comme une de ses impressions par la note du rubricateur, datée de 1468.

Martin Flach, Adolphe Rusch, Nicolas Philippi, Marc Reinhardi, imprimaient aussi à Strasbourg vers la même époque; les deux derniers vinrent s'établir à Paris.

On reproche à l'imprimerie de Strasbourg d'avoir entravé l'usage des lettres romaines, en propageant et en conservant longtemps les caractères gothiques; mais on doit louer Lazare Zetner, imprimeur de cette ville en 1619, d'avoir distingué dans les lettres capitales l'I et le J, l'U et le V.

La typographie a toujours été florissante à Strasbourg. Aujourd'hui encore les maisons Silbermann et Levrault honorent les presses alsaciennes.

Cologne (Prusse). Ulric Zell est regardé comme le plus ancien imprimeur de cette ville. La *Chronique* de Cologne, écrite en allemand, imprimée par Jean Kœlhoff en 1499, et

---

(1) Une semblable annotation manuscrite (et non imprimée comme l'ont dit quelques auteurs), avec la date de M CCCC LXIX en chiffres romains, répétée en chiffres arabes 1469, se trouve sur un exemplaire du livre d'Astenaxus, intitulé *De casibus conscientiæ*.

dont nous avons cité un passage dans notre chapitre II, le dit formellement. Après avoir déclaré que Gutenberg est le premier inventeur de la typographie, l'auteur ajoute : « C'est de « l'honorable maître Ulric Zell de Hanau, actuellement imprimeur à Cologne, en l'an 1499, que je tiens le récit de « l'invention et des progrès de cet art, dont l'établissement à « Cologne lui est dû. »

Les deux premiers livres sur lesquels on trouve son nom, avec la date, sont un Commentaire de saint Jean Chrysostome, sur le 50e psaume, 1466, et le *Libellus de singularitate clericorum*, 1467. Dans la souscription, Zell se qualifie clerc du diocèse de Mayence ; ce titre et son témoignage en faveur de Gutenberg donnent lieu de croire qu'il avait travaillé avec lui.

Après Ulric Zell, les imprimeurs de Cologne les plus renommés, pendant le XVe siècle, sont Pierre de Olpe ; Arnold Therhœrnen, qui imprima, en 1470, le *Sermo ad populum*, premier livre connu dont les pages soient chiffrées ; Jean Kœlhoff, que nous avons déjà mentionné, et qui partage avec son compatriote Jean de Cologne, établi à Venise, le mérite d'avoir introduit dans la typographie, en 1472, l'usage des signatures, si commodes pour assembler les feuilles imprimées.

Augsbourg (Bavière). Suivant les bibliographes d'Allemagne, l'introduction de la typographie dans cette ville est due à Bamler, à qui l'on attribue l'impression d'une Bible en latin et d'une Bible en allemand, toutes deux sans date, mais que l'on croit imprimées en 1466 et 1467.

Cette prétention en faveur de Bamler ne paraît pas fondée ; car, en 1468, il n'était encore que rubricateur ou enlumineur, titre qu'il prend dans la souscription de plusieurs livres, et c'est sans doute comme tel qu'il a mis son nom à la Bible latine de 1466, dont l'impression est attribuée à Eggesteyn de Strasbourg. Bramler ne pratiqua l'imprimerie qu'en 1472.

Quoi qu'il en soit, Gunther Zainer (1), de Reutlingen, s'établit à Augsbourg, et y imprima, en 1468, les *Méditations* de saint Bonaventure, in-folio, premier livre dont la souscription porte le nom de l'imprimeur, l'indication de la ville et la date. Zainer est le premier typographe allemand qui ait employé les caractères romains.

Jean Schusler, Erhart Ratdolt, qui exerça d'abord son art à Venise, Jean Schœnsperger, tiennent un rang distingué parmi les anciens imprimeurs d'Augsbourg.

Elfeld ou *Eltvil* (Altavilla), près Mayence. Le syndic Humery hérita de l'imprimerie de Gutenberg, dont il fut le dernier associé, et la céda, dit-on, à Nicolas Bechtermuncze, imprimeur à Eltvil, qui imprima, en effet, le *Vocabularium latino-teutonicum*, dit *ex quo*, en 1469, avec les caractères du *Catholicon* de Mayence; mais, dès 1467, lorsque Gutenberg vivait encore, les frères Nicolas et Henri Bechtermuncze, associés avec Wygand Spyesz, s'étaient servis des mêmes caractères que, sans doute, Gutenberg leur avait prêtés ou vendus, pour la première édition de ce vocabulaire. Deux autres éditions, l'une en 1472, l'autre en 1477, furent encore imprimés à Eltvil, dont il paraît que l'imprimerie fut ensuite reportée à Mayence.

Nuremberg (Bavière). Une tradition populaire suppose qu'un Georges Koberger inventa l'imprimerie dans cette ville,

---

(1) C'est lui, dit-on, qui porta l'art typographique en Pologne. Son frère, ou du moins son parent, Jean Zainer, introduisit l'imprimerie à Ulm, où il donna, en 1473, la première édition des *Femmes illustres* de Boccace.

en 1440 ; mais ce fait est regardé comme une fable par les habitants même de Nuremberg. Il paraît que ce Georges Koberger est un personnage imaginaire, qu'on a confondu avec le célèbre Antoine Koburger, dont nous allons parler.

Les deux plus anciens livres connus, imprimés à Nuremberg, sont le *Comestorium vitiorum* de François de Retza, et un opuscule de Gerson, sur le Cantique des Cantiques, tous deux portant l'indication de Nuremberg et la date de 1470, mais sans nom d'imprimeur. La souscription du premier de ces livres, conçue à peu près dans les mêmes termes que celle du *Catholicon* de Mayence (*patronarum formarumque concordia et proportione impressus*), donne lieu de croire que l'imprimeur était un élève de Gutenberg, et probablement Henri Kefer (1), associé avec Jean Sensenschmid; celui-ci, plus tard (1481), alla s'établir à Bamberg.

Antoine Koburger fut peut-être celui qui imprima le plus à cette époque; il faisait rouler vingt-quatre presses; dans l'espace de vingt-six ans, il mit au jour douze éditions de la *Bible*. Toutes ses impressions, d'ailleurs, se distinguent par la beauté de leur exécution. Josse Bade, dans son édition d'Ange Politien, a inséré une lettre qu'il écrivit à Koburger, en 1499, et dans laquelle il le qualifie de prince des libraires, *librariorum princeps*, et le loue de l'accueil qu'il fait aux gens de lettres, et du soin qu'il prend de se procurer de bons manuscrits; pour en donner des éditions correctes et sans fautes.

Vers le même temps, Frédéric Creussner et André Frisner imprimaient aussi à Nuremberg.

---

(1) Il comparut, comme témoin, dans le procès que Gutenberg, son patron, eut avec Fust.

Le premier livre daté, imprimé par Koburger, est intitulé *Antonini de Virtutibus*, 1472.

Le savant Jean Müller de Monteregio ou Regiomontanus, ainsi nommé parce qu'il était né aux environs de Kœnigsberg (*Mons regius*), en Franconie, exerça, pendant quelques années (1473-75), la typographie à Nuremberg. Il y imprima quarante-huit ouvrages, entre autres son *Calendarium*, qui obtint un grand succès ; il n'eut pas le temps de publier un traité qu'il avait projeté sur la fonte des caractères. A la suite de la nomenclature de ses impressions, il fait cette réflexion sur l'utilité de l'imprimerie : « Si, après avoir publié ces ou-
« vrages, l'imprimeur vient à mourir, la mort ne lui sera pas
« acerbe, puisqu'il laisse de tels présents à la postérité, qui
« ne saurait désormais souffrir de la pénurie des livres. »
Appelé à Rome en 1475, par le pape Sixte IV, pour travailler à la réformation du calendrier, il y mourut bientôt victime de la peste, ou empoisonné par quelques ennemis jaloux de son mérite.

Quant à Albert Durer, célèbre peintre et graveur, quoique, sur plusieurs publications de sujets gravés en bois d'après ses dessins, avec texte imprimé, on lise cette indication : *impressum Nurenberge per Alb. Durer*, il en fut plutôt l'éditeur que l'imprimeur et le xylographe.

Jean Schœnsperger, venu d'Augsbourg à Nuremberg, y imprima, en 1517, à l'occasion du mariage de l'empereur Maximilien Ier, et par ordre de ce monarque, un poëme de Melchior Pfintzing, en allemand, intitulé : *Les Aventures du chevalier Tewrdannckh*, orné de 118 gravures en bois, imprimées, avec le texte, en caractères mobiles fondus, mais si artistement ajustés que de savants bibliographes d'Allemagne, et chez nous Fournier, fondeur en caractères, Papill'on, graveur en bois, ont pris cet ouvrage pour une œuvre entièrement xylographique. Revenu à Augsbourg, Schœnsperger y donna une seconde édition du *Tewrdanuckh*, en 1519. Il y avait déjà exécuté, en 1514, une impression du même genre, mais plus belle encore; c'est un livre de prières dont le *British Museum* de Londres possède un exemplaire sur vélin, que l'on croit avoir appartenu à l'empereur Maximilien.

Leipsick (Saxe). Marc Brandt passe pour y avoir introduit l'imprimerie. Il y imprima, en 1481, *Glossa super Apocalypsim*, in-4°.

Depuis lors, la presse a toujours été très-active dans cette ville; c'est là que se publiaient, pendant le xviie et le xviiie siècle, les *Acta eruditorum*, journal littéraire fort renommé.

Dans le siècle dernier, Emmanuel Breitkopf apporta des perfectionnements aux presses, à la gravure et à la fonte des caractères; ceux qu'il inventa pour imprimer la musique, et dont il fit usage en 1754, sont encore employés avantageusement par ses héritiers. C'est lui aussi qui, le premier, grava et fondit des caractères chinois mobiles; et il reçut à cette occasion les félicitations de la cour de Rome et de l'Académie des inscriptions de Paris, qui lui demanda même un essai de son procédé. Ce savant imprimeur a composé et publié, sur son art, quelques bons ouvrages; il avait commencé une *Histoire de la Typographie*, que la mort ne lui permit pas d'achever (1794).

Plus récemment, Traugott Tauchnitz imprima de belles éditions grecques et latines par le procédé stéréotypique de Stanhope.

La librairie n'est pas moins florissante que l'imprimerie à Leipsick; cette ville, qui ne comptait, en 1750, que trente et un libraires, en compte actuellement cent quarante-cinq. On y consomme annuellement, en impressions, 15 millions de livres de papier.

Depuis 1592, il s'y tient deux fois par an une foire aux livres, dont l'importance va toujours croissant.

La réforme religieuse donna lieu dans tous les pays de l'Europe, et surtout en Allemagne, où elle avait commencé, à une foule de publications pendant le xvie et le xviie siècle. — Dans le xviiie, les ouvrages philosophiques succédèrent aux livres de théologie, et, depuis ces derniers temps, l'industrie, l'économie publique, la politique, tiennent une grande place dans les catalogues de la librairie allemande. Les journaux, les recueils hebdomadaires ou mensuels sont aussi très-multipliés.

Née en Allemagne, la typographie n'a pas cessé d'y être cultivée avec succès : les productions de la presse y sont toujours nombreuses, et en général recommandables par l'exactitude, la correction et la pureté des textes ; on y reconnaît cette philologie patiente, cet esprit de critique judicieuse que les anciens typographes allemands apportaient à leurs travaux, et qu'ils semblent avoir légués à leurs successeurs.

Mais, il faut l'avouer, ce n'est pas dans sa terre natale que l'imprimerie a été élevée à son plus haut point de perfection. Cette gloire était réservée à l'Italie et à la France.

Cependant, la presse allemande est actuellement en voie de progrès, et de belles éditions en sont sorties dans ces derniers temps ; nous citerons, entre autres, les éditions de *Gœthe* et de *Schiller*, données par M. Cotta, imprimeur à Tubingue et à Stuttgard, et par M. Strauss, à Vienne. L'exposition universelle de Londres, en 1851, a prouvé que l'Allemagne s'est souvenue d'avoir été le berceau de la typographie. M. Henri Brockhaus, imprimeur et fondeur en caractères à Leipsick, a envoyé un exemplaire de tous les ouvrages qu'il a imprimés en 1850. M. Decker, imprimeur du roi de Prusse et de l'Académie de Berlin, a exposé une magnifique édition de la *Bible*, in-folio, traduite en allemand par Luther. Mais l'imprimerie impériale de Vienne, qui applique avec tant de succès à l'art typographique les découvertes modernes, s'est signalée particulièrement à cette exposition : les nombreux et merveilleux produits de xylographie, de gravure en creux et en relief, de stéréotypie, de lithographie, de typochromie, de photographie, de galvanoplastie, etc., qu'elle y a envoyés, ont excité l'admiration générale, et lui ont mérité la médaille de première distinction.

HONGRIE. C'est par les soins du célèbre Mathias Corvin, roi de Hongrie, que la typographie fut introduite dans ce pays. Appelé à Bude par le monarque, André Hess y imprima : *Chronica Hungarum*, 1473, in-folio.

Jean Honterus, après avoir étudié dans les universités de Cracovie, de Wittemberg et de Bâle, revint à Cronstadt, sa ville natale, où il monta, en 1533, une imprimerie destinée à propager les doctrines protestantes qu'il avait embrassées.

Jean Sylvester s'établit à Sarvar, ou Uy-Szggeth, et, en 1539, il y imprima une grammaire hongroise en latin. Bénédict Abadi, de 1541 à 1544, Jean Manlius, en 1603, exercèrent aussi à Sarvar la profession d'imprimeur.

Voilà les trois premières villes de la Hongrie où l'art typographique fut d'abord pratiqué. Les autres n'eurent de presses que dans le XVIe, le XVIIe et même le XVIIIe siècle.

A.-G. Huszar, ministre protestant, avait une presse portative, qui lui servait à imprimer des livres à l'usage de ses coreligionnaires : en 1558, il travaillait à Ungarisch-Altenbourg ; en 1577, à Papa.

Rodolphe Hofhalter, venu de la Transylvanie, s'établit, en 1574, à Also-Lindua, puis à Debreczin, à Varadin, en 1585. Jean Manlius, dont nous avons déjà parlé, imprima successivement à Gissing (1582), à Deutsch-Schützen (1593). Valentin Mantskowitz se transporta de Galgotzin à Visoli, où il imprima la *Bible*, traduite en hongrois par Gaspar Karoli, 1590, in-folio.

Aujourd'hui, les principales villes de la Hongrie sont pourvues d'imprimeries ; mais c'est à Bude que se fait le plus grand nombre d'impressions ; il y a même dans cette capitale une fonderie de caractères.

Depuis longtemps le royaume de Hongrie fait partie des états de la maison impériale d'Autriche.

Bohême. Ce royaume, dont l'empereur d'Autriche est aussi le souverain, reçut l'imprimerie en 1475. Établie d'abord à Pilsen, elle passa, en 1478, à Prague, où l'on imprima les *Statuts*, que les utraquistes, sectaires de cette époque, avaient rédigés dans leur assemblée de Nimbourg. Ce volume in-folio, en latin et en bohémien, ne porte pas de nom d'imprimeur. En 1489, une *Bible* en bohémien fut imprimée à Kuttenberg, par Martin Tischniowa.

L'art typographique continua de se propager dans ce pays pendant le cours du xvie siècle ; et, depuis cette époque, la presse y a été assez active, surtout à Prague, capitale du royaume.

II. ITALIE (1465). Jusqu'à l'époque de la renaissance, au xve siècle, l'Italie a été, en Occident, le berceau et le foyer de la civilisation qu'elle avait reçue des Grecs. Dans les temps anciens, tandis que tout le reste de l'Europe était encore plongé dans la barbarie, déjà de profonds génies, des poëtes, des orateurs, des historiens, des artistes, illustraient la ville éternelle. Les Romains, en étendant leurs conquêtes, adoucissaient les mœurs sauvages des peuples qu'ils soumettaient à leur domination ; la lumière se répandait peu à peu, lorsque l'invasion des barbares, au ve siècle, vint en arrêter les progrès. Au milieu de cet immense désastre, l'Italie conserva encore le flambeau sacré ; il traversa, sans s'éteindre, mais en jetant une clarté plus pâle, la période du moyen âge. La chaire pontificale, qui avait remplacé le trône des Césars, usait de toute son influence pour ranimer les bonnes études. Les cénobites du Mont-Cassin s'occupaient à transcrire des livres, et ils ont ainsi préservé de l'anéantissement de précieux chefs-d'œuvre de l'antiquité. C'était encore dans l'Italie que les sciences et les arts florissaient davantage. Elle offrit une généreuse hospitalité aux savants orientaux, après la prise de Constantinople par Mahomet II (1452), et ces illustres fugitifs secondaient l'heureuse impulsion que l'Italie donnait à l'Europe, quand l'imprimerie fut inventée à Mayence en Allemagne.

Dès lors, l'époque de la renaissance était arrivée pour tous les peuples : la typographie, en fournissant aux esprits supérieurs un moyen rapide, universel de répandre l'instruction, acheva, en peu d'années, une régénération qui aurait pu se prolonger pendant des siècles.

Rome. La première ville qui ait reçu le bienfait de l'imprimerie hors des limites de l'Allemagne, c'est Rome.

Dès 1465, Sweynheym et Pannartz, sortis des ateliers de Mayence, se dirigent vers l'Italie et s'établissent au monastère de Subiaco, dans les États de l'Église : c'est là qu'ils impriment la grammaire de *Donat* et un *Lactance* (1465), *l'Orateur* de Cicéron, *la Cité de Dieu* de saint Augustin (1467).

Appelés à Rome par le pape Paul II, ils y transportent leurs presses et trouvent un honorable asile dans le palais des frères Pierre et François de Maximis, nobles Romains. Ils publient d'abord les *Epîtres familières* de Cicéron (1467); c'est le premier livre imprimé dans cette ville.

Ils ne se servirent pas, dans leurs impressions, de caractères gothiques comme on le faisait en Allemagne; ceux qu'ils employèrent furent appelés romains, parce que ces types ressemblaient aux anciennes lettres latines dont l'usage s'était conservé en Italie. Quant aux dénominations de *Cicéro* et de *Saint-Augustin*, données, dit-on, aux caractères avec lesquels ils imprimèrent les *Épîtres* de Cicéron et *la Cité de Dieu* de saint Augustin, elles se rapporteraient mieux, pour les proportions typographiques, aux caractères d'Ulric Han, autre imprimeur contemporain à Rome.

Dès 1467, Sweynheym et Pannartz employèrent l'œ, tandis que la plupart des autres imprimeurs, jusqu'en 1480, exprimaient cette voyelle composée par un e simple ou accompagné d'une cédille, quelquefois même par *a e* séparés.

Bientôt, sous le patronage de Jean André, évêque d'Aleria et bibliothécaire du pape, ils imprimèrent un grand nombre d'ouvrages dont le faible débit ne put couvrir les énormes dépenses qu'ils avaient faites. Dans leur détresse, ils s'adressèrent à Sixte IV, successeur de Paul II, pour lui demander des secours.

L'évêque d'Aleria, qui rédigea leur requête, datée du 20 mars 1472, atteste formellement que Sweynheym et Pannartz furent les premiers qui exercèrent en Italie cet art créateur, le plus utile de tous: *utilissimæ hujus fictoriæ artis primi in Italia opifices*. Eux-mêmes disent au pape Sixte IV que, du temps de son prédécesseur (Paul II), ils sont accourus les premiers de l'Allemagne, *nos de Germaniis primi*, pour apporter à la cour romaine cet art, d'une si grande utilité (1).

C'est donc à tort que Wimpheling, Naudé et le docteur Mentel regardent Ulric ou Udalric Han comme le premier imprimeur de Rome. Il n'y vint qu'après Sweynheym et Pannartz; mais il les suivit de près. L'*Exposition du Psautier* et les *Méditations* de Jean de Turrecremata (1467) furent les premières impressions de ce typographe. Il imprima ensuite les *Tusculanes* et les *Philippiques* de Cicéron, un *Tite-Live* et beaucoup d'autres ouvrages.

Le nom *Han* signifie en allemand *Coq*, et il le traduisait en latin par *Gallus*, d'où quelques auteurs ont conclu que cet imprimeur était français; mais c'est encore une erreur; il était né à Ingolstadt, et il met sur plusieurs de ses impressions : *per Ulricum Gallum Alamanum* (par Ulric Le Coq, Allemand); quelquefois *per Ulricum Han de Wienná* ou *de Bienna* (de Vienne en Autriche), sans doute parce qu'il y avait obtenu le droit de bourgeoisie.

Antoine Campano, évêque de Teramo, était son protecteur et ne dédaignait pas de corriger lui-même les épreuves des éditions sorties de ses presses.

Il composa en l'honneur d'Ulric Han des vers latins où il joue sur son nom latinisé de *Gallus*, qui signifie à la fois *Coq*

---

(1) Cette requête de Sweynheym et Pannartz se trouve à la fin du tome V des Commentaires de Nicolas de Lyra sur l'Ancien et le Nouveau Testament, impression pour laquelle ils avaient fait tant de dépenses qu'il ne leur restait plus, disaient-ils, de quoi vivre. Ils y donnent la liste de tous les ouvrages qu'ils avaient imprimés depuis 1465 jusqu'en 1472. Ces ouvrages, au nombre de vingt-huit, dont plusieurs ont eu deux et même trois éditions, forment un total de douze mille cinq cents volumes. Chaque édition était tirée à deux cent soixante-quinze exemplaires; quelques unes le furent à trois cents.

et *Gaulois*. Faisant allusion aux oies que les anciens Romains nourrissaient au Capitole pour tirer des augures de leurs moindres gestes, et qui, assurait-on, avaient, en battant des ailes, fait découvrir et échouer une attaque nocturne tentée par les Gaulois, il dit que Ulric Gallus (le Coq ou le Gaulois) se présente comme vengeur, et qu'il a enseigné un nouvel art d'écrire pour lequel il n'a nul besoin de faire usage de leurs plumes.

C'est dans la même épigramme qu'on trouve ce vers remarquable :

Imprimit ille die quantum vix scribitur anno.
(Il imprime en un jour autant qu'on écrit à peine en un an.)

A l'exemple de leurs confrères, d'autres imprimeurs prennent aussi le chemin de Rome, et, en moins de trente ans, on y compte vingt établissements typographiques. Nous citerons, parmi ces premiers imprimeurs, Georges Laver, Jean Gensberg, Philippe de Lignamine, Simon de Luca, Georges Sachsel, Barthélemi Golsch, etc.

La typographie romaine se maintient dans un état florissant.

Le pape Léon X, de l'illustre famille des Médicis, établit une imprimerie (1516) dans son propre palais, au Monte-Cavallo (le Quirinal).

Pie IV appelle à Rome Paul Manuce et le met à la tête de l'imprimerie apostolique au Capitole, *in œdibus populi romani*.

Sixte-Quint fonde la célèbre imprimerie du Vatican, l'enrichit de caractères de différentes langues, et Clément VIII en confie la direction à Alde le jeune.

La *Typographia medicca*, formée par les soins du cardinal

Ferdinand de Médicis, imprime, en 1593, les œuvres d'Avicenne en caractères arabes, qui sont transportés à Florence lorsque le cardinal devient grand-duc de Toscane.

Déjà, auparavant, on avait vu un riche négociant de Rome, Aug. Chigi, passionné pour les lettres grecques, monter à ses frais une imprimerie dirigée par Calliergi, et à laquelle on dut de magnifiques éditions de Pindare et de Théocrite.

L'imprimerie de la Propagande a publié, en toutes sortes de langues, des livres bibliques, dogmatiques et liturgiques, soit pour l'usage des missions, soit pour l'étude de la théologie et de l'histoire ecclésiastique.

Pendant que l'Italie était sous la domination française, les poinçons des beaux caractères orientaux de cette imprimerie et de celle des Médicis à Florence, arabes, coptes, éthiopiens, malabars, persans, samaritains, syriaques, thibétains, gravés au XVIe siècle par les plus habiles artistes, furent apportés à l'imprimerie impériale de Paris.

Après la chute de l'empire, ces poinçons ayant été réclamés, le gouvernement royal en ordonna la restitution. On les rendit même plus complets et en meilleur ordre qu'on ne les avait reçus, en conservant toutefois des frappes ou matrices de ceux dont la privation aurait causé des regrets.

Venise est la seconde ville d'Italie où l'imprimerie fut introduite. Elle y fut apportée par Jean de Spire, ainsi que le constate un privilége exclusif qui lui fut accordé en 1469 par le sénat et qui, pendant cinq ans, défendait à tout autre imprimeur de s'établir dans les États vénitiens. Il imprima les *Épîtres familières* de Cicéron et donna la première édition de *Pline*, où les citations grecques sont laissées en blanc ou imprimées en lettres romaines, faute de caractères grecs ; il commença une édition de *la Cité de Dieu* de saint Augustin.

qu'une mort prématurée ne lui permit pas d'achever et qui fut terminée par son frère Vindelin (1). Celui-ci continua d'exercer la typographie à Venise, mais sans jouir du privilége accordé à son frère à la mort duquel ce privilége s'éteignit. Alors de nouveaux immigrants affluèrent dans cette ville ; et, pour l'honneur de notre patrie, disons que, parmi ces premiers artistes qui jetèrent tant d'éclat sur la typographie vénitienne, se trouvent deux Français : Jacques (et non Jean) des Rouges, en latin de Rubeis, en italien de' Rossi, et Nicolas Jenson. Directeur de la monnaie à Tours, ce dernier avait été envoyé, en 1458, par Charles VII, à Mayence pour s'enquérir du nouvel art qui venait d'y être inventé. A son retour, il ne s'établit point en France, comme quelques-uns l'ont avancé ; mais il passa en Italie et arriva à Venise peu de temps après les frères de Spire. Son talent pour la gravure des monnaies lui servit dans sa nouvelle profession ; il grava et fondit des caractères romains et autres de formes très-gracieuses, majuscules et minuscules, tellement estimés que les imprimeurs qui les employaient s'en faisaient un titre de recommandation auprès du public ; ils mettaient à la fin de leurs éditions : *Impressum characteribus venetis.*

Jenson était à la fois graveur, fondeur et imprimeur. Depuis

---

(1) Il existe une ancienne édition de *Tacite*, sans date et regardée comme la première par la plupart des bibliographes, dont les uns en attribuent l'impression à Jean de Spire en 1468, les autres à son frère Vindelin en 1470 ; ce serait alors le premier livre où l'on trouverait des réclames, quoique les deux frères n'en aient fait usage dans aucune de leurs éditions. Il est vrai que le caractère typographique de ce *Tacite* est bien celui dont ils se servaient ; l'imprimeur s'y désigne aussi sous le nom de *Spire*, mais sans prénom, ce qui pourrait faire croire que c'était un de leurs descendants ; dans ce cas, l'édition serait postérieure à la date qu'on lui assigne.

1470, il publia près de cent cinquante ouvrages, dont l'impression est encore admirée ; mais les dates de plusieurs sont fautives : par exemple, un porte 1400, au lieu de 1480 ; un autre 1500 pour 1480. Son *Decor puellarum*, daté de 1461, n'est réellement que de 1471, car on y cite des livres imprimés cette année-là par Jenson ; cette fausse date de 1461 n'en a pas moins trompé quelques bibliographes, même italiens. Bien plus, on a cru que le savant Omnibonus Leonicenus, un de ceux qui revisaient et corrigeaient les ouvrages édités par Jenson, voulait le faire regarder comme l'inventeur de l'imprimerie, parce que, dans la préface du *Quintilien*, de 1471, il l'appelle *librariæ artis mirabilis inventor*. L'imposture serait trop absurde. Ces paroles ne peuvent s'appliquer qu'aux perfectionnements apportés à l'art par cet illustre typographe sur lequel nous nous sommes un peu étendu, parce que sa gloire intéresse en même temps la France et l'Italie. Le pape Sixte IV le créa comte palatin. La liste des premiers imprimeurs de Venise est très-nombreuse ; nous citerons, entre autres, Jean de Cologne et Jean Manthen (1), son associé ; Léonard Wild, François Renner, Antoine de Strata, Bonet Locatelli, prêtre, et ce n'est pas, comme on le verra, le seul ecclésiastique qui ait exercé l'imprimerie. Mais tous ces artistes, sans en excepter Nicolas Jenson, après s'être servis d'abord de beaux caractères romains, dans leurs impressions, employèrent le gothique dont l'usage qui paraissait abandonné se répandit de nouveau en Europe, et dura encore plus d'un siècle.

(1) Lacaille (*Histoire de l'imprimerie et de la librairie*) confond à tort ce Jean Manthen, qui était de Gherretzem, avec Jean Mentel ou Mentelin de Strasbourg.

Daniel Bomberg, natif d'Anvers, monte à Venise, en 1511, une imprimerie hébraïque. C'est le premier typographe chrétien qui ait imprimé des livres en hébreu, langue qu'il connaissait lui-même. Il donna, pendant quarante ans, plusieurs éditions de la *Bible*, différents ouvrages de rabbins et une édition du *Talmud*, en douze vol. in-fol. Il mourut pauvre, après avoir dépensé, dit-on, trois millions pour ses impressions hébraïques, dont il retira cependant l'avantage qu'il avait toujours ambitionné : l'utilité publique et une réputation justement méritée.

Après lui, Justiniani, Zanetti et autres se distinguèrent aussi à Venise dans la même spécialité.

Mais une renommée qui, dans ce siècle, efface toutes les autres, c'est celle des Alde, auxquels nous consacrerons des notices particulières.

Alde Manuce l'ancien, établi dès 1494 à Venise, était tout à la fois un savant homme et un habile typographe, plein de zèle et d'activité. Les nombreuses éditions sorties de ses presses sont admirables. C'est surtout à la reproduction des auteurs grecs qu'il s'appliqua. Avant lui, on avait déjà fait quelques impressions grecques; mais elles n'approchent pas des éditions aldines qui ont puissamment contribué à propager en Europe le goût et l'étude de la langue hellénique. Il inventa le caractère *italique*, pour lequel il obtint des priviléges du sénat de Venise et des souverains pontifes.

Son fils Paul et son petit-fils Alde Manuce le jeune partagent, quoique à un moindre degré, la gloire paternelle.

Milan. L'imprimerie n'a pas été apportée dans cette ville, comme elle l'a été dans beaucoup d'autres, par des typographes étrangers. Ce sont deux Italiens, Philippe de Lavagna, Milanais, et Antoine Zarot, Parmesan, qui l'y ont établie vers 1470. De nombreuses éditions d'auteurs latins sortent de leurs presses, et ils ont bientôt de dignes émules.

C'est là que Dionysius Paravisinus imprima, en 1476, la Grammaire grecque de Constantin Lascaris, première impression en grec ; auparavant, on n'avait encore imprimé que quelques mots en cette langue.

Un Abrégé de cette Grammaire grecque et un Psautier grec, accompagnés chacun d'une version latine de Jean Creston de Plaisance, religieux carme, furent imprimés à Milan, l'un en 1480, l'autre en 1481.

En 1493, Démétrius Chalcondyle fait imprimer dans la même ville, par Henri Allemand et Sébastien de Pontremoli, la première édition grecque des *Harangues d'Isocrate*, in-4°.

En 1498-99, Alexandre et Guillaume Minutianus frères publient la première édition des *Œuvres complètes de Cicéron*, 4 vol. in-fol.

Vers 1480, les rabbins Josué et Moïse établissent à Soncino, petite ville du Milanais, une imprimerie hébraïque d'où sont sorties la première édition d'une des parties du *Talmud* avec des commentaires rabbiniques, 1484, in-fol., et la première édition de la *Bible* en hébreu, 1488, in-fol.

On cite cependant des impressions hébraïques encore plus anciennes, faites en d'autres villes d'Italie, dont nous parlerons bientôt.

Dès 1470, l'imprimerie s'introduisit à Foligno, à Trévi, puis, en 1471, à Bologne, à Ferrare, à Pavie, à Trévise, etc.

Florence. Le premier imprimeur de cette ville mérite une mention particulière : ce fut un orfévre, nommé Bernard Cennini. Sans avoir jamais visité un atelier typographique, et sur les simples détails qu'on lui en donna, aidé de ses deux fils, il fabrique des poinçons et des matrices, fond des caractères, monte une presse et imprime les *OEuvres de Virgile avec les commentaires de Servius*, in-fol. Il faut l'entendre s'exprimer lui-même dans son naïf enthousiasme : « A Flo-« rence, le 7 des ides de novembre 1471, Bernard Cennini, « excellent orfévre, de l'aveu de tout le monde, et Domi-« nique, son fils, jeune homme d'un talent singulier, ayant « d'abord taillé leurs poinçons, ensuite fondu leurs caractères, « ont imprimé ce livre, qui est leur premier ouvrage. Pierre « Cennini, autre fils de Bernard, a mis tous ses soins à le « corriger. Comme vous le voyez, rien n'est difficile aux « génies florentins. *Florentinis ingeniis nil arduum.* » L'ouvrage fut achevé le 5 octobre 1472.

Suivant Meerman et Dominique Manni, les Cennini, avant même la publication du *Virgile*, auraient imprimé un *Doctrinal* d'Alexandre de Ville-Dieu et une *Vie de sainte Catherine de Sienne*.

En 1488, Démétrius Chalcondyle et Démétrius de Crète publient la première édition grecque des *OEuvres d'Homère*, en 2 vol. in-fol., imprimée par Bernard Nerli et son frère. L'ouvrage est dédié à Pierre de Médicis.

Un autre imprimeur florentin, François-Laurent de Alopa, imprime en léttres capitales grecques la première édition de l'*Anthologie* de Planude (1494), celle de l'*Argonautique* d'Apollonius de Rhodes, et quelques autres.

Dans le même temps, une grande célébrité typographique surgissait à Florence, sous la protection des Médicis. Les Juntes (Giunta), qui avaient aussi des établissements à Lyon, à Rome, à Venise, se placent au premier rang des imprimeurs de cette époque. Rivaux et même contrefacteurs des Alde, ils ne les égalent pas ; leurs éditions, bien que très-estimées, n'ont pas la beauté de celles de leurs compétiteurs. Le mariage d'Alde le jeune avec une Giunta change la rivalité en association.

Naples. Un prêtre de Strasbourg, Sixte Riessinger, porte l'imprimerie à Naples, et publie dans cette ville, en 1471, les *Epîtres choisies de Cicéron*, in-4°; et des *Leçons de Bartholi de Saxo-Ferrato sur le Code Justinien*, in-fol. Le roi Ferdinand, pour le retenir dans ses États, lui offre de riches abbayes et même des évêchés; mais le savant et modeste typographe, satisfait d'avoir accompli une œuvre utile, remercie respectueusement le monarque et retourne dans sa patrie.

Bientôt l'imprimerie est introduite en Sicile : Messine a des presses en 1473, Palerme, en 1477.

Suivant J.-B. de Rossi (1), la première impression hébraïque fut faite par des juifs en 1475, à Reggio de Calabre dans le royaume de Naples ; c'est un commentaire du rabbin Jarchi sur le Pentateuque. La même année un typographe juif, Mescullam, surnommé Kozi, imprimait à Pieve di Sacco, près Padoue, un livre hébreu, *Arba turim* (les quatre ordres), du rabbin Jacob ben Ascher.

Cependant Buxtorf, dans sa *Bibliotheca rabbinica*, dit que Joseph Scaliger possédait une Grammaire hébraïque de Moïse Kimchi, intitulée *Mahalac scevile haddaath* (Introduction aux sentiers de la science), qui avait été imprimée en Sicile, vers 1461. Ce ne pourrait être qu'une impression xylographique, comme celle des premiers *Donats;* car, en 1461, la typographie proprement dite était encore concentrée dans Mayence.

Corneille Beughen (*Incunabula typographiæ*) parle d'une édition d'un livre hébreu, *la Lumière des peuples*, du rabbin Obadia Sephorno, imprimée à Bologne en 1471.

(1) *Annales hebræo-typographici*, Parme, 1795-99.

Quoi qu'il en soit, il paraît que les enfants d'Israël appliquèrent promptement à leur langue l'art de l'imprimerie inventé par les chrétiens. On cite des impressions hébraïques exécutées par des juifs à Mantoue, 1476; à Ferrare, 1477; à Lisbonne, 1489; en Turquie, 1493, etc. Plus tard, les typographes chrétiens imprimèrent aussi des livres en hébreu ; Daniel Bomberg, établi à Venise, est le premier qui en ait mis sous presse dès 1511.

Padoue. La première impression connue faite à Padoue est le *Libellus ad Flammettam* de Boccace, imprimé par Barth. de Valdezoccho et Martin de Sept-Arbres, en 1472. Pierre Maufer, natif de Rouen, n'est donc pas le premier imprimeur de Padoue, comme le dit Gabriel Naudé, mais c'est un des plus anciens typographes de cette ville; car, en 1474, il y imprimait le livre *de la Physionomie*, d'Abano. Il alla ensuite s'établir à Vérone, où l'imprimerie était exercée dès 1472.

Dans le xviiie siècle, deux frères, Jean-Antoine et Gaétan Volpi, savants littérateurs et libraires, s'associèrent avec Joseph Comino, habile imprimeur, et fondèrent un établissement connu sous le nom de *libreria* ou *tipografia Volpi-Cominiana*, d'où sortirent de belles et nombreuses éditions.

Parme. Un Français, Etienne Coral, venu de Lyon, introduit la typographie à Parme, où il imprime, en 1473, l'*Achilléide* de Stace.

A la fin du siècle dernier et au commencement de celui-ci, l'imprimerie parmesane brilla d'un vif éclat, grâce aux travaux du célèbre Bodoni, surnommé le Didot de l'Italie, et qui s'est fait une réputation européenne par ses belles impressions grecques, latines, italiennes, françaises.

Fils d'un imprimeur de Saluces, en Piémont, il travailla d'abord dans l'imprimerie de la Propagande, à Rome, et fut appelé, en 1768, par le duc de Parme, pour diriger celle que ce prince voulait établir dans sa capitale. Bodoni monta aussi dans cette ville une typographie polyglotte : il grava et fondit un grand nombre de caractères étrangers, et publia quelques opuscules imprimés à la fois en vingt et vingt-cinq langues, avec les caractères propres de chacune d'elles. En 1799, il fit présent à l'imprimerie nationale de Paris de caractères phéniciens et palmyréniens. En 1806, il imprima l'*Oraison dominicale* en cent cinquante-cinq langues, avec des caractères latins et exotiques. Le prince Eugène Beauharnais, alors vice-roi d'Italie, acheta presque tous les exemplaires de cette édition, qui lui est dédiée, et en fit des cadeaux. Cette même année, Bodoni obtint la médaille d'or à l'exposition des produits de l'industrie qui eut lieu à Paris. On lit dans le rapport du jury, rédigé par Costaz : « M. Bodoni, de Parme, est un des hommes qui ont le plus contribué aux progrès que la typographie a faits dans le dix-huitième siècle et de notre temps. Il réunit plusieurs talents ordinairement séparés, et pour chacun desquels il mériterait la distinction du premier ordre........ Il est à remarquer, à l'honneur de M. Bodoni, qu'il a exécuté tous ses travaux dans un pays où il était seul, abandonné à ses propres moyens, et où la typographie était, avant lui, plus négligée que dans aucun pays de l'Europe. »

Les voyageurs s'empressaient de visiter ses ateliers ; les souverains, les princes lui donnaient souvent des témoignages de leur estime : il fut décoré de plusieurs ordres, et obtint la protection particulière de la sœur de Napoléon, Élisa Bacciochi, princesse de Lucques et de Piombino, à laquelle il dédia, par reconnaissance, plusieurs des livres qu'il imprima.

Parmi les belles éditions sorties des presses de Bodoni,

on distingue l'*Horace*, 1791 ; le *Virgile* (1), 1793 ; la *Gerusalemme liberata*, 1794, édition de luxe ; l'*Iliade* en grec, dédiée à l'empereur Napoléon, 1808, 3 volumes, format in-folio, comme les ouvrages précédents.

Deux exemplaires de l'*Iliade* ont été tirés sur vélin : l'un, pour Napoléon, se conserve à la Bibliothèque impériale de Paris, l'autre appartenait au prince Eugène Beauharnais. Lamberti, qui avait revu le texte et corrigé les épreuves avec Morelli, reçut de l'empereur une gratification de dix mille francs.

Bodoni avait entrepris, sous les auspices de Joachim Murat, alors roi de Naples, une collection de classiques français dans le même format in-folio, dont il ne publia que le *Télémaque*; mais après sa mort, arrivée en 1813, sa veuve prit la gestion de son imprimerie, termina l'impression du *Racine*, et fit paraître les *Fables* de La Fontaine et le *Boileau*.

En 1818, elle publia, en deux volumes in-quarto, le spécimen des divers caractères de Bodoni : c'est la plus riche collection qui ait jamais paru. Cet illustre typographe fut aidé dans ses travaux de gravure par les frères Amoretti.

III. FRANCE (1470). Paris est la première ville de France où l'imprimerie fut introduite. Géring, Crantz et Friburger, typographes allemands, appelés dans cette capitale par les docteurs Lapierre et Fichet, établirent leurs presses dans les

---

(1) Voici comment M. Renouard (*Catalogue de la bibliothèque d'un amateur*) s'exprime sur le *Virgile* de Bodoni : « L'édition est vraiment magnifique. Il est fâcheux que de si élégantes pages, reproduisant des chefs-d'œuvre, et dont chacune mériterait presque d'être encadrée comme une belle estampe, soient trop peu correctes. » En effet, on a signalé dans cet ouvrage trente sept fautes, dont Bodoni s'est excusé en les rejetant sur des ouvriers infidèles, qui avaient fait, dit-il, un tirage clandestin.

bâtiments de la Sorbonne, et commencèrent à imprimer en 1470.

Les chapitres précédents ont fait connaître les débuts de l'art typographique à Paris, et l'histoire générale de l'imprimerie en France, depuis son introduction dans notre pays jusqu'au temps actuel. Nous avons rappelé les encouragements qu'elle y reçut, les persécutions qu'elle y souffrit, les dispositions réglementaires et législatives qui l'ont successivement régie, ses progrès, ses phases de prospérité ou d'infortune.

Il nous reste maintenant à parler de sa propagation dans les principales villes de France.

Lyon (Lugdunum) (1). Cette ville, fondée par les Romains lorsqu'ils eurent conquis les Gaules, devint bientôt florissante. Les lettres y étaient cultivées avec succès, et l'on y exerçait le commerce des livres, comme le témoigne Pline le jeune : « Je ne savais pas, écrivait-il à Germanicus, qu'il y eût des « libraires à Lyon, et je suis fort heureux d'apprendre qu'on « y vend mes petits livres. »

C'est la première ville, après Paris, où l'art typographique fut pratiqué. L'honneur de l'y avoir introduit appartient à Barthélemi Buyer, citoyen de Lyon. Il y fit imprimer à ses frais, en 1473, par Guillaume Regis ou Le Roi, le *Compendium breve* du cardinal Lothaire, depuis pape sous le nom d'Innocent III, première impression avec date exécutée dans cette ville.

Barthélemi Buyer ne se borna pas à protéger la typographie naissante ; il paraît qu'il avait chez lui une imprimerie où il

---

(1) C'est aussi le nom latin de la ville de Leyde en Hollande ; mais on dit *Lugdunum Batavorum* pour la distinguer de Lyon en France.

employait des ouvriers dont il dirigeait les travaux. A ce titre, il mérite la qualification d'imprimeur, que d'ailleurs il a prise dans la souscription de plusieurs livres qu'il a publiés, et où son nom figure seul (1).

Bientôt de nouveaux typographes, Jean Dupré, Jean Fabri, Michelet Topie, Jacques Heremberk, Jean de Vingle, Mathieu Husz, Jean Cleyn et beaucoup d'autres s'établirent à Lyon.

Jean Trechsel en particulier se distingua par ses belles et nombreuses éditions. Il avait pour correcteur Josse Bade, qui devint son gendre et alla plus tard se fixer à Paris (2).

Jean Trechsel laissa deux fils, Gaspard et Melchior. C'est chez eux que fut imprimée, en 1542, aux frais de Hugues de la Porte, libraire, une édition de la *Bible*, traduite en latin par Sanctès Pagnin, édition censurée à cause des notes qu'y avait insérées Michel Servet (3).

Dès l'origine, les impressions exécutées à Lyon méritèrent l'estime des savants pour leur correction soignée. Robert Gaguin (4), professeur de l'université, très-mécontent des fautes multipliées que contenait la première édition de son *Histoire de France*, imprimée à Paris, en fit faire aussitôt une seconde édition à Lyon.

---

(1) Voyez le *Manuel du libraire*, tome III, page 404, 4e édition.
(2) Voyez ci-dessus, chapitre III, page 105.
(3) Cet hérésiarque qui, pour se déguiser, prenait le nom de Villanovanus, parce qu'il était né à Villanova, en Espagne, avait exercé pendant quelque temps la profession de correcteur dans l'imprimerie de Jean et François Frellon frères à Lyon, après avoir été médecin. Il fit imprimer dans cette ville, ainsi qu'à Vienne en Dauphiné, des ouvrages contre la Trinité. Arrêté à Genève, par ordre de Calvin, il y fut brûlé en 1555.
(4) Robert Gaguin avait étudié sous le docteur Guillaume Fichet, qui, avec le docteur Lapierre, fut un des promoteurs de l'établissement de l'imprimerie à Paris, en y appelant Géring et ses deux associés.

Antoine Koburger, qui occupait vingt-quatre presses à Nuremberg, et recourait encore quelquefois à celles de ses confrères, fit imprimer plusieurs ouvrages à Lyon par Jean Cleyn et Jacques Saccon.

On reproche néanmoins aux anciens imprimeurs de Lyon d'avoir conservé longtemps le caractère gothique. Alde Manuce se plaint aussi des nombreuses contrefaçons qu'on y faisait de ses éditions, in-octavo et en italique, des auteurs latins.

C'est à Lyon que parurent les premiers livres de Rabelais : d'abord *les grandes et inestimables Cronicques du grant et enorme geant Gargantua*, 1532, sans nom d'imprimeur; facétie attribuée à Rabelais lui-même et qui fut le prélude de son livre intitulé *Gargantua*, Lyon, 1535, chez François Juste; le *Pantagruel* avait déjà été publié par le même en 1532 et 1533. Les ouvrages de Rabelais furent ensuite imprimés à Paris, dans beaucoup d'autres villes de France et des pays étrangers.

D'anciennes et nombreuses éditions des œuvres de Clément Marot ont aussi été imprimées à Lyon, par Juste, Dolet, Gryphe, de Tournes, Roville, Barbou, etc.

Dans le XVIe siècle, les Gryphe, originaires d'Allemagne, donnèrent un nouvel éclat à l'imprimerie lyonnaise. Sébastien Gryphe et son frère aîné, François, étaient probablement fils d'un imprimeur de Reutlingen, nommé Michel Greyff, Greffen ou Gryff, nom qu'ils avaient latinisé en signant Gryphius, qu'on a traduit en français par Gryphe. Ils avaient pris pour marque typographique un griffon, avec différents accessoires. Sébastien y ajoutait cette devise : *Virtute duce, comite Fortuna* (que la vertu soit notre guide, et la fortune notre compagne), maxime tirée d'une lettre de Cicéron au consul

Munatius Plancus, regardé comme le fondateur de Lyon (1).

François Gryphe, établi à Paris, employait habituellement le caractère romain. Sébastien, fixé à Lyon, se servait plus souvent de l'italique : il imprima ainsi, en 1536, les *Commentaires* d'Etienne Dolet *sur la langue latine*, deux volumes in-folio, dont l'errata ne signale que huit fautes. Toutes ses impressions, en latin, en grec et même en hébreu (on n'en cite que deux en français), sont réputées pour leur exactitude. Scaliger lui envoya, comme un témoignage d'estime, son livre des *Causes de la langue latine*, et Conrad Gessner lui dédia le XIIe livre de ses *Pandectes*. Sébastien Gryphe mourut en 1556. Le poëte Charles Fontaine lui fit cette épitaphe en jeu de mots, dans le goût du temps :

> La grand' griffe, qui tout griffe,
> A griffé le corps de Gryphe;
> Le corps de ce Gryphe, mais
> Non le los (2), non, non, jamais.

Antoine Gryphe, fils de Sébastien, suivit à Lyon la carrière paternelle, et soutint dignement l'honneur de son nom.

On trouve à la même époque un Jean et un Alexandre Griffio, imprimeurs à Venise, et un Christophe Gryphius, imprimeur à Padoue, qui étaient sans doute aussi de la famille.

Étienne Dolet, qui périt si tragiquement à Paris, avait, pendant quelque temps, exercé la profession d'imprimeur à

---

(1) Le griffon et cette devise servaient déjà de marque à d'autres imprimeurs. On les voit au commentaire d'Hiéroclès sur les vers dorés de Pythagore, livre imprimé à Padoue, en 1474, par Barthélemi de Valdezoccho.

(2) Vieux mot qui signifie *louange, renommée*.

Lyon. Nous avons déjà donné sur lui des détails historiques assez étendus (1).

Jacques et François Junte de Florence formèrent un établissement de librairie et d'imprimerie à Lyon, vers 1520 ; ils y imprimèrent ou firent imprimer plusieurs ouvrages.

Jean Barbou, chef d'une illustre famille d'imprimeurs, travaillait à Lyon, dès 1536 ; il alla ensuite se fixer à Limoges où ses descendants exercent encore ; d'autres vinrent s'établir à Paris au commencement du xviiie siècle.

Jean de Tournes, élève de Sébastien Gryphe, fut aussi imprimeur à Lyon en 1540. On lui doit de belles éditions, avec ornements gravés en bois, d'Ovide, de Vitruve, de Froissard, de Clément Marot, etc. Il avait pour marque des vipères qui se déchirent, et cette devise : *Quod tibi fieri non vis, alteri ne feceris*. Il mourut de la peste en 1564.

Jean de Tournes fils imprima, à Lyon, jusqu'en 1585 ; alors il se retira, pour cause de religion, à Genève où il transporta son imprimerie.

En 1726, deux de ses descendants, Jean-Jacques et Jacques de Tournes, achetèrent le fonds de librairie d'Anisson et Posuel, à Lyon, et, quoique protestants, obtinrent la permission de l'exploiter, en conservant leur établissement de Genève. Jean-Chrétien Wolf, philologue allemand, leur dédia, en 1740, ses *Monumenta typographica*. Il donne de grands éloges à la famille des de Tournes, qui méritent, dit-il, d'être comparés aux Manuce, aux Estienne, aux Plantin, aux Wechel, et d'être mis au-dessus de tant d'autres typographes. Les deux frères de Tournes vendirent leur fonds en 1780, et abandonnèrent l'imprimerie et la librairie que leur famille

(1) Voyez ci-dessus, chapitre IV, page 196.

avait exercées honorablement pendant deux cent quarante ans.

Horace Cardon, originaire de Lucques, était imprimeur à Lyon pendant les troubles de la Ligue ; il se signala par son dévouement à la cause de Henri IV, et reçut de ce prince des lettres patentes de félicitation. Cardon acquit dans la profession de son art une fortune considérable et en employa une partie à fonder des établissements publics, où l'on voyait un *chardon*, emblème qu'il avait adopté pour faire allusion à son nom. Il fut échevin de la ville en 1610.

Un autre imprimeur lyonnais, Guichard Juliéron, vendit deux maisons qu'il possédait et en distribua le prix aux troupes suisses qui, n'étant plus payées, voulaient quitter le service de Henri IV. Il refusa plus tard le remboursement que le monarque lui offrait, et ne demanda que le titre d'imprimeur du roi qui lui fut accordé en 1594. Son petit-fils, Antoine Juliéron, suivit Louis XIII dans la campagne du Roussillon, et fut nommé colonel de la milice bourgeoise de Lyon, où il continua d'exercer l'imprimerie.

Les Anisson commencèrent leur carrière typographique à Lyon. Laurent imprima, en 1677, la *Grande Bibliothèque des Pères*, 27 vol. in-fol. Son fils Jean imprima le *Glossaire grec* de Du Cange (1), 1688, 2 vol. in-fol. Leur marque était le lis de Florence, que les Junte établis à Lyon avaient transmis à Cardon, et qui, de celui-ci, passa aux Anisson, avec cette devise que leur donna le père Menestrier, si versé dans la science héraldique : *Anni son' che fiorisce*. (Il y a bien des années qu'il fleurit.)

---

(1) Du Cange dit, dans la préface de cet ouvrage, que les imprimeurs-libraires de Paris ont refusé d'imprimer son *Glossaire*, reproche que ceux-ci repoussèrent en publiant un mémoire justificatif adressé aux gens de lettres.

Jean Anisson fut nommé, en 1704, directeur de l'imprimerie royale à Paris, fonctions qui, dès-lors, ont toujours été remplies par un membre de cette famille jusqu'en 1794, où le dernier titulaire, Anisson-Duperron, porta sa tête sur l'échafaud révolutionnaire.

Nous pourrions ajouter beaucoup d'autres noms à ceux que nous venons de citer ; car la seconde ville de France s'est toujours maintenue à ce rang élevé, tant par son commerce, ses établissements industriels, ses corporations savantes; que par l'immense quantité d'ouvrages littéraires et scientifiques sortis de ses presses ; et parmi les modernes typographes lyonnais, il en est plusieurs qui ont rivalisé en science et en habileté avec leurs célèbres devanciers.

Toulouse. Le nom latin de cette ancienne capitale du Languedoc, *Tolosa* ou *Tholosa*, ainsi qu'on l'écrivait jadis, et le nom espagnol d'une petite ville de Biscaye, *Tolosa*, ont souvent fait confondre ces deux villes l'une avec l'autre par des bibliographes, qui n'ont su à laquelle ils devaient attribuer les impressions du xve siècle portant cette indication qui leur paraissait équivoque. Les uns ont donné à la ville espagnole la priorité des établissements typographiques, les autres en ont revendiqué la gloire pour la cité française (1).

En effet, Toulouse, déjà célèbre du temps des Romains, et qui avait acquis sous le gouvernement de ses comtes une si grande renommée dans le moyen âge, conservait encore, à l'époque de l'invention de l'imprimerie, une haute impor-

---

(1) Dans son *Histoire de Toulouse*, M. d'Aldeguier, conservateur d'une des bibliothèques publiques de cette ville, s'est déclaré pour Tolosa d'Espagne. M. Desbarreaux-Bernard a publié une notice intéressante où il réfute cette prétention. (Extrait des Mémoires de l'académie des sciences de Toulouse.)

tance. Son université, son Capitole, ses jeux floraux, ses nombreux monastères offraient certainement plus de ressources à l'activité des typographes que la petite ville de *Tolosa*, qui n'avait alors aucun établissement scientifique, et que les Espagnols désignaient quelquefois par le diminutif *Tolosetta*.

La plus ancienne impression connue exécutée à Toulouse est de 1476 : c'est une leçon de droit d'André Barbatia, à la fin de laquelle on lit : *Tholose est impressa.* xii *calendas julii* m cccc lxxvi. L'imprimeur n'est pas nommé; mais ce pourrait bien être Jean Teutonicus qui, en 1479, imprimait dans la même ville un ouvrage de droit de Jason de Maino, avec cette souscription : *Teutonicus arte Johannes... Finit Tholosæ anno Christi* m cccc *lxxix*.

Le *Th* initial prouve que ces impressions ont été faites non à Tolosa en Espagne, mais à Tholose, c'est-à-dire à Toulouse en France.

La première édition de l'*Imitation de J.-C.* en français, dont la Bibliothèque impériale de Paris possède aujourd'hui le seul exemplaire que l'on connaisse, fut imprimée en 1488, par Henri Mayer, à *Tholose*.

Ainsi, bien avant la fin du xve siècle, l'imprimerie était exercée à Toulouse par Jean Teutonicus qui passe pour l'y avoir introduite, par Jean-Jacques Colomiés, dont les descendants ont continué d'y suivre la même carrière, par Jean Patrix ou Paris et Etienne ou Estevan Clebat, associés, par Henri Mayer. Leurs noms se trouvent sur la plupart des livres, même en espagnol, qu'on suppose avoir été imprimés à Tolosa depuis 1476 jusqu'à 1500.

Dès cette époque, de nombreux ouvrages de théologie, de médecine, de jurisprudence, d'histoire, des éditions d'auteurs classiques grecs et latins, etc., sont sortis des presses toulousaines. On a dit que l'inquisition, qui avait sévi si rigoureusement au xiiie siècle dans le midi de la France, entrava longtemps encore les progrès de l'imprimerie à Toulouse ; l'observation serait plus applicable à Tolosa en Espagne, pays où l'inquisition a existé jusqu'au commencement de notre siècle.

Troyes. Dès le xiiie siècle, il y avait aux environs de Troyes plusieurs moulins à eau servant à la fabrication du papier, industrie qui formait une des principales branches du commerce de cette ville, et qui prit encore une plus grande extension après l'établissement de l'imprimerie.

Suivant Grosley (*Troyens célèbres*), un règlement sur les foires aurait été imprimé dans cette ville dès 1464 ; mais cette date est évidemment fautive, si même le prétendu règlement existe.

La première impression faite à Troyes est le *Bréviaire* du diocèse, 1483, grand in-12 à deux colonnes, en caractère gothique, avec des capitales rouges et bleues ; il n'a ni titres, ni chiffres, ni réclames. On n'en connaît plus qu'un seul exemplaire qui est à la Bibliothèque impériale de Paris.

Quoique le volume ne porte pas de nom d'imprimeur, M. Corrard de Bréban, auteur de *Recherches* sur l'établissement de l'imprimerie à Troyes, prouve que l'impression en a été exécutée par Pierre Lerouge. En effet, il avait déjà imprimé à Chablis le *Bréviaire* d'Auxerre, auquel il mit son nom, et dont les caractères sont les mêmes que ceux du *Bréviaire* de Troyes. — Ses deux fils, Guillaume et Nicolas Lerouge, furent aussi imprimeurs à Troyes.

Un volume, imprimé à Troyes dans le xvie siècle, et comparable aux plus charmants Elzevirs, a été vendu 185 francs à la vente des livres de Charles Nodier. Il a pour titre : *Les œu-*

vres de M. *François Rabelais, docteur en médecine, etc., avec la pronostication pantagruéline, Troye, par Loys qui ne se meurt point*, 1556. D'après une remarque de Nodier, c'est ainsi que se désignait *Louis Vivant*, imprimeur-libraire en cette ville.

On y imprima longtemps des almanachs qui eurent une grande vogue.

Rouen. Suivant plusieurs bibliographes, le *Livre coustumier du pays et duché de Normandie*, daté de 1483, serait la première impression faite à Rouen; d'autres pensent que cette date est celle de la composition de l'ouvrage; mais, en admettant que ce soit bien la date de l'impression, nous remarquerons que le livre ne porte ni indication de lieu ni nom d'imprimeur, et qu'il pourrait, quoique destiné à la Normandie, avoir été imprimé dans une autre province. C'est ainsi que l'on imprima à Paris, en 1495 et 1497, le *Missel* et le *Bréviaire* de l'église de Cambrai, où l'imprimerie n'était pas encore établie.

Quoi qu'il en soit, Guillaume le Talleur (le Tailleur) publia en 1487, à Rouen, les *Cronicques de Normandie*, in-fol., qu'on regarde comme le premier livre avec date imprimé dans cette ville.

L'année suivante, 1488, Jean le Bourgeois y imprima le premier volume du *Roman de la Table-Ronde*.

Le capitaine général de la Normandie, Robert Conteray, surnommé Lallemant, parce qu'il était originaire d'Allemagne, envoya à ses frais, dans ce pays, deux jeunes Rouennais, Martin Morin et Pierre Maufer, pour y apprendre l'art typographique. Martin Morin revint dans sa patrie où il imprima le *Bréviaire* de Rouen, 1495; il y imprima aussi les *Bréviaires* du Mans, 1490, et de Noyon, 1506, villes qui ne possédaient pas encore d'imprimeries ; cette particularité confirme l'observation que nous avons faite plus haut.

Quant à Maufer, au lieu de revenir en Normandie, il se rendit en Italie (1), et, de 1474 à 1491, il imprima successivement à Padoue, à Vérone, à Venise, à Modène.

L'exemption pendant vingt ans du service du guet et des aides accordée, en 1494, par le corps municipal de Rouen, à Martin Morin et à Pierre Maufer, semblerait indiquer que ce dernier était revenu dans sa ville natale ; cependant on ne voit point qu'il y ait exercé sa profession.

La Caille (*Histoire de l'imprimerie*) s'est trompé en disant que Maufer avait imprimé à Rouen *Alberti Magni liber de lapidibus et mineralibus*, 1476, in-fol.; c'est à Padoue que Maufer exécuta l'impression de ce livre.

Un autre Rouennais, Guillaume Signerre, ne travailla non plus qu'en Italie : il imprimait à Milan en 1496, à Saluces en 1503.

On compte aussi deux Normands, Richard Pynson et Guillaume Faques, au nombre des premiers et des plus habiles imprimeurs d'Angleterre.

Depuis son introduction à Rouen, la typographie n'a pas cessé d'y être exercée activement.

Des descendants de Robert Lallemant, dont nous venons de parler, ont pratiqué honorablement l'imprimerie dans cette ville. Richard Lallemant, imprimeur du roi et maire de Rouen avant la révolution, reçut de Louis XV des lettres de noblesse. Il édita surtout des ouvrages classiques : le *Gradus ad Parnassum*, le dictionnaire français-latin connu sous le

---

(1) Voir les *Recherches sur l'imprimerie en Normandie* et les *Considérations sur les origines typographiques*, par M. Ed. Frère.

nom d'*Apparat royal*, etc., et mourut octogénaire en 1807.

Claude-François Jore, mort à Milan, vers 1775, avait été imprimeur-libraire à Rouen. Il imprima clandestinement, en 1731, des *Lettres philosophiques* de Voltaire, édition qu'il ne crut pas devoir livrer immédiatement à la publicité, mais dont on découvrit plus tard les exemplaires, qu'il avait cachés. Un arrêt du conseil, rendu au mois de septembre 1734, le destitua de sa maîtrise et le déclara incapable d'exercer la profession d'imprimeur ou de libraire. Exaspéré par le chagrin, Jore voulut intenter un procès à celui qu'il regardait comme l'auteur de sa ruine, et signa, en 1736, un *Mémoire contre le sieur François-Marie de Voltaire*. Ce factum a été inséré dans le *Voltariana*, satire anonyme publiée en 1748, et qu'on a quelquefois attribuée à Jore, mais sans preuves, car il se réconcilia, dès 1738, avec Voltaire, qui lui fit une pension.

Outre les lettres d'excuses et de remerciment qu'il écrivit à Voltaire, on a de Jore les *Aventures portugaises*, 1756, 2 vol. in-12.

Parmi les typographes rouennais de notre époque, nous citerons Nicétas Periaux, qui exécuta, avec des caractères mobiles, des cartes géographiques, notamment celle du département de la Seine-Inférieure, en 1807; M. Ed. Frère, membre de l'académie de Rouen, auteur d'intéressants écrits sur les premiers temps de l'imprimerie.

Tours. Suivant Maittaire (*Annales typographiques*, t. Ier), l'imprimerie florissait à Tours dès 1467. Cette assertion, si elle était fondée, ravirait à Géring et à ses associés la gloire d'avoir exercé les premiers l'art typographique en France; mais elle est évidemment erronée, et ne repose que sur une fausse interprétation de la date. Maittaire cite à l'appui de son opinion une édition du roman de François Florio, florentin, intitulé : *De amore Camilli et Emiliæ aretinorum*, à la fin duquel on dit que : « le livre a été mis au jour (*editus*) dans la maison de l'archevêque de Tours, la veille des calendes de janvier, l'an du Seigneur mil quatre cent soixante-sept (1). »

Mais cette date de 1467 et le mot *editus* se rapportent à la composition ou à la transcription de l'ouvrage et non à son impression.

On croit que Florio était attaché à l'archevêque de Tours en qualité de secrétaire, et que c'est dans la maison de ce prélat qu'il mit la dernière main à son travail.

On a reconnu d'ailleurs que ce livre était imprimé avec les caractères dont Pierre Cæsaris et Jean Stoll, associés, faisaient usage à Paris; c'est donc de leurs presses qu'il est sorti, vers 1475.

M. Brunet en signale une autre édition ayant la marque typographique de Jean Lambert, imprimeur à Paris, vers la fin du xve siècle, et portant la même souscription de 1467; nouvelle preuve que cette date n'est pas celle de l'impression.

On cite un *Missel* de Tours, imprimé dans cette ville, sans nom d'imprimeur, mais avec la date de 1485. Si elle est exacte, dit M. Brunet, c'est le plus ancien livre connu imprimé dans l'ancienne capitale de la Touraine.

Mais une impression sur laquelle il ne s'élève aucun doute, est celle du volume intitulé : *La Vie et Miracles de Monseigneur saint Martin, translatee de latin en francoys*, in-folio, avec figures en bois, imprimé à Tours, en 1496, par Mathieu Lateron.

(1) *Liber editus in domo domini Guillermi, archiepiscopi Turonensis, pridie kalendas januarii, anno Domini millesimo quadringentesimo sexagesimo septimo.*

Jusqu'à nos jours, l'imprimerie n'avait pas été très-active dans cette ville. Depuis quelque temps seulement elle y a pris un essor prodigieux, et l'on y publie une immense quantité d'ouvrages d'éducation et de livres de piété. MM. Mame occupent dans leurs ateliers onze presses mécaniques.

Le 20 novembre 1848, un congrès typographique se réunit à Tours, chez M. Lecesne, imprimeur, et sous la présidence de M. A. Mame. Quatre-vingt-douze imprimeurs adhérèrent par écrit à cette réunion, dans le but : 1° de réclamer contre le très-grand nombre de brevets délivrés par l'administration ; 2° de s'opposer à l'extension prise par l'imprimerie nationale et à ses continuels envahissements ; 3° de demander que, dans chaque département, les impressions afférentes à chaque localité ne fussent pas envahies par le monopole de quelques grandes imprimeries ; 4° de demander que, dans les grandes villes, l'examen du baccalauréat fût exigé, etc., etc.

L'imprimerie se propagea rapidement en France pendant le xve siècle. Sans parler de Strasbourg, alors ville d'Allemagne, où elle fut conçue, nous la trouvons établie à Paris, en 1470 ; à Lyon, en 1473 ; à Toulouse, à Angers, 1476 ; à Chablis en Bourgogne, à Vienne en Dauphiné, 1478 ; à Poitiers, 1479 ; à Caen, 1480 ; à Metz, 1482 ; à Troyes, 1483 ; à Rennes, à Loudéac, 1484 ; à Salins, à Tréguier, 1485 ; à Abbeville, 1486 ; à Besançon, à Rouen, 1487 ; à Orléans, à Grenoble, à Dôle, 1490 ; à Dijon, à Angoulême, 1491 ; au monastère de Cluny en Bourgogne, à Nantes, 1493 ; à Limoges, 1495 ; à Provins, à Tours, 1496 ; à Avignon, 1497 ; à Perpignan, 1500.

Cependant beaucoup d'autres villes, parmi lesquelles on en compte d'importantes, n'eurent des établissements typographiques qu'au xvie, au xviie siècle ou plus tard encore.

Ainsi l'imprimerie ne fut pratiquée à Bordeaux qu'en 1529, par Jean Guyard. En 1572, Simon Millanges, avec l'aide et sous la protection des jurats de cette ville, s'y établit et se distingua par ses belles impressions ; c'est lui qui donna la première édition des *Essais* de Montaigne, en 1580. Dans ces derniers temps, un habile artiste, Pinard, graveur, fondeur et imprimeur, à qui l'on doit une magnifique édition du *Temple de Gnide* de Montesquieu, avait déjà honoré la typographie bordelaise avant qu'il vînt se fixer à Paris, en 1822.

L'imprimerie, introduite à Marseille en 1594, par Pierre Mascaron, aïeul du célèbre prédicateur de ce nom, ne s'y maintint pas, et n'y fut définitivement rétablie qu'en 1641.

Ce n'est qu'en 1704 qu'elle fut apportée à Toulon par Pierre-Louis Mallard.

Aujourd'hui, il y a des imprimeries non-seulement dans tous les chefs-lieux de département, mais dans la plupart des villes de France.

IV. BELGIQUE (1472). L'imprimerie fut introduite presque simultanément en Belgique, de 1472 à 1473, par Thierri (Théodoric ou Dick) Martens, à Alost et à Anvers ; par Colard Mansion, à Bruges ; par Jean de Westphalie ou de Paderborn, à Louvain.

Les sentiments des bibliographes, relativement au plus ancien imprimeur de la Belgique, sont partagés entre Martens et Jean de Westphalie ; l'opinion la plus accréditée est en faveur de Martens.

Alost. C'est à Alost que parut, en 1473, le *Speculum conversionis peccatorum* de Denis le Chartreux ou Rikel, avec date et indication de lieu, et que l'on regarde comme le premier livre imprimé en Belgique. Le nom de l'imprimeur ne s'y trouvant pas, Lambinet et quelques autres ont attribué cette impression à Jean de Westphalie ; mais la plupart des bibliographes en font honneur à Martens.

Il est vrai que ces deux typographes travaillaient dans cette ville vers la même époque. Jean de Westphalie imprima le *Liber predicabilium* de Porphyre en mai 1474, avec son associé Thierri Martens (*cum socio suo Theodorico Martino*); et celui-ci imprimait seul, au mois d'octobre 1474, le livre *De Vita beata* de Baptiste Mantouan.

Plusieurs auteurs en ont conclu que Martens était l'élève de Jean de Westphalie ; mais, dans la souscription du livre précité, Martens semble déclarer qu'il a été instruit dans son art à Venise, où la typographie était alors florissante. « J'apporte aux Flamands, dit-il, tout le savoir des Vénitiens (*Venetum scita Flandrensibus affero cuncta*). »

Ainsi, Martens, natif d'Alost, aurait doté sa patrie du bienfait de l'imprimerie ; mais la question n'est pas entièrement résolue.

Anvers. Il introduisit aussi l'art typographique à Anvers, où il imprima, en 1476, *Practica medicinæ quæ Thesaurus pauperum nuncupatur*, ouvrage composé par un auteur nommé Pierre, le même, dit-on, qui devint pape sous le nom de Jean XXII.

Il existe une édition des *Visions de Tondal* en flamand, imprimée à Anvers, par Mathieu Vander Goes, et portant la date de 1472 ; mais cette date paraît erronée, car le livre a des signatures dont l'usage était alors peu connu. Il est probable que, au lieu de LXXII (72), il faut lire LXXXII (82). On ne connaît d'ailleurs aucune impression de Vander Goes antérieure à 1482.

A l'exemple de beaucoup d'imprimeurs de cette époque primitive, Martens séjourna successivement, et à plusieurs reprises, dans différentes villes, à Alost, à Anvers, à Louvain, où il fut professeur de l'université, car c'était un homme très-érudit, possédant l'hébreu, le grec, le latin, l'allemand, l'italien, le français, et auteur de plusieurs ouvrages. Les belles éditions grecques qu'il a imprimées l'ont fait surnommer l'Alde des Pays-Bas. Sa marque typographique était une double ancre avec ces mots au-dessous : *sacra anchora*. Il résulte du témoignage de ses contemporains, et même du sien, qu'il aimait beaucoup le jus de la treille ; il avait pris pour devise : *In vino veritas*.

Après avoir perdu sa femme, ses enfants, ses frères et tous ses parents, il se retira au couvent des Guillemites d'Alost, auxquels il légua ses biens, comme Géring avait légué les siens à la Sorbonne. Martens mourut octogénaire en 1534. Érasme, avec qui il était très-lié, composa son épitaphe.

Louvain. Jean de Westphalie ou de Paderborn, surnommé aussi Jean d'Aken ou Haeken, lieu de sa naissance, alla se fixer à Louvain, dont il est regardé comme le premier imprimeur. Il y donna l'*Opus commodorum ruralium* de Pierre Crescentius, 1474, in-folio. On lui permit d'établir ses ateliers dans l'université, et il reçut le titre de *Magister artis impressoriæ* que nul autre que lui ne pouvait prendre.

Bruges. Colard Mansion introduisit la typographie dans cette ville. Le premier ouvrage sorti de ses presses est le *Jardin de dévotion*, sans date, mais imprimé vers 1474.

Bruxelles. L'établissement de l'imprimerie à Bruxelles est dû aux Frères de la vie commune, institués dans le XIVe siècle, par Gérard Groot (le Grand), et auxquels se réunirent plus tard les chanoines de Vauvert, dans la forêt de Soignes, près de Bruxelles. Cette congrégation, qui avait aussi des maisons à Mayence, à Rostock, à Gouda, à Deventer, s'occupait assidûment de la transcription des manuscrits, et accueillit avec empressement l'invention typographique. Les religieux montèrent dans leur couvent de Nazareth, à Bruxelles, une imprimerie d'où sortit, en 1476, l'ouvrage d'Arnold Gheyloven, intitulé : *Speculum conscientiæ*.

Arnould de Keysere, c'est-à-dire de l'Empereur, après avoir imprimé à Audenarde en 1480, alla s'établir à Gand en 1483.

Voilà les villes de Belgique qui eurent des établissements typographiques dès le xve siècle ; les autres n'en possédèrent que dans le xvie et même dans le xviie. Vers la fin de ce siècle, quelques-uns des petits-fils de Schœffer se fixèrent dans les Pays-Bas.

En 1749, on imprima à Spa une *Dissertation inaugurale* sur les eaux thermales qui ont donné une si grande renommée à ce petit endroit.

Le prince de Ligne, connu par ses talents militaires et par l'originalité de son esprit, avait établi, dans son château de Belœil, près de Tournay, une imprimerie, dont la première production fut un opuscule intitulé : *Coup d'œil sur Belœil*, 1781, in-8° (1).

Les premiers imprimeurs de la Belgique, nés dans ce pays ou venus d'Allemagne, méritent sans doute de grands éloges pour les belles éditions grecques et latines qu'ils ont données ; mais c'est un Français qui porta la typographie belge à son plus haut point de perfection.

Christophe Plantin, né en 1514 à Mont-Louis, en Touraine,

(1) Plus tard il en établit encore une dans sa maison de campagne de Monrefuge, près de Vienne en Autriche, et y fit imprimer, de 1795 à 1811, ses *Mélanges politiques et littéraires*, formant trente-quatre volumes in-douze.

avait exercé son art à Caen, à Lyon, à Paris, quand il s'établit à Anvers en 1554 (1). Il acquit dans les Pays-Bas presque autant de réputation que les Alde en Italie et que les Estienne en France. Philippe II, roi d'Espagne, qui avait alors les Pays-Bas sous sa domination, le nomma son premier imprimeur (*prototypographus*), et le chargea de réimprimer la fameuse Bible *polyglotte*, c'est-à-dire en plusieurs langues, du cardinal Ximenès, dont la première édition, faite à Alcala de Henarès (*Complutum*), en Espagne, de 1514 à 1517, était épuisée. Celle de Plantin, publiée de 1569 à 1572, en 8 vol. in-folio, est un chef-d'œuvre typographique, que Scribanius appelait la huitième merveille du monde. Ce fut encore un Français, Guillaume Le Bé, qui en fondit les différents caractères. Plantin avait pour correcteurs Corneille Kilian, François Raphelenge et autres savants hommes, et ne manquait pas lui-même d'instruction. Il mourut en 1589. Dans une épitaphe composée en son honneur, on dit que *Plantin, imprimeur du roi d'Espagne, fut lui-même le roi des imprimeurs* (2).

Sa marque typographique était une main tenant un compas

---

(1) Logé à Anvers, dans une petite boutique, il gagnait sa vie à fabriquer des boîtes en carton. Un soir, traversant la place de Mer, il reçut, dans le ventre, un coup de poignard qui le blessa dangereusement. Il avait reconnu dans l'assassin un jeune Anversois très-riche qui, sachant que Plantin avait l'intention de le traduire en justice, vint lui protester qu'il l'avait frappé par méprise et qu'il croyait se venger d'un rival. Le jeune homme et son père obtinrent, à force d'instances, que Plantin ne porterait pas plainte, et lui donnèrent, comme indemnité, une somme considérable avec laquelle, après sa guérison, il acheta une maison et monta une imprimerie.

Cette anecdote a été racontée en 1817 à M. Renouard, lors de son passage à Anvers, par une personne appartenant à la famille de Plantin. (Voyez le *Catalogue de la bibliothèque d'un amateur*, tom. IV.)

(2)   Christophorus situs hic Plantinus, regis iberi
            Typographus, sed rex typographûm ipse fuit.

ouvert, avec cette devise : *Labore et constantia* (par le travail et la constance).

Possesseur de trois imprimeries (à Anvers, à Leyde, à Paris), il en légua une à chacune de ses trois filles. Jean Moret, son gendre et son successeur à Anvers, soutint dignement sa réputation et fut chargé par le pape Clément VIII, en 1597, d'imprimer la Bible vulgate, d'après l'édition originale du Vatican, pour en répandre les exemplaires. Cet établissement d'Anvers, où le président de Thou vit dix-sept presses rouler en 1576, subsiste encore aujourd'hui, et l'on y conserve religieusement deux presses qui ne fonctionnent plus, mais qui servaient à Plantin il y a près de trois siècles, ainsi qu'un fauteuil sur lequel s'asseyait Juste Lipse quand il venait corriger ses épreuves. On voit, dans l'église cathédrale d'Anvers, les tombeaux de Plantin et de Moret avec leurs portraits : celui de Plantin peint par Herreyns, et celui de Moret par Rubens.

Depuis son introduction dans la Belgique, la typographie n'a pas cessé d'y être exercée activement; mais ce qui n'a pas cessé non plus d'y être pratiqué avec beaucoup d'activité, c'est la contrefaçon. Elle avait cependant reçu de la France un bel exemple de probité à cet égard. Josse Bade, un de nos plus célèbres imprimeurs du xvie siècle, ne voulut pas réimprimer à Paris le livre *des Similitudes*, dans la crainte de faire tort à Thierri Martens, qui venait de publier cet ouvrage à Louvain.

Pendant le temps de la réunion de la Belgique à la France (de 1792 à 1813), la même garantie et la même répression, relativement à la propriété littéraire, existaient dans les deux pays. Mais depuis leur séparation, c'est surtout à la presse française que la contrefaçon belge porte le plus de préjudice.

La proximité territoriale, l'uniformité du langage en facilitent singulièrement le développement. On a vu des contrefaçons paraître à Bruxelles avant même que l'ouvrage original fût publié à Paris. C'était le résultat de la communication frauduleuse des épreuves. Espérons que tous les gouvernements de l'Europe s'entendront, comme plusieurs l'ont déjà fait, pour mettre un frein à cette honteuse et coupable spéculation, qui attaque à la fois les œuvres du génie, les productions de l'industrie et les opérations commerciales (1).

L'exercice de l'imprimerie et de la librairie est entièrement libre dans le royaume de Belgique; mais cette franchise illimitée, en même temps qu'elle est contraire aux progrès de l'art, offre plus d'inconvénients que d'avantages.

Un simple ouvrier typographe, par exemple, qui ne pourra jamais entrer en concurrence avec les grands établissements, se fait quelquefois illusion, et, trompé par un faux calcul, il sacrifie tout son avoir pour imprimer chez lui et à son compte un ouvrage auquel il lui est impossible de donner tous les soins qu'exige une belle et correcte impression, et dont il ne saurait d'ailleurs effectuer le débit. Le pauvre typographe est alors à la merci d'un libraire qui, profitant de sa détresse, achète le livre au-dessous du prix coûtant.

Une sage réglementation de l'imprimerie serait sans doute préférable à une liberté ruineuse. L'expérience en est déjà faite en France; mais jusqu'à présent elle ne paraît pas l'être encore dans la Belgique.

---

(1) En 1851, des représentants de l'imprimerie belge, réunis en congrès typographique, émirent, avant de se séparer, un vœu solennel pour le maintien du *droit de réimpression* (c'est-à-dire de la contrefaçon) des ouvrages français en Belgique. Nous souhaitons, pour l'honneur même du pays, que ce vœu ne soit pas exaucé.

V. HOLLANDE (1472). L'imprimerie pénétra en même temps dans la Belgique et dans la Hollande.

Dès 1473, on imprimait à Utrecht l'histoire scolastique du Nouveau-Testament (*Scolastica hystoria*), in-folio, composée par Pierre Comestor, ou le *Mangeur*, théologien français.

L'exécution typographique de cet ouvrage est due à Nicolas Ketelaer et à Gérard de Leempt, qui paraissent être les premiers imprimeurs de la Hollande.

L'imprimerie s'introduisit bientôt à Deventer, à Delft, à Goude, où elle fut apportée par Gérard Leeu, qui, plus tard, alla s'établir à Anvers.

Elle passa ensuite à Nimègue, à Culembourg, à Leyde, à Schiedam, à Bois-le-Duc, puis à Amsterdam. On cite comme le premier ouvrage imprimé avec l'indication de cette ville, qui n'avait pas alors l'importance qu'elle a aujourd'hui, le livre de Rikel ou Denis le Chartreux : *Tractatus fratris Dionysii de conversione peccatoris*, sans date, mais dont l'impression est antérieure à 1500.

L'imprimerie continua de se propager en Hollande jusqu'à la fin du XVIIe siècle.

La ville de Harlem, qu'un récit fabuleux présente comme le berceau de l'imprimerie, n'a eu, au contraire, qu'assez tard des établissements typographiques. Les deux plus anciennes impressions exécutées à Harlem sont de 1483 et de 1484 ; elles ne portent pas de nom d'imprimeur ; le nom de Jacques Bellaert se trouve sur une impression de 1485, et celui de Jean Andriesson sur quelques autres de 1486.

Certains auteurs rapportent que Gutenberg, après son procès avec Fust, quitta Mayence, se rendit à Strasbourg, puis à Harlem, où il fonda une imprimerie. Le fait est douteux ; mais, fût-il vrai, cet établissement n'aurait été que momentané et serait encore dû au véritable inventeur de l'imprimerie.

Meerman qui, dans ses *Origines typographicæ*, publiées à La Haye en 1765, s'est efforcé de revendiquer l'invention de l'art typographique pour Laurent Coster, de Harlem, avait lui-même, quelques années auparavant, réfuté ces prétentions dans une lettre adressée à Wagenaar, historiographe hollandais, qui l'avait consulté à ce sujet. Voici ce qu'il lui répondait en 1757 : « L'opinion de la découverte de l'impri-
« merie par Laurent Coster perd chaque jour de plus en
« plus son crédit. Tout ce que nous en raconte Seitz et
« tout ce qu'on a recherché dans l'histoire nationale en fa-
« veur de Laurent ne sont que des suppositions gratuites.
« Comment croire que Faust, instruit par Gutenberg dans
« l'art de l'imprimerie, aurait eu l'impudence d'annoncer
« dans ses éditions de 1457 que la typographie avait été
« inventée en Allemagne, si le fait eût été faux ? Ne se serait-
« il pas trouvé quelque imprimeur ou chroniqueur hollandais
« pour réclamer en faveur de Harlem ce qu'on attribuait à
« Mayence ? Nul n'a revendiqué cet honneur, et même la
« chronique connue sous le nom de *Divisie Chronyk*, dès la
« première édition, en mentionnant l'invention de l'impri-
« merie, la place à l'article des inventions dues aux étran-
« gers... Si l'on peut donc attribuer quelque chose à Coster
« ce serait seulement l'exécution des images gravées du
« *Speculum humanæ salvationis*. En se montrant même
« libéral à l'égard de Coster, toute son invention se bornera
« à avoir su sculpter ces lettres sur bois ou autre matière,
« invention qui diffère du tout au tout de la typographie,
« laquelle consiste dans la mobilisation des caractères. Pas
« le moindre document, *pas même un iota* ne nous permet

« de supposer que Coster ait imprimé en lettres mo-
« biles, etc. »

C'est donc par un orgueil national mal fondé que Meerman a tenu plus tard un autre langage en combattant des arguments qui lui avaient d'abord paru sans réplique et qui subsistent encore dans toute leur force.

Nous ne répéterons pas ce que nous avons déjà dit là-dessus. Les dissertations, les inscriptions, les monuments, les fêtes séculaires consacrés à Laurent Coster ne feront jamais perdre à Gutenberg le titre de père de la typographie; la cause est irrévocablement jugée.

Mais une gloire plus solide que celle de Laurent Coster, et que l'on ne contestera pas à la Hollande, c'est celle des Elsevier ou Elzevir, auxquels nous réservons des notices particulières.

Cette nombreuse et illustre famille d'imprimeurs a fait, pendant cent trente ans, l'honneur de la presse hollandaise.

Louis Elsevier Ier, natif de Louvain, où l'on croit qu'il était relieur, s'établit libraire à Leyde en 1580. Il laissa sept fils, dont cinq furent libraires comme lui.

Son petit-fils Isaac fut le premier de la famille qui exerça l'imprimerie (1). Mais c'est à l'association d'un fils et d'un petit-fils de Louis Ier, Bonaventure et Abraham, qu'on doit le plus grand nombre de ces publications qui ont retenu et immortalisé le nom d'*Elzevir*.

Ce sont eux qui mirent en vogue les formats in-12, in-16,

---

(1) Thomas Erpenius, un des plus célèbres orientalistes de son siècle, avait établi dans sa maison, à Leyde, une imprimerie orientale, qui fut achetée par Isaac Elsevier, après la mort d'Erpenius, en 1624.

in-24. Les livres qu'ils ont imprimés dans ces petits formats sont des chefs-d'œuvre typographiques pour la netteté et la finesse des caractères. Ajoutons que ces caractères leur étaient fournis par Jacques de Sanlecque, fondeur français.

Des impressions latines, grecques, hébraïques, persanes, etc., sont sorties des imprimeries elzeviriennes ; mais la collection des *Respublicæ variæ*, connue sous le nom de *Petites Républiques*, 62 vol. in-24, et celle d'auteurs latins, français et italiens, petit in-12, composée de plus de 800 vol., sont surtout recherchées par les bibliophiles.

Les Elsevier étaient en correspondance avec tous les savants de l'époque ; ils n'avaient pas l'érudition des Alde, des Estienne, ni même de Plantin ; mais, quoiqu'ils portassent peut-être trop loin l'esprit mercantile, leur zèle pour l'art typographique et la part qu'ils ont prise à ses progrès n'en méritent pas moins nos éloges et notre reconnaissance.

Quatorze membres de cette famille furent imprimeurs ou libraires à Leyde, à Amsterdam, à Utrecht, à La Haye, depuis 1583 jusqu'en 1712.

Il existe encore en Hollande plusieurs descendants des Elsevier en ligne masculine ; quelques-uns en ligne féminine ont obtenu l'autorisation de joindre à leur nom celui d'Elsevier, notamment M. Elsevier-Stockmans, libraire à Amsterdam.

Après les Elsevier, on peut citer, entre autres typographes célèbres, Abraham Wolfgank, à Amsterdam, à qui l'on doit aussi de jolies éditions en petit format ; Raphelenge, gendre de Plantin et héritier de son imprimerie de Leyde, qui soutint dignement la réputation de son beau-père ; Guillaume Blaeuw, d'Amsterdam, ami et disciple du fameux astronome Tycho-Brahé, et qui s'est distingué par ses magnifiques éditions d'ouvrages géographiques. Jean Maire, imprimeur à Leyde, donna de charmantes éditions de livres latins, dont Grotius, Vossius et Saumaise faisaient grand cas. Celles de Jacques Lescaille sont aussi très-nettes et très-exactes. Ce typographe, né à Genève, mais fixé en Hollande, était poëte ainsi que sa fille Catherine, surnommée la *Sapho hollandaise* et la *dixième Muse*, et dont les poésies ont été publiées en 1728, 3 vol. in-4°. Jean-Frédéric Bernard, libraire à Amsterdam, mort en 1752, est éditeur et collaborateur des *Cérémonies et coutumes religieuses de tous les peuples du monde*, avec des figures dessinées et gravées par B. Picart et des explications historiques, 1739-43, 11 vol. in-folio, 2e édition. Ce grand ouvrage a été réimprimé plusieurs fois à Paris, avec des modifications et des additions, en 1741, 1783, 1810.

Dès le xviie siècle, l'imprimerie hollandaise, bien supérieure à l'imprimerie belge, prit une grande extension; les éditions de Hollande étaient recherchées pour la beauté du caractère et du papier. L'impression des livres prohibés ailleurs et la contrefaçon de ceux qui ne l'étaient pas occupaient aussi activement les presses de ce pays.

Aujourd'hui, le régime de liberté qui existe en Europe a fait cesser en partie les impressions clandestines; la contrefaçon semble s'être concentrée en Belgique; les belles éditions, les grandes opérations commerciales se font surtout en France et en Angleterre.

La typographie en Hollande est donc aujourd'hui à peu près locale.

Le roi des Pays-Bas, Guillaume Ier, témoigna toujours une grande bienveillance à l'art typographique et au commerce de la librairie. Vers 1829, lorsque la Belgique était encore sous son autorité, il acheta, moyennant la somme de 400,000 fr., la typographie de M. Jules Didot, pour en former une imprimerie à Bruxelles. Cette typographie, mise sous le séquestre par suite de la révolution belge, fut rendue après le traité qui séparait la Belgique de la Hollande, et le roi Guillaume la fit transporter à La Haye ; mais le nouvel établissement, qui devait être soutenu par le monarque et en quelque sorte géré en son nom, alarma les imprimeurs hollandais, menacés d'une concurrence redoutable. Sur leurs représentations, le roi renonça à son projet, et le matériel typographique dont il avait fait l'acquisition fut annexé à l'imprimerie du gouvernement à La Haye.

VI. SUISSE (1472). L'imprimerie fut introduite en Suisse de 1470 à 1472 par Helias ou Elie (1) dit de Louffen, chanoine de Munster (Berona) en Ergau dans le canton de Lucerne. Il y donna une édition du *Mammetractus* de Marchesini, dont l'impression fut achevée la veille de la Saint-Martin, en l'année 1470, jour auquel Pierre Schœffer terminait aussi à Mayence l'impression du même ouvrage. Cette coïncidence, qui pourrait être l'effet du hasard, a cependant paru assez singulière à plusieurs bibliographes pour leur faire penser que l'édition d'Elie est postérieure à celle de Schœffer qu'il aura prise pour modèle, et dont il aura reproduit le millésime et le quantième.

Quoi qu'il en soit, deux éditions du *Speculum vitæ humanæ* de Roderic, évêque de Zamora, furent imprimées par le chanoine Elie, l'une en 1472, l'autre en 1473, dates qui ne sont point contestées.

On a dit que Géring avait été son associé avant d'être appelé à Paris.

(1) Il mettait dans la souscription de ses livres : *Helyas Helyæ*, c'est à-dire Elie, fils d'Elie.

Bâle. Berthold Rodt, élève de Gutenberg, Bernard Richel et Michel Wensler en sont les plus anciens imprimeurs.

Quelques bibliographes pensent qu'une édition des *Morales sur Job* de saint Grégoire, pape, a été imprimée à Bâle vers 1470, ou même en 1468, par Berthold Rodt, quoique le livre ne porte ni date, ni indication de lieu, ni nom d'imprimeur.

Mais une impression plus authentique est celle du *Sachsenspiegel* (le Miroir saxon), en allemand, exécutée réellement à Bâle, en 1474, par Bernard Richel.

Jean Amerbach, qui avait été maître ès arts de l'université de Paris, ensuite imprimeur à Reutlingen, alla, en 1492, s'établir à Bâle, où il donna des éditions complètes des Pères de l'Église en beaux caractères romains. Ses trois fils suivirent avec succès la même carrière. — Jean Froben et ses deux fils, puis Herwagen (en latin Hervagius), qui épousa la veuve de Froben, exécutèrent de belles impressions grecques et latines. — Oporin après avoir professé les humanités, devint aussi un habile imprimeur. Son vrai nom était *Herbst* qui, en allemand, signifie *automne*, et qu'il traduisit en grec, suivant un usage fort commun à cette époque. Un de ses parents, Robert Winter, avec qui il fut associé pendant quelque temps, fit la même chose en traduisant son nom allemand *Winter*, c'est-à-dire *hiver*, par celui de *Chimerin*.

Erasme, qui avait été en relation avec les Amerbach, avec les Froben, avec Hervagius, et qui avait soigné quelques-unes de leurs éditions, donne de grands éloges à ces illustres typographes. Il écrivait de Louvain, le 25 août 1517, à Froben : « La réputation de votre imprimerie est telle qu'il suffit qu'on « sache qu'un livre sort des presses de Froben, pour qu'il « soit recherché des savants. » En effet, ce célèbre imprimeur veillait avec un soin particulier à ce que ses impressions fussent correctes; il disait que le prix le plus modique d'un ouvrage rempli de fautes est toujours trop élevé. Malheureusement son amour pour l'art lui fut plus glorieux que profitable, car la cupidité des contrefacteurs lui causa souvent un grand préjudice. Ce fut lui qui publia la première édition en grec du *Nouveau Testament* (1), avec la traduction latine, 1516, in-fol. Erasme en avait revu et annoté le texte.

Froben imprima, en 1496, une *Concordance de la Bible*, dont il donna, en 1525, une seconde édition si correcte qu'il ne s'y trouve, dit-on, aucune faute. Au lieu de préface, il mit en tête de l'ouvrage un dialogue latin que M. Didot traduit ainsi :

Dialogue entre un acheteur et Jean Froben.

L'ACHETEUR. Eh bien ! Froben, quel livre nous donnes-tu?

FROBEN. Un livre qu'il est de ton intérêt et du mien de vendre et d'acheter.

L'ACHETEUR. C'est donc quelque livre nouveau ?

FROBEN. Ni vieux ni nouveau ; il est à la fois l'un et l'autre.

L'ACHETEUR. Explique ces énigmes.

FROBEN. C'est l'*Index des livres sacrés*, qu'on appelle *Concordance de la Bible*.

L'ACHETEUR. Cet ouvrage a déjà paru bien des fois.

FROBEN. S'il reparaît, c'est pour le bien de tous. Le soleil ne paraît-il pas chaque jour, bien qu'il soit toujours le même? Mais cet ouvrage, en reparaissant, vaut mieux que le précédent.

---

(1) Le texte grec du Nouveau Testament avait été imprimé, dès 1514, en Espagne, dans la Bible polyglotte du cardinal Ximenès; mais il ne fut pas publié séparément et ne parut qu'en 1520, avec la Bible entière, dont il forme le tome V.

L'acheteur. J'avoue, Froben, qu'il y a du mérite à se surpasser ainsi soi-même.

Froben. Aussi j'espère que dans cette œuvre dernière mes efforts me mériteront une double couronne.

L'acheteur. Toujours les grands artistes se figurent que leur dernière œuvre, objet de leurs plus grands efforts, est le comble de leur art.

Froben. Il est vrai; cependant Apelles laissa son Anadyomène inachevée. Moi, j'ai achevé mon œuvre.

L'acheteur. Tu la trouves donc parfaite?

Froben. Tu sais que dans un tel ouvrage, il est presque impossible que quelque erreur ne se glisse au milieu de tant de chiffres. Mais par les soins que j'ai pris cette difficulté sans pareille est surmontée. De plus, il y a des additions qui ne se trouvaient pas aux éditions précédentes.

L'acheteur. Je t'en félicite. Mais peu de gloire s'attache à de tels travaux.

Froben. Aussi mes droits à votre reconnaissance doivent s'en accroître.

L'acheteur. Par ces travaux assidus ne crains-tu pas de vieillir vite?

Froben. Qu'y faire! c'est ma destinée. Si elle me donne la vieillesse et ses ennuis, vous avez le moyen de m'en garantir.

L'acheteur. Lequel?

Froben. D'acheter vite et de me savoir gré de ce que je vous offre.

L'acheteur. Mais n'as-tu pas de honte de nous livrer ainsi tes enfants?

Froben. Nullement; c'est pour vous, non pour moi, que je les ai créés.

l'acheteur. Quel en est le prix ?

froben. Approche ton oreille, que je te le dise tout bas.

l'acheteur. Hô ! Hô ! c'est bien cher !

froben. Emporte, examine. Si tu te repens du marché, tu rendras la marchandise, je te rendrai ton argent.

l'acheteur. C'est bien parler.

froben. De belles paroles, chacun en est prodigue ; mais Froben tient plus qu'il ne promet.

l'acheteur. Reçois donc de belle et bonne monnaie.

froben. Et toi, reçois aussi de belle et bonne marchandise. Je souhaite qu'elle profite à tous deux.

La ville de Bâle était alors très-renommée pour ses établissements typographiques.

L'imprimerie se propagea lentement dans les autres villes de la Suisse. Elle s'introduisit à Zurich en 1504, et plus tard à Lucerne, à Berne, à Lausanne, à Fribourg. Dans le xviie siècle seulement à Sion, à Neufchâtel, à Soleure ; en 1798, à Glaris, et enfin plusieurs villes de ce pays n'ont eu des imprimeries que dans le siècle actuel.

Récemment, le gouvernement de Zurich ayant demandé à celui de d'Obwald (canton d'Unterwald) communication de sa législation sur la presse : « Comment, répondirent les magis-
« trats d'Obwald, pouvez-vous nous demander une loi sur la
« presse, lorsque le canton ne possède pas une seule impri-
« merie ? »

Genève, ancienne république alliée de la Suisse, et qui aujourd'hui en est un canton, faisait partie de la Savoie quand l'imprimerie y fut établie. On cite, comme le premier ouvrage imprimé dans cette ville, le *Livre des saints anges*, 1478, in-fol. Le nom de l'imprimeur ne s'y trouve pas ; mais, comme la *Mélusine* fut imprimée quelques mois après dans la même ville avec le nom d'Adam Steinschaber, il y a tout lieu de croire que ces deux impressions appartiennent au même typographe, ainsi que celles du *Livre de Sapience* et de *Fier-à-Bras*, exécutées aussi à Genève.

Au XVIe siècle, lorsque Genève, en adoptant les nouvelles doctrines religieuses, se fut soustraite à l'autorité du duc de Savoie, et que Calvin eut fixé sa résidence en cette ville, on y imprima, ainsi qu'à Bâle, à Zurich et autres lieux de la Suisse, beaucoup d'ouvrages relatifs à la réforme.

Conrad Bade, imprimeur de Paris, et le célèbre Robert Estienne, son beau-frère, qui l'un et l'autre avaient embrassé le protestantisme, allèrent s'établir à Genève où ils continuèrent d'exercer leur profession.

Les imprimeurs génevois les plus connus à cette époque étaient Jean Crespin, qui publia un *Lexique grec* in-fol., un *Nouveau Testament* grec, une jolie édition d'*Homère*, grecque et latine, etc. ; Eustache Vignon, son gendre ; Pierre Aubert, Pierre Chouet, Jean de Channey.

La Suisse fut longtemps un des pays où l'on imprimait les ouvrages qui craignaient la censure.

La publication de l'*Encyclopédie* de Diderot ayant éprouvé des difficultés en France, l'imprimeur Lebreton n'obtint la permission de la continuer qu'à la condition de changer le frontispice et d'y mettre l'indication de Neufchâtel, afin que l'ouvrage parût venir de l'étranger. Plus tard, on le réimprima réellement, en divers formats, à Genève, à Lausanne, à Yverdun.

Dans le siècle dernier, Salomon Gessner, dessinateur, graveur et poëte, dont les charmantes idylles sont si connues, exerçait à Zurich la profession de libraire.

Quoique l'imprimerie helvétique n'ait plus aujourd'hui son ancienne splendeur, quelques belles impressions se font encore en Suisse, et l'on y publie des recueils scientifiques et littéraires estimés, entre autres la *Bibliothèque universelle de Genève*.

VII. POLOGNE (1474). Gunther Zainer, de Reutlingen, qui imprimait à Augsbourg en 1468, passe pour avoir introduit la typographie en Pologne. Il imprima à Cracovie une *Explication des Psaumes* par le cardinal Jean de Turrecremata, in-folio, sans date. De savants bibliographes allemands et polonais croient qu'il exécuta cette impression en 1465, c'est-à-dire avant son établissement à Augsbourg; d'autres pensent que ce fut postérieurement. Suivant M. Michel Podczaszynski, « la première imprimerie fut fondée à Cracovie, en 1474 » (1). Un *Psautier* et d'autres livres religieux en langue slave y furent imprimés par Schwaipolt Feol, en 1491. A la même époque, Jean Haller, de Nuremberg, exerçait aussi dans cette ville la profession d'imprimeur.

En 1517, on imprima les *Actes des Apôtres*, en slavon, à Vilna; en 1535, le livre de l'*Ecclésiastique*, en polonais, à Lublin; et successivement, des établissements typographiques se formèrent en Pologne jusqu'à la fin du xviie siècle.

Suivant Hoffman (*De typographiâ in Poloniâ*), deux petits ouvrages furent imprimés à Varsovie, en 1578 et 1580; mais sans doute les typographes ne s'y fixèrent pas, car l'imprimerie ne reparaît qu'en 1625 dans cette ville, où J. Rossowski, venu de Posen, transporta ses presses.

Les juifs introduisirent la typographie hébraïque dans ce

---

(1) *Tableau de la Pologne*, par Malte-Brun, tome II, page 356, édition de 1830.

pays : on cite une édition du *Pentateuque* qu'ils exécutèrent à Brescz, en Lithuanie, en 1546; deux éditions du *Talmud*, l'une imprimée à Cracovie, 1602-5; l'autre à Lublin, 1617-27, chacune en douze volumes in-folio.

Les unitaires ou sociniens, dont la secte était fort nombreuse en Pologne avant qu'elle en fût expulsée en 1638, avaient établi des presses, pour propager leurs doctrines, à Pinczow (1559), à Rakow, à Zaslaw et dans beaucoup d'autres lieux de la Pologne et de la Lithuanie. Le prince Nicolas Radzivil, palatin de Vilna, qui s'était déclaré leur protecteur, dépensa plus de 10,000 florins d'or pour fonder à Brecz une imprimerie d'où sortit, en 1563, la première *Bible* qui ait paru en langue polonaise. Cette édition est excessivement rare. Lord Spencer, si connu comme bibliophile, a donné 100 guinées de deux exemplaires incomplets pour en former un complet.

Quelques impressions remarquables ont été faites dans le xviie siècle à Cracovie, et dans ces derniers temps à Varsovie, où il y a même une fonderie de caractères. Mais les calamités qui, depuis près d'un siècle, ont accablé cette malheureuse contrée ne pouvaient que paralyser l'extension et le perfectionnement de l'art typographique.

VIII. ÉTATS-SARDES (1474). L'imprimerie pénétra de bonne heure en Piémont. Dès 1474, il y avait des presses à Turin, à Savonne; puis il s'en établit à Mondovi, à Novi, à Saluces. Cette dernière ville est la patrie du célèbre Bodoni; c'est là qu'il apprit, dans l'atelier paternel, l'art typographique, dont il devait être une des gloires dans ces derniers temps.

Gênes, capitale d'une ancienne république, réunie, en 1805, au royaume d'Italie, et qui, depuis 1815, fait partie des États-Sardes, reçut aussi l'imprimerie vers 1474. C'est dans cette ville que fut imprimé, par Mathias Morave d'Olmutz et Michel de Monaco, l'ouvrage de Nicolas de Asumo, intitulé : *Supplementum summæ quæ Pisanella vocatur*, avec la date, manifestement fausse, de 1456; mais, au lieu du nombre final *lii° quarto* (56), il faut sans doute lire *lxx° quarto* (74). Porrus y imprima, en 1516, in-folio, un *Psautier* en hébreu, en grec, en arabe et en chaldéen, avec trois versions latines et des commentaires d'Aug. Justiniani. C'est la première impression polyglotte exécutée avec des caractères propres à chaque langue. On remarque, comme une singularité, que Justiniani, dans une note sur le psaume *Cœli enarrant gloriam Dei*, a inséré la vie de Christophe Colomb, sans doute pour congratuler la ville de Gênes d'avoir donné naissance à cet illustre navigateur.

La typographie commença d'être exercée à Chambéri, dans la Savoie, en 1484; mais elle ne fut introduite à Cagliari, dans l'île de Sardaigne, qu'en 1576.

Maintenant, les imprimeries sont nombreuses dans tout le royaume.

Turin tient un rang distingué parmi les villes savantes de l'Europe. L'académie des sciences et plusieurs autres sociétés y publient des collections de Mémoires fort estimés. Outre une imprimerie royale, il y a beaucoup d'imprimeries particulières, et le commerce de la librairie entretient avec l'étranger des relations très-étendues.

IX. ESPAGNE (1474). C'est à l'année 1474 que se rapporte la première impression authentique faite en Espagne. Le livre est intitulé : *Obres* ou *Trobes les quales tracten de las hors* (de laudibus) *de la sacratissima Vergine Maria*, por Bernardo Fenollar; Valentia, 1474, in-quarto, recueil de trente-six pièces de vers, dont une en italien, quatre en castillan et les autres en langue limousine, qui se parlait alors à Valence.

Ces poésies, en l'honneur de la Vierge, furent composées à l'occasion d'un concours qui eut lieu dans cette ville, le 25 mars 1474, et dont le chanoine Fenollar était secrétaire. Il fut l'éditeur du livre, que l'on croit avoir été imprimé par Lambert Palomar ou Palmart, allemand, à qui l'on attribue aussi l'impression de deux autres volumes : *Crispi Sallusti opera*, in-quarto; *Comprehensorium, id est Dictionarium linguæ latinæ*, in-folio, à deux colonnes. Ces ouvrages, en caractères ronds, sans chiffres, réclames et signatures, furent imprimés à Valence, en 1475.

Enfin une Bible en langue limousine fut imprimée à Valence en 1478, in-folio, cette fois avec les noms des imprimeurs : Lambert Palomar, allemand, et Alfonso Fernandez de Cordova (Cordoue), son associé, et probablement son élève. Quatre feuillets, dont l'un contient cette souscription, existent dans les archives de Valence; mais il n'y a peut-être plus d'exemplaire complet de cet ouvrage, disparition que l'on attribue à la défense que fit l'inquisition de publier la Bible en langue vulgaire.

Voilà des documents positifs reconnus par tous les bibliographes.

Quelques-uns citent et d'autres nient des impressions faites à Barcelone, en 1473, et même dès 1471. Ce qu'il y a de plus certain, c'est qu'on imprimait, en 1475, dans cette ville, où Brun et Spindeler, de Saxe, paraissent avoir introduit la typographie.

Elle passa, en 1475, à Saragosse; en 1476, à Séville; puis à Lérida, à Burgos, à Salamanque, à Tolède, à Tarragone, à Tolosa, à Valladolid, etc.

Les dates antérieures à 1471, assignées à des ouvrages qu'on dit avoir été imprimés en Espagne, sont évidemment supposées ou altérées. Par exemple, un livre de Léonard Aretin, imprimé à Salamanque par Jean Gysser de Silgestat, typographe allemand, porte la date de 1401. Non-seulement l'imprimerie n'était pas encore inventée à cette époque, mais Jean Gysser, qui exerçait son art à Salamanque en 1501, 1505 et jusqu'en 1520, ne pouvait pas y imprimer cent ans auparavant. C'est donc 1501 qu'il faut lire. Nous avons déjà eu occasion d'observer que ces sortes d'anachronismes ne sont pas rares dans les annales de la typographie.

On conserve à la bibliothèque royale de Madrid un *Breviarium compostellanum*, imprimé aussi à Salamanque, avec la date de 1469; mais il a été reconnu que cette date a été surchargée par un faussaire, et qu'il y avait primitivement 1569.

Enfin, on a cité une *Historia hispanica* de Rodericus Zamorensis, évêque de Palentia, comme ayant été imprimée dans cette ville en 1470; mais on n'a pas remarqué que l'imprimeur Udalricus Gallus (Ulric Han), dont le nom se trouve à la fin du volume, était établi à Rome, où l'évêque de Palentia passa lui-même les dernières années de sa vie. C'est donc à Rome que cette impression a été faite.

L'imprimerie continua de se propager en Espagne pendant le xvie et le xviie siècle; quelques villes même ne la reçurent qu'assez tard : Cordoue, en 1585; Cadix, en 1617.

Dans ce pays, comme dans tous les autres, plusieurs des premiers typographes étaient ambulants. Ainsi, Jean Rosenbach, de Heidelberg, après avoir travaillé à Barcelone, alla ensuite à Tarragone, à Perpignan, au couvent de Montserrat, et revint à Barcelone en 1526. Brocario imprima successivement à Pampelune (1495), à Alcala de Henarès, à Valladolid, puis encore à Alcala, en 1522.

On regarde comme la première impression faite à Madrid les *Lois de Ferdinand et d'Isabelle*, 1499; mais Mendez (*Typographia española*) croit que ce livre a été imprimé à Valladolid, par Fernando, de Jahen. Ce serait donc encore plus tard qu'il faudrait reporter l'introduction de la typographie à Madrid.

Il n'y a pas lieu d'en être étonné, car cette ville n'eut de l'importance que lorsqu'elle fut devenue le séjour habituel de la cour et la capitale du royaume, en 1563. Bientôt des académies, des bibliothèques y furent créées; outre une imprimerie royale, il y a d'autres établissements d'où sont sorties de belles et nombreuses impressions.

Dès son apparition en Espagne, l'art typographique y fut accueilli avec empressement par les grands et par le clergé; des presses furent établies dans des monastères. Le célèbre cardinal Ximenès, archevêque de Tolède et ministre de Ferdinand et d'Isabelle, fit imprimer à Alcala de Henarès (en latin *Complutum*), par Brocario, la première *Bible* polyglotte, c'est-à-dire en plusieurs langues, 1514-17, six volumes in-folio. Cette grande entreprise, que le cardinal surveillait lui-même, lui coûta des sommes immenses, soit en achats de manuscrits, soit en rémunérations accordées à une foule de savants qu'il avait appelés de toutes parts pour travailler aux différentes traductions des livres saints. Philippe II fit réimprimer cette polyglotte en 1569, à Anvers, dans les Pays-Bas, qui étaient alors en sa possession, par Christophe Plantin, auquel il donna le titre de son premier imprimeur.

La typographie a continué d'être pratiquée avec succès en Espagne. Parmi les plus célèbres imprimeurs modernes de ce pays, nous citerons Antoine Bordazar, imprimeur à Valence, mort en 1744, et auteur de plusieurs ouvrages de grammaire, d'histoire et de poésie; Sancha, à Madrid, qui a donné une belle édition de *Don Quichote*, 1797; Benoît Monfort, à Valence, qui a publié l'*Histoire générale de l'Espagne*, par Mariana, 1783-96, neuf volumes in-folio; Joachim Ibarra, imprimeur de la chambre du roi, à Madrid, qui a porté son art à un degré de perfection jusqu'alors inconnu dans sa patrie. Son édition de *Salluste*, traduit en espagnol par l'infant D. Gabriel, 1772, in-folio, figures, est un chef-d'œuvre typographique. On lui doit encore de belles éditions de la *Bible*, du *Bréviaire mozarabe*, 1775, in-folio; de l'*Histoire* de Mariana, 1780, deux volumes in-folio; de *Don Quichote*, 1780, 1782, quatre volumes in-quarto et in-octavo. C'est Ibarra qui, le premier, enseigna le moyen de lisser le papier imprimé pour en faire disparaître les plis et lui donner un aspect plus agréable. Après sa mort, arrivée en 1785, sa veuve dirigea elle-même l'établissement.

Enfin, quoique bornée aux besoins de la Péninsule, l'imprimerie n'en est pas moins active et florissante en Espagne; elle a produit de magnifiques éditions d'ouvrages scientifiques et littéraires en tous genres, car la sévérité de l'inquisition ne s'exerçait guère que sur les livres de théologie. Maintenant, ce pays, grâce au régime constitutionnel, jouit de la liberté de la presse; et, dans ces derniers temps, les journaux et les publications périodiques y ont pris une grande extension.

X. ANGLETERRE (1474-1477). L'imprimerie était déjà établie dans presque tous les États de l'Europe lorsqu'elle s'introduisit en Angleterre. On n'en sera pas surpris si l'on considère quel était encore, à la fin du xve siècle, l'isolement de ce pays, dont les relations sont aujourd'hui si étendues et si importantes.

Ce ne fut qu'en 1474, et peut-être même en 1477, que l'art typographique commença d'y être pratiqué.

Si l'on en croyait certains bibliographes, l'imprimerie aurait été introduite en Angleterre dès 1468 ; mais les preuves qu'ils en apportent n'ont aucune authenticité.

Suivant Richard Atkyns (*Origine et progrès de l'imprimerie*, 1664), il résulterait d'un acte existant au greffe du diocèse de Cantorbéry que, sur les instances de l'archevêque Thomas Bourchier, chancelier de l'université d'Oxford, Henri VI, voulant procurer à son royaume le bienfait de l'imprimerie, envoya, pour ce motif, dans les Pays-Bas, Robert Turnour, un de ses officiers, qui s'adjoignit Guillaume Caxton. Ils se rendirent d'abord à Amsterdam, puis à Leyde, sous prétexte d'affaires commerciales, n'osant pas entrer à Harlem, où travaillait, dit-on, Gutenberg, inventeur de la typographie, parce qu'on emprisonnait les étrangers soupçonnés d'y venir pour surprendre le secret du nouvel art. Ils gagnèrent cependant, à prix d'argent, un ouvrier de l'atelier, nommé Frédéric Corsellis, qui leur promit d'établir l'imprimerie en Angleterre, et l'emmenèrent avec eux à Londres, et ensuite à Oxford, sous bonne escorte, afin de l'empêcher de s'enfuir et de manquer à sa parole.

Corsellis, ayant monté une presse à Oxford, y imprima l'*Exposicio sancti Ieronimi in simbolum apostolorum*, in-quarto, ouvrage à la fin duquel on lit : *impressa Oxoniæ et finita anno Domini MCCCCLXVIII, xvij die decembris*. On connaît huit exemplaires de ce livre en Angleterre, dont un se conserve à la bibliothèque publique de Cambridge.

Cette relation, dont les auteurs hollandais, ni Caxton lui-même dans sa *Chronique* ne disent pas un mot, a néanmoins été admise par Antoine Wood (*Histoire de l'université d'Oxford*), par Palmer (*Histoire de l'imprimerie*), par Maittaire (*Annales typographiques*) et par plusieurs autres bibliographes.

Mais les Anglais éclairés la regardent comme un roman fondé sur une pièce apocryphe et sur une date erronée. Le savant Middleton, entre autres, l'a réfutée victorieusement dans sa *Dissertation* sur l'origine de l'imprimerie en Angleterre; il n'a pas cru que l'amour du pays dût aller jusqu'à contredire les documents historiques les plus avérés.

En effet, lorsque l'imprimerie était connue et pratiquée nonseulement à Mayence, son lieu natal, mais à Strasbourg, à Cologne, à Rome, à Venise, comment peut-on dire qu'elle fût concentrée à Harlem, dans les Pays-Bas, où elle ne pénétra même que plus tard? Pourquoi séduire et emmener presque de force un ouvrier de Harlem, lorsque déjà tant de typographes de bonne volonté parcouraient l'Europe pour y propager le nouvel art, qui n'était plus un mystère?

Quant au livre imprimé à Oxford, avec le millésime de 1468, il est évident que la date en est fautive et que, au lieu de mccclxviii (1468), il faut lire mccclxxviii (1478), car le livre porte des signatures au bas des pages, et cette méthode n'était pas encore usitée en Europe en 1468; elle n'a commencé à être pratiquée qu'en 1472. Au reste, on pourrait citer plus d'un exemple de ces sortes d'anachronismes, commis par mégarde ou par supercherie.

Nous ferons ici une réflexion qui n'est pas sans importance. Dans la fable de Laurent Coster, prétendu inventeur de l'art typographique à Harlem, c'est un ouvrier nommé Jean (les uns disent Jean Fust, les autres Jean Gutenberg) qui lui dérobe son secret. Dans celle de Jacques Mentel, que certains auteurs ont voulu faire passer pour l'inventeur de l'imprimerie à Strasbourg, c'est un domestique appelé Gensfleich qui révèle le secret à Gutenberg (notez que Gensfleich est le nom de famille de Gutenberg). Enfin, dans le récit de Richard Atkyns, on retrouve encore Gutenberg exerçant mystérieusement la typographie à Harlem. Cette persistance à nommer toujours Gutenberg quand il s'agit de l'invention de l'imprimerie, même pour lui en ravir la gloire, prouve bien qu'elle lui était généralement attribuée avant qu'on songeât à la revendiquer pour un autre ; et, puisque l'erreur ou l'imposture ne vient jamais qu'après une réalité antérieure, l'opinion générale et primordiale en faveur de Gutenberg n'est-elle pas l'expression de la vérité ?

Shakspeare, dans sa tragédie de *Henri VI*, attribue l'introduction de l'imprimerie en Angleterre au lord trésorier Say, décapité en 1449 : « C'est toi, lui dit un personnage de la « pièce, qui a si traîtreusement corrompu la jeunesse du « royaume en créant des écoles ; et tandis que nos aïeux n'a- « vaient d'autres livres que la taille et le cran, tu as introduit « l'usage de l'imprimerie, et, contrairement au roi, à sa cou- « ronne, à sa dignité, tu as fait construire un moulin à papier. »

Les plus chauds partisans des antiquités typographiques d'Angleterre n'ont pas osé profiter de cet anachronisme ; ils l'ont relégué dans les licences poétiques qui, cependant, ne devraient pas aller jusque-là ; mais on sait que le grand tragique anglais avait plus de génie que d'érudition.

C'est à Guillaume Caxton que revient l'honneur d'avoir introduit l'art typographique en Angleterre.

D'abord marchand mercier à Londres, il fut chargé d'une mission commerciale par Edouard IV, puis attaché à la maison de la princesse Marguerite d'York, sœur du roi et femme de Charles le Téméraire, duc de Bourgogne. Pendant son séjour en pays étranger, l'imprimerie fut inventée et se propagea en Europe. Caxton s'initia au nouvel art, et imprima quelques ouvrages qu'il avait traduits du français en anglais, notamment le *Recueil des histoires de Troie*, Cologne, 1471, première impression faite en langue anglaise.

Dans un épilogue de ce recueil Caxton s'exprime ainsi : « J'ai pratiqué et appris à grand frais, à mettre en ordre cet ouvrage, imprimé d'après la manière et forme que vous pouvez voir ici. Il n'est pas écrit avec la plume et l'encre, comme tous les autres livres, et cela dans le but que chacun puisse le posséder chez lui à la fois. Tous les chapitres qui composent cette histoire furent commencés en un jour et terminés aussi en un jour. » Ce langage énigmatique, imité de celui des premiers imprimeurs, signifie seulement que le même travail typographique sert à la reproduction d'un grand nombre d'exemplaires.

Au reste, la traduction anglaise du *Recueil des histoires de Troie* est désignée par Caxton lui-même (prologue de sa *Golden Legend*) comme le premier livre qu'il imprima ; d'où il semble résulter, contrairement à l'opinion de la plupart des bibliographes, que la première édition française, quoique imprimée avec les mêmes caractères, vers 1467, sans nom d'imprimeur, n'est pas de Caxton, non plus que celle du *Jason* (1), dont plus tard il imprima aussi une traduction quand il fut revenu dans sa patrie. Si l'on en croit Palmer (*Histoire de l'imprimerie*), de la véracité duquel il y a cependant lieu de se défier, l'introduction de la typographie en

---

(1) M. Auguste Bernard, *De l'origine de l'imprimerie*, tome II, 1853.

Angleterre éprouva beaucoup de difficultés. Les habitants de Norwich présentèrent une requête pour s'opposer à une innovation *aussi inutile que dangereuse*. « Si nous ne parvenons pas à détruire cette dangereuse invention, elle nous détruira, » disait Rowland Philippe, prêtre de Londres. On a aussi attribué ce propos à un évêque de Londres, ou même au cardinal Wolsey, archevêque d'York, sous le règne de Henri VIII, dans le XVIe siècle.

Quoi qu'il en soit, Thomas Milling, évêque d'Hereford et abbé de Westminster, permit à Caxton d'établir ses presses dans l'abbaye (1).

La plupart des bibliographes croient que le premier livre qu'il y imprima fut le *Jeu des échecs moralisé*, 1474, in-f°, qu'il avait encore traduit du français en anglais ; mais Dibdin (*Typographical antiquities*) pense que cette première édition fut donnée par Caxton lorsqu'il était encore dans les Pays-Bas, et qu'il n'imprima en Angleterre que la seconde édition qui, au reste, ne porte point de date. Ainsi, l'ouvrage intitulé *les Dits et Sentences des philosophes*, qu'il publia en anglais à Westminster, 1477, in-4°, serait le premier livre daté imprimé dans ce pays; mais probablement il y avait déjà imprimé, vers 1475, sa traduction anglaise, sans date, du livre de *Jason*.

Caxton mourut octogénaire vers 1494. Traducteur de la plupart des livres qu'il imprimait, c'était lui aussi qui les coloriait et les reliait ; et, comme alors on ne faisait pas

---

(1) Ainsi que Caxton, les premiers imprimeurs anglais s'établirent d'abord dans des monastères : voilà pourquoi une imprimerie s'appelle en anglais une *chapelle*. C'est peut-être de là que vient aussi l'expression d'exemplaires de *chapelle*, pour désigner les exemplaires dont les auteurs gratifient les imprimeurs de leurs ouvrages.

d'*errata*, il corrigeait lui-même à la main, en encre rouge, les fautes d'impression.

Oxford. L'art typographique, exercé d'abord à Westminster, passa ensuite à Oxford. La première impression connue portant l'indication de ce lieu est l'*Expositio in symbolum*, dont la date erronée de 1468 doit être évidemment remplacée par celle de 1478. D'autres livres imprimés à Oxford sont datés de 1479 et de 1480, mais sans nom d'imprimeur.

On peut, si l'on veut, attribuer ces impressions anonymes au Frédéric Corsellis, typographe belge, déjà mentionné, mais en retranchant de son histoire tout le merveilleux introduit par ceux qui ont voulu faire de lui le plus ancien imprimeur de l'Angleterre.

Un Commentaire d'Alexandre de Hales sur Aristote, 1481, les *Lettres de Phalaris*, traduites en latin par Fr. Arétin, 1485, furent imprimés à Oxford par Thierri Rood. Des vers placés à la fin de ce dernier ouvrage nous apprennent que Rood était un Allemand venu de Cologne en Angleterre, et qu'il avait pour associé un Anglais nommé Thomas Hunte. Faisant allusion à un statut de 1483 par lequel Richard III défendait aux Italiens d'importer en Angleterre et d'y vendre en détail des marchandises, excepté les livres imprimés et manuscrits, Rood dit aux Vénitiens : « Cessez de nous en-
« voyer des livres comme des produits mystérieux, nous en
« vendons maintenant aux autres nations (1). »

Au reste, le prix des livres, qui ne se tiraient habituellement qu'à deux cents exemplaires, était encore fort élevé

---

(1)   Celatos, Veneti, nobis transmittere libros
        Cedite, nos aliis vendimus....

en Angleterre au commencement du xvie siècle. On cite un ouvrage de droit, l'*Abridgement de Fitzherbert*, qui coûtait 40 schellings, somme représentant la valeur de trois bœufs.

Saint-Albans. Le premier livre imprimé à Saint-Albans est daté de 1480 ; c'est une Rhétorique (*Rhetorica nova*) composée par Guillaume de Saona, de l'ordre des Frères Mineurs. La souscription porte que l'ouvrage fut compilé dans l'université de Cambridge en 1478, date que plusieurs bibliographes ont assignée, sans doute par méprise, à une prétendue édition imprimée à Cambridge.

L'imprimeur de Saint-Albans n'est pas connu ; mais on croit que c'était un maître d'école, qui imprima encore à Saint-Albans, en 1483, une chronique sous le titre de *Fructus temporum*.

Londres. Jean Lettou imprima dans cette ville, en 1481 : *Jacobus de Valencia in Psalterium*, et s'associa bientôt avec Guillaume de Machlinia (de Malines) ; ce sont les deux premiers imprimeurs de cette capitale.

Richard Pynson, né en Normandie, élève de Caxton, alla s'établir à Londres en 1493, et reçut de Henri VII le titre d'imprimeur du roi. Parmi les ouvrages qu'il imprima, nous en citerons un qui mérite une mention particulière : c'est l'*Esclaircissement de la langue francoyse, compose par maistre Jehan Palsgrave, Angloys natif de Londres, et gradue a Paris*. Pynson en commença l'impression qui fut achevée par Jean Haukins, en 1530. Ce livre, écrit en anglais et composé par un Anglais, est d'autant plus remarquable, que c'est peut-être la première grammaire française publiée en Europe. Comme il était devenu très-rare, M. Genin en a donné une nouvelle édition, imprimée à Paris en 1851.

Wynkyn de Worde, Lorrain, qui avait connu Caxton à

Bruges, le suivit en Angleterre et lui succéda dans son imprimerie à Westminster, qu'il transporta plus tard à Londres. Plus de quatre cents ouvrages sortirent de ses presses.

Trois Français, Julien Notary (le Notaire), Jean Barbier, Guillaume Faques, figurent encore au nombre des anciens typographes de Londres. Faques fut honoré le premier du titre d'imprimeur du roi.

L'imprimerie ne pénétra dans les autres villes d'Angleterre qu'au XVIe siècle. Ainsi, elle s'établit à York en 1510, à Cambridge en 1521, à Cantorbéry en 1549, etc.

La presse n'a pas toujours joui en Angleterre d'autant de liberté qu'elle en a maintenant. Dès 1403, il s'était formé à Londres une corporation des copistes et vendeurs de livres (*stationer's Company*) (1), qui, après l'invention de l'art typographique, devint comme une chambre syndicale de l'imprimerie et de la librairie, et a retenu le nom de *stationer's Hall* (Maison des écrivains). Marie Ire, Élisabeth, Charles II, Guillaume Ier, accordèrent à cette communauté des priviléges fort étendus, tels que la surveillance sur les publications de livres, le droit de visite dans les imprimeries, les librairies et les maisons particulières, pour saisir, enlever et même brûler les livres qui leur paraîtraient suspects. Ces mesures rigoureuses furent souvent mises à exécution jusque dans le XVIIIe siècle.

L'enregistrement des livres imprimés à Londres se fait

---

(1) Comme ils transcrivaient un grand nombre de livrets contenant des prières, les rues du quartier où ils étaient établis conservent encore les noms de *Pater-Noster*, d'*Ave-Maria*, de *Credo*, etc. — Le mot *stationer*, formé du latin *stationarius* par lequel les anciens règlements de l'université de Paris désignaient les écrivains ou copistes, est toujours employé en anglais dans la même acception.

encore aujourd'hui à cet établissement, moyennant un droit qui est ordinairement de 4 pences (40 centimes), et garantit, comme en France le dépôt légal, la propriété littéraire.

Le nombre des imprimeurs, si considérable actuellement en Angleterre, avait été, sous les règnes de Charles Ier et de Charles II, fixé à vingt pour tout le royaume.

La presse anglaise fut longtemps en butte aux rigueurs d'une législation barbare. En voici quelques traits rapportés par M. Didot.

En 1531, plusieurs personnes sont brûlées à Londres pour avoir propagé ou pour avoir eu en leur possession quelques traductions des saintes Écritures faites par Tyndall, premier traducteur de la Bible en anglais, qui lui-même, en 1536, est étranglé, puis brûlé. Son frère est condamné à faire pénitence. Son protecteur, lord Monmouth, est emprisonné à la Tour et ruiné.

William Carter, imprimeur, est pendu, puis écartelé, pour avoir publié un pamphlet en faveur de Marie Stuart.

En 1663, John Twyn, imprimeur; Thomas Brewster, libraire; Simon Dover, imprimeur, et Nathan Brooks, relieur, sont jugés, le 20 février, à la session d'Old Bayley, à Londres, et condamnés pour avoir, les uns imprimé un *Traité sur l'exécution de la justice, qui est un devoir pour le magistrat et pour le peuple*, les autres pour avoir coopéré à cette publication : John Twyn à être suspendu par le cou à une corde, que l'on coupera lui encore vivant, afin que ses membres soient coupés, ses entrailles arrachées et brûlées lui vivant et sous ses yeux; sa tête sera ensuite tranchée et son corps divisé en quatre quartiers, pour qu'il en soit disposé au gré de Sa Majesté, laquelle fait grâce aux autres, mais qui seront retenus en prison aussi longtemps qu'il plaira à Sa Majesté, et après avoir été deux fois mis au pilori avec écriteau. Thomas Brewster est en outre condamné à payer 100 marcs, Simon Dover et Nathan Brooks 40 marcs, et ils sont condamnés en outre à d'autres fortes amendes.

En 1666, des musiciens ayant chanté quelques chansons satiriques contre le duc de Buckingham, furent mis en cause. Pour éviter le mauvais effet qu'aurait produit dans l'auditoire la lecture de ces chansons, l'accusateur public s'avisa de ce moyen : il fit distribuer à chaque juge un exemplaire, et ne lisait que le premier mot et le dernier de chaque passage incriminé ; il les communiquait ensuite aux accusés, en leur demandant s'ils les reconnaissaient. Ils furent condamnés à 500 livres sterling d'amende, à être fouettés et mis au pilori.

Dans ces derniers temps, il s'est formé à Londres une société dont le but, qu'on ne saurait blâmer, est de poursuivre la saisie et la destruction des mauvais livres, des gravures obscènes, etc. Elle en a déjà fait disparaître une immense quantité, et c'est à sa requête que des instructions analogues ont été données aux préposés des douanes.

Écosse. Ce ne fut qu'en 1507 que l'imprimerie s'introduisit à Édimbourg, capitale de l'Écosse, qui n'était pas alors réunie à l'Angleterre. Walter Chepman et André Millar y formèrent, sous la protection du roi Jacques IV, un établissement typographique ; mais en 1563, on n'y possédait pas encore de caractères grecs, et, après avoir imprimé un ouvrage de Georges Hay, on fut obligé d'écrire à la main, dans tous les exemplaires, quelques mots grecs qui s'y rencontraient.

William Gedd, orfévre à Édimbourg, imprima un *Salluste*, en 1739, par un procédé stéréotypique analogue à celui que l'imprimeur Valleyre avait essayé en France quelques années auparavant; mais ces procédés étaient encore trop imparfaits pour avoir d'heureux résultats.

En 1638, Georges Anderson porta l'imprimerie à Glascow.

Irlande. La première impression connue faite à Dublin, capitale de l'Irlande, est le *Livre des communes prières* en anglais (*Common prayer book*), in-folio, imprimé par Humphrey Powel, en 1551. Walsh et Kearney y imprimèrent, en 1571, un *Catéchisme* en langue irlandaise avec les caractères propres à cet ancien idiome.

Mais l'état déplorable où se trouve l'Irlande depuis trois siècles, par suite des persécutions religieuses et du système despotique de l'exploitation territoriale, a entravé le développement de l'art typographique. Aujourd'hui encore, plus de soixante villes, dont plusieurs ont une population de huit à douze mille habitants, ne possèdent pas une seule librairie; dans l'étendue de six comtés, il n'y a pas une seule bibliothèque publique.

C'est seulement au xviie siècle que la typographie britannique prit un rang distingué en Europe. Sir Henri Saville fonda, en 1607, dans le collége royal d'Eton, près de Windsor, une imprimerie dirigée par John Norton, et d'où sortirent plusieurs éditions d'ouvrages grecs, entre autres celle des œuvres de saint Jean Chrysostôme, 1613, 8 vol. in-folio, regardée comme un chef-d'œuvre.

Paul, fils de Henri II Estienne, étant allé en Angleterre vers 1594, apprécia le mérite de John Norton et lui permit d'employer la marque typographique des Estienne.

En 1657, le docteur Walton fit paraître une Bible polyglotte en neuf langues, imprimée à Londres, avec beaucoup de soin, par Th. Roycroft, 6 vol. grand in-folio, édition très-estimée. C'est le premier ouvrage qui ait été publié par souscription (1) en Angleterre. Cromwell, alors revêtu du pouvoir, y fit souscrire le gouvernement pour 25,000 francs, et il exempta du droit d'importation le papier destiné à cette impression; aussi l'éditeur, dans sa préface, exprima-t-il sa reconnaissance envers le Protecteur. Quand la monarchie eut été rétablie, Walton présenta cette polyglotte à Charles II, mais après en avoir supprimé les feuillets qui contenaient l'éloge de Cromwell. Les exemplaires où se trouve la préface dite *républicaine* sont recherchés comme objet de curiosité et ont été payés en Angleterre jusqu'à 75 livres sterling (1,875 francs).

Depuis cette époque, mais surtout dans le XVIII° siècle et dans celui-ci, de magnifiques impressions furent exécutées à Londres, à Oxford, à Édimbourg, à Glascow et autres villes du royaume.

Pendant son séjour à Londres, Voltaire y publia, en 1728, *la Henriade* en dix chants, grand in-4° avec gravures; l'épître dédicatoire, adressée à la reine, femme de Georges II, est écrite en anglais. Il n'avait encore paru de ce poëme que quelques éditions incomplètes imprimées en France, sans l'aveu de l'auteur, sous le titre de *la Ligue*, poëme en neuf chants. L'édition de Londres fut publiée par souscription au prix d'une guinée par exemplaire; mais Voltaire n'en retira pas, comme on l'a dit, 150,000 francs; elle n'était même pas encore épuisée en 1740, année où elle reparut avec un nouveau titre et des additions placées au commencement et à la fin du volume.

---

(1) Ogilby, imprimeur de Charles II, en 1668, fut le premier qui mit des livres en loterie. Leur valeur totale s'élevait à 350,000 fr.; chaque billet coûtait 6 fr.; il y avait 3,568 lots, dont le premier était de 1,500 fr. en livres; le second de 1,450 fr., et les autres diminuaient successivement.

En Angleterre, comme dans les autres pays, l'art typographique a été pratiqué par des écrivains distingués : le célèbre romancier Richardson exerçait à Londres, vers le milieu du siècle dernier, la profession d'imprimeur. William Strahan et son fils Andrew furent l'un et l'autre imprimeurs et membres du parlement. Le dernier, mort en 1831, avait obtenu un privilége sur l'impression de la Bible et laissa une fortune d'un million de livres sterling.

En 1713, lord Clarendon fonda à Oxford la célèbre imprimerie appelée encore aujourd'hui *Clarendonian Press*, et renommée pour ses belles éditions grecques et latines.

Des souverains même ont quelquefois établi des presses destinées à leur usage personnel.

En 1639, pendant la guerre civile, Charles Ier créa une imprimerie à Newcastle, pour le service du parti royal.

En 1687, Jacques II en fonda une au château d'Holyrood, près d'Édimbourg (château où Charles X séjourna quelque temps). On y imprima, de 1687 à 1688, divers écrits en faveur des catholiques ; et, quoique cette presse eût cessé de fonctionner, on s'en servit encore, en 1775, pour l'impression d'un ouvrage sur les îles Orcades.

Lorsqu'elle n'était encore que princesse de Galles, la reine Caroline, femme de Georges IV, fit monter, en 1812, à Frogmore-Lodge, pavillon dépendant du château de Windsor, une petite imprimerie d'où sont sortis quelques opuscules.

Parmi les typographes modernes de la Grande-Bretagne, on peut citer avec éloge Bowyer, imprimeur de la société royale de Londres, qui joignait au talent de sa profession des connaissances littéraires fort étendues; Baskerville, à Birmingham, qui se servit de très-beaux types qu'il avait gravés et fondus lui-même, et dont Beaumarchais fit l'acquisition pour l'impression du *Voltaire* de Kehl; les Foulis, à Glascow, en Écosse; plus récemment, à Londres, Bell, Bulmer, connu par sa magnifique édition de *Shakspeare* (1791-1804, 9 vol. in-fol.); Bensley, Sharpe et beaucoup d'autres qui ont soutenu l'honneur de la presse anglaise.

Nous mentionnerons spécialement John Whitaker, dont les impressions en or et en couleur sont de toute beauté. Il imprima de cette manière le *Cérémonial* du couronnement de Georges IV, avec des tableaux, portraits, ornements et autres peintures, 1823, 1 vol. grand in-fol.

Les publications périodiques, l'emploi des machines, dont l'usage a commencé en Angleterre et dont l'imprimeur Bensley fut un des premiers promoteurs, ont donné, dans ces derniers temps, une grande activité aux ateliers typographiques.

Voici en quels termes M. Didot parle de l'imprimerie de M. William Clowes, située sur la rive gauche de la Tamise :

« Deux machines à vapeur mettent en mouvement vingt-huit presses mécaniques, qui, en une semaine, impriment jusqu'à deux mille rames de papier. En 1851, lors de la grande exposition de Londres, elles travaillaient jour et nuit. L'étendue qu'occupent les resserres pour les planches clichées des divers ouvrages qui s'y impriment étonne l'imagination. Tout enfin dans cette imprimerie est monté sur une proportion gigantesque. »

« Il résulte, dit encore M. Didot, d'un rapport officiel adressé au parlement le 9 juin 1851, que, pendant les trois dernières années, il a été imprimé à Londres 1,157,000 Bibles et 750,000 Nouveaux Testaments; à Oxford, 920,750

Bibles et 750,000 Nouveaux Testaments; à Cambridge, 107,500 Bibles et 240,000 Nouveaux Testaments; ce qui forme un total de 3,927,750 exemplaires des saintes Écritures.

« Sur le papier employé à ces impressions, l'État a perçu en droits la somme de 17,653 livres, soit 441,450 francs (1). »

C'est l'Angleterre qui a mis en vogue les publications *illustrées*, c'est-à-dire ornées de gravures en bois imprimées dans le texte, usage pratiqué dès le xve siècle et qui avait été abandonné, mais que les immenses progrès de la xylographie ont fait reprendre avec succès; sous ce rapport, la France rivalise avec l'Angleterre. Whittengam, imprimeur à Chiswick, près de Londres, s'est distingué dans ce genre d'impression.

En 1851, une exposition universelle des produits de l'industrie a eu lieu à Londres dans un vaste local dont la construction elle-même était une merveille, car tout le bâtiment était de verre, ce qui le fit appeler *Palais de cristal*. On y vit figurer les chefs-d'œuvre industriels de toutes les nations. Nous avons déjà parlé, dans le cours de ce chapitre, des nombreux produits que la typographie et les arts qui s'y rattachent avaient apportés à cette grande exhibition, où l'imprimerie impériale de Vienne enleva tous les suffrages et obtint la première médaille d'honneur.

XI. DANEMARK (1482). Sous le règne de Jean Ier, un typographe allemand, nommé Jean Snel, porta l'imprimerie en Danemark. Il s'établit pendant quelque temps à Odensée (*Ottonia*), et le premier ouvrage sorti de ses presses est une Relation du siége de Rhodes, que soutinrent, contre les Otto-

---

(1) Voir au tome II notre chapitre xiii consacré aux papiers.

mans, les chevaliers de Saint-Jean de Jérusalem ; elle avait été composée en latin par Guillaume Caoursin, vice-chancelier de l'ordre, et fut imprimée plusieurs fois et en divers lieux ; mais il n'existe actuellement, de l'édition de Snel, qu'un seul exemplaire, conservé dans la bibliothèque de l'université d'Upsal, en Suède.

On commença d'imprimer à Slesvig en 1486, et à Copenhague (*Hafnia*) en 1493.

En 1504, il n'y avait encore que deux imprimeries en Danemark, et les Danois, à cette époque, faisaient imprimer beaucoup d'ouvrages à Paris et à Anvers.

L'art typographique se propagea successivement dans tout le royaume, mais lentement ; certaines villes n'ont eu des presses que dans le xviiie siècle.

Cependant le Danemark est un des premiers pays où des journaux aient paru. Dès 1644, on y publia une gazette.

Les souverains danois se sont toujours appliqués à faire fleurir les sciences, les lettres et les arts dans leurs États. L'imprimerie en particulier, dont ils appréciaient l'utilité, a été l'objet de leur bienveillance.

Le roi Christian III, après avoir fondé le collége de Copenhague, fit venir d'Allemagne des typographes habiles, qu'il attacha à cette institution. Louis Dietz, natif de Rostock, imprima en 1550, par ordre du monarque, une *Bible* en danois, appelée la *Bible de Christian III*.

Frédéric II, mort en 1588, avait une imprimerie dans son palais, et son exemple fut suivi par plusieurs seigneurs de sa cour.

C'est lui qui donna comme fief à Tycho-Brahé la petite île de Hven, située dans le détroit du Sund, entre Elseneur et Copenhague. Aidé des libéralités du roi, le célèbre astronome y fit élever un vaste et bel édifice, qu'il nomma *Uranienborg*, c'est-à-dire palais d'Uranie. Outre un observatoire et un laboratoire de chimie, il y avait établi une imprimerie, où fut exécutée l'impression de quelques-uns de ses ouvrages. Sur un cours d'eau était un moulin construit de telle sorte qu'il pouvait servir à moudre du blé, à fabriquer du papier et à préparer des cuirs. Il ne reste plus que des ruines de cette magnifique résidence. Tycho-Brahé, après y avoir passé dix-sept ans, fut obligé de l'abandonner, par suite des désagréments que lui suscitèrent des ennemis jaloux de sa gloire.

Christian IV, qui, dans son enfance, était resté quelque temps à Uranienborg, auprès de Tycho-Brahé, fonda à Soroe une académie, puis une imprimerie en 1627.

Christian VII décréta la liberté de la presse dans ses États en 1771, et, à cette occasion, Voltaire lui adressa une épître de félicitation.

Mais de graves abus étant résultés de cette liberté illimitée, un édit du 7 décembre 1790 ordonna que tous les délits de presse seraient jugés par les cours ordinaires de justice, et que les imprimeurs seraient tenus, sous peine d'être poursuivis, d'envoyer au magistrat de police un exemplaire de chaque ouvrage qu'ils imprimeraient sans nom d'auteur.

Le monarque éclairé (Frédéric VII) qui gouverne aujourd'hui ce royaume, a su mériter la reconnaissance publique par les soins qu'il apporte à la propagation des sciences, de l'instruction, et au développement de l'industrie. De sages mesures administratives, des franchises concédées aux habitants des campagnes (1) attestent sa sollicitude pour la pros-

---

(1) Dans l'ordonnance par laquelle il renonce au droit de chasse exclusif que les lois lui accordent dans un grand nombre de districts appelés royaux,

périté morale et matérielle du pays. Nous ajouterons que la protection et les encouragements qu'il accorde à la typographie ont puissamment contribué aux progrès qu'elle a faits en Danemark dans ces derniers temps.

Il existe à Copenhague un grand nombre d'établissements typographiques. On y imprime beaucoup d'ouvrages en allemand, en anglais, en français et en d'autres langues. Quoique le caractère allemand ou gothique y soit encore en usage, on se sert fréquemment de caractères romains, non-seulement pour les livres français, anglais, etc., mais même pour ceux qui sont écrits en allemand ou en danois. La presse périodique y est aussi fort occupée par les nombreux journaux, recueils scientifiques et littéraires qui se publient dans cette ville, outre les travaux d'impression qui s'exécutent pour l'université, la société royale, les académies, les écoles, les administrations, etc.

L'organisation actuelle de l'enseignement public en Danemark remonte à l'année 1814. L'instruction primaire y est gratuite et obligatoire; les parents, les maîtres, sont tenus d'envoyer à l'école leurs enfants et leurs domestiques, sous peine d'amende et même d'emprisonnement. Dans chaque commune, il y a une école primaire où l'on enseigne la lecture, l'écriture, un peu d'histoire et de géographie.

---

et permet aux habitants d'y chasser, en se conformant aux lois générales, le roi s'exprime ainsi : « Nous ne voulons aucunement que nos sujets soient « privés de l'exercice d'un droit utile pour eux, dans le seul but qu'il en « résulte un avantage ou un plaisir pour notre personne. »

Lorsque la députation des paysans du royaume vint lui témoigner leur profonde reconnaissance pour cet acte de générosité, S. M. répondit : « Je « ferai toujours tout ce qui est en moi pour favoriser le bien-être des « paysans; car le bien-être des paysans et de la bourgeoisie constitue « celui de la patrie et fait mon plus grand bonheur. »

Il existe, en outre, vingt écoles secondaires entretenues par l'État, et où ceux qui veulent suivre les cours de l'université reçoivent une instruction préparatoire, moyennant une rétribution annuelle de 48 rixdales (240 fr.). On y enseigne le latin, le grec, l'allemand, le français, les mathématiques, la physique et l'histoire naturelle, quelquefois l'anglais, le dessin, la chimie, etc. En général, on y consacre moins de temps aux études classiques qu'à celle des sciences. Depuis peu, le gouvernement a même fondé des écoles *réales* ou scientifiques ; il a aussi établi des écoles du dimanche en faveur des adultes qui auraient oublié ou négligé leur instruction élémentaire ; mais la réduction du port des lettres et des journaux, opérée en 1848, a plus puissamment encore propagé, parmi les masses, le goût de la lecture et de l'écriture.

Enfin, le Danemark possède beaucoup d'établissements privés, soit pour l'enseignement primaire, soit pour l'enseignement secondaire. Le nombre des étudiants est considérable ; la plupart des négociants de Copenhague ont fait des études universitaires.

Le Danemark est assurément, de tous les pays de l'Europe, celui qui compte le plus de bibliothèques. En 1849, le nombre des paroisses qui en étaient pourvues s'élevait à 700. Les paysans, et même les journaliers, consacrent à ces établissements quelques sous par mois, et ils les fréquentent assidûment. Les villes rivalisent à cet égard avec les villages : il y a des bibliothèques dans presque toutes les institutions publiques.

Le 24 juin 1840, on a célébré, à Copenhague, le 400ᵉ anniversaire de l'invention de l'imprimerie ; cette solennité a donné naissance à quelques ouvrages : *Invention de l'art typographique*, par M. G.-F. Ursin, livre dédié au célèbre sculpteur danois Thorvaldsen, auteur du modèle de la statue de Gutenberg, érigée à Mayence en 1837 ; — *Abrégé de l'histoire de l'art de la typographie*, par P.-L. Moeller, publié par la société pour le bon usage de la liberté de la presse.

ISLANDE (1530). La typographie fut apportée dans cette île danoise par Jean Matthissen, prêtre catholique suédois, que Jean Aresoen, dernier évêque catholique d'Islande, y avait appelé. Ce prélat établit une imprimerie à Holum, siége de son évêché, et y publia, en 1531, un *Breviarium nidarosiense*.

Il paraît que, pendant longtemps, cette presse fut la seule qui existât en Islande, et qu'on la transportait de ville en ville. Ainsi, en 1562, elle servit à imprimer les *Évangiles* en islandais, à Breidabolstad ; achetée par l'évêque protestant Gudbrand Thorlaksen, elle fut d'abord envoyée à Nupufelle, pour l'impression du *Code des lois islandaises*, 1578 ; puis rétablie à Holum, où, par ordre de Frédéric II, roi de Danemark, on publia une *Bible* en islandais, 1584 ; réimprimée dans la même ville en 1644 et en 1728.

NORVÉGE (1644). La Norvége, qui, depuis 1815, appartient à la Suède, était jadis sous la dépendance du Danemark. Soit par esprit de centralisation, soit pour tout autre motif politique, le gouvernement danois retarda longtemps l'introduction de l'imprimerie dans l'île de Norvége.

Ce n'est qu'en 1644 qu'il y eut des presses à Christiania ; Tyge Nielsson y imprima cette année : *Les articles de guerre du roi Christian IV*, en danois, in-4°.

Il s'écoula encore plus d'un siècle avant que la typographie fût établie dans les principales villes de ce pays ; mais c'est à Christiania, la capitale, que se font la plupart des impressions norvégiennes.

XII. SUÈDE (1483). Jean Snel, Allemand, qui introduisit la typographie en Danemark, la porta aussi en Suède, et doit être regardé comme le premier imprimeur de ces deux royaumes.

Venu d'Odensée à Stockholm, il y imprima, en 1483, *Dialogus creaturarum moralisatus*, in-4°. C'est la plus ancienne impression exécutée dans cette capitale, où l'art typographique continua d'être pratiqué ; Jean Fabri l'y exerçait en 1496. On y fit, pour la première fois, en 1611, des impressions en caractères runiques, qui étaient ceux des anciennes langues du Nord.

En 1510, un *Psautier* latin fut imprimé à Upsal, par Paul Gruss, dans la maison du docteur Ravald, archidiacre.

En 1511, il y avait à Suderkoping une imprimerie d'où sortit le *Livre de la confrérie hospitalière du Saint-Esprit* (*Liber confraternitatis hospitalis Sancti Spiritûs*); mais l'évêque J. Braschius, ayant par le même moyen publié, en 1528, quelques écrits contre le gouvernement, l'établissement typographique de Suderkoping fut supprimé. Enfin, on commença d'imprimer à Lund en 1537.

Les villes que nous venons de nommer sont les premières où l'imprimerie ait d'abord été exercée. Sa propagation s'opéra lentement dans la Suède, et se prolongea jusqu'au XVIIe et même au XVIIIe siècle.

Un membre de la famille des Blaeuw, célèbres imprimeurs hollandais, fut appelé à Stockholm par la reine Christine, qui lui accorda une pension avec divers priviléges.

En 1640, cette princesse fonda l'université d'Abo, et une imprimerie s'établit bientôt dans cette ville, ancienne capitale de la Finlande, vaste contrée qui dépendait autrefois de la Suède, et qui, depuis 1809, appartient à la Russie.

La plupart des ouvrages publiés en Suède sortent des presses d'Upsal et de Stockholm, où il existe des bibliothèques publiques et des académies dont les mémoires scientifiques et littéraires forment des collections volumineuses.

XIII. PORTUGAL (1489). Ce sont des Juifs qui, les premiers, portèrent l'imprimerie en Portugal.

Les rabbins Zorba et Raban Éliézer établirent leurs presses à Lisbonne, où ils imprimèrent plusieurs livres en hébreu, et, d'abord, un *Commentaire sur le Pentateuque*, in-fol. à deux colonnes, en 1489.

Une édition hébraïque des *Petits Prophètes* fut aussi imprimée par des Juifs à Leyria, en 1494.

Les premiers typographes chrétiens du Portugal sont Nicolas de Saxe et son associé Valentin de Moravie; ils imprimèrent à Lisbonne, en 1495, une *Vie de J.-C.*, traduite du latin de Ludolphe de Saxe en portugais, 4 vol. in-fol.

Lisbonne, Leyria et Braga paraissent être les trois premières villes de ce pays où l'art typographique se soit introduit; il ne pénétra dans les autres villes que pendant le cours du xvie et du xviie siècle.

Il faut dire, à la louange des ordres religieux, qu'ils montrèrent beaucoup de zèle pour la propagation de l'imprimerie. Les chanoines du couvent royal de Santa-Cruz à Coimbre en 1519, les cisterciens d'Alcobaza en 1597, les dominicains de Bemfica en 1623, les capucins de Carnota en 1627, établirent des presses dans leurs monastères.

Il y a une imprimerie royale à Lisbonne. C'est dans cette ville que se publient le plus d'ouvrages en Portugal : livres d'histoire, de géographie, de science, de littérature, etc.; l'impression en est très-soignée et fait honneur à la presse lusitanienne.

XIV. PRUSSE (1506). Le royaume de Prusse, érigé en 1701, et qui, par son extension territoriale et sa prépondérance politique, est aujourd'hui, avec l'Autriche, l'un des deux grands États de l'Allemagne, a eu pour noyau la Prusse proprement dite et l'électorat de Brandebourg. C'étaient au XVe siècle des parties fort secondaires de cette vaste contrée : aussi l'imprimerie n'y pénétra-t-elle que tardivement. Francfort-sur-l'Oder la reçut en 1506, Kœnigsberg en 1524; Berlin, cette capitale devenue le centre intellectuel du Nord, n'en fut dotée qu'en 1540. Depuis longtemps, grâce à la sollicitude des souverains de ce pays, elle est établie partout.

Dans le siècle dernier, le grand Frédéric attirait auprès de lui une foule de savants et de littérateurs étrangers, et la typographie prussienne en profitait. Ainsi différents ouvrages de Voltaire et d'autres écrivains français furent imprimés à Berlin; et, comme la presse y jouissait d'une grande liberté, il en résultait aussi que des livres pour lesquels l'approbation, le privilége ou l'*imprimatur* eût été refusé ailleurs, s'imprimaient là sans difficulté. Mais ces motifs n'existent plus pour la plupart des États de l'Europe où la censure est abolie.

Au reste, nous dirons, en passant, que beaucoup d'ouvrages portant l'indication d'une ville étrangère sortaient souvent des presses françaises, et que l'autorité fermait les yeux sur cette infraction aux règlements.

Il n'y a pas d'imprimerie royale à Berlin; l'exploitation typographique y est laissée à l'industrie privée.

Parmi les imprimeurs prussiens qui se distinguèrent dans le siècle dernier, nous citerons Spener, chez qui le grand Frédéric passait souvent les nuits à étudier, à l'insu de son père, et auquel il accorda plus tard un privilége pour la publication d'un journal; Unger et Gübitz qui unissaient à la pratique de l'imprimerie le talent de la gravure en bois, art qu'ils professaient l'un et l'autre à l'académie de Berlin.

Outre les volumineux et intéressants mémoires des académies, des sociétés savantes et littéraires, plusieurs ouvrages importants ont été publiés dans cette capitale depuis le commencement du siècle, entre autres le *Mithridate* d'Adelung et Vater, ou *Science générale des langues*, avec l'*Oraison dominicale en cinq cents langues ou dialectes*.

Nous avons déjà parlé de la *Bible* en allemand, traduction de Luther, in-folio, sortie des presses de M. Decker, imprimeur du roi et de l'académie, et dont un magnifique exemplaire a figuré, en 1851, à l'exposition de Londres.

Une édition des *OEuvres du grand Frédéric* s'imprime en ce moment à Berlin, aux frais du gouvernement prussien ; elle se composera au moins de trente volumes in-4°, dont plusieurs ont déjà paru ; l'exécution typographique en est admirable. Cette publication, digne du royal auteur qui en est l'objet, et du monarque éclairé par les ordres et sous les auspices duquel elle est entreprise, fera un grand honneur à l'imprimerie prussienne.

XV. RUSSIE (1560). L'imprimerie pénétra tardivement dans la Russie, et n'y fut connue que vers 1560.

Le voyageur Thevet raconte que, cette année-là, un marchand russe apporta dans son pays des caractères d'imprimerie ; mais que des personnes superstitieuses les détruisirent, craignant que le nouvel art ne nuisît à la religion.

Suivant Falkenstein (*Hist. de la typogr.*), Georges Czernovic aurait imprimé à Tchernigov, dès 1493, l'*Octoichus* de saint Jean Damascène, traduit en illyrien ; mais Bacmeister (*Biblioth. russe*) soutient qu'aucune impression n'a été faite dans cette ville avant 1670.

Quoi qu'il en soit, le czar Ivan IV Vasilievitch fonda à Moscou une imprimerie où il fit exécuter en 1563-64, par Ivan Fédor, diacre de l'église de Saint-Nicolas de Gostun, et par Pierre Timofeev Mtislavzov, une édition des *Actes des apôtres*, dont on ne connaît maintenant qu'un seul exemplaire. Un soldat, dans les mains duquel il se trouvait, le remit, en 1730, à l'académie de cette ville. L'imprimerie de Moscou, détruite par les Polonais pendant la guerre, fut rétablie en 1644 par Michel Fédérovitch. En 1704, elle reçut de nouveaux caractères fondus à Amsterdam. L'envoi d'une typographie slavone, expédiée de la Hollande pour la Russie en 1708, fut arrêté à Dantzig par Charles XII, roi de Suède, qui en employa les caractères à publier des pamphlets contre le czar Pierre, avec lequel il était en guerre, et les fit répandre sur les frontières de la Russie.

La première imprimerie particulière de Moscou fut inaugurée, en 1709, par Vasili Koupriakou, qui s'en servit pour mettre au jour un *Almanach prophétique*.

On imprimait déjà, en 1562, quelques ouvrages en russe et en slavon à Nesvije, à Niesvicz, à Zaboudloff; mais Mohilev, Kiev et plusieurs autres villes n'eurent des presses que dans le xviiie siècle.

En 1711, Pierre le Grand, fondateur de Saint-Pétersbourg, y établit une imprimerie où il fit apporter une partie du matériel de Moscou. L'importance que la nouvelle capitale de l'empire acquit bientôt, l'érection de bibliothèques, d'académies, d'écoles publiques, de sociétés savantes, donnèrent une grande extension à l'art typographique. Outre l'imprimerie impériale, il y a beaucoup d'imprimeries et de librairies particulières, russes et étrangères, et il s'y fait des impressions considérables.

En 1803, on institua dans les villes de Kazan et de Kharkov des universités auxquelles furent annexées des imprimeries : celle de Kazan, destinée aux impressions orientales, donna d'abord une édition du *Koran*, et ensuite d'autres ouvrages en arabe, en turc, en tartare. Dès 1743, on avait imprimé à Moscou, par ordre de l'impératrice Elisabeth, une Bible en langue et en caractère géorgiens, in-folio, à deux colonnes. Le prince Alexandre Hadgeri publie en ce moment un ouvrage gigantesque sorti des presses impériales de l'université de Moscou, ouvrage qui lui a coûté trente ans de travail. C'est un Dictionnaire turc, arabe, persan et français. Il est publié aux frais du gouvernement russe, et l'empereur Nicolas en a accepté la dédicace. Le sultan Mahmoud y souscrivit pour 200 exemplaires.

Depuis longtemps, le gouvernement russe favorise la propagation des bons ouvrages des littératures occidentales parmi les juifs indigènes, comme un puissant moyen de développer leur civilisation morale. Le *Télémaque* de Fénelon, traduit en hébreu par M. Benoît Cohen, grand rabbin de Minsk, en Lithuanie, a été imprimé récemment à Posen (Pologne prussienne), pour le compte de M. Adolphe Samniter, libraire à Breslau. Cet éditeur a obtenu de l'empereur Nicolas l'autorisation d'importer en Russie, avec exemption de tous droits, un nombre illimité d'exemplaires de cette version, spécialement destinée aux israélites russes.

La presse périodique est très-active en Russie : plus de 150 journaux quotidiens, hebdomadaires et mensuels s'y publient en russe, en français, en allemand, en anglais ; près de la moitié de ces journaux s'impriment à Saint-Pétersbourg.

XVI. AMÉRIQUE (1544). La découverte du Nouveau-Monde suivit de près l'invention de l'art typograpique ; et, comme le continent américain passa bientôt sous la domination des Européens, les gouverneurs coloniaux et les missionnaires ne tardèrent pas à y introduire l'imprimerie.

Suivant Gil Gonzalez Davila (1), la première imprimerie en Amérique aurait été établie par Antoine de Mendoça, vice-roi du Mexique, et la première édition exécutée dans le Nouveau-Monde serait l'*Echelle du Paradis* de saint Jean Climaque, livre imprimé à Mexico par Juan Pablos (Jean-Paul) ; mais la date de 1532 n'est pas exacte ; car Mendoça n'arriva comme vice-roi au Mexique qu'en 1535.

Jusqu'à présent, la plus ancienne impression américaine portant une date authentique est la *Doctrine chrétienne* pour l'instruction des Indiens, rédigée par Pedro de Cordova (Pierre de Cordoue) (2), dominicain, et imprimée en 1544 par ordre de Don Juan Cumarraga, évêque de Mexico, dans la maison de Juan Cromberger, imprimeur. Ce typographe, qui avait un établissement à Séville, en Espagne, en avait formé un à Mexico avant 1542, car à cette époque il ne vivait plus, et ses deux imprimeries étaient gérées probablement par ses héritiers.

La première impression connue exécutée à Lima, capitale du Pérou, est un Manuel des confesseurs (*Confessionario*), imprimé par Antonio Ricardo, en 1585. Toutefois, comme le remarque M. Brunet, il se pourrait bien que Mendoça, pendant la vice-royauté duquel l'imprimerie fut établie au Mexique, l'eût introduite au Pérou dont il fut aussi vice-roi de 1551 à 1552, année de sa mort. Quoi qu'il en soit, le Mexique (Amé-

---

(1) *Théâtre ecclésiastique de la primitive église des Indes occidentales*, Madrid, 1649, in-folio.

(2) Voir le *Manuel du libraire*, de M. Brunet, tome III.

rique du nord) et le Pérou (Amérique du sud) appartenaient alors aux Espagnols, et c'est à eux qu'on doit l'introduction de l'imprimerie dans les deux Amériques. Elle se propagea successivement dans les autres colonies françaises, portugaises, hollandaises, anglaises, etc.; mais elle a pris surtout un accroissement prodigieux depuis le commencement du siècle actuel où tant de colonies se sont séparées de leurs métropoles, pour s'ériger en gouvernements indépendants, tels que l'empire du Brésil et les nouvelles républiques.

ÉTATS-UNIS (1639). Parmi les divers États qui existent aujourd'hui en Amérique, ceux de l'Union américaine tiennent le premier rang : c'est là aussi que l'imprimerie est la plus florissante.

En 1638, lorsque ces colonies appartenaient encore à la Grande-Bretagne, un ministre protestant du Massachusetts, nommé Jessé Glover, conçut le projet d'y introduire l'imprimerie, pour le service de son église et celui de la province. Il se rendit en Angleterre et en Hollande où, avec ses propres ressources et les secours de ses coreligionnaires, il acheta tout le matériel nécessaire à une imprimerie; puis il engagea un ouvrier typographe, nommé Stephen Dage, à le suivre en Amérique; mais Glover mourut pendant la traversée. Ce fut donc Stephen Dage qui, à son arrivée, fonda une imprimerie à Cambridge, en Massachusetts (1639), sous le patronage des magistrats. Les premiers ouvrages sortis de ses presses furent *The Feceman's Oacts* (le Serment de l'homme libre), un Almanach et un livre de *Psaumes*.

Dage eut pour successeur Samuel Green, qui imprima la *Bible*, traduite en langue américaine par Jean Eliot, et dont les descendants ont suivi jusqu'à nos jours la carrière typographique.

Depuis la fin du xviie siècle jusqu'à la moitié du siècle suivant, l'imprimerie se propagea dans quelques autres provinces ; mais elle y pénétra lentement et n'obtint pas toujours la faveur des autorités anglaises.

En 1671, sir William Berkeley, gouverneur de la Virginie, ne voyant que le mauvais côté de la liberté de la presse et de l'enseignement, s'écriait : « Grâce à Dieu, il n'y a ni école gratuite ni imprimerie en Virginie, et j'espère qu'il n'y en aura pas d'ici à bien des siècles encore. »

En 1686, parmi les instructions données par le roi Jacques II à Donegan, gouverneur de New-York, il en était une qui lui enjoignait de ne pas permettre l'établissement de l'imprimerie dans la province.

Mais ces vœux et ces injonctions n'empêchèrent pas l'imprimerie de continuer à s'étendre dans les colonies anglaises de l'Amérique septentrionale.

Un homme célèbre dont s'honore la typographie américaine, et qui en fut aussi un des plus ardents propagateurs, c'est Benjamin Franklin. Né à Boston, dans la Pensylvanie, le 17 janvier 1706, il travailla d'abord chez James, son frère aîné, puis chez Bradford et chez Keimer, tous trois imprimeurs en cette ville, et s'établit lui-même plus tard à Philadelphie. « Il forma, dit M. Mignet (1), d'excellents ouvriers qu'il envoya avec des presses et des caractères dans les diverses villes qui n'avaient point d'imprimeur, et qui sentaient le besoin d'en avoir. Il formait avec eux, pendant six ans, une société dans laquelle il se réservait un tiers des bénéfices. Son imprimerie fut ainsi le berceau de plusieurs autres. »

Avant lui, les colonies anglaises tiraient tout leur papier de

---

(1) *Vie de Franklin*, page 62.

la métropole ; Franklin établit une papeterie à l'instar de laquelle d'autres s'élevèrent bientôt. Au lieu de réimprimer, comme on le faisait auparavant, les gazettes telles qu'on les recevait d'Europe, Franklin, après avoir travaillé au journal que son frère publiait à Boston, en fonda lui-même un autre à Philadelphie, et dès lors chaque province eut des feuilles publiques. Son Almanach connu sous le nom du *Bonhomme Richard*, où la morale, l'hygiène, l'économie rurale et industrielle sont enseignées d'une manière si attrayante, remplaça ces Almanachs insignifiants ou ridicules que l'ancien monde envoyait au nouveau.

Grâce à des souscriptions qu'il sut provoquer, la ville de Philadelphie eut une bibliothèque « qui fut, dit-il, la mère de toutes celles qui existent dans l'Amérique septentrionale, et qui sont aujourd'hui si nombreuses (1) ; » un collége pour l'éducation de la jeunesse et un hôpital. Par ses soins se formèrent des sociétés savantes, des associations et des tontines pour des ouvriers, une compagnie de l'*Union* contre l'incendie, etc. Toutes ces institutions feront à jamais bénir sa mémoire.

Déjà célèbre dans les fastes de la science, il acquit une nouvelle illustration dans la carrière politique. Il coopéra puissamment avec Washington à l'affranchissement des États-Unis qui, le 4 juillet 1776, se déclarèrent indépendants de l'Angleterre, et fut ensuite chargé d'aller négocier un traité d'alliance et de commerce avec la France. Au milieu des ovations dont il y était l'objet, il se souvint toujours de son ancienne

---

(1) Depuis lors, elles le sont devenues bien davantage. En 1852, on comptait aux États-Unis plus de dix mille institutions publiques et privées, athénées, colléges, etc., possédant des bibliothèques dont le nombre tota des volumes s'élève à près de quatre millions.

profession, et monta une petite imprimerie à Passy, où il avait fixé son domicile.

Revenu en Amérique, il mourut à Philadelphie, le 17 avril 1790, âgé de quatre-vingt-quatre ans, environné du respect et de la reconnaissance de ses concitoyens, aux regrets desquels s'associèrent l'Europe, et en particulier la France.

Voici son épitaphe, qu'il avait composée lui-même à l'âge de vingt-trois ans, et où l'on retrouve à la fois l'originalité de son style et le cachet de son esprit :

Ci-gît
le corps de BENJAMIN FRANKLIN,
imprimeur,
comme la couverture d'un vieux livre
dont les feuillets sont déchirés
et la reliure usée ;
mais l'ouvrage ne sera pas perdu,
car il reparaîtra,
comme il en est convaincu,
dans une nouvelle et meilleure édition,
revue et corrigée
par l'AUTEUR.

La société typographique de New-York célèbre tous les ans l'anniversaire de la naissance de Franklin.

Depuis l'indépendance des États-Unis, l'imprimerie a pris un essor qui va toujours en augmentant. C'est particulièrement à Boston, à New-York, à Philadelphie, à Harford que s'impriment la plupart des ouvrages nouveaux.

L'établissement typographique de M. John Dickson, à Boston, est un des plus remarquables. Il est divisé en quinze ateliers éclairés pendant le jour par cent fenêtres, et le soir par deux cents lustres à gaz. Trente-deux presses y fonctionnent: dix sont mues par la vapeur et six par l'eau que distribuent deux citernes au moyen de tuyaux de fonte.

On a imprimé 100,000 forts volumes sur la littérature biblique dans un petit village de l'État de Vermont où tous les procédés relatifs à l'impression, depuis le moulin à papier jusqu'à la brochure et à la reliure, s'exécutent sous le même toit.

En juillet 1802, une foire aux livres, à l'instar de celles de Leipsick et de Francfort, a été instituée à New-York; il y en a maintenant une semblable, pour la papeterie et la librairie, à Philadelphie. Il s'est vendu, en 1838, à la foire de cette ville, 314,336 volumes.

La presse jouit d'une liberté complète aux États-Unis.

Outre beaucoup d'ouvrages originaux, parmi lesquels il faut citer l'*Histoire naturelle de l'État de New-York*, 4 vol. in-4°, dont la publication a coûté 1,000,000 de francs, on y imprime une foule de traductions de livres français; on y fait aussi de nombreuses réimpressions d'ouvrages édités en Angleterre.

Enfin, il se publie dans les divers États de l'Union américaine 2,800 journaux (presque autant que dans toute l'Europe), quotidiens, hebdomadaires, mensuels, trimestriels, etc., dont le tirage forme un total annuel de plus de 440 millions de feuilles.

On sait d'ailleurs que les journaux américains ont des dimensions énormes. L'usage des presses mécaniques, fort répandu aux États-Unis, s'applique surtout à l'impression des feuilles publiques. « Aussi, dit M. Didot (1), tout récemment MM. Hoe, de New-York, ont exécuté une immense presse pour imprimer le journal *New-York-Sun*, qui est tiré à cinquante mille exemplaires. Son format est de soixante-cinq centimètres

---

(1) *Encyclopédie moderne*, article *Typographie*.

de hauteur, sur quarante-cinq centimètres de largeur. Chaque page est composée de huit colonnes de deux cents lignes ayant quarante lettres chacune. Le diamètre du cylindre auquel est appliquée la forme contenant les caractères est d'environ six mètres. Huit autres cylindres, se chargeant successivement du papier, prennent l'impression en huit endroits différents ; de sorte qu'on obtient de seize à vingt mille épreuves par heure. L'appareil a près de quatorze mètres de long, et sa construction a coûté plus de 100,000 fr.

« La machine a deux étages de hauteur. On arrive au second étage au moyen d'escaliers placés aux deux extrémités. Tout autour sont des plates-formes, sur lesquelles se tiennent les ouvriers. En une heure et à l'aide de seize personnes cette presse exécute ce qui, dans un même espace de temps, aurait exigé le travail de trois à quatre cents pressiers. »

Au reste, les États-Unis, où la typographie a fait tant de progrès dans ces derniers temps, n'ont rien envoyé de remarquable à l'exposition universelle de Londres en 1851. Ils se réservent peut-être pour l'exposition qui doit avoir lieu à Paris en 1855.

Bien que proposée et même essayée d'abord en Europe, c'est dans la patrie de Franklin que la télégraphie électrique a été appliquée en grand par M. Morse, qui doit en être regardé, sinon comme l'inventeur, du moins comme le promoteur. Tous les jours, elle y acquiert une nouvelle extension ; et, pour un prix minime, des messages sont transmis à des distances de plus de mille lieues. L'industrie privée exploite avec succès ce procédé nouveau, si favorable aux relations commerciales, et plusieurs compagnies, associées ou rivales, desservent les différentes lignes dont le territoire de l'Union américaine est sillonné.

XVII. HINDOUSTAN (1563). L'introduction de l'imprimerie dans l'Hindoustan est due aux missionnaires. Dès 1563, les jésuites portugais avaient établi à Goa des presses d'où sortirent plusieurs ouvrages en latin, en portugais; d'autres, destinés aux indigènes, étaient imprimés en langue et en caractères damuliques fondus en Europe. Scaliger légua à la bibliothèque de Leyde un de ces ouvrages, intitulé : *Doctrina christiana, lingua malabarica tamul et litteris malabaricis in collegio Goano*, 1577.

Dans le xviiie siècle seulement, des imprimeries furent établies à Tranquebare, à Serampour, à Colombo, dans l'île de Ceylan, et autres lieux possédés par les Européens.

Mais c'est surtout depuis que le Bengale (1757) et, successivement, la majeure partie de l'Hindoustan, ont passé de la domination des Mongols sous celle des Anglais, que les établissements typographiques abondent dans cette vaste contrée, appelée avec raison l'empire indo-britannique.

Calcutta, capitale du Bengale, qui n'était encore qu'un village au commencement du siècle dernier, est maintenant une ville du premier ordre où se fait le plus grand nombre d'impressions; il y a même une imprimerie musulmane, dirigée par des indigènes, d'où sont sorties des éditions du Koran et d'autres livres relatifs à l'islamisme.

Madras possède aussi de nombreuses imprimeries; il y en a encore à Bombay, à Hougly, à Méliapour ou San-Tomé, etc.

Enfin des journaux politiques, scientifiques et littéraires, imprimés ou lithographiés, se publient dans les diverses provinces hindoustaniques.

En 1851, un Anglais, nommé Burgess, a fondé à Téhéran, capitale de la Perse, une imprimerie et un journal, avec l'autorisation du schah.

On dit que, dès le xvii⁰ siècle, des religieux carmes avaient monté, pour l'utilité de leurs missions dans cette contrée, une imprimerie qui ne subsista pas longtemps.

XVIII. TURQUIE (1493-1727). L'imprimerie turque, proprement dite, ne date que de 1727; mais, depuis longtemps, les Juifs exerçaient l'art typographique en Turquie. Un descendant d'une des familles israélites qui avaient fondé à Soncino, dans le Milanais, en 1480, une imprimerie hébraïque, le rabbin Gherson, alla, vers le commencement du xvi⁰ siècle, en former une semblable à Constantinople, où l'on prétend qu'un dictionnaire hébreu avait déjà paru en 1488; quoi qu'il en soit, les Juifs imprimaient dans cette capitale un *Pentateuque* en 1505; une *Histoire judaïque* en 1510; à Thessalonique un *Commentaire* d'Abravanel sur quelques livres de la Bible, dès 1493; un *Psautier* en 1515; d'autres livres hébreux à Andrinople en 1554. Les chrétiens avaient des presses à Belgrade, d'où sortit un *Nouveau Testament* en esclavon, 1552; à Scutari, 1563; à Bucharest, 1688; à Alep en Syrie, où l'on imprima les *Homélies de saint Athanase* en arabe, 1711. Mais il était défendu aux uns et aux autres d'imprimer des livres relatifs à l'islamisme.

Quant aux Turcs, l'usage de la typographie leur avait été interdit par les sultans Bajazet II en 1483, et Sélim Ier en 1515. Ils ne jouirent du bienfait de l'imprimerie et ne pratiquèrent cet art que sous le règne d'Achmet III (1727).

Ce sultan avait envoyé à Paris, en 1720, un ambassadeur nommé Méhémet, qui emmena avec lui son fils, Séid-Effendi. Celui-ci eut plus d'une fois l'occasion d'admirer et d'apprécier l'utilité de la typographie, et résolut de l'introduire dans son pays. A son retour il s'associa, pour l'exécution de ce projet, avec un renégat hongrois, homme fort instruit d'ailleurs, qui avait pris le nom d'Ibrahim en embrassant le mahométisme, et qui fut surnommé *Basmadji*, c'est-à-dire imprimeur. Ce Hongrois montra tout le bien qui résulterait de l'imprimerie, dans un Mémoire que les deux associés présentèrent au grand-visir Ibrahim-Pacha. Leur requête fut accueillie par le ministre, ami des sciences et des lettres ; mais l'autorisation du mufti, chef de la religion musulmane, était nécessaire. Abdallah-Effendi, revêtu de cette dignité, entra dans les vues du visir, et donna un fetfa ou mandement favorable, en vertu duquel le sultan Achmet III signa un édit (15 juillet 1727) qui permettait l'établissement de l'imprimerie dans l'empire ottoman. Le préambule de cet édit est très-remarquable. Après avoir parlé des grands avantages de l'écriture, de l'état florissant des études en Orient avant que des événements désastreux eussent amené la destruction des bibliothèques, la dispersion des nombreux manuscrits qu'elles renfermaient et dont il n'est resté que très-peu d'exemplaires, le sultan ajoute qu'il est difficile d'en obtenir des copies exactes et correctes ; que la rareté et la cherté des livres nuisent beaucoup à la propagation des connaissances humaines : c'est pour remédier à ce mal que Sa Hautesse autorise Séid et Ibrahim à établir une imprimerie et à publier des ouvrages de philosophie, de médecine, d'astronomie, de géographie, d'histoire et de toute autre science ; mais, pour ménager les préjugés religieux des musulmans, il fut défendu d'imprimer les livres canoniques, c'est-à-dire le Koran, les lois orales du prophète, leurs commentaires, et les ouvrages de jurisprudence.

Ibrahim Basmadji conserva seul la direction de l'imprimerie ; et, quoiqu'il eût été comblé d'honneurs et de rémunérations par Achmet III, il n'eut rien à souffrir de la révolution de 1730, qui amena la déposition du sultan et la mort du grand-visir ; son établissement continua de prospérer. Seize ouvrages sortirent de ses presses : le premier fut un Dictionnaire arabe-turc, 1728, 2 volumes in-folio ; il imprima ensuite divers ouvrages sur l'histoire d'Égypte et celle de Turquie ; plusieurs livres traduits ou composés par lui-même, tels qu'un traité *sur l'usage de la boussole*, et un autre *sur la tactique;* une grammaire française-turque, 1730, in-4°, composée par le père Holderman, jésuite allemand, et dédiée au cardinal de Fleuri, ministre de Louis XV. Dans quelques exemplaires, les pages sont entourées de bordures dorées, et M. Renouard en possédait un dont chaque feuille est imprimée sur un papier de couleur différente. Enfin, Ibrahim publia un Dictionnaire persan-turc, 1742, 2 volumes in-folio. Après sa mort, arrivée en 1746, l'imprimerie de Constantinople éprouva une interruption jusqu'en 1783 ; mais alors elle reprit son activité, et, même dans ces derniers temps, elle a produit une grande quantité d'impressions scientifiques et littéraires.

Il existe aujourd'hui, dans cette capitale, plusieurs imprimeries : une pour l'hébreu et l'arménien ; une pour l'arabe, le turc et le persan, une pour le français, et l'imprimerie grecque du patriarche. On y imprime aussi deux journaux : le *Moniteur ottoman*, en turc, et la *Gazette de Constantinople*, en langue française.

C'est à Scutari, faubourg de Constantinople, que se trouve l'imprimerie impériale. Quand M. Didot la visita, en 1816, elle occupait quatre presses ; le chef des ouvriers, tous musulmans, avait lui-même visité les principaux ateliers typographiques d'Europe.

Il y a aussi des imprimeries dans d'autres villes de la Turquie, soit en Europe, soit en Asie, à Candie, à Smyrne, etc.

Dès 1610, les moines maronites du mont Liban imprimaient un *Psautier* arabe et syriaque. Les imprimeries qu'ils avaient établies dans leurs couvents ont fonctionné jusqu'à nos jours, quoiqu'ils aient eu plusieurs fois à souffrir des guerres et des insurrections dont la Syrie a été le théâtre (1).

ÉGYPTE (1798-1822). Ce pays, qui dépend de l'empire ottoman, fut le berceau de la civilisation du monde, le foyer des lumières où la Grèce et les autres nations puisèrent leur science, et conserva longtemps son antique renommée. Florissante sous les Ptolémées, fondateurs de la célèbre bibliothèque d'Alexandrie, l'Égypte brilla encore sous la domination romaine et, pendant son incorporation à l'empire d'Orient, Alexandrie était toujours une ville savante, où la théologie chrétienne et la philosophie profane avaient leurs écoles.

Mais l'invasion des musulmans vint plonger dans l'ignorance et la barbarie cette belle terre d'Égypte, si riche en souvenirs. La bibliothèque des Ptolémées fut brûlée par ordre du calife Omar ; le flambeau de la science s'éteignit, et c'est à peine si, depuis 1200 ans, quelques nouvelles lueurs commencent à poindre.

Pendant son expédition d'Égypte (1798-99), Bonaparte créa au Caire un établissement typographique, dont il confia la direction à Marcel (qui, plus tard, fut chef de l'imprimerie impériale à Paris). On y imprima des proclamations en arabe

---

(1) Dans les premières années du siècle actuel, lady Esther Stanhope, fille de lord Stanhope (si connu par l'invention d'une nouvelle presse typographique) et nièce du ministre William Pitt, étant allée visiter l'Orient, se fixa en Syrie, dans un ancien couvent près de Séid. Elle exerçait une grande influence sur les habitants de ce canton, qui la regardaient comme leur souveraine. On dit même qu'elle voulait relever de ses ruines Palmyre, où régna autrefois la célèbre Zénobie.

et en français ; les Mémoires de l'institut d'Égypte, qu'il avait fondé ; deux journaux français, le *Courrier du Caire* et la *Décade égyptienne*, etc. Il y avait aussi des imprimeries à Alexandrie et à Gizeh ; mais ces établissements cessèrent d'exister après le départ des Français.

Ce ne fut qu'en 1822 que le vice-roi Méhémet-Ali, voulant régénérer l'Égypte, établit à Boulak, près du Caire, une imprimerie d'où sortirent, en grand nombre, des ouvrages de mathématiques, d'art militaire, de chirurgie, etc., traduits du français en arabe, ainsi que des livres originaux, entre autres *les Jardins des écrivains et les Bassins des philologues*, 1826, in-folio.

On y imprime maintenant un journal arabe, turc et français.

Espérons que la typographie continuera de faire, dans cette contrée, des progrès qui accéléreront aussi la marche de la civilisation.

XIX. CHINE (1590-1776). Dans notre chapitre sur l'invention de l'imprimerie, nous avons déjà parlé de l'impression chinoise, sorte de stéréotypie ou de gravure en bois pratiquée à la Chine depuis plus de 1000 ans, et qui n'est connue en Europe que depuis 400 ans, mais qui n'y a pas été importée de la Chine, comme l'ont prétendu quelques auteurs ; car, à cette époque, l'Europe n'avait guère de relations avec le Céleste Empire (1).

Il faut avouer, cependant, que les Chinois ont tiré un meil-

---

(1) L'impression xylographique s'est propagée dans diverses parties de l'Asie. Le voyageur Pallas en a trouvé des traces en Sibérie, il y a environ un siècle. Dans le Mongol, au Thibet, on la pratique encore aujourd'hui. Elle est aussi en usage chez les Japonais qui, au lieu de planches de bois, se servent quelquefois de planches d'étain, ainsi que l'a remarqué Kaempfer, en 1692 ; ce dernier procédé fut introduit au Japon par les missionnaires.

leur parti que nous de l'impression tabellaire; ils ont imprimé, par ce procédé, une foule de livres, tandis que, dans nos contrées, la gravure en bois n'a produit qu'un petit nombre d'impressions bien imparfaites, telles que la *Biblia pauperum*, le *Speculum humanæ salvationis*, et quelques autres.

Lorsque les missionnaires pénétrèrent à la Chine, ils y publièrent d'abord, au moyen de la méthode xylographique usitée, des catéchismes et autres livres sur la religion chrétienne; ils y introduisirent même l'usage des planches stéréotypées en cuivre.

Néanmoins, les jésuites avaient établi, pour leur service personnel, une imprimerie européenne à Macao (1590).

Suivant les auteurs chinois, les caractères mobiles étaient connus depuis longtemps dans leur pays. Nous avons rapporté, d'après M. Stanislas Julien, le témoignage du docteur Tchin-Kouo, qui vivait en 1056 de notre ère, et qui, dans ses Mémoires, raconte qu'un forgeron, nommé Pi-ching, imprima (vers 1041) quelques livres avec des caractères mobiles gravés sur des plaques de terre cuite très-dure. Mais ce procédé, dont l'application se bornait à un petit nombre de types, fut délaissé, et l'on continua d'imprimer selon l'ancien système.

Ce ne fut qu'en 1662 que les caractères mobiles furent employés de nouveau, mais sur une plus grande échelle. L'empereur Kang-hi, à la sollicitation des missionnaires, fit graver en cuivre 250,000 caractères chinois mobiles, qui, après avoir servi à l'impression de 6,000 volumes, furent malheureusement plus tard convertis en monnaie de billon.

Ces caractères étaient gravés à la main sur de petites pièces de cuivre qu'on avait fondues exprès pour leur donner une égale hauteur.

Quant à la fonte même des caractères, les Chinois l'avaient déjà essayée; mais, n'ayant pas trouvé un alliage convenable et ne connaissant pas l'usage des poinçons pour frapper les matrices, leur essai demeura infructueux. En effet, dans la préface du livre chinois intitulé *Woung-sang-tsi-yao*, après avoir parlé de Pi-ching, on ajoute :

« Un autre individu, originaire de Pi-ling, commença à se
« servir de plomb pour fondre des caractères mobiles, qui
« étaient beaucoup plus beaux et plus commodes que les
« planches en bois gravé.

« C'est de là que tirent leur origine toutes les espèces de
« types mobiles. Mais ceux en terre cuite manquaient de
« netteté ; ceux en plomb étaient trop mous, et ne pouvaient,
« par conséquent, lutter avec la gravure sur bois. C'est
« pourquoi on a gravé, pour l'encyclopédie de *Khang-hi*,
« 250,000 et plus de caractères en cuivre, qui ne laissent
« rien à désirer, et avec lesquels on peut imprimer toutes
« sortes d'ouvrages. »

Ces caractères, comme nous l'avons dit, ayant été détruits, l'empereur Khien-long avait ordonné, en 1773, de graver sur bois et d'imprimer, aux frais de l'État, 10,412 ouvrages de littérature chinoise; un de ses ministres, nommé Kin-Kien, lui représenta que le nombre des planches gravées serait énorme, et lui proposa l'emploi de caractères mobiles, fondus dans des matrices faites avec des poinçons gravés : c'est le procédé européen que les Chinois ont su rendre moins dispendieux (voy. notre chapitre II). L'empereur adopta ce mode d'impression, et, pour le mettre à exécution, il établit, en 1776, dans un édifice du palais impérial de Peking, appelé *Wou-ing-tié*, une imprimerie qui n'a pas cessé d'être en activité.

Depuis cette époque, l'imprimerie en caractères mobiles (*païtseu*, caractères composés) s'est propagée en Chine. Cependant, l'impression tabellaire y est toujours habituellement pratiquée, car les Chinois, par leur habileté, l'ont rendue très-expéditive et très-peu coûteuse ; elle permet d'ailleurs de représenter au besoin tous les signes de la langue chinoise, tandis que l'emploi des types mobiles serait impraticable si tous les caractères chinois étaient d'un usage fréquent. Mais il n'en est pas ainsi : avec quelques milliers seulement, on peut écrire une multitude d'ouvrages sur les matières les plus variées, comme le prouvent les impressions récentes exécutées en Chine par le nouveau procédé.

Au reste, on y imprime, soit par l'ancien, soit par le nouveau système, une immense quantité de livres, parmi lesquels il y a beaucoup de romans obscènes, auxquels l'autorité laisse un libre cours. Mais, d'un autre côté, les écrits de Confucius, les traités des anciens philosophes se réimpriment continuellement, et de nombreux ouvrages historiques, scientifiques et littéraires se publient chaque année. Nos plus volumineuses collections n'approchent pas de celles des Chinois : ils ont une Encyclopédie en 6,000 volumes, dont on a fait un abrégé en 450 volumes. La bibliothèque de l'empereur renferme deux millions et demi de volumes.

XX. OCÉANIE (1) (1818-1822). Les îles nombreuses répandues dans le grand Océan ont reçu des géographes modernes le nom collectif d'*Océanie*, cinquième partie du monde.

---

(1) Beaucoup de ces îles avaient été découvertes, depuis plusieurs siècles, par les Européens, qui ne tardèrent pas à y introduire l'imprimerie ; ainsi, il y a longtemps qu'il existe des presses à Batavia, dans l'île de Java ; à Manille, dans l'île de Luçon, l'une des Philippines, etc. Il y

Taïti, dans la Polynésie (Océanie orientale). Un demi-siècle après la découverte de cette île, l'imprimerie y fut introduite, en 1818, par des missionnaires anglais, sous les auspices du roi Pomaré. Ce monarque voulut présider à l'inauguration de leur établissement typographique à Afareiatu. Il s'y rendit, accompagné des hauts personnages du pays, et, instruit par un des missionnaires, il prit un composteur, assembla un alphabet en lettres majuscules, et un autre en lettres minuscules, encra les caractères avec le tampon, et tira successivement trois feuilles d'impression, qui furent mises sous les yeux de la foule émerveillée. Chaque jour, le roi continua de venir avec sa suite visiter l'imprimerie. De toutes parts les habitants accouraient aussi pour voir fonctionner la presse et se procurer des livres, et, dans leur enthousiasme, ils s'écriaient : *Be-ri-ta-ni-e, fenua paari!* c'est-à-dire ô Bretagne! terre d'adresse. (Umperley, *Encyclopedia of literary and typographical anecdots*, 1842.)

Iles Sandwich (Polynésie). Le roi Kamehameha II, après avoir aboli le paganisme, permit aux missionnaires américains, en 1822, d'établir, dans l'île Hawaii, une imprimerie, d'où sortirent d'abord un abécédaire et un livre de lecture en dialecte indigène. Ce prince et la reine son épouse, ainsi que les principaux chefs, apprirent à lire, à écrire, et leur exemple fut d'une grande influence sur les autres classes de la population. Maintenant, l'imprimerie est en usage aux îles Sandwich, et l'on y publie même un journal.

---

en a aussi à Sidney, capitale des établissements anglais dans l'Australie (Océanie centrale) : depuis 1803, on y publie la *Gazette de Sidney*; quelques ouvrages imprimés avec des caractères fondus en cette ville, ainsi que des dessins et des impressions lithographiques, ont été envoyés à l'exposition universelle de Londres, en 1851.

XXI. GRÈCE (1820). La Grèce antique dut à ses poëtes, à ses orateurs, à ses philosophes, à ses artistes, bien plus qu'à ses héros, la gloire de briller longtemps dans le monde. Après avoir étendu au loin ses conquêtes, sous Alexandre le Grand, elle fut enfin subjuguée par de nouveaux conquérants ; mais elle conserva sur ses vainqueurs l'ascendant que donne la science : c'était surtout dans les écoles d'Athènes que les Romains allaient puiser des connaissances qu'ils ne trouvaient pas dans leur belliqueuse patrie.

Ce que les armes romaines avaient respecté et conservé, le cimeterre ottoman le détruisit entièrement ; les lumières et la civilisation disparurent du sol de la Grèce ; ce malheureux pays fut plongé dans la barbarie, et ses héroïques efforts pour en sortir, pour recouvrer son indépendance, seraient probablement restés infructueux, si la généreuse coalition des puissances chrétiennes ne les eût secondés. Par suite de cette intervention, plusieurs portions de l'ancienne Grèce forment aujourd'hui un royaume, où du moins les enfants des Hellènes pourront travailler avec succès à faire refleurir une civilisation si fatalement interrompue pendant près de quatre siècles.

« Jusqu'en 1820, dit M. Didot (1), c'est principalement à Venise, chez Nicolas Glyky, que s'imprimaient en grand nombre les livres de liturgie, et en très-petit nombre ceux de science, de littérature et d'éducation dont la Grèce avait besoin. Quelques-uns étaient imprimés aussi à Vienne. C'est à Paris que le docte Coray publia, aux frais des généreux frères Zosima, la *Bibliothèque Hellénique*, enrichie de ses savants commentaires. »

---

(1) Article *Typographie*, dans l'*Encyclopédie moderne*.

L'illustre typographe que nous venons de citer doit être considéré comme le fondateur de l'imprimerie en Grèce. C'est par son entremise et par sa libéralité que des imprimeries, pourvues de caractères provenant de sa fonderie, furent établies à Chios, à Cydonie, à Hydra; celle-ci fut transportée à Nauplie; les ravages de la guerre de 1820 à 1824 anéantirent les autres. Les deux imprimeries qui existaient à Missolonghi subirent le même sort; l'une, où l'on imprimait le journal des *Chroniques Helléniques*, Κρονικὰ Ἑλληνικὰ, avait été formée par lord Byron, qui avait embrassé avec tant d'ardeur la cause des Grecs et qui mourut dans cette ville avant que les Turcs l'eussent prise d'assaut et saccagée.

Enfin, quand l'indépendance de la Grèce eut été reconnue et que la tranquillité lui fut rendue, de nouvelles imprimeries s'établirent, et il y en a maintenant dans les principales villes. L'imprimerie royale d'Athènes possède une presse mécanique envoyée par MM. Didot.

L'art typographique fait des progrès dans ce nouvel état : on y a déjà exécuté quelques impressions importantes, et une vingtaine de journaux politiques, scientifiques ou littéraires s'y publient.

XXII. ALGÉRIE (Afrique) (1830). Les armes françaises avaient porté l'imprimerie en Égypte à la fin du siècle dernier; mais cet établissement ne fut que momentané. En 1830, la conquête et la possession de l'Algérie ont permis à la France de fonder des établissements plus durables sur cette partie du littoral africain qu'on appelait Côtes de Barbarie, depuis qu'elle était devenue le foyer permanent de la piraterie.

Les institutions françaises et la typographie, en répandant l'instruction parmi les populations indigènes, commencent déjà à régénérer l'ancienne terre de Carthage, où la civilisation s'était maintenue jusqu'à l'invasion des Vandales.

Il y a aujourd'hui des imprimeries à Alger, à Oran, à Constantine.

Au reste, l'Afrique n'a pas été jusqu'à ces derniers temps sans connaître la typographie ; elle était pratiquée dans plusieurs établissements coloniaux formés par les Européens ; et même les Espagnols et les Portugais l'avaient portée au Maroc dès le xvie siècle.

FIN DU PREMIER VOLUME.

www.ingramcontent.com/pod-product-compliance
Lightning Source LLC
Chambersburg PA
CBHW070832230426
43667CB00011B/1768